PASAJERO EN LAS AMÉRICAS
CARTAS Y ENSAYOS DEL EXILIO

COLECCIÓN
aulaatlántica

COORDINADA POR
JULIO ORTEGA

AULA ATLÁNTICA es un lugar para el encuentro de todas
las orillas de la lengua: América Latina, el Caribe, España,
Estados Unidos. Compilados por especialistas universitarios,
estos libros —clásicos, modernos, contemporáneos— suman
una colección que provee a estudiantes, maestros y lectores de
títulos y perspectivas capaces de renovar el gusto por la lectura
compartida de nuestro territorio franco:
las imaginaciones creativas más intensas
y afortunadas del idioma.

Pedro Salinas

Pasajero en las Américas

CARTAS Y ENSAYOS DEL EXILIO

PRÓLOGO, BIBLIOGRAFÍA Y NOTAS DE
ENRIC BOU

FONDO DE CULTURA ECONÓMICA

Primera edición, 2007

Salinas, Pedro
    Pasajero en las Américas. Cartas y ensayos del exilio /
Pedro Salinas ; pról., bibliografía y notas de Enric Bou. –
México : FCE, 2007
    405 p. ; 21 × 14 cm – (Colec. Aula Atlántica)
    ISBN 978-968-16-7657-5

    1. Ensayos 2. Literatura 3. Salinas, Pedro – Correspon-
dencia I. Bou, Enric, pról. II. Ser. III. t.

LC PQ6635 .A32 C37   Dewey M866 S719p

Distribución en Latinoamérica y EUA

Comentarios y sugerencias: editorial@fondodeculturaeconomica.com
www.fondodeculturaeconomica.com
Tel. (55)5227-4672 Fax (55)5227-4694

Empresa certificada ISO 9001:2000

Diseño de portada e interiores: León Muñoz Santini

D. R. © 2007, FONDO DE CULTURA ECONÓMICA
Carretera Picacho-Ajusco, 227; 14200 México, D. F.

ISBN 978-968-16-7657-5

Impreso en México · *Printed in Mexico*

Índice

Pedro Salinas fue un maravilloso catador de campos y urbes. La residencia en un lugar no le impedía conocerlo como si lo descubriese en un viaje.

JORGE GUILLÉN

Prólogo

VIDAS (COM)PARTIDAS

La llamada "generación del 27", dejó de existir como tal un 18 de julio de 1936. El certificado de defunción venía propiciado por un alzamiento militar y las brechas irreparables que ello abrió en un "grupo de amigos". Más de la mitad de la generación, del grupo, de la quinta, partió para el exilio en varias etapas. Dámaso Alonso, Vicente Aleixandre y Gerardo Diego, se quedaron en España. El resto, Pedro Salinas (1891-1951), Jorge Guillén (1893-1884), Rafael Alberti (1902-1999), Manuel Altolaguirre (1905-1959), Emilio Prados (1899-1962) y Luis Cernuda (1902-1963), se desperdigaron por el continente americano. Esta diáspora es representativa de lo que le sucedió al país en su conjunto. Casi un millón de exiliados, con un altísimo porcentaje de profesionales liberales, intelectuales, profesores universitarios, buscaron refugio en tierras de Europa y América. Así ocurrió con tres escritores del grupo: Pedro Salinas abandonó España en agosto de 1936, para cumplir con un compromiso anterior de enseñar en una universidad femenina norteamericana, Wellesley College. Jorge Guillén, después de un par de años en Sevilla, en la España ocupada por las tropas de Franco, logró salir para Canadá primero, donde enseñó en la universidad de McGill en Montreal, para luego terminar sustituyendo en Wellesley College a su fiel amigo Pedro Salinas a partir de 1940. Rafael Alberti, militante en el partido comunista y muy comprometido en la lucha antifascista, tiene fama de haber sido uno de los últimos en haber abandonado la península al final de la guerra civil en un frágil avión en el que pudo salir de Alicante. Después de un breve paso por el norte de África, vivió un año en París y llegó a Argentina, donde se instaló por un buen número de años, para pasar en 1963 a residir en la peligrosa (para caminantes) ciudad de Roma. Salinas murió en el exilio, en Boston, en 1951. Guillén, ya jubilado, regresó a España y se instaló en Málaga, hasta su muerte en 1984. Alberti tuvo el honor de ser el presidente (por edad) del primer congreso de los diputados de la España democrática en 1977 y se instaló en Cádiz. Para todos ellos la experiencia del exilio marcó vida y obra de forma indeleble. La obra que escribieron después de 1939 se vio afectada en mayor o menor medida por esta condición.

Sin embargo, la escisión en el grupo de amigos se había iniciado años antes, a principios de la década, cuando el compromiso político empezó a quebrar solidaridades y complicidades que se tejían en el terreno de lo estrictamente literario. Un comentario sobre Alberti, Cernuda y Altolaguirre en carta de Salinas a Guillén da una idea bastante precisa de los términos de la escisión:

> Como detalle pintoresco te diré que en la manifestación de hace quince días se leía un gran letrero que rezaba así: "Los escritores revolucionarios españoles". Lo llevaban, de un extremo Rafael Alberti, de otro Luis Cernuda y *seguían* Manolo Altolaguirre, sin duda en calidad de masa. A todos ellos les tiene trastornados lo que ellos denominan lo social. Ya has visto a Alberti recitando en mítines al lado de los más infectos representantes del extremismo (extremismo por supuesto del bajo sentir y del nada pensar) "que ahora priva" (19/3/1936).[1]

1. Pedro Salinas y Jorge Guillén. *Correspondencia (1923-1951),* Andrés Soria Olmedo, ed., Tusquets, Barcelona, 1992, p. 171.

PASAJERO EN LAS AMÉRICAS

PEDRO SALINAS, PASAJERO
DE LA (POST)MODERNIDAD

Al inicio de la Guerra civil, Pedro Salinas se encontraba en Santander, donde era secretario de la Universidad Internacional que había contribuido a crear en 1932. A causa de un compromiso previo, de enseñar en una universidad norteamericana femenina, Wellesley College, trató por todos los medios de encontrar un pasaje. Tuvo dificultades para encontrar un medio de abandonar España por mar, puesto que la frontera terrestre estaba cerrada. Por fin surgió la posibilidad de salir en un barco de guerra norteamericano, el *Cayuga*:

> Era un espléndido día de agosto, el 31 para ser exacto. El barco americano, anclado en la hermosa bahía, parecía de juguete: blanco, pequeño y acogedor: nada guerrero. Parecía más bien un yate. Lo miré como si se tratara de un enigma. ¿Qué me esperaba? Mientras, los milicianos examinaban mi equipaje. Y, claro está, surgió el incidente. Yo había escrito un drama y lo llevaba en la maleta. Mi manuscrito atrajo la atención de los milicianos: se trataba de un drama místico, simbólico. ¿Cómo explicarlo al miliciano? Por el momento creí que acabaría en la cárcel, pero por fin el drama pasó la inspección.

El oficial de guardia tuvo que consultar con el capitán del barco sobre la conveniencia de dejarle embarcar: "Finalmente volvió el bote con el oficial [...] Saltó del bote y dijo: '¡Fixed up!' [...] Para mí eran dos palabras mágicas y misteriosas y sin saber lo que querían decir las entendí, por intuición: podíamos embarcar".[2]

Desembarcó en San Juan de Luz, y el 4 de septiembre salió desde Le Havre para Estados Unidos, mientras su familia mar-

2. Guión de la charla dada en Middlebury College al Wellesley Club, traducción de Solita Salinas, en Benito Madariaga y Celia Valbuena, *La Universidad Internacional de Verano en Santander (1933-1936),* Guadalajara, 1983, pp. 288-289.

chaba a Argel. Unos meses más tarde recordaba los últimos días en España:

> ¡Ay, Marg, cómo me acuerdo de algunas tardes de Santander, ahora! Cuando nos íbamos al prado, y yo me echaba en la hierba, con la cabeza apoyada en tus rodillas! Desde que empezó la revolución esos ratos, de descanso, y en general, todos los momentos, de tarde [en] La Magdalena me sonaban a despedida, a lenta despedida de un mundo. Las tardes, tan serenas y claras, favorecían adioses inevitables, pero casi no hacían sufrir. [...] Y veo la ruina de la única obra colectiva, social, que salió de mi cabeza: la U.I. ... Se ha hundido todo ese mundo.[3]

Su experiencia en el Nuevo Mundo se concentró en Estados Unidos, al margen de algunas breves escapadas a México, un viaje por Colombia, Perú y Venezuela, y una larga estancia de cuatro años en Puerto Rico. Significativamente son los viajes de retorno a la lengua, a vestigios de su cultura, los que propiciaron una etapa fulgurante de creación literaria o le suscitaron unas agudas reflexiones acerca de la condición del exiliado. En cartas y ensayos como los que recoge este volumen se nota la condición de exiliado de Salinas y se hacen evidentes sus originales reflexiones.

Este volumen recoge una selección de las cartas que Pedro Salinas escribió durante el periodo de exilio que vivió en Estados Unidos, y dos de los ensayos escritos entre 1936 y 1951. El conjunto de los textos refleja de forma exquisita la fascinación de este escritor por el conocimiento de nuevas gentes y formas de vida, la visita de paisajes y ciudades, el embelesamiento con la ceremonia misma del traslado, pero también su profunda añoranza de unas formas de vida y de unas gentes (un grupo de amigos, los escritores de la llamada generación del 27) a los que ya nunca pudo re-

---

3. A Margarita, 9 de noviembre de 1936, carta inédita, Houghton Library, Harvard University.

gresar. Los viajes constituyeron una de las actividades regulares del quehacer vital de Pedro Salinas. Surgieron al compás de una vida intensa como profesor y crítico literario, le sirvieron como acicate en su proceso creativo y se fundieron con su destino de exiliado a partir de la guerra civil española.

Pedro Salinas nació en Madrid en 1891. El viaje fue para él una especie de necesidad, ya que desde fecha temprana viajó con regularidad por motivos familiares. En 1911 inició un noviazgo con Margarita Bonmatí, la hija de unos españoles residentes en Argel, que pasaban los veranos entre Santa Pola y Altet (Alicante). Luego, en posteriores veraneos, repartiría su tiempo entre ese lugar y Maison Carrée, cerca de Argel. Más tarde se desplazó por razones profesionales. Fue lector en La Sorbona y vivió en París entre 1914 y 1917; o efectuó múltiples visitas a centros docentes españoles (Burgos, Murcia, Barcelona, etc.) y europeos (Cambridge, Hamburgo, Venecia, etc.) como conferenciante invitado. Luego otras actividades, tanto literarias como académicas y administrativas, le obligaron a pasar temporadas alejado de su familia, en especial en las épocas en que ejerció de secretario de la Universidad Internacional de Santander.

La vida de Salinas fue presidida por un cierto "nomadismo" profesoral. Determinadas ciudades y países marcan las escalas: París, Sevilla, Madrid, Santander, y las que le suscitó el exilio, a partir de 1936, en esa especie de viaje sin retorno que había de durar 15 años: Wellesley, Baltimore, San Juan de Puerto Rico. Durante ese tiempo efectuó escapadas fugaces, pero de impacto certero, a Nueva York, Los Ángeles, San Francisco, México, Colombia, Ecuador, Perú. A las maniobras de descubrimientos, en viajes breves, cabe sumarle el propio descubrimiento de los diversos lugares en los que residió a lo largo de su vida, ante los que supo ejercer la sorpresa y los gestos del viajero incondicional. Sin llegar al extremo de padecer de *Wanderlust,* como Rubén Darío, su circunstancia personal le impulsó, sin duda, a una movilidad constante. Confluyeron, pues, la razón de su destino con la particular avidez "contemplativa" que caracteriza la actitud de Pedro Salinas ante la vida, en unos viajes que han quedado suficientemente documentados por medio de la correspondencia.

En dos ocasiones Jorge Guillén pidió a su amigo Pedro Salinas la redacción del relato de sus viajes. En una carta de 1938, después de leer los comentarios propiciados por una reciente visita a México, Guillén le reclamaba:

> Me ha sabido a poco lo que me cuentas. Eres el viajero nato, el VIAJERO; y, como le decía a Margarita, debes escribir tus recientes impresiones. Si no, quedaría manca tu personalidad esencial. Hay una primera piedra: la "Entrada en Sevilla". Aquella "Entrada" es una salida a todo un mundo. Escribe lo que te dé la gana, por supuesto. Pero yo sé que si tu gana no se equivoca, escribirá de viajes.

Poco después de la muerte, Guillén recordaba una vez más este aspecto de la personalidad literaria del amigo en el "Elogio de Pedro Salinas": "Lástima que no haya redactado la narración de sus peregrinajes. Yo se lo aconsejé; pero no tuvo tiempo sino de contarnos de viva voz algunas de sus andanzas durante los años liberales y por América durante los tristes años vergonzosos" (31-32). Esta breve selección de las cartas de viaje de Pedro Salinas cumple, aunque sea parcialmente, con esa exigencia y da a conocer un rico aspecto del observar y el escribir salinianos.

Pedro Salinas fue durante toda su vida un gran curioso. Así lo definió su gran amigo Jorge Guillén: "Salinas, que conocía muy bien las alturas supremas, era un incesante Colón de Indias anónimas, de esos aciertos que la vida no catalogada propone al desgaire en este o el otro minuto" (31). En efecto, la curiosidad fue un motor importante de la actividad saliniana, al sentir una genuina atracción por la diversidad frente a la uniformidad. Integró en su vida el riesgo asociado a la curiosidad —casi— impertinente, frente a la seguridad —lo cómodo— de lo ya conocido. Y como un nuevo Colón, Pedro Salinas partió hacia la "conquista" de Europa, del continente americano, y de todos esos viajes volvió con un "botín" de conocimiento, que compartió con familiares y amigos. La publicación de las cartas permite que ahora se amplíe ese público y sean más los que disfruten de sus observaciones de personas y lugares.

SALINAS EPISTOLAR

Del mismo modo como Roland Barthes distinguió entre el "écrivain" [escritor] y el "écrivant" [escribidor], podría distinguirse entre el "viajero" y el "viajante". Si el viajante actúa de forma mecánica, el viajero lo hace con cierto arte y una atención particular a los detalles del viaje. En Salinas la vocación del viajero se combina con la del escritor, y ello se traduce en la calidad de escritura y observación en sus cartas de viaje. Se amplía así el registro del escritor y se acentúa una de sus voces características. Guardamos en nuestra memoria una gran variedad de voces y registros de Pedro Salinas. Después de leer sus poemas y ensayos, las narraciones y el teatro, y últimamente las cartas, hay una voz que destaca con especial fuerza, porque es común a todas esas modalidades de escritura. Es la del curioso que con ojo ávido observa, y con pluma fiel sabe registrar lo que caza ante el espectáculo de la realidad siempre sorprendente. Así sucede en su poesía, tan atenta a lo episódico, o en las narraciones y en los ensayos, ricos en anécdotas sabrosas que cumplen la metáfora de un argumento (la sorpresa de quien es interrumpido en la lectura de una carta, las descripciones de personas y sucesos, etc.). Es en las cartas, y en especial en las cartas de viaje, donde se cumple otra afirmación guilleniana: "La atención del transeúnte se convertía en posesión de profundidad" (32). En efecto, la carta, que en muchos casos actúa como una especie de diario —compartido— del artista sirve como banco de pruebas para el escritor.[4] Así, asoman en este epistolario frases y pensamientos que después encontrarían una plasmación más efectiva en el libro terminado: versiones de poemas de *Todo más claro,* el interés primerizo por Rubén Darío, la sorpresa ante el paisaje de América, que llegó a un momento culminante con la redacción de *El contemplado* (1946).[5] Lo que dijo Maurice Blanchot a propósito de los diarios de un escritor se puede aplicar a un epistolario: "constituent les traces anonymes, obscures, du livre qui cherche à se réaliser" [constituyen los rastros anónimos, oscuros, del libro que busca realizarse] (278). Es el libro por venir.

Como profesor, Salinas vivió en el umbral de esa forma de conocimiento y relación que constituyen las invitaciones a dar conferencias y que David Lodge ha satirizado a la perfección en su novela *Small World.* Las "straffenexpeditionen" [expediciones de castigo], según eran denominadas esas invitaciones en el léxico privado de los poetas-profesores del 27, fueron un método singular de relacionarse con sus colegas en Europa y de mantener los contactos de los años de formación, antes de la guerra civil. Luego, en el exilio, fueron la excusa para el reencuentro y reanudar amistades de años. "Un grupo de amigos", llamó Guillén a los poetas del 27, apelativo que se puede ampliar a una franja generacional de intelectuales del Madrid de esos años. Y esos amigos, poetas y profesores, políticos y pensadores, cumplieron con fidelidad el designio de la amistad: verse, hablar, escribirse. Por eso están surgiendo tantos buenos epistolarios de los poetas de esta

---

4. Solita Salinas indicó la semejanza con un diario de las primeras cartas conservadas a Margarita. Acerca de las mismas, Andrés Soria Olmedo ha escrito con acierto: "Diario en carta o verso, lo épico se dibuja como una categoría inmediata de la vida, como una categoría del espíritu previa a su expresión escrita y por lo tanto capaz de plasmarse en cualquier forma". (85)   5. Ya en cartas escritas desde California en 1939 y 1940 expresa el interés acuciante por escribir acerca del mar.

generación. Razón de amistad, marcada por la distancia. Porque la distancia, el vivir separado, provoca la carta. La interrupción de la convivencia que genera un viaje exige mantener el contacto con "nuestra" gente, para poder comentar las sorpresas, hacerles partícipes de los descubrimientos, o poder refugiarse en lo familiar ante el asalto de la otredad. La necesidad comunicativa se asocia a nuestros desplazamientos por el planeta. El primer socorro es la postal, enviada a múltiples destinatarios en cuanto nos alejamos 100 kilómetros de nuestra morada habitual. Luego viene la carta. Más serena, dirigida a corresponsales muy selectos. En las aquí seleccionadas dominan, como es de esperar, las dirigidas al círculo familiar. Como en una recreación de Ulises y Penélope, Salinas escribió con profusión a Margarita Bonmatí y a sus hijos, Solita y Jaime. A ellos se añaden las dirigidas a algunos amigos que tuvieron especial importancia, entre los cuales destaca Jorge Guillén.

Pedro Salinas fue un gran amante de la literatura epistolar, como practicante de la misma[6] y como teórico. En la "Defensa de la carta misiva", subrayó la facilidad del género para suscitar la intimidad. Según él, la carta se transforma en un espacio de la convivencia íntima, puesto que las cartas, como las miradas, son sólo para dos: "Es la carta pura. Privada, pero no solitaria, compartida, convivida" (268). Quizá por ello en su caso las cartas son vehículo de la amistad y se convierten en multiplicadoras de atenciones. "La atención de Salinas —escribió su

6. Tenemos innumerables testimonios de la riqueza de su epistolario: Dámaso Alonso, Guillermo de Torre, Jorge Guillén utilizaron a conciencia en artículos las cartas que recibieron de Salinas. Como dijo De Torre, se impone una necesidad: "Algún día, un curador tan devoto de las imágenes literarias y amicales como Juan Guerrero, podrá realizar su proyecto de publicar el epistolario saliniano. Completará la fisonomía del conferenciante y del conversador cautivantes" (15). Guillén, ya en 1952, Solita Salinas en 1984, y Andrés Soria Olmedo en 1992, nos han proporcionado muestras excelentes de la riqueza del mismo. Gracias al epistolario fue posible reconstruir una "autobiografía" de Salinas: Enric Bou y Andrés Soria Olmedo, "Pedro Salinas. Cartografía de una vida", 1992.

amigo Jorge Guillén– se manifestaba en 'atenciones', gentilísimo plural castellano. Curiosidad, juego, conciencia, servicio: muchas fuentes formaban aquellos caudales de atención." (33) Así podríamos aludir a una de las constantes más fecundas del epistolario: mantener un contacto.

En el caso concreto de las cartas de viaje, la necesidad de eliminar la distancia es más urgente y la carta sirve de vehículo de unión, y a veces desde la escritura se prevee un determinado ceremonial de la lectura: "Esta carta va a ser para los tres juntos, carta de familia. El tema es más bien para los niños, pero como quiero juntaros a los tres, te la mando a ti, tú se la lees, y así os reunís en mi carta". Porque, como quería Salinas, la carta "aporta otra suerte de relación: un entenderse sin oírse, un quererse sin tactos, un mirarse sin presencia, en los trasuntos de la persona que llamamos, recuerdo, imagen, alma" (228). Por otra parte, lo intenso de la experiencia se traduce en un esfuerzo autoreflexivo y, de este modo, las cartas están atentas a la propia escritura:

> Algo tiene que salir mal hecho cuando yo escribo. A mano son las letras las que salen contorsionadas. A máquina son las palabras, porque equivoco en ellas el orden de las letras. Todo es falta de concordancia entre mi velocidad personal, psíquica, siempre presurosa, lanzada, ansiosa y las limitaciones materiales de máquina o pluma.

Lo específico de la carta de viaje es la capacidad de captar impresiones fugaces acerca de nuevos mundos. "Son señas de lo visto", dice el propio Salinas en una misiva de 1940. La novedad inherente en la experiencia del viaje provoca otro gesto característico: el recurso a la comparación con el mundo abandonado.

LA CARTA DE VIAJE

Los relatos de viajes tienen una forma particular que, como pasa en otros casos de la literatura autobiográfica, es producto de la contaminación de otros subgéneros: son cartas (como éstas de Pedro Salinas) escritas durante expediciones, anotaciones de un diario (como en el caso de Walter Benjamin viajando a Moscú), artículos periodísticos (o "encuestas", "reportajes", como los que escribía Josep Pla), derivaciones del ensayo, o directamente, son un capítulo de unas memorias, como ha hecho Julián Marías. En esos relatos priman las impresiones caleidoscópicas que se fijan en experiencias concretas, a partir del hilo conductor que marca el interés que les lleva a alejarse de casa. La propia experiencia del viaje, una *tranche de vie*, actúa sobre la disposición del texto.

La aventura del viaje se caracteriza por su capacidad de generar necesidad y sentido. Es como una isla en la vida que determina el inicio y el final de acuerdo con unas normas propias. El viaje tiene un inicio y un final definidos, y a pesar del carácter accidental, es decir de la extra-territorialidad respecto a la continuidad de la vida, el evento resulta conectado con el carácter y la identidad de quien lo vive, de su protagonista. Y esto sucede "in einem weitesten, die rationaleren Lebensreihen übergreifenden Sinne und in einer geheimnisvollen Notwendigkeit zusammenhängt" (16) ["en un sentido amplio, trascendiendo, por una necesidad misteriosa, la estrechez de los aspectos más racionales de la vida"]. Un viaje, o una aventura, forman parte de nuestra existencia, pero al mismo tiempo sucede fuera de la monotonía de la vida. Georg Simmel destaca la existencia de una afinidad entre el aventurero y el artista. Ambos extraen consecuencias de la experiencia percibida, separándola de todo lo demás y dándole una forma autosuficiente, definida internamente. Además, el viajero vacila en su aventura: ve lo nuevo con ojos acostumbrados a otras realidades y no puede sino medirlo según su experiencia anterior. De modo que duda entre la sorpresa ante lo exótico y el recuerdo de lo familiar; el deseo de escapar y el sentirse preso de sus propias limitaciones culturales. El viaje le sirvió a Salinas para hacer hincapié en esa contradicción íntima que arrastró a lo largo de su vida. Es la oscilación –que ha indicado Javier Varela– "entre el sí y el no al mundo nuevo, urbano, burgués, racionalista. Entre la vida multiforme, con sus valores y ritmos no cuantificables, y la razón discursiva que impera en la naturaleza mediante los instrumentos" (161).

Como reza el verso memorable de Cavafis, "La ciudad, allá a donde tú vayas, irá contigo". Al viajar cambiamos por fuerza de costumbres, comemos otros manjares y arrastramos con nosotros las limitaciones y prejuicios que influyen en nuestra percepción de lo (des)conocido. En los viajes llevamos con nosotros lo más íntimo, y este yo solapado se esplaya en comentarios y apreciaciones que tienen poco de observación fría y desinteresada, y mucho de opinión, ejercicio de la comparación entre lo que dejamos atrás y lo nuevo que se presenta ante nosotros. A menudo el libro de viajes sirve para hacer un retrato sutil de la propia sociedad desde una perspectiva lejana, aprovechando al mismo tiempo la deformación que proponen realidades tan distintas. Dos ejemplos clásicos lo confirman: las *Lettres persanes* de Montesquieu o el *Candide* de Voltaire. Libros de filósofo que analizan en profundidad la propia sociedad reflejada en el espejo imaginario y aparentemente neutro de los problemas de unas civilizaciones primitivas. El observar genera la deducción y de ésta derivan las teorías. Salinas es rico en ellas. Establece, por ejemplo, una teoría del turismo. Tiene éste "tres grados": "ver" (sin voluntad); "mirar" (hay elección y actividad); "contemplar" (se pone en la vista la voluntad de penetrarlo con el alma, y así va uno apoderándose de ello). O, también, un "sabio apotegma" acerca del turista fotógrafo: "La actitud del turista hacia los paisajes es la misma que la del cazador hacia la fauna: ver, apuntar, disparar y seguir hasta la próxima presa. Supongo que luego, al volver a casa, verán en foto, lo que no pudieron ver en realidad porque se les pasó el tiempo en hacer fotos. ¡Técnica de turista!"

De natural observador y de educación racionalista, Salinas siempre busca el sentido de los paisajes naturales o urbanos: "Esas cosas inmensas me dicen algo, sí, pero no se me formula en la conciencia su mensaje, comprendes, de modo organizado y comunicable. Espero. Quizás algún día *vea* lo que ayer miré, hecho forma expresiva". Escribe algo parecido al observar Los Ángeles:

> Escritura sin sentido, o con sentido oculto y sin cifra. La mira uno, la re-mira buscando lo que dice. Y luego a la mañana, todo borrado. Todo en-vuelto en luz de plata, en alegría plácida, sin signos. De día la ciudad ya parece que no quiere decir nada. Habla, de noche, con sus luces, y luego se calla, en su dicha diurna.

Pero no sólo retrata una sociedad. Establece también un auto-rretrato. Las cartas de viaje ponen en evidencia las obsesiones personales. El viajero prepara el equipaje, calcula itinerarios y ho-rarios, sospesa las escalas, los desvíos necesarios. La obsesión tan saliniana por planificar al minuto los detalles más mínimos del viaje aparece en esta correspondencia en la carta en que pro-yecta la primera visita a Argel, en el periodo 1912-1913, o en car-tas de 1937 y de 1949, cuando viajó a Europa desde Estados Uni-dos. Paralelamente aflora su conocida obsesión por los museos. En 1914 escribía: "Si vieras, Margarita, qué ganas tengo de que pases dos o tres meses en el Prado o en el Louvre. En cuestión de pintura, ver es lo primero. Un mes de museo vale más que un año de libros". Y en mayo de 1949 decide rehacer un itinerario para poder visitar un museo en Cleveland. Así puede escribir esa me-morable teoría del museo y su visita. En 1930 imagina un paisaje de égloga que ve en Colombia en 1947. Poco a poco se apodera de él ese gesto característico del exiliado de comparar lo que dejó atrás con lo que tiene ahora. Opinar sobre Norteamérica resulta la actividad última del viajero Pedro Salinas. Porque el viaje lleva su fecha inscrita, no sólo en el lugar y el espacio, sino en los gestos de sorpresa que en el viajero producen determinados detalles, que a nosotros ya no nos sorprenden.

ENTRADA EN AMÉRICA

El exilio republicano español provocado por la guerra civil fue un éxodo sin precedentes. Un gran número de intelectuales, profesionales altamente cualificados, así como dirigentes políticos y obreros, partieron hacia un destino incierto al término de la guerra civil. Argentina y México fueron dos de los destinos más frecuentes, por la generosa recepción que se hizo de los españoles. Salinas formó parte de un grupo más reducido que se estableció en Estados Unidos. En su caso partía de un compromiso previo al estallido del conflicto bélico, puesto que había recibido una invitación para enseñar como profesor visitante en Wellesley College, cerca de Boston.

Ello explica que los viajes por América, Estados Unidos y la América hispana fueran constantes desde 1936 hasta su muerte, en 1951. Por razón del largo exilio Salinas vivió en un estado mental de viajero permanente. El gran tema de este epistolario, por su insistencia y amplitud, es el del impacto que tuvo en él el continente americano.[7] Viajar a América, vivir en el Nuevo Mundo, fue la experiencia que marcó los últimos quince años de la vida de Pedro Salinas y que dejó una huella precisa en la obra y en las cartas. Las circunstancias, trágicas, en que se produjo ese conocimiento y la zona que le deparó la suerte para su desembarco, influyeron sin duda en sus reacciones y en el incómodo y largo pro-

---

7. Ese fue el tema de su última conferencia, pronunciada en Wellesley College en abril de 1951, "Deuda de un poeta", *Ensayos completos*, III, pp. 434-447.

ceso de adaptación. Lo conocemos con detalle gracias a la correspondencia que mantuvo con familiares y amigos.

Las cartas que Salinas escribió en América pueden agruparse en dos grandes series: las que escribe a su círculo íntimo, en momentos de "expedición", para informar sobre lo nuevo que va conociendo; y las cartas que escribe para mantenerse en contacto con los amigos. Las primeras se articulan como auténticos diarios o libros de viaje, anotaciones directas de la exploración; las segundas están escritas desde el reposo y tienen un carácter más reflexivo. Pero ambas series establecen la cronología exacta y los motivos velados de una decepción. Después de la natural sorpresa, se analiza el descubrimiento con detalle, se compara con lo que dejó atrás, con otras realidades vecinas (la América hispana) y se va produciendo el enfriamiento. Salinas, cronista fiel, así lo anotó en su correspondencia.

A partir de la "curiosidad y simpatía", o su condición de "entusiasta de América", Salinas se nos presenta como un personaje intrépido, que se siente atraído con fuerza por la aventura de un "país por el que siento una vivísima curiosidad y simpatía". Después de un entusiasmo inicial, se sintió alienado, cada vez más distante de una realidad inhóspita porque la consideraba superficial. Al principio fue como un juego: "Yo observo todo esto como un salvaje, me divierte a ratos, y a ratos, me aburre, y me encuentro un poco solo". Claro que estaba en un ambiente singular, una universidad de mujeres: "El hombre aquí es una excepción rarísima, como el vestigio de una especie medio desaparecida", escribe no sin humor.[8] Pero al cabo de pocos meses empezó el rechazo: decide escribir una "Oda contra la primavera", para combatir "este ambiente convencional y rutinario de Wellesley". El epistolario nos permite observar en la intimidad a un Salinas

8. Véase Elena Gascón Vera, "Hegemonía y diferencia: Pedro Salinas en Wellesley College", pp. 33-47.

que se enfrenta con nuevas costumbres. Se muestra poco amigo de la confraternización a que conducen los trenes nocturnos norteamericanos. Le preocupa el peso, lo frugales que son las comidas en Norteamérica, en una obsesión casi busconiana: "No se comprende cómo pueden trabajar lo mucho que hay que trabajar aquí y nutrirse con escasez tan milagrosa". O topamos también con un Salinas asustado ante las complejidades de la vida doméstica: se niega a hacerse la cama, a prepararse un café. Llegado al primer verano ya puede afirmar: "si algo sale nuevo en mí de esta tierra, será por reacción, por contraste, no por adhesión". En sus viajes en tren cruzando el Midwest reacciona ante el paisaje:

> Y ésta es una Castilla que no puede engañar, sin alma, sin iglesias, sin castillos. Paisaje sin historia, simplemente pobre. Apenas poblado, muy de lejos en lejos hay unas casuchas de madera, sucias, como de gitanos. Y por los caminos, blancos como los castellanos, el eterno auto, la *marca* de América.

Diez años más tarde, lo menos americano es el criterio base para establecer la autenticidad y belleza de un lugar: "tiene para mí un encanto inmenso el volver a respirar este provincianismo. Popayán es quiza lo más remoto de lo yanqui, que he visto, es decir lo más auténtico". En el momento de acatar su destino reconoció la gran distancia que sentía entre Europa y Norteamérica: "Viviremos aquí bien, lo espero, pero siempre en el fondo de mí habrá, creo, una nostalgia por algo indefinible: la *densidad*, la *antigüedad*, de lo humano". Se enfrenta con una dimensión de la otredad: "los miro (¡yo, pobre de mí, el extranjero, el extrañado!) como a extranjeros". Extranjero, extrañado, así es su reacción ante Norteamérica, de sorpresa ante las maravillas del ingenio mecánico, de decepción ante la poca densidad espiritual.

La reacción ante lo norteamericano le empujó casi por fuerza a interesarse por lo hispano. Y aquí también hay un progreso, de sentido opuesto, desde la indiferencia al –casi– fervor. En 1940 Salinas analizaba la problemática de las relaciones entre España y la América hispana en términos más bien pesimistas:

¿Qué tendrá el hispanoamericanismo que acarrea tras de sí las frases de cajón y los lugares comunes? Yo pienso honradamente en ello y no lo entiendo. Porque la verdad es que lo hispanoamericano es una realidad, algo cierto y resistente en el tiempo. Y no obstante apenas comienzan los discursos se despeña por la vertiente de lo convencional. ¿Será que no hemos dado con la verdad de esa realidad?

Pero pronto cambió de opinión. Influyeron dos visitas breves a México, una estancia de tres años en Puerto Rico, la visita a Cuba y la República Dominicana y un largo viaje por Colombia, Ecuador y Perú. En muchas de esas cartas asoma su sorpresa ante la unidad y diversidad en la presencia de lo hispano en los países de Sudamérica que visita, y se entretiene en establecer las razones para la unidad subterránea. Con el tiempo desarrolló una nueva mirada, que intenta explicar el resultado de la experiencia colonialista bajo nueva luz, ahora que, a través de lo que observa puede enriquecerse y recuperar su propio pasado. Visitar México fue una revelación. En las pocas cartas que se han conservado de esa visita se nota el impacto profundo de la Nueva España. Descubre el valor vago, sugestivo, de los nombres antiguos que se asocian a nuevas realidades, en una maniobra que califica de proustiana: "Y tengo la sensación de haber abierto una caja misteriosa de la vida atrás y de verme en un sitio donde he vivido y donde no he vivido, que me es familiar y nuevo a la vez". En especial, valora el idioma: "La verdad es que para mí no hay política ni hay nacionalismo: hay sólo, lengua". Años más tarde, en Colombia, le fascina el impacto de la muerte de Manolete, el fervor que despiertan sus conferencias, el contraste entre el vivir literariamente de incógnito en Estados Unidos, y "aquí, de pronto, esta lluvia de atenciones, de alabanzas, muy provinciana, claro, pero tan distinta". Es la reacción del español trasterrado que se sorprende ante lo profundo de la huella de sus antepasados en el Nuevo Mundo:

Pero tanto en los tejidos como en los cacharros, se revela una concepción del mundo y de la vida mágica, extraña, infinitamente lejana de nosotros. [...] Salí transtornado, de la inmersión en ese mundo. Figúrate, pasar de allí, dos horas después, a Garcilaso, el Renacimiento, al mundo de las claridades, de las formas puras, de la eliminación de todo lo monstruoso por fuerza del espíritu ordenador. Tremendo viaje que yo hice, ayer. Pero estas gentes tienen los dos mundos dentro, y no hay duda de que se debaten del uno al otro trágicamente. Los voy conociendo mejor, y con más respeto.

Todo ello le conduce a valorar con más profundidad la relación entre los dos mundos. Es aguda la manera como percibe los indicios de independencia a partir del arte religioso:

Esa influencia de lo americano, introducida por el artesano, por el tallista indio, fuera de la voluntad del maestro de obras español, es lo mas típico de este arte de por aquí. Se ve ya un anhelo de independencia, una afirmación de su modo de ser, que se asoma, y se insinúa, en los detalles, ya que lo principal está regido y dirigido por otros, por los amos, los conquistadores. [...] Es el arte el que primero lo expresa, con su voz misteriosa, que no percibían o no entendían los dominadores. La libertad se busca siempre sus salidas.

El resultado casi lógico de tanto viaje y deambular por realidades extrañas o que, a lo sumo, le recuerdan su lugar de origen es una proclamación de fidelidad a los orígenes, que se traduce en una añoranza del Mediterráneo. Observando el Pacífico en

California en 1939 puede escribir: "Y ya sabes lo que es eso para mí: el Mediterráneo. Me declaro ciudadano del Mediterráneo. Claro es que a este falso Mediterráneo le falta algo: la antigüedad de las cosas". Salinas aprende poco a poco a dibujar un paisaje idealizado de lo perdido, que surge ante las evocaciones de las visitas: "esos patios con jardines, paredes encaladas, jazmín, palmeras, que me recuerdan nuestro mundo: desde Alicante a Sevilla, por Argel, donde nos siguieron siempre esas flores, esos árboles, esos muros blancos". A la larga, estos viajes generan otra obsesión, la de no integrarse en el Nuevo Mundo y reconocer a cada paso las formas de su vida anterior. Por ello quiere contemplar el mar desde un café, se alegra de hablar a gritos en una tertulia, reconoce con alegría voces y gestos, colores, en las calles de México o Colombia.

MUNDO MODERNO

Salinas fue un gran enamorado de la máquina y de las ciudades. Símbolos poderosos de la modernidad. La estancia en París ya le sirvió para fijarse en las distancias entre Francia y España y destacar los perfiles de lo moderno. Le sorprendió la fusión de pasado y presente: "Es como todo París, tradición y modernidad, raíz y hoja fresca". En una carta de 1935, de resabios futuristas, evocó un viaje nocturno en automóvil. Y también pudo hacer una especie de apología de la vida en las ciudades. Las diferencias y semejanzas entre un paseo por el Madrid de 1913, y otro por el New York de 1936 (se encuentra a gusto en una, asustado en la otra) desde un tranvía o la imperial de un autobús, observatorios privilegiados del vivir urbano, nos hablan de la pervivencia de unos intereses, y de su evolución. Llegar a Nueva York en 1936 le produjo una impresión terrible: "La ciudad me desconcierta enormemente. Se pasa de un enorme lirismo de la materia bruta, a una rudeza de la materia bruta". La compara con un motor de explosión: "se me antoja así: procede por estallidos, por sacudidas". Es la sorpresa ante maneras de organización de la vida en lo que Josep Pla y Julio Camba llamaban la ciudad automática. Pero pronto se dio cuenta de que era preferible ese caos barroco a la vida apacible en exceso, fundamentada en el alejamiento humano, de la suburbia norteamericana.

Llegado un momento la distancia entre las diferencias de formas de vida se mezclan con la edad, y adopta actitudes críticas con más frecuencia. De visita en Los Ángeles se sorprende ante la cantidad de mujeres que llevan pantalones ("especie de sexo intermedio") y de que todos los estudiantes vayan en mangas de camisa. Más tarde estará orgulloso de su condición de persona en la que puede reconocer "al ser antiguo, al hombre eterno y no al maniquí de modas contemporáneo". De ello deriva un rechazo frontal de las formas de vida norteamericanas. Se concentra en lo humanista:

Encuentro a la vida americana cada día más apática, más rutinaria, más falta de viveza y brío. Me hacen el efecto de seres a quienes les han dado cuerda, como a muñecos mecánicos y no saben hacer más que los movimientos de sus respectivas maquinarias: unos a mover los brazos, otros a despegar los labios sonriendo.

O establece una teoría acerca de la uniformidad del país, distinta de la variedad idealizada de Europa:

Yo creo que son dos los factores que han planchado, por decirlo así, a América. (Me hace el efecto de un país planchado, sin desniveles, llano, plano, igual.) Uno la educación, otro el comercio e industria. Los fabricantes monopolizan la fabricación de un producto y lo colocan en todo el país. Y los Colleges y Universidades fabrican graduados del mismo tipo, en todas partes.

En sus viajes aprecia la diferencia entre maneras de observar, que considera intrínsecas de las idiosincrasias:

Paisajes de ventanilla. Lo que a mí me gusta más, ese lento infiltrarse del paisaje en uno, por los ojos, poco a poco, mirándole a gusto, sin prisa, y cómodo es casi un imposible. Hacen los americanos con el paisaje lo que con la bebida: se beben todo el vaso de un trago, y a otra cosa. Y mi gusto es dejarme penetrar, muy despacio, por las formas y los colores que tengo ante los ojos.

En otra ocasión un concierto nocturno le sugiere una imagen original como resumen del contraste que presenta la realidad norteamericana: "Esto es lo hermoso de América, esos tres pisos: lo natural, el grillo, la aspiración al arte, la música, y la máquina, el avión. Te mando mi American Celestial Sandwich. ¿Lo quieres dar un bocadito?"

Las nuevas realidades, el choque con lo desconocido presente en el viaje, imponen su ley en la lengua del escritor. Salinas vivía en una situación especial. Sentía que el "idioma es al fin y al cabo, la esencia de un país, en *mi memoria*". Se ve obligado a recurrir a neologismos o a construir imágenes sugerentes. Nueva York le hace disfrutar de "terribles *vaivenes de la vista*". Visitar un museo se convierte en el "mureo": "Por las mañanas íbamos de Mureo (palabrita que te propongo, estilo Joyce, hija de Museo y bureo)". O la monotonía de la vida en un pueblo pequeño le parece una "vida como de *relojería sosa*". Un viaje en avión le sugiere una inversión: "parece el suelo una verdadera *feria terrenal,* una fiesta callada, expresada toda en colores palpitantes, como las estrellas. ¡Qué impresión de 'cielo al revés'!" Contemplando un paisaje urbano le parece que los edificios tienen la "manía de 'echar para arriba' y *rascacielear*". Sucede lo que ha escrito Andrés Soria Olmedo, "Salinas prefiere recurrir a los cambios de registro: pasa del lenguaje coloquial al lenguaje requintado, de lo humorístico e ingenioso a la introspección o la expansión lírica" (15). El vaivén estilístico se acentúa ante las exigencias expresivas del viaje. También asevera su sorpresa ante las fusiones lingüísticas. Le llaman la atención nombres pintorescos, como el de un restaurante californiano, "La Venta Inn".

Asimismo, se abren las puertas a las prosas con acento literario. Leemos auténticos poemas en prosa, reflexiones íntimas de alcance filosófico, contrapunteadas por jugosos comentarios de época que pueden hacernos sonreír, como en su experiencia automobilística nocturna de los años treinta. También en descripciones en las que prima lo cromático. El Grand Canyon lo ve en los siguientes términos:

> Esta tarde me entretenía en contar las colores: gris, hueso, marfil, ocre, pardo, gris, rosa, rojo, violeta. Pero no son sólo los colores, son las formas, las masas: antes que los asirios, antes que los egipcios, que los mayas, todo lo grandioso estaba *soñado* por la tierra, aquí. Es la geología hecha sueños. Es entre Miguel Ángel, por lo convulso y Goya por lo fantástico. Y todo deshumanizado, sin traza de vida, sin posibilidad absoluta de vida, condenado a la esterilidad para siempre, como una especie de eternidad que se basta a sí misma.

O puede ver en términos estéticos, inscribiendo a Tchaikovski y a Baudelaire, los movimientos de la niebla que contempla en la bahía de San Francisco.

Las cartas de Salinas trazan una geografía certera de destinos y amistades, de aficiones y afectos. Estados Unidos por destino académico, y Latinoamérica por el destino de la gente de su ámbito. Pero el epistolario de un gran escritor no se limita a eso. Es también el reflejo, a veces directo, otras inverso, de una pasión por la escritura que le afecta en todos los actos de su vida. La voz que respira en la escritura epistolar de Pedro Salinas, resulta una muestra excelente de las dimensiones colosales de sus "deudas" afectivas con los amigos (o como decía Guillén, las "atenciones"), pero también una prueba más de su integridad como escritor. La carta es siempre un documento íntimo, que busca un destinatario y salvaguarda ese carácter —"su carácter específico y su razón de lectura", decía el propio Salinas— a pesar de las ediciones públicas. El conocimiento de estas cartas de viaje no presentan una imagen nueva del escritor, sino que confirman de forma más acerada la ambivalencia y la duda del devoto escéptico ante el espectáculo de la modernidad. Decía Estrabón, un viajero de la Grecia clásica, que "el geógrafo tiene que ser filósofo, y debe ocuparse en la investigación del arte de la vida, es decir, en la felicidad". Así este pasajero, observador del vivir absurdo, goloso devorador visual de las maravillas a su paso, convirtió el mundo en un museo y supo encerrarlo entre las cuatro esquinas de un marco, las cartas de viaje. En ellas se cumple el destino de todo viajero: reencontrarse a sí mismo a través de lo que ve, y darse cuenta de la grandeza de sus limitaciones y contradicciones.

NOTA A LA EDICIÓN

La edición de las cartas se complementa con dos ensayos significativos: "Defensa de la carta misiva y la correspondencia epistolar" y "Aprecio y defensa del lenguaje", el discurso pronunciado en la colación de grados universitarios en 1944 de la Universidad de Puerto Rico. Corresponde el primero a la teoría de un escritor que vivió, practicó y defendió como pocos la intensidad de la carta, y el segundo a la realidad de un escritor exiliado en un país como Estados Unidos, en el que se sentía alejado de la comunidad del lenguaje.

En la transcripción de las cartas se ha seguido un criterio poco intervencionista. Se han regularizado los acentos y la grafía de palabras. Sólo se ha modificado la puntuación en los casos en que dificultaba la comprensión y se han corregido los errores mecánicos evidentes. Se ha desarrollado el V. ("usted"), nombres de ciudades como N. York (Nueva York). En casos en los que Salinas duda, como Méjico/México, se ha optado por utilizar la segunda grafía, que es la más extendida en la actualidad. Se han uniformado los encabezamientos y las menciones de libros, artículos y poemas.

Por razones obvias, este epistolario nos ha llegado en estado trunco, puesto que muchas de las cartas escritas antes de 1936 se han perdido. Buena parte de las cartas de Pedro Salinas se conservan en la "Houghton Library" de Harvard University. Existe copia en microfilm de las mismas en el archivo de la Residencia de Estudiantes, en Madrid. Provienen de la "Houghton Library" las cartas dirigidas a: Margarita Bonmatí, Catherine y Juan Centeno, Jorge Guillén, Solita y Jaime Salinas. Se encuentran en otros lugares las dirigidas a Alice Bushee (Archivos de Wellesley College); José Ferrater Mora (Arxiu Ferrater-Mora, Universitat de Girona); Juan Guerrero (Sala Zenobia Camprubí y Juan Ramón Jiménez, Puerto Rico); Juan Ramón Jiménez (Archivo Histórico Nacional, Madrid, JRJ 336/10); Margarita de Mayo (Archivo de Vassar College); Ramón Menéndez Pidal (Archivo Menéndez Pidal, Madrid). Se publican con autorización de esas instituciones.

Agradezco a Solita y Jaime Salinas el permiso para publicar estas cartas, así como la pronta respuesta a múltiples consultas.

ENRIC BOU

Cronología

1891-1914: MADRID

Pedro Salinas nació en Madrid el 27 de noviembre de 1891 en una casa de la calle de Toledo (núm. 41), próxima a la iglesia-catedral de San Isidro.

Realizó sus primeros estudios entre 1897 y 1903, en el Colegio "Hispano-Francés", de la calle de Toledo núm. 4, justo enfrente de la casa donde vivía. Entre 1903 y 1908 cursó los cinco años del Bachillerato en Artes en el Instituto "San Isidro", siempre en el barrio.

En 1908 inicia los estudios en la Facultad de Derecho de la Universidad Central (en la calle San Bernardo).

El 22 de julio de 1911, día de Santa Magdalena, conoció en Santa Pola, en casa del matrimonio Herrera, a Margarita Bonmatí Botella. Se hicieron novios el 4 de septiembre de 1912.

Fue elegido en la primavera de 1913 secretario de la sección de literatura del Ateneo, presidido por Azaña.

Publica "Estrofas" y "Estancia en memoria de Jean Moréas" en la antología de J. Brissa, *Parnaso español contemporáneo* (Barcelona, 1914).

1914-1917: PARÍS

Lector de español en La Sorbona de París, entre 1914 y 1917.

Se casa con Margarita Bonmatí el 21 de octubre de 1915.

1918-1927: SEVILLA

Hace oposiciones en la primavera de 1918 a cátedra universitaria de lengua y literatura española y al ganarlas opta por la de Sevilla. Hasta su traslado a Madrid, en 1927, se integra en la vida sevillana, donde nace su hija Soledad (18 de enero de 1920).

Pasa los veranos en la finca "Lo Cruz" de la familia Bonmatí, cerca de Alicante.

Hacia 1922 comienza su amistad fraternal con Jorge Guillén, que le ha sucedido en el lectorado de la Sorbona.

Después de pasar los trimestres de otoño e invierno del curso académico 1922-1923 en Cambridge University se lanza a publicar su primer libro de poemas, *Presagios* (con una Visita de P. S. por Juan Ramón Jiménez), Madrid, Índice, 1923.

Durante los veranos de 1924, 1925 y 1926 es profesor de los cursos de verano del Institut Français en Burgos. Publica la versión "en romance vulgar y lenguaje moderno" del *Poema del Mío Cid* (Revista de Occidente, 1925) y la edición de las *Poesías* de Juan Meléndez Valdés (Clásicos Castellanos, 1925).

Publica *Víspera del gozo* (1926), volumen que inicia la colección de narrativa "Nova novorum", de la Revista de Occidente.

1927-1936: MADRID

En abril de 1927 se trasladó a Madrid. Allí se ocupaba de la dirección de los cursos de vacaciones para extranjeros del Centro de Estudios Históricos (1928-1931) y dirigió la sección de publicaciones del Patronato de Turismo, con Melchor Fernández Almagro.

En 1929 publica *Seguro azar* (Revista de Occidente), su segundo libro de poesía.

El 14 de abril de 1931 se acabó de imprimir su tercer libro de poesía, *Fábula y signo* (Madrid, Editorial Plutarco).

Dirige la sección de literatura contemporánea del Centro de

Estudios Históricos desde su fundación (1932-1936), y su publicación mensual, el *Índice literario*.

Desde 1933 a 1936 ejerce como secretario de la Universidad Internacional de Santander. A lo largo de 1933, publican poemas (en *Los Cuatro Vientos, Revista de Occidente*, la "plaquette" *Amor en vilo*. Ediciones "La tentativa poética", en los periódicos *Los Lunes de El Imparcial* y *El Sol*) de lo que en diciembre será *La voz a ti debida*, Signo/Los Cuatro Vientos, Madrid, 1933.

El 17 de diciembre de 1933 le fue concedida la Légion d'Honneur por el gobierno francés.

En 1935 aceptó una invitación para enseñar como profesor visitante en Wellesley College, cerca de Boston, Massachusetts.

En 1936 dirige, junto con Dámaso Alonso, la colección de clásicos "Primavera y flor", de la editorial Signo, donde publica Jorge Guillén la traducción del *Cantar de cantares* de fray Luis de León, y él mismo la edición de San Juan de la Cruz, *Poesías completas. Versos comentados. Avisos y sentencias. Cartas.*

Salinas comienza su actividad como dramaturgo: Publica *Razón de amor* (Madrid, Cruz y Raya, 1936).

1936-1940: WELLESLEY (BOSTON)

A las pocas semanas de empezada la guerra civil se traslada a Wellesley College, cerca de Boston, Massachusetts, para ocupar la cátedra "Mary Whitin Calkins" durante el curso académico 1936-1937.

Dicta las conferencias Turnbull ("La realidad y el poeta en la poesía española") que se editarán en 1940: *Reality and the Poet in Spanish Poetry*, Baltimore, The Johns Hopkins Press.

Una de las asistentes, Eleanor Laurelle Turnbull, se convertiría en traductora de su poesía (y de la de sus amigos).

Durante los cursos 1937-1938 y 1938-1939 alternaría las clases en Wellesley College con un puesto de profesor visitante en Johns Hopkins University.

En el verano de 1937 profesó en la Summer School de Middlebury College. Dio dos cursos: "El romanticismo español" y "La poesía contemporánea". Le fue concedido un doctorado *Honoris Causa*. Entabla una cordial relación con Juan Centeno, director de la Escuela Española, hasta la muerte de éste, en 1949. A su memoria dedicaría el libro póstumo de poesía *Confianza*.

Escribe un libro nuevo, *Largo lamento,* que no publicará.

En diversas ocasiones manifestó su adhesión al gobierno de la República. En mayo de 1937 participó en una serie de *meetings* en el área de Boston, junto con Fernando de los Ríos, embajador entonces.

En septiembre visita México, invitado por el Consejo Nacional de Educación Superior. En el Palacio de Bellas Artes de la ciudad de México disertó sobre "Mundo real y mundo poético". Publicó allí una *plaquette,* "Error de cálculo" (Fábula: Imprenta de Miguel N. Lira), poema perteneciente a la serie de *Largo lamento.*

Publica una antología de sus poemas traducidos al inglés por Eleanor Turnbull, *Lost Angel* (Baltimore: Johns Hopkins University Press, 1938):

En el mes de mayo de 1939 participó en la reunión del Pen Club Internacional que coincidió con la Exposición Internacional en Nueva York. El tema de su intervención fue "¿Puede la cultura sobrevivir al exilio?"

En el verano fue profesor visitante en la University of Southern California. En el viaje a California visitó el Grand Canyon.

En agosto viaja de nuevo a México, invitado por La Casa de España (luego El Colegio de México) para dar conferencias en el Colegio Mayor de Guanajuato (donde fue nombrado Profesor Honoris Causa), en Guadalajara y en la ciudad de México, junto con León Felipe y José Gaos.

1940-1942: BALTIMORE

En el otoño de 1940 se incorpora al prestigioso Departamento de Lenguas Románicas de Johns Hopkins University, donde profesaría hasta su muerte.

Instalados en Baltimore, compra una casa, en el 3521 de Newland Road.

Participa en el Segundo Congreso Internacional de Catedráticos de Literatura Iberoamericana en Los Ángeles con una ponencia sobre Sor Juana Inés de la Cruz, "En busca de Juana de Asbaje".

Profesor en la Summer School de University of California en Berkeley en los veranos de 1940 y 1941, hace amistad con el poeta y diplomático Jorge Carrera Andrade.

En esos años se publican nuevas traducciones de su poesía hechas por Miss Turnbull: *Truth of Two and Other Poems* (Baltimore: Johns Hopkins University Press, 1940). Se le dedica un número de la *Revista Hispánica Moderna,* VII (1941). Colabora con José Bergamín en la Editorial Séneca, de México, donde aparece su antología de Fray Luis de Granada, *Maravilla del mundo* (1940) y una selección de ensayos breves procedentes de *Índice Literario* bajo el título *Literatura española siglo XX* (1941). En 1942 publica en Losada de Buenos Aires —otra editorial de emigrados españoles— los cinco libros de poesía del periodo 1923-1936: *Poesía junta.*

1943-1946: PUERTO RICO

En el verano de 1943 se trasladó (con licencia, que fue excepcionalmente prorrogada hasta 1946, de la Johns Hopkins University), a la Universidad de Puerto Rico, San Juan.

Su estancia en Puerto Rico tiene gran impacto. Se desarrolla un entorno de amigos fieles: Nilita Vientós (fundadora y directora de la revista *Asomante,* bautizada por Pedro Salinas), Tomás Blanco, Luis Muñoz Marín, Jaime Benítez (rector de la Universidad), Gustavo Agrait, el doctor Ángel Rodríguez Olleros, Elsa y Esther Fano, entre otros.

Realiza una intensa actividad pública y académica. Da conferencias sobre Rubén Darío. Pronuncia el discurso en la colación de grados universitarios en 1944 de la Universidad de Puerto Rico sobre "Aprecio y defensa del lenguaje". Lleva a cabo una gira de charlas en Santo Domingo (17 de junio de 1944) y La Habana (28 de junio de 1944).

Publica en la revista mexicana *El Hijo Pródigo* (VIII, 36, mayo) la semblanza de sus amigos y compañeros de generación, "Nueve o diez poetas" (también como prólogo a la antología bilingüe de Eleanor Turnbull *Contemporary Spanish Poetry*, Baltimore, 1945), y en *Cuadernos Americanos* (México, III, septiembre-octubre de 1944) el poema *Cero*, reimpreso junto con la traducción inglesa de Miss Turnbull en el volumen *Zero* (Baltimore: Contemporary Poetry, 1947), además de otros trabajos de crítica literaria.

Se dedica intensamente a escribir teatro: *Ella y sus fuentes, El parecido, La bella durmiente, La isla del tesoro, La cabeza de medusa, Sobre seguro, Caín o una gloria científica.*

1946

Conferencia en Pro Arte de Ponce, Puerto Rico, sobre "La lectura. Problema del hombre moderno". Pronuncia un discurso en la "Asociación de Amigos de la Democracia Española", un discurso satírico, "Elogio de la paciencia" (14 de abril). Publica *El Contemplado* (México, Editorial Stylo) y graba una lectura de este libro en la Biblioteca del Congreso de Estados Unidos, Washington (24 de diciembre de 1946).

De vuelta a Estados Unidos profesa en el verano de 1946 en la Escuela Española de Middlebury College.

Regresa a Baltimore en el otoño para reincorporarse a la cátedra de Johns Hopkins University.

Durante los meses de agosto y septiembre de 1947 viajó por Colombia (Bogotá, Popayán, Cartagena y Medellín), Perú (Lima) y Ecuador (Quito) dando conferencias, algunas de las cuales pertecen al ciclo *El defensor*.

A la vuelta de ese viaje comunicaba a Guillermo de Torre unas reflexiones muy importantes para comprender la visión que tenía de su particular condición de exiliado:

> He aprendido mucho de ese misterioso mundo de lo hispanoamericano, del que tanto tenemos que aprender los españoles... He conocido a algunos jóvenes y no jóvenes de interés literario e intelectual. Usted, amigo mío, como vive en un magna ciudad de lengua española no se da cuenta de que los que residimos en un país de lengua extraña somos dos veces desterrados. Vivimos en un mundo de incógnito, en cuanto escritores. Y apenas se sale, y se penetra en el mundo lingüístico hispano, se retorna al medio normal de nuestra actividad literaria. Esas seis semanas de rondar por aires donde se habla español, me han animado un poco y distraído un poco de mis cuitas que luego le explicaré.

Publica: *Jorge Manrique o tradición y originalidad* (Buenos Aires, Sudamericana, 1947), *La poesía de Rubén Darío* (Buenos Aires, Losada, 1948), *El defensor* (Bogotá, Universidad Nacional de Colombia, 1948).

En 1949 publica *Todo más claro y otros poemas* (Buenos Aires, Sudamericana, 1949).

Profesor en la Summer School de Duke University.

Publica *La bomba increíble* (Sudamericana, Buenos Aires, 1950), que había escrito en breve tiempo.

Lectura grabada de una selección de su poesía en la Fundación Hispánica de la Biblioteca del Congreso, Washington, 14 de diciembre de 1950.

Pronuncia en Wellesley College su última conferencia, "Deuda de un poeta", el 20 de abril de 1951.

Estreno en La Habana de *Judit y el tirano,* el 5 de junio. La enfermedad le impidió asistir.

Publicación de *El desnudo impecable y otras narraciones* (México, Tezontle, 1951).

Aquejado de intensos dolores reumáticos fue hospitalizado en Baltimore durante el mes de mayo. Pasó el verano en Middlebury y fue trasladado luego a Cambridge. Ingresa a mediados de noviembre en el Massachusetts General Hospital (Boston) y fallece (mieloma canceroso con metástasis) a mediodía el martes 4 de diciembre de 1951 en la clínica privada Philips.

Entierro en Puerto Rico, el domingo 9 de diciembre, presidido por las autoridades de la isla y su hijo Jaime: la radio insular transmite ese día la grabación de *El contemplado* hecha por el poeta cinco años antes en Washington. Inhumación en el antiguo cementerio de Santa Magdalena, junto al mar y al pie de las murallas de San Juan.

Tomás Blanco pronunció un discurso:

Sobre todo, era don Pedro Salinas: *hombre,* muy humano, muy vital. Noble corazón y clara inteligencia. Extasiado ante el mar. Juguetón y mimoso con los niños. Respetuoso frente al individualismo del prójimo. Pero apasionado de sus gustos, arraigado a sus convicciones e intransigentemente fiel a su propia esencia. A la vez cáustico y afable, humorista y sesudo, campechano y cortés, disciplinado y sensual. Gozaba del aire que respiraba, del agua que bebía, del paisaje que tenía a la vista, del sol que le alumbraba, de la tierra en que ponía los pies; y de los manjares de la mesa o de la comodidad de algún sillón. Y era un magistral dialogador, abierto a la buena conversación, de la que también gozaba como de uno de los mayores deleites de la vida.

Temas de investigación

1. ¿Cuál es la perspectiva acerca de Estados Unidos de Pedro Salinas?
2. Diferencias en su apreciación de las formas de vida en Estados Unidos y en Latinoamérica.
3. ¿De qué manera se percibe la condición de exiliado en estas cartas?
4. La correspondencia sustituye la escritura de un diario.
5. Semejanzas entre las apreciaciones sociológicas en las cartas y en los ensayos
6. Éstas son las cartas de un literato. Reflexiones más importantes sobre la propia escritura y sobre la escritura de otros.

Bibliografía

ALONSO, Dámaso, "Prólogo", en Pedro Salinas, *Ensayos completos,* Taurus, Madrid, 1983, pp. 13-28.

BOU, Enric, "Salinas, a este lado del océano", *Boletín de la Fundación Federico García Lorca* 3, 1988, pp. 38-45.

——, y Andrés Soria Olmedo, "Pedro Salinas, Cartografía de una vida", *Pedro Salinas, 1891-1951,* Ministerio de Cultura, Madrid, 1992, pp. 21-160.

CRISPIN, John, *Pedro Salinas,* Twayne, Nueva York, 1974.

DEBIKI, Andrew P. (ed.), *La poesía de Pedro Salinas,* Taurus, Madrid, 1976.

DÍEZ DE REVENGA, Francisco Javier, "Introducción", en Pedro Salinas, *Poemas escogidos,* Espasa Calpe, Madrid, 1991, pp. 11-67.

GUILLÉN, Jorge, "Prólogo", en Pedro Salinas, *Poesías completas,* Seix Barral, Barcelona, 1981, pp. 1-30.

MARICHAL, Juan, *Tres voces de Pedro Salinas,* Taller de Ediciones Josefina Betancor, Madrid, 1976.

NEWMAN, Jean Cross, *Pedro Salinas and his Circumstance,* Inter American University, Puerto Rico, 1983.

ORRINGER, Stephanie, "Pedro Salinas' Theater of Self-authentification", tesis, Brandeis University, 1991.

SALINAS, Pedro, *Poesías completas,* Seix Barral, Barcelona, 1981.

——, *Ensayos completos,* Taurus, Madrid, 1983.

SALINAS, Pedro, *Cartas de amor a Margarita* (1912-1915), Solita Salinas de Marichal (ed.), Alianza Editorial, Madrid, 1984.

——, y Jorge Guillén, *Correspondencia* (1923-1951), Andrés Soria Olmedo (ed.), Tusquets, Barcelona, 1992.

——, *Todo más claro, El contemplado*, Soledad Salinas de Marichal (ed.), Alianza, Madrid, 1993, pp. 7-20.

——, *La voz a ti debida, Razón de amor, Largo lamento*, Montserrat Escartín (ed.), Cátedra, Madrid, 1995.

——, "Cartas de viaje: 1912-1951", *Pre-Textos*, 248, Enric Bou (ed.), Pre-Textos, Valencia, 1996.

——, *Mundo real y mundo poético*, Christopher Maurer (ed.), Pre-Textos, Valencia, 1996.

——, *Cartas a Katherine Whitmore*, Enric Bou (ed.), Tusquets, Barcelona, 2002.

SORIA OLMEDO, Andrés, "Dos voces a nivel", en Pedro Salinas y Jorge Guillén, *Correspondencia* (1923-1951), Tusquets, Barcelona, 1992, pp. 9-36.

STIXRUDE, David L., "Introducción", en Pedro Salinas, *Aventura poética*, Cátedra, Madrid, 1989, pp. 15-58.

VARELA, Javier, "El sí y el no de Pedro Salinas", en *Pedro Salinas. 1891-1951*, Madrid, Ministerio de Cultura, 1992, pp. 161-176.

ZULETA, Emilia de, *Cinco poetas españoles (Salinas, Guillén, Lorca, Alberti, Cernuda)*, Gredos, Madrid, 1971.

OBRAS CITADAS

BLANCHOT, Maurice, "Le Journal intime et le récit", *Le Livre à venir*, Gallimard, París, 1959, pp. 271-279.

BOU, Enric, "Escritura y voz: las cartas de Pedro Salinas", *Revista de Occidente* 126 (1991), pp. 13-43.

GASCÓN-VERA, Elena, "Hegemonía y diferencia: Pedro Salinas en Wellesley College", en Enric Bou y Elena Gascón-Vera (eds.), *Signo y memoria: ensayos sobre Pedro Salinas,* Pliegos, Madrid, 1993, pp. 33-50.

GUILLÉN, Jorge, "Elogio de Pedro Salinas", en Andrew Debicki (ed.), *Pedro Salinas,* Taurus, Madrid, 1976, pp. 25-33.

SALINAS, Pedro, "Defensa de la carta misiva y la correspondencia epistolar", *El Defensor, Ensayos completos II,* Taurus, Madrid, 1983.

——, *Cartas de amor a Margarita* (1912-1915), Solita Salinas de Marichal (ed.), Madrid, Alianza Editorial, 1984.

SIMMEL, Georg, "Das Abenteuer", *Philosophische Kultur,* Verlag Klaus Wagenbach, Berlín, 1983, pp. 13-26.

SORIA OLMEDO, Andrés, "Dos voces a nivel", en Pedro Salinas y Jorge Guillén, *Correspondencia (1923-1951),* Tusquets, Barcelona, 1992, pp. 9-36.

TORRE, Guillermo de, "Evocación de Pedro Salinas", *Asomante* 1 (enero-febrero, 1954), pp. 12-18.

VARELA, Javier, "El sí y el no de Pedro Salinas", *Pedro Salinas. 1891-1951,* Madrid, Ministerio de Cultura, 1992, pp. 161-176.

Cartas

A MARGARITA BONMATÍ

[Membrete: S.S. Île de France/À bord le][1]

Sábado [5 de septiembre de 1936]

T E ESCRIBO desde el barco, que acaba de salir de Le Havre, para echar la carta en Southampton. El barco es grande, pero el camarote resulta un poco pequeño y somos tres en él. Los salones son hermosos y la cubierta. Hasta ahora no me mareo, aunque el mar no está muy tranquilo.

Viñas[2] vino a despedirme a la estación. Muy pesimista. Las últimas noticias son malas para el gobierno: toma de Irún, incomunicación con Francia por este lado y probable caída próxima de S. Sebastián. Además ya habrás visto por la prensa que hay un

---

1. Años más tarde explicó en una charla en inglés la peripecia de la salida de España: "Al acercarse el mes de septiembre obtuve permiso oficial para salir de España y cumplir con mi compromiso con Wellesley College. Porque yo estaba convencido de que el levantamiento se sofocaría pronto". Como ya se mencionó en el prólogo (p. 13), tuvo dificultades para encontrar un medio de abandonar España por mar. Desembarcó en San Juan de Luz, y el 4 de septiembre salió desde Le Havre para Estados Unidos, mientras su familia marchaba a Argel.   2. Aurelio Viñas Navarro (1892-1958), catedrático de historia, se trasladó a París, donde fue cofundador y profesor del Institut Hispanique de la Sorbonne.

nuevo gobierno en Madrid, de tipo predominantemente socialista moderado, pero con dos comunistas, Bayo y Largo Caballero. Se ve que lo han formado para intentar dominar a las milicias colocando en el gobierno a sus jefes. Pero me temo que no logren nada. En el extranjero causará mal efecto, porque se podrá decir que ya mandan en España los comunistas, y que se acentúa la marcha hacia el barbarismo. A mí me parece bien su formación por si así puedan restablecer la autoridad del gobierno sobre las milicias y crear el mando único. Pero me temo que ya sea tarde.

Según la gente de París, Viñas, Prieto, etc., Madrid está imposible y Barcelona peor. Todos mandan y nadie manda. Los ministros, apenas si tienen autoridad, y viven todos en el Ministerio de Marina sin atreverse apenas a salir. Las milicias anarquistas se presentan donde quieren, se llevan a quien quieren y lo matan o lo sueltan. El novio de Pepita Viñas, aunque era de Izquierda Republicana y muy amigo de Bolívar, lo han fusilado sin saber por qué. A Don Ramón lo sacaron de su casa en un camión, y le llevaron al Centro del que se han incautado unos catedráticos de Instituto cualesquiera. A Marañón que estaba en Portugal y volvió a Madrid para que no dijeran que se emboscaba, le llevaron a declarar y lo soltaron después de tres horas de interrogatorio. A Ortega le han amenazado porque no ha querido hablar por la Radio y el gobierno no puede nada contra esta anarquía que hace que no esté segura la vida de nadie y se mate sin ton ni son. ¡Qué suerte hemos tenido, Marg! ¡Qué días horribles deben de estar pasando allí! Pobres los de Santander, ¡si vuelven! Aunque en Cataluña es peor ¡no sé lo que pasará allí! ¡Ahora que el Ministro de Instrucción es un comunista! ¡Adiós, guapa! ¡Demos gracias todos! Os abrazo mucho y os recuerdo mucho.

Tu Pedro

[Membrete: S.S. Île de France/ À bord le]

Miércoles [9 de septiembre de 1936]

Hasta hoy desde el sábado, no he podido escribir una línea. Todo empezó muy bien, pero el domingo el tiempo empeoró y estos tres días los he pasado hecho una calamidad, en el camarote casi siempre y sin comer apenas hasta ayer. Ayer el tiempo mejoró, comí en el comedor pero no podía escribir. Hoy hace un día hermoso, un sol y más azul. Ojalá siga así. Estoy un poco atontado, en parte por el mareo y en parte por la novedad. Vamos en el barco 1300 personas, más 800 de marineros y personal. ¡Qué revoltijo! ¡Qué de tipos y de fachas! Paso muchas horas sentado en cubierta, en una *chaise-longue,* viendo desfilar a este abigarrado público. La impresión que se saca de los americanos, por lo que se ve en el barco no es muy buena, por fuerza. Hablan fuerte, meten ruido, no se paran en modales ni maneras: pero son simpáticos y sencillos, de una cordialidad sin afectación. Tengo por compañero de camarote a un estudiante y a un maestro de escuela, buenos chicos. Pero apenas si me puedo entender con ellos. ¡Qué catástrofe, el idioma! No entiendo nada. El acento me desfigura el inglés de tal modo que parece otra lengua. Esos dos chicos y otros que vienen a verlos al camarote hablan y hablan entre sí, y no comprendo nada de modo que estoy haciendo una cura de silencio y soledad. No hablo casi con nadie ni tengo ganas. Hay varios españoles, pero no me he acercado a ellos para no encontrarme con el *tema español.* ¡Y qué olvidado, o inexistente parece lo que ocurre en España, aquí en el barco! Todos los días reparten un pequeño periódico impreso a bordo, pero con pocas noticias, e incoherentes. ¿Es posible que esté ocurriendo en España lo que ocurre? ¡Qué terrible egoísmo de los pueblos y la gente! Todo el mundo aquí *tiene la proa* puesta a otra parte. He pasado de estar rodeado exteriormente por la preocupación de lo español todos los minutos, como en Santander, a tener que vivirlo yo en mi interior sin nada externo que aluda a ello. Pero lo sigo viviendo día por día angustiosamente, yo solo en mi mente. Cada vez temo más por los que allí están, por los amigos. Mi paso por París no ha hecho ver muchas cosas. ¡Ya ves qué confianza tendrá en el triunfo Azaña que ha hecho nombrar a Cipri[3] cónsul en Ginebra, para ponerle a salvo! La anarquía debe de ser espantosa y nadie está seguro. Gracias a Dios, de nuevo. ¡Cuenta conmigo, contad conmigo, Marg y adelante! Eso me da ánimo para todo. Adiós te abrazo mucho.

Pedro

[Nueva York] 13 septiembre [1936]

¡Qué calor terrible! Todo el peso enorme de Nueva York parece aumentarse con el peso del calor. Es agotador. La ciudad me desconcierta enormemente. Se pasa de un enorme lirismo de la materia bruta, a una rudeza de la materia bruta. No sé por qué he pensado en el motor de explosión. Ya sabes que el motor ese funciona gracias a un encadenamiento de pequeños estallidos sucesivos, a un rosario de explosiones. Pues bien, Nueva York se me antoja así: procede por estallidos, por sacudidas. Violencia, todo es violento. Y claro, al lado de lo violento su indispensable contrario, lo tranquilo, lo quieto. Este hotel tiene 35 pisos como habrás visto en la postal de Jaime. Tomé el desayuno en una especie de galería que está en el piso 16, desde donde se domina parte de la ciudad. Y mirando el caserío, la cuadrícula de casas en tremendo contraste, de bajas y altas, se sentía ese vivir por explosiones. Y todo igual:

3. Cipriano de Rivas Cherif (Madrid, 1891-México, 1969), cuñado de Manuel Azaña, colaborador habitual de *España*, *El Liberal*, *La Libertad*, *El Sol* y *Heraldo de Madrid*.

muy cerca del centro callejuelas sucias, oscuras, y a cien pasos, tiendas maravillosas, los escaparates más hermosos del mundo. Se me confirma mi impresión, Marg. Oriental, y violenta es Nueva York. De un *despotismo* de la materia sólo comparable con las torres babilónicas y las enormes estatuas asirias (¿te acuerdas del Louvre?) o las pirámides egipcias. Y junto a eso el cuarto de hotel tranquilo, sin ruido, el baño perfecto, la tienda exquisita. ¿Qué sentido tendrá todo esto en el fondo? ¿Todo *quiere* decir algo? ¿Qué quiere decir Nueva York? Anoche parado frente a un inmenso rascacielos cúbico, me parecía estar ante la Esfinge. ¿Pero tendrá secreto?

Pienso en lo otro. Pienso en las casas blancas y sencillas de África, en tu casa, en la sencillez y la calma. Me resuenan en el espíritu los versos de Verlaine, no sé cómo:

> Mon Dieu, mon Dieu. La vie est là
> Simple et tranquille.[4]

Y me reúno contigo. Marg, me acerco a ti, a través de la inmensa distancia.

Vuestro

Pedro

[Membrete: Shelton Hotel/ Nueva York]

[Nueva York] 15 [septiembre de 1936]

Unas líneas nada más, hoy. Estoy tremendamente cansado. No sé lo que voy a hacer, ni cómo descansar. Pienso ir al Instituto de las Españas a ver a Onís,[5] si ha vuelto ya a Nueva York y a que me

4. Se trata de dos versos del poema VI de la parte III del libro *Sagesse.*   5. Federico de Onís (1885-1966), profesor en Columbia University, fundador de la Casa de las Españas.

diga algún sitio tranquilo donde pasar dos o tres días. La ciudad pesa demasiado, es abrumadora. Y me siento un poco solo. He conocido en el Consulado a dos chicos españoles pero no me son simpáticos. Tipo del señorito transplantado. Salí ayer con ellos pero me encuentro mejor así. Sigue el calor y el calor. Marg, perdona una carta tan pobre y cansada. No te preocupes por mí. Son mis depresiones que en seguida pasan. No tengo además noticias vuestras. Y las deseo mucho, como a ti, y a los niños.

Tu Pedro

[Membrete: Wellesley College/ Wellesley, Massachusetts]

23 de septiembre [1936]

¡Aquí me tienes, ya cenado, sentado a la máquina y dispuesto a contarte en detalle cómo vivo! ¿Y sabes qué hora es? ¡Las ocho y media! ¡A qué cosas se acostumbra uno en el mundo! ¡Hasta a cenar a las seis y cuarto, como hago yo hace tres días! Pero vamos por orden. Es temprano, no tengo nada que hacer y me deleita el pensar que voy a poder escribirte, largo y despacio. Así siento tu compañía, que me hace bastante falta.

Estoy instalado en la planta baja del edificio cuya foto te mandé.[6] Tengo un saloncito, con tres sillones, uno bueno, con *rallonge* para poner los pies, y que es ya mi favorito, y los regulares. Una mesa de escribir sencilla y cómoda, otra mesita redonda y un estante para los libros. En la pared una gran ventana, compuesta de dos ventanas gemelas, con sus cortinas blancas. Tengo luego una alcoba muy sencilla, tipo *jeune fille,* casi *vieille fille.* Papel floreado en las paredes, cama de madera

---

6. Durante el curso 1936-1937, Salinas vivió en Shepard House, una residencia para profesores en las inmediaciones del campus.

muy sobria, una cómoda, una butaca y una silla. Ventanas como en el saloncito. Y por último el cuarto de baño, que es lo mejor, muy parecido al del hotel de Londres, de perfecta comodidad y sencillez, la máquina eficaz americana. Las ventanas dan todas a una hermosa pradera artificial, de yerba recortada y cuidada como una piel humana, en la que hay sembrados a capricho manzanos, cargados en este momento de fruta, que cae al suelo. Tiene además otros árboles añosos y muy nobles. En esa pradera hay sillas de madera y de lona, donde por cierto no se sienta nadie más que yo. Para comer no tengo que hacer sino cruzar la pradera e ir al edificio de enfrente, análogo al mío, pero donde están la cocina y el comedor. Se almuerza a las doce y cuarto y se cena a las seis y cuarto. El desayuno me lo traen a mi habitación, porque eso sí que ya no lo puedo hacer: ir a desayunarme de siete a ocho. En estas casas no viven más que profesores, pero como es un colegio de chicas resulta que los profesores son profesoras. ¡Cómo te reirías al verme solito, en una mesa, en ese comedor lleno de mujeres, que superan en vejez, en fealdad, en fachismo, a todo lo que te puedes imaginar! Parece que las han escogido. Las que son jóvenes lo disimulan de tal manera, por el traje y los modales que no se las diferencia. En mi vida he estado en un sitio más absurdo. El comedor de Horton House es lo contrario de esas casas que dicen que hay en América de chicas perfectas, en hermosura igual; aquí todas son un coro de fachas iguales en fachismo. ¡A ratos me acuerdo de Dámaso![7] Y yo soy el único hombre en medio de este anti-coro. ¡Me da como vergüenza! Pero eso no es lo peor del comedor. Lo peor del comedor es la comida. ¡Aquí querría yo ver a Eusebio,[8] con su afición a las comidas sustancias y abundantes! Parecen simulacros, imitaciones. Consisten en una sopa y un plato de carne, no muy abundante, con patatas y verdura; luego una ensalada absurda, medio

7. Dámaso Alonso.   8. Eusebio Oliver, médico.

dulce, medio ácida y un postre de cocina, bueno. Pero ¡qué rarezas! Esta mañana la legumbre fue una panocha de maíz cocida, que hay que untar de manteca y comérsela a bocados, muy pulcramente. Yo me he divertido infinito haciendo lo que las demás. Y no es malo; pedí otra. Claro es que he renunciado a toda forma de régimen y creo que no engordaré, sin embargo. Para no debilitarme tengo en mi cuarto naranjas y plátanos, que compro. ¡Ah!, y todo eso sin pan y sin vino. En vez de pan hay unos bollitos y unas galletas, bastante galletas, bastante buenas. Y de beber te dan té, café, o leche. Eso es lo que más me cuesta, comer sin vino ni cerveza. Además está prohibido vender en el pueblo ninguna bebida alcohólica. El que quiera alcohol tiene que ir a Boston a comprarlo y tenerlo en su cuarto. ¿Qué te parece? Yo he comprado una botella de Porto y otra de coñac, para no perder el gusto del vino. Hay que reconocer Marg, que he ganado mucho en paciencia y adaptación, porque tomo todo esto con buena cara, creo que me acostumbraré y estoy contento. Pero ¿habría podido hacerlo antes? No lo sé.

Tengo en cambio un ambiente de calma y tranquilidad perfectos, un paisaje sereno y hermoso, y una soledad que tampoco hubiera soportado antes y que hoy disfruto. Y mi cuarto es sencillo limpio y cómodo. Eso es mucho.

Vamos ahora a las personas. Miss Coex:[9] la jefa actual del Departamento de Español. Fea, pequeña, con lentes hexagonales, pero vivaracha y simpática; y amable conmigo. Sabe español decentemente, aunque no a la perfección. Estamos estos días preparando las clases. No tendré, como me temía diez horas a la semana: sólo las siete convenidas en principio. Una hora el lunes,

9. Ada Coe (1890-1983). Enseñó en el Institute for Girls en Barcelona (1912-1916). Profesora en Wellesley College de 1917 a 1956. Especialista en teatro español. Publicó: *Catálogo bibliográfico y crítico de las comedias anunciadas en los periódicos de Madrid desde 1661 hasta 1819* (Baltimore: Johns Hopkins, 1935), y *Carteleras madrileñas (1677, 1799, 1819)*, México, 1952.

cuatro el martes (día terrible), una el miércoles y una el viernes. El sábado y el jueves libres. Me gusta ese arreglo. Lo grave es que la primera hora del martes es a las ocho y media. Total que esto será mi regeneración o mi muerte. El Departamento de Español está compuesto además de Miss Coe por Mrs. Houck[10] y Miss Oyarzábal,[11] la hermana de Isabel Palencia. A ésta todavía no la he conocido. Mrs. Houck es parecidísima a un funeral. Vieja, apagada, de habla muy lenta. Su marido vive en Nueva York y ella pasa aquí el curso enseñando, para ganar algún dinero. La pobre es muy atenta y me da algunas latas horribles, por poco que hable conmigo. Me recuerda mucho a la definición famosa de Croce del latoso: "La persona que quita la soledad y no da la compañía". Veremos ahora como es la española americanizada (se ha nacionalizado) Miss Oyarzábal. Debe de ser tipo Lyceum, como su hermana, me lo temo.

La casa donde vivo está fuera del recinto del colegio, pero a sus puertas mismas. Para dar clase tengo que ir al edificio central, que está a unos diez minutos, a través de un parque hermoso. No sé como voy a hacer en el invierno, con la nieve. Miro con envidia a las chicas que tienen automóvil o bicicleta. El recinto del colegio es estupendo: praderas, colinas, un lago, todo muy espacioso, y diseminados los edificios, de todas clases, muy de tipo inglés: la biblioteca, la capilla, los laboratorios, las salas de clases, las residencias para las chicas, y otras casitas que son de clubs y sociedades, de arte, de música, de deportes, etc. Por todas partes perspectivas de arbolado y pradera, suaves y tranquilas, y todo de una limpieza natural exquisita. Ya te iré mandando fotos de todo. Y en medio de ese paisaje chicas que van y vienen, en autos, en bicicletas, con los trajes más absurdos. El hombre aquí es una excep-

---

10. Helen Pipps Houck (1883-1941), profesora de español en Wellesley College y *editor* de la revista *Hispania*.   11. Anita Oyarzábal (Málaga, 1889-Madrid, 1974). Fue profesora de español en Wellesley College de 1931 a 1954. Su hermana, Isabel Palencia, fue embajadora en Suecia durante la guerra civil española.

ción rarísima, como el vestigio de una especie medio desaparecida. Automóviles llenos de muchachas, o de la mamá y la niña, es lo que más se ve. El pueblo, muy pequeño, está compuesto de casitas muy monas, todas de madera, sembradas por el campo y de dos calles muy cortas, donde están los comercios, la iglesia, el correo y la estación. Los comercios son, claro, casi todos de cosas de mujeres, peluquerías, modistas, y pastelerías, algunas muy lujosas. En fin no se parece nada absolutamente a las cosas españolas, ni siquiera a las europeas. Es a lo inglés, pero más rústico y amplio quizá, menos noble y viejo. Cada vez me da la vida americana más y más la sensación de ser abundante y rica y cómoda en unas cosas y en otras más pobre que la nuestra, con grandes desigualdades.

Bueno, guapa, llevo más de una hora escribiendo. Creo que ya te he enterado de lo que me rodea. Estate tranquila. Me encuentro bien, no estoy deprimido ni desanimado, como lo hubiese estado en este ambiente hace diez o doce años. Noto que soy mayor. Ya era hora, ¿no?

Cuéntales algunas cosas de éstas a los chicos para que se diviertan y vean como lo pasa su papá.

Me acuerdo mucho de ti, Marg, te quiero mucho y creo que eso contribuye a darme esta serenidad y resolución. ¿Estás contenta? Así lo deseo. Disfruta tú todo lo que puedas y cuenta con tu

Pedro

[Wellesley] Martes, 29 septiembre [1936]

Anoche fue la recepción de la Presidenta del College.[12] Me endosé mi smoking, y fui a cenar invitado por Miss Coe, a su residencia,

12. Mildred McAfee (1900-1994) fue Presidenta de Wellesley College de 1936 a

donde, claro es, no viven más que chicas. Muy divertido: entramos en el comedor y yo me puse con la Directora de la Residencia y cuatro profesoras más de pie junto a una mesa. Fueron entrando las chicas y todas se quedaban de pie junto a sus sillas. Cuando todo el mundo estuvo reunido la Directora inclinó la cabeza, dio gracias a Dios por la comida y todos nos sentamos. No te puedes figurar el efecto tan raro que me causa el verme yo único hombre entre tantas mujeres. Parece uno un intruso, un ser de otro mundo. Y a mí en vez de producirme orgullo o vanidad esa condición excepcional me intimida y achica. "Que diable suis-je venu faire dans cette galère?" parezco decirme. Tuve que hablar inglés como Dios me dio a entender y no me dio a entender muy bien. Tengo también el complejo de inferioridad de mi inglés. Y aquí, chica, no habla nadie, excepto las profesoras de lenguas extranjeras, otra idioma que el suyo. Es rarísimo encontrar una persona que hable francés. Después de cenar vino Miss Bushee, la jefa del Departamento que se ha retirado este año. Es una viejecita muy viva y animada. Me convenzo de que lo mejor de América, lo más distinto de nosotros, son estas viejas. En su mayoría conservan vivacidad y alegría y no se parecen nada a las *señoras* españolas, pesadas y mortecinas, ya como jubiladas de la existencia. Me acuerdo mucho de mi madre, y de como las llamaría viejas locas, al verlas guiar sus autos y andar de prisa, en trajes claros. Viven hasta el final, no se retiran antes. Hablamos con Miss Bushee de España, donde ha vivido mucho tiempo, y fuimos luego a la recepción de la Presidenta, ofrecida a las profesoras. La Presidenta es nueva, como yo. Todo el mundo está admirado porque es muy joven, 36 años. Es un cargo muy importante porque ella dirige todo el College, lo mismo lo administrativo que lo docente. La recepción se parecía a un duelo. Es-

1949. De agosto de 1942 a febrero de 1946 fue directora de WAVES [Women in the Navy].

taban en una fila la Presidenta y otras autoridades y nosotros íbamos pasando por delante, dando la mano a todos y diciendo unas palabritas de cortesía, las mías, claro muy mal dichas. Luego unos criados negros daban helados y café, pero ni una gota de vino, ese producto desconocido y desterrado en Wellesley ¡Qué fachas tan pintorescas había! Estas viejas se ponen trajes de noche de mil colorines. Por suerte había anoche diez o doce jóvenes y unos veinte hombres. Las demás, hasta 200, todas viejas. Yo observo todo esto como un salvaje, me divierte a ratos, y a ratos, me aburre, y me encuentro un poco solo. Menos mal que el tiempo es estupendo. Anoche al salir, a las diez, de la recepción, me acordé de ti, Marg, me acompañaste, sabes, al cruzar por el parque entre los árboles enormes, quietos, y solemnes, y bajo un cielo limpio y estrellado. Adiós, bonita. Hoy martes, es el día más cargado de clases para mí. Te escribo antes de empezar y cansarme. ¿Como estás Marg? Quiero que sea bien, contenta y amada de

Pedro

[Al margen] Ya te contaré cómo van mis clases. No olvides los retratos.

[Wellesley] Sábado, 3 octubre [1936]

Hola, guapa. Aquí me tienes, con otro día más pasado en Wellesley. Ha sido un día hermoso. Sol, quietud, y luego esta especialidad de esta región de América, que es el color de las hojas de los árboles. Es muy curioso: el follaje no se pone amarillo de pronto, sino que pasa por una especie de lento *crepúsculo* de color, que dura mucho. Y en los árboles se ven las más maravillosas combinaciones de rojo, malva, amarillento, en infinitos matices. Es algo realmente único. No ha hecho más que empezar, y parece ser que es mucho más bonito todavía. Yo no creía que fuese posible ver todo un paisaje de árboles de colores, de colores tan ricos, tan opulentos, tan delicados. Tiene la grandeza de ciertas puestas de sol, que estuviesen hechas de hojas, comprendes. Recuerda a lo más pomposo y a lo más delicado, a la vez, de la pintura veneciana. La gente de aquí se vuelve loca con eso, y los periódicos lo anuncian, y las excursiones se multiplican. Hasta ponen letreros en las carreteras, de anuncios, como si fuera una función de teatro, con esta rara mezcla de aquí de ingenuidad y utilitarismo. ¡Cuánto siento que no lo puedas ver! Pero te mandaré algunas hojas, para que veas el color, cuando tenga ocasión de cogerlas para enviarte, Marg, algunos trozos de este otoño, en recuerdo. Veremos si llegan bien.

Hoy empiezo a mandar a Soledad, también, las reproducciones en colores de cuadros. Ya sabes para lo que quiero que sean. Para que las ponga con unas chinches en la pared de su cuarto y vea una cosa bonita que la manda su padre. Enviaré una cada ocho o diez días de modo que la vaya renovando, y no se canse. También quiero que la madre las mire alguna vez. Ahora, en este primer sobre mando dos: uno, el Gauguin, para Sol; otro el Miguel Ángel para ti, para que por ser la primera vez no digas que no te envío a ti. Luego ya será una para las dos. Lo que no querría es que las dejara rodando por encima de una mesa, o en el fondo de un cajón. Si tú ves que no las hace caso no la digas nada, pero escríbeme y dejaré de mandarlas. Tengo la esperanza de que la gustarán y las apreciará. A Jaime ya le enviaré algún libro de dibujos, o cosa así, cuando encuentre algo adecuado. Pero aquí no hay más que una librería, y tengo que ir a Boston, a ver. Me da mucho gusto hacer esto, pensar en vosotros, Marg. No dejes de mandarme retratos, de ahora, aunque sean de ésas de por la calle. Quiero veros. Cuídate, descansa, y recibe el amor de

Pedro

[Al margen] No tengo ni una línea de España. ¿Qué les pasa a los amigos? Escribe a Manolo.[13]

[Wellesley] Miércoles, 7 octubre [1936]

Aquí me tienes, a las ocho y media de la noche, escribiéndote. Para trabajar un poco después e irme a la cama. ¡Qué vida! ¡Qué contraste con el jaleo y las prisas y la fatiga de Madrid! Es curiosa, la vida americana. En las ciudades es sin duda agitada, febril, tal como nos la imaginamos, pero en cuanto se acaba la ciudad, y se acaba pronto, empiezan los pueblos como Wellesley, donde se vive del modo más tranquilo del mundo. En vez de imitar los pueblos a las ciudades, de hacer casas de pisos de amontonar gente, conservan su carácter de casas diseminadas entre árboles, en praderas deliciosas. De modo que yo, aquí en América, país de lo febril, del vértigo, de la velocidad, etc. según la idea general, me encuentro mucho más tranquilo, con menos ruido, con menos excitación nerviosa que en Alicante, por ejemplo, adonde va la gente a descansar. No cabe duda que éste es el país de los contrastes, y ninguno mayor que el que hay entre la ciudad inmensa, el tránsito de automóviles, que es inconcebiblemente enorme, y estos pueblecitos, adonde no parece haber llegado el siglo XX. Estoy disfrutando esto mucho, Marg, casi más que Nueva York. ¡Qué encanto es Wellesley! Y anoche asistí a algo que no quiero dejar de contarte. Después de cenar, a las 7 y media, las chicas del College suelen reunirse en las escaleras exteriores de la capilla del College a cantar. Se llama a esa costumbre "step singing", o canto de la escalera. Muchas llevan farolillos verdes en la punta de una cañita para alumbrarse. Imagínate el hermoso parque del College y por él como procesiones calla-

13. Manuel Serrano.

das, las filas de chicas, con sus faroles. Es fantástico. Se reúnen las de los cuatro años, se sientan, las que pueden, en las escalones, y cantan. Anoche cantaban canciones de salutación y bienvenida, las del 1er año a las de 4º, y éstas a aquéllas, muy sencillas, con "vivas" al College al final. Luego cantan todas juntas otras canciones más serias, otras de broma, sobre la vida en el College, los estudios, etc. Es delicioso. Figúrate los árboles enormes y quietos, todo sereno en el aire y ese coro sin importancia, sin transcendencia, de puro juego sencillo. No conmueve, no agita, es delicia momentánea. ¡Cuánto me acordé de Sol de cómo podría ser una de estas chicas cantando, educándose en este ambiente alegre y activo! Dura muy poco. Luego las chicas se dispersan y en un momento desaparecen. Es lo más bonito que he visto hasta ahora aquí, por su misma simpleza. ¡Cómo pueden quitarse de los años de adolescencia, de formación de la personalidad, sombras, pesos, amarguras! ¡Cómo me eduqué yo, cómo me formé yo! Anoche lo pensaba. Tú, por lo menos, tuviste tus monjas. Yo... tuve mi soledad. Hay que hacer mucho por nuestros hijos.

Tu Pedro

[Al margen] ¿Qué tal la letra, guapa? Escribo con todo el cuidado que puedo, pero se me va la mano a veces. Perdóname. No quiero cansarte. Te tengo que hablar de mis clases. Todo va bien. Éxito.

[Membrete: Hotel Marseilles, Nueva York]

Sábado [17 de octubre de 1936]

Aquí estoy otra vez en el lío y confusión de Nueva York. He venido a ver a Onís, para ver si preparamos algo de mis conferencias. No se presenta muy claro. No tengo libre más que un día a la semana en Wellesley, de modo que mis viajes tienen que ser de radio muy corto y durante las vacaciones los otros Colleges y Universidades están cerrados, también. He estado en el "Institute de International Education" y allí me lo prepararán todo. Veremos. Onís tan confuso y cerril como siempre. Me encontré en su casa a Ángel del Río que me dijo que había visto, pero no sé si hablado, a León, en Salamanca. Cuenta cosas terribles de la *depuración* que hacen los fascistas en todas partes. En Soria han matado a más de 300 personas y seguimos sin saber si a Federico le ha pasado algo o no. De seguro a su cuñado, el hermano de Montesinos, parece que le han matado y arrastrado por las calles. Es tremendo.

Pero no hablemos de eso vida. Me he dejado llevar por el hilo de la conversación con Onís y no te he hablado de mi maravilloso viaje. Salí de Boston a las 8:30. No te puedes imaginar la belleza del vuelo sobre la ciudad encendida. Como hay tantas y tantas luces de anuncios de colores parece el suelo una verdadera *feria terrenal,* una fiesta callada, expresada toda en colores palpitantes, como las estrellas. ¡Qué impresión de "cielo al revés"! Qué atracción para los ángeles! Y cuando se piensa que la mayoría de esas luces mágicas son llamadas comerciales, parece que todo se purifica y salva. ¡Todo celeste, iluminado en luz! ¡Cómo me acordé de ti! Además el avión lleva al extremo del ala una luz de posición, como los barcos, azul, preciosa, y a mí se me antojó que era tu pensamiento que me acompañaba, así azul y paralelo. Pasé un rato hermoso de emoción. ¡Y la llegada a Nueva York es algo de magia, también!

Recíbelo todo como te lo mandé anoche mi recuerdo y amor.

Pedro

[Al margen] Pero Nueva York siempre aplastante. ¡Qué poco se es aquí! El aeroplano era soberbio. Ya te lo contaré para Jaime. Aún hace calor aquí. Estoy deshecho.

¡Con qué gusto se vuelve a Wellesley, después del tumulto de Nueva York! ¡Las dos Américas! Y te confieso que la América de Nueva York me alumbra, me admira, pero me atrae mucho menos que la de Wellesley, con su paz y su vida serena. Yo, enamorado de las ciudades antes, me siento ahora más distante de ella, no sé por qué. Y eso que Nueva York, no se ha presentado mal esta vez. El día de ayer fue hermosísimo de luz y temperatura. Me paseé por la ciudad en la imperial de un autobús; abierta, disfrutando esos terribles *vaivenes de la vista* que te da Nueva York. Al lado de un rascacielos de 70 pisos, una casa vieja, de aspecto siglo XIX pretencioso y vulgar. Todo te sacude, te zarandea. La altura enorme de la mayoría de las casas, la rectitud de las calles, hace a éstas lóbregas sombrías, tristes. Solo de noche, con la luz artificial, centellean y relumbran. Estuve en lo alto de otro gran rascacielos, 80 pisos, y la vista era maravillosa. El río, el puerto, donde acababa de entrar el Queen Mary, esas enormes moles de los edificios componían la más extraña y descomunal visión. Son, sabes, como *monstruosos geométricos*. Recordé el famoso grabado de Goya, que se titula "El sueño de la razón produce monstruos". Si se mira bien el rascacielos es precisamente el "sueño de la razón". Está hecho por motivos racionales, para aprovechar el terreno, para ganar espacio. Está concebido conforme a pura razón, arquitectónicamente, sin detalles, sin decoración, sólo lo racionalmente preciso. Es obra más de ingeniero que de artista. Y no obstante, el resultado final es monstruoso, y la impresión que da irracional. En un origen nada menos fantástico, nada menos imaginativo que el rascacielos. ¡Compárese, por ejemplo, con la catedral gótica! Y sin embargo lo que sale de ese motivo utilitario es de una fantasía, de una imaginación, sin par. Es la fantasía de la cantidad y de la dimensión, sabes. Es tropezar con lo maravilloso sin querer. Crear una poesía, un lirismo de las piedras, por puro azar. "Extrañas son las vías del Señor." Eso recordaba yo ayer. Las vías del Señor han llevado a estos utilitarios americanos a hacer la ciudad más *cantante* del mundo, más a la Greco del mundo. Mira el álbum que le he mandado a Jaime y lo verás. Otra emoción tuve ayer en Nueva York en el Museo. Pero ya es tarde hoy. Te le contaré mañana, vida. ¡Tengo tantas cosas que contarte! Adiós. Te recordé allí y aquí.

Tu Pedro

[Al margen] Encontré una carta tuya aquí. Me alegro mucho del buen ánimo escolar de Jaime. Veremos si le dura.

22 de octubre [1936]

La carta de Sol es muy simpática y graciosa. Me temo un poco que la radio no la perturbe, con sus noticias contradictorias. ¡Qué bien hacías tú, Marg, en no querer oírla! Y a Jaime me lo veo de colegial, con asombro. ¿Será posible que se haga un chico trabajador en la escuela francesa? Sé que le ha de sentar bien para su instrucción y formación, pero tengo un poco de miedo por el ambiente y los compañeros. No dejes, Marg, de vigilarle por ese lado. ¡Parece mentira, todo esto! Viéndolo, así, a distancia no se cree. ¿Será verdad que tenemos la patria deshecha, la vida en suspenso, todo en el aire? ¿Qué hacer? La noticia de que Jorge está en Sevilla, contento, me desconcierta un poco, sabes. No puedo creer que esté contento, claro. Debe de ser ironía sangrienta de Germaine. Pero de todos modos ¿qué van a hacer nuestros amigos, cuando triunfen los fascistas y se les plantee el dilema de someterse o marcharse (si los dejan)? Por lo menos yo podré escoger, si me dan a escoger desde lejos, sin el terrible agobio de la presencia. Marg, eso fue lo que me pasó en el Museo de Nueva York el otro día. Ese Museo, aunque muy rico, no tiene las obras importantes de un Louvre o de una National Gallery o el Prado. Por mucho dinero que se hayan gastado, ya no había qué comprar. Así que lo iba recorriendo sin mucho entusiasmo cuando de pronto entré en la sala española. ¡Qué maravilla! Tres frescos admirables, un Zurbarán exquisito y cuatro o cinco Goyas de primera. Me dio una vuelta el corazón. Eso era lo que me quedaba. Eso, lo que no podía ya tocar la pasión mala, la saña ni el odio, intacto en su eternidad. Pero entonces me acordé de la noticia atroz, no confirmada, de la pérdida del "Entierro del Conde de Orgaz", en Toledo. Precisamente uno de los cuadros de este Museo es un paisaje de Toledo, soberbio, el mejor del fresco. ¡Y se veía el Alcázar! ¡Qué terrible confusión de actualidad y eternidad me invadió! Porque lo más raro es que en esas mismas pinturas que a mí me parecían lo eterno de España, lo que nos salvará, se percibía también, a mi modo, lo actual, el sentido de violencia, de pasión, que ha dado lugar a lo de ahora. Goya tiene esa fuerza brutal, casi explosiva, el Greco el frenesí arrebatado, la inquietud. Sentí dolor y humildad, a la vez. Dolor porque no podía separar en esos cuadros lo puro de lo impuro, lo eterno y lo de hoy. Humildad, porque debemos aceptarnos, así, los españoles, como somos. ¡Pero respeto que somos como éramos! ¡Como cuando Goya, y sin Goya! ¿Qué ha sido de nuestros pobres intentos de reforma, de mejorar de la sensibilidad en el siglo XX? Giner, Azorín, Ortega, ¿qué han logrado? Todo perdido. Y se ve uno delante de un horizonte devastado o necio que es peor, de desierto o de estupidez. ¡Es terrible! Adiós, Marg. Por fortuna, *somos*, vida.

Pedro

[Al margen] ¿Cómo llegará esta hojita? Te la mando porque la carta esta suena a triste y quería poner en ella algo puro y alegre, como mi deseo para ti.

A MARGARITA BONMATÍ, SOLITA Y JAIME SALINAS

Esta carta va a ser para los tres juntos, carta de familia. El tema es más bien para los niños, pero como quiero juntaros a los tres, te la mando a ti, tú se la lees, y así os reunís en mi carta. ¿Qué te parece? De cuando en cuando os escribiré cartas así. Me imagino que la lees (aunque tú sola la leas antes) después de cenar, o a la hora de descanso, tranquilos, guapos.

Os voy a contar alguna de las cosas nuevas para mí aquí. En los autobuses y el metro no hay billetes. En el autobús el cobrador te ofrece una especie de hucha, y allí pones tú mismo diez centavos y suena al caer una campanita. En el Metro se entra por un contador de aspas giratorio, como el del Museo del Prado: para que funcione se echa también una moneda y pasas. De modo que no hay despacho de billetes, sino taquillas para cambiar el que no tiene moneda. Los trenes son muy diferentes de los de aquí. Son vagones corridos, sin departamentos, con asientos para dos a cada lado, como en los autobuses de Madrid, pero comodísimos. No hay más que una clase: en algunos trenes de trayectos largos hay además de esa clase, vagones de lujo, Pullman, con magníficas butacas, y mesitas para escribir. (Yo no los he tomado, estos los he visto al pasar.) De noche no he viajado aún, de modo que no sé cómo son las camas. Una cosa curiosa es que en todos los vagones hay al final, junto al lavabo, una fuentecita y un aparato automático para sacar vasos de papel, de manera que puedes beber agua perfectamente. Los vagones restaurants van servidos por negros, todos, menos el jefe. Son muy espaciosos. Se come a la carta y no se pide, sino que te ponen delante una hoja de papel y se escribe allí con todo detalle los platos que deseas. De modo que aunque no se sepa hablar bien el idioma no hay que apurarse. Las estaciones de las ciudades son estupendas y limpísimas. Están llenas, de tiendas de periódicos y libros, de perfumerías, de droguerías, de papelerías, de camiserías, de juguetes y de flores. Claro es, restaurant y bares, teléfonos, etc. No hay nada sucio ni embarullado. Los mozos de estación son negros, también y llevan una gorra roja. Por eso los llaman "red-caps", gorras-rojas. Sin salir de las estaciones, por subterráneos, se puede pasar a los grandes hoteles próximos. ¿Qué os parece? Yo os iré contando más cosas. Ahora os dais un buen beso los tres, para vosotros y para

Papá Pedro

[Al margen] ¿Te gusta esta clase de cartas? Dímelo, si les divierte a los niños.

A MARGARITA BONMATÍ

[Wellesley] 11 diciembre [1936]

Recibo tu carta en que me hablas de la llegada de M. Luisa de Castro,[14] y las desdichas que cuenta. Todo parece increíble, por absurdo, por disparatado y ciego. ¡De lo que nos hemos librado, Marg! Leyendo estos días los periódicos, viendo las fotos de las casa hundidas en Madrid por el bombardeo se me rompe algo dentro. Me dices que abandone la idea de volver a España, y eso tan natural, tan lógico, me suena a sorpresa. En mis clases hablo de España, de su tierra de Castilla, de Andalucía, y *no puedo* darme cuenta de si existe todo eso, aún, o no. Además, Marg, tú no sabes lo que es enseñar el español, así tan lejos de

14. Una de las hijas del decano de la facultad de Derecho de Sevilla. Pasaron unos meses de 1937 en Maison Carré, antes de volver a Sevilla. Gracias a ellos se pudo conseguir el certificado de nacimiento de Solita Salinas, necesario para obtener el visado de entrada en Estados Unidos. Véase la carta a Catherine y Juan Centeno de octubre de 1937.

España, en estos momentos. El idioma es al fin y al cabo, la esencia de un país, en *mi memoria*. ¿No crees tú que en el idioma se conservan y guardan, como en una memoria, las *esencias* de un país? A veces explicando en clase un autor, salta a mi vista una palabra de esas cargadas de enorme significación espiritual española, y me estremezco. Hoy, para mí, el idioma es la mejor memoria de mi país, y como lo estudio y lo explico resulta que sin querer, sin desear acordarme, lo estoy recordando a todas horas. Se me ha ocurrido últimamente (ya te explicaré otro día lo que es) escribir un librito para ganar algún dinero, un objeto práctico: pero luego al pensar en ello, he visto que yo mismo me engañaba, y que el fin del libro era recordar España. Tú quizá no comprendas lo horrible que es para mí hacerme la idea de no oír estas palabras españolas dichas por cualquiera, en la calle, en el campo, ya más. Siempre, después de vivir en el extranjero me ha emocionado al volver a España, el oír mi lengua, el encontrarla otra vez, hablada por el que sea, por el vendedor de periódicos, por el ser más humilde. (Recuerdo, ahora, de pronto la maravillosa charla de Isabel, la criada de Sevilla.) ¿Es posible, Marg, que no vuelva a España nunca? Mira, te diré en confianza, casi en secreto, que ahora que se me presenta ocasión de pasar otro año aquí, siento como una gana íntima de irme a Europa, mejor dicho a España. Sé que es un disparate, sí, pero cuando pienso en ciertas cosas de allí, en ciertos lugares y luces, en los jardines del Alcázar de nuestro octubre del 35, en el Escorial, me dan ganas de rendirme. ¡Y es tan tremenda la perspectiva del *lanzamiento* de una nueva vida profesional, aquí! Aún no nos damos cuenta de lo que hemos perdido. Cuando se haga la paz (?) veré que no tengo ni carrera ni puesto, ni dinero, ni nombre, que me falta todo eso que he ganado en 40 años de vida y se ha vuelto humo. Pero que me falta, y eso es lo peor, ese algo impalpable, del aire, de la luz, del modo de hablar, de los paisajes y los cielos, que se llama España. Y nuestra casa... ¡Pero más vale no hablar de eso! Tendré ánimo, no temas, Marg por nosotros.

Pedro

[Al margen] He oído al ex rey Eduardo[15] despedirse por la radio de su antiguo imperio. Ha sido imponente. Me ha emocionado mucho.

A MARGARITA BONMATÍ, SOLITA Y JAIME SALINAS

[Membrete: New York / New Haven / and Hartford / Railroad / En route]

26 de diciembre [1936]

Esta noche no os puedo escribir la carta colectiva a máquina porque estoy en el tren. Pero os voy a contar cómo es el tren de noche, en que viajo por primera vez. No es como los vagones camas españoles. Son largos coches con un pasillo en medio y a los dos lados las camas, ocultas por cortinas que se abrochan y así queda uno incomunicado. Para vestirse y desnudarse hay a los dos extremos del vagón unos grandes tocadores, con cinco lavabos cada uno. Va uno allí, se desnuda, se pone una bata y se mete en su cama. Y a la mañana siguiente se levanta vuelve al tocador, y se lava y afeita. Además en medio del tren hay un estupendo coche salón, con mesitas, periódicos y mesas de escribir con papel y sobres; en una de ésas es en donde yo os escribo ahora. Todo lo que os cuento es tan nuevo para mí. Me han explicado lo que hay que hacer y veremos cómo lo hago. No me atrae mucho la perspectiva del cuarto de

15. Eduardo VIII fue rey de Inglaterra del 20 de enero al 10 de diciembre de 1936. Abdicó en favor de su hermano, George VI, para poder casarse con la divorciada norteamericana Wallis Warfield Simpson.

vestir en común, la verdad. Y no sé si se dormirá bien, aunque
la cama es mucho más ancha. Es mucho más barato que en
España. No llega a unas 30 pesetas. Adiós, ricos, los tres. Un
abrazo,

Papá, Pedro

A MARGARITA BONMATÍ

[Membrete: Hotel John Marshall/ Richmond, Virginia]

29 de diciembre [1936]

Aquí me tienes, en Richmond. Llegué anoche de Washington.
Esta ciudad me ha gustado mucho. Como sabes Washington es la
capital política y administrativa del país. Nada de fábricas ni de
rascacielos, en ella. Es lo más distinto de Nueva York. La ciudad la
creó el mismo Washington, y encargó que la dibujara un arqui-
tecto francés, que hizo los planos. ¿No es divertido ver que se en-
carga una ciudad como quien encarga su jardín, hoy? Y sin em-
bargo eso que parecía una puerilidad se ha convertido en una
realidad asombrosa. Hoy es Washington una ciudad monumen-
tal. El Congreso y el Senado son los edificios más imponentes,
verdaderamente espléndidos. Pero hay muchos más, todo de una
amplitud y solidez absoluta. Ministerios, Tribunales, Tesorería,
están albergados en soberbias construcciones de piedra y már-
moles. Un obelisco de más de cien metros de altura recuerda al
fundador. Otro, hermoso, a Lincoln. Y el conjunto es tan gran-
dioso en perspectivas, en masas de arquitectura, en espacios
abiertos, como París o Budapest, aunque claro es sin la aristocra-
cia y belleza secular de París. Pero impresiona mucho. Así como
Nueva York impresiona por representar la riqueza, la economía,
los negocios. Washington es el cerebro político, la maquinaria ad-
ministrativa que lo coordina todo. Hay un hecho que me ha im-
presionado. Cuando vino a instalarse en ella el primer presidente,

Adams[16] trajo con él a 140 empleados. Era la burocracia del país. Hoy hay en Washington *90.000* empleados del gobierno. Lo único que no ha variado apenas es la Casa Blanca, la residencia del Presidente, sencillísima y modesta.

Siento mucho *contarte* todo esto. Quisiera que lo vieras tú misma, ¡Ojalá te lo pueda enseñar un día!

Hoy empiezan las sesiones del Congreso. ¡Qué latazo! No me ha gustado nunca, ¡mucho menos aquí y ahora! Te escribo por la mañana, antes de comenzar, para que luego no me roben el tiempo.

Tu Pedro

[Membrete: Hotel John Marshall/ Richmond Virginia]

30 de diciembre [1936]

¡Qué barullo, qué confusión esto del Congreso![17] Es un lío de todas las horas y momentos porque el Congreso tiene lugar en este mismo Hotel, de modo que aquí viven todos los Congresistas que se ven no sólo en las sesiones, sino en los pasillos, en el hall, en todas partes. Te aseguro que ya me parece una pesadilla. Como he tenido muchas estudiantes en el Centro que son ya profesores, resulta que me salen al paso a cada momento *conocidos desconocidos* (porque no me acuerdo de ellos, y ellos me recuerdan a mí) y me invitan a tomar algo, a comer, a cenar. Estoy hecho migas, y deseando huir de este pandemónium. Por fortuna sólo quedan dos días. Pero por otra parte se dibuja en el horizonte algo que podría ser importante para mí. Yo te lo con-

16. El primer presidente de Estados Unidos fue George Washington. El segundo fue John Adams (1797-1801). Se instaló en la Casa Blanca en 1800.   17. La reunión anual de la MLA [Modern Language Association of America], se celebró en Richmond, Virginia, del 27 al 30 de diciembre de 1936.

taré; cuando haya cuajado más, si cuaja. En ese caso no sería el viaje perdido. ¿Será posible que la suerte me ayude una vez más? Eso resolvería de plano la situación. Ya veremos. No quiero soltar las bridas al optimismo, porque todo es puro proyecto por el momento. Adiós, guapa. No creas que se me olvida que son los días últimos de año, que se me olvida la casa, y tú y los niños, alma. Al contrario, este jaleo *impersonal,* me empuja más y más a nosotros.

Tu Pedro

[Wellesley] 19 de enero [1937]

Me sientan muy bien los viajes a Nueva York. Es un modo de romper por dos días esta atmósfera de monotonía y soledad que como habrás visto ya me iba pesando demasiado. La ciudad es un cambio enorme. He vuelto a encontrar en ella en este último viaje todo el encanto *específico* de lo ciudadano para mí, que ya sabes que era tan poderoso. Voy perdiendo el miedo que a lo primero me causó esa Babilonia. Ya sé tomar los autobuses, que es un gran progreso. Y sólo el ir, como íbamos en Londres, sentados en lo alto del autobús, viendo desfilar rascacielos, es una sensación incomparable. He venido pues de Nueva York más animado para soportar de nuevo esta vida como de *relojería sosa* de aquí. Y al llegar me encontré con dos cartas tuyas y en una de ellas los retratos. ¡Estupendos! Tú estás vogue-ísima! Tanto que no te pareces mucho a ti. Es decir te pareces a ti, en el modo de sonreírte de la de *Vogue,* de someterte a tu papel por un momento. El retrato, Marg, es muy bonito, y la luz de ahí, el blanco de la pared te colocan, alma, en un sitio, en una luz, junto a unas blancuras que no se me olvidarán nunca. ¿Adónde miras? ¿Miras a la reja? ¿Miras a la sombra? He estado siguiendo un momento en la foto la dirección posible de tu mirada, y me quedo como flotando, mirándola, en el aire ese, cálido y dorado, por si la encuentro. Búscame, por ahí. Sol está muy bien, muy ancha, con una expresión serena y honda que me conmueve mucho. Sobre todo en la foto de la azotea, con el ciprés al fondo. Jaime gracioso, con su cara de *pícaro inocente,* posando de colegial aplicado. Se parece cada día más a mis retratos, de esa época. ¡Ay, Marg, qué bien haces en mandarme esas fotos, y cómo te lo agradezco! Qué ganas me dan de escaparme de acercarme a esas caras, entre todas amadas y conocidas. Por lo menos vista (los retratos) y amor me han acercado a ellas mucho hoy, al mirarlos. Lo que me dices de Jorge me quita un gran peso de encima: no es Rector. Eso era lo peor de todo, lo más doloroso, para él y para mí. Estando en territorio rebelde, Valladolid, no podía hacer menos, ante las amenazas seguras de que le habrán hecho objeto, que ir a ocupar su puesto en Sevilla. Eso es sumisión, nada más. Pero no adhesión. Someterse, al fin y al cabo, es triste, pero no afecta a lo íntimo. Lo grave habría sido la adhesión, la conformidad *activa,* que significaría el ser Rector. Voy a escribirle, hasta ahora no había querido hacerlo, por si le dolía. Tienes razón en lo que me dices de él, Marg. Gracias, otra vez, por los retratos, y por la alegría que me has dado con ellos. Tu

Pedro

[Al margen] Lo del estreno de un drama no creo que conduzca a nada, por ahora. Siguen la gestiones, pero aquí todo es difícil.[18]

18. En Nueva York visitó a Ms. Lewisohn, amiga de Federico García Lorca, para intentar convencerle de que representase su teatro.

A MARGARITA BONMATÍ, SOLITA
Y JAIME SALINAS

[Wellesley] 14 febrero [1937]

Queridos mamá y críos:

He recibido tu carta, Sol, y me da mucha alegría lo que me dices de tu trabajo. Y te envidio la chimenea, hija mía. Aquí la calefacción es muy buena, pero impersonal y sin llama, demasiado científica. Respecto a tu gigantez y crecimiento no veo por el instante inconveniente alguno en que sigas hasta que los pies se te salgan de la cama. Entonces debes detenerte y hacer alto, para no necesitar camas especiales, o enfriarte por los dedos. Y me parece también que debes crecer regularmente, no sólo hacia arriba sino hacia los lados. Por cada centímetro más de estatura un kilo más de peso. Sólo así se guardan las proporciones clásicas grecorromanas, que deben ser nuestra norma. ¡Come, come y engorda! Don Jaime no me escribe mucho y me tiene un poco olvidado. Pero un pájaro de tres colores que llegó aquí anteayer me ha dicho que había estado pasando estos meses, porque estaba un poco delicado de salud y el médico le había recomendado un clima templado, en Argelia, que en Maison Carrée oyó decir a unos niños de la escuela que Jaime Salinas se portaba bien y era un buen estudiante. Yo no sé si fiarme de ese ave, pero me alegraré mucho de que sea verdad.

Por aquí no hay novedad. He estado en Northampton,[19] que es otro colegio de chicas mayor que éste, dando dos conferencias, pero con tan mala suerte que me puse ronco y apenas si podía hablar.

Hoy se celebra aquí una especie de *fiesta tonta* llamada el día de las Valentinas, o Valentine's Day. En ese día se mandan unas tarjetas los novios y las novias, parecidas a las postales con corazones, flores, etc. que tanto me gustan a mí en España. Y además se las mandan los hijos a los padres, los amigos, así como por Navidad.

19. Pedro Salinas pronunció dos conferencias en Smith College sobre "Romanticismo y Espronceda. El 'Byron' de España". Allí coincidió con Joaquín Casalduero.

Los escaparates están llenos de tarjetas sentimentales. Pero lo más divertido es que también hay telegramas para ese día, hechos ya *a la medida* (leed primero la hoja de enfrente, esta es la 3.) En todas las oficinas telegráficas se encuentran en América unos impresos o fórmulas especiales que son de lo más divertido del mundo. Sirven para que la gente no se moleste en escribir una palabra y dárselo todo hecho. Os lo voy a contar porque es divertidísimo. Por ejemplo, se casa un amigo, hay que felicitarle y no sabe uno que decir. Pues en el telégrafo hay una hoja especial titulada: "Felicitaciones de boda". Y en ella quince saludos, cada uno con su número. Por ejemplo: "Compartimos vuestra alegría", o "Votos para una vida larga y feliz", u "Ojalá sean todos vuestros días tan felices como éste". Se escoge la frase que más le agrade a uno y no hay que escribir nada, más que el número de ella y ya el telegrafista sabe lo que debe trasmitir. Lo mismo hay para los cumpleaños, para los nacimientos, etc. Por ejemplo, para los cumpleaños: "Ojalá añadas muchas velitas al pastel de hoy", "Un apretón de manos, por telégrafo", etc. ¿No es estupendo? Pero aún hay más. Como aquí son aficionadísimos al *football* hay una hoja especial para animar a los jugadores antes de un partido o para darles la enhorabuena, después. Los *hinchas* envían muchos de estos telegramas. Así: "Buena suerte. Dad una lección a los otros". "Duro. Tráeos la copa a casa". "Cuidado con fallar. Desde la primera patada ganando". Es increíble la mezcla de practicismo e ingenuidad que esto revela. Claro es, se gana tiempo y se ahorra esfuerzo, porque no hay más que escoger una fórmula y no se necesita escribir más que las señas, y un número. Pero por otra parte revela como una especie de pobreza mental, como si no se les ocurriera ni la cosa más sencilla. A mí me ha regocijado enormemente el descubrimiento de estas *muletas*. Y da risa pensar que un mismo día un jugador de *football* recibe cuarenta fórmulas número 5, todos con las mismas palabras. ¡Qué riqueza de invención! Pero eso, por lo visto, es un pueblo práctico. Lo que hay que preguntarse es qué hacen con el tiempo que así se ahorran. Por lo general, nada. Pero no os creáis que sale el español criticón, no. Todo tiene su razón de ser. Adiós, ricos.

Papá, Pedro

[Al margen] Besos a Nitou, Rosée y André.[20] Un beso especial a mamá.

A MARGARITA BONMATÍ

[Wellesley] 21 febrero [1937]

¡Perfecto domingo anglo-sajón! Tú no te puedes imaginar lo divertido que es un domingo en Wellesley. Da miedo. Por la mañana a las once la gente va a la iglesia: hora y media. Se come más tarde ese día, a la una. Y luego el que tiene auto se va a rodar por las carreteras, seguido y precedido por millares de otros autos, y el que no se está en una casa. Yo no sé lo que harán los americanos, pero te aseguro que para los extranjeros es un día mortal. No para mí. He estado casi todo él trabajando en el esquema de mis conferencias,[21] he leído un poco de inglés, he oído la radio. Y por la tarde, para no enclaustrarme del todo he ido a Boston, dos horas al Museo. Es la única distracción dominical, el Museo y las Bibliotecas, que están abiertas toda la tarde también. Pero no los teatros y rarísimos cines. La observancia religiosa del domingo es aquí severísima. ¿Y sabes, mi Marg, en qué ha venido a parar todo eso en mi ánimo

20. Hijos de Roselia Bonmatí de Lubet.   21. El 18 de febrero había recibido la invitación para dar las conferencias Turnbull sobre poesía en Johns Hopkins University: "Se trata de un cursillo de 5 conferencias sobre poesía española. [...] He estado dudando mucho todo el día, si aceptar o no, por escrúpulos de conciencia. Me temo que con mi mal inglés resulte un fiasco". (Carta a Margarita Bonmatí, 18/II/1937.) Las conferencias ("La realidad y el poeta en la poesía española") se editaron en 1940: *Reality and the Poet in Spanish Poetry*, Baltimore, The Johns Hopkins Press. Allí conoció a Eleanor Laurell Turnbull, hija de Lawrence Turnbull, mecenas desde 1891 de las Conferencias Turnbull.

hoy? En una nostalgia enorme del Mediterráneo. Desde que estoy aquí tengo más y más metido en el alma ese mar y todo lo que representa. Se me figura que es mi verdadero centro de gravedad espiritual. ¿Por qué será? Comprendo que de lo que yo he visto del mundo no hay nada que yo haya sentido tan como mío. Otras cosas las he admirado más, quizá, pero para vivir, para estar, nada es comparable. Creo que conforme se va imponiendo más y más en mi ánimo por fatal razón de lógica y necesidad la perspectiva de vivir en América para siempre, más y más se me agudiza la nostalgia del Sur. Todo el mundo lleva en lo más secreto de sí, una afinidad misteriosa con un determinado paisaje, o aspecto terrenal. El mío es lo de Alicante, te lo confieso. Cómo y por qué me ha ganado esa tierra que al principio no me atraía no lo sé explicar. También Andalucía me llama mucho, pero no es lo mismo. Ya sé lo que me vas a decir: por si tuviera que vivir allí siempre no lo podría tolerar. Es posible, no afirmo nada. No hago más que contarte un estado de mi alma, hoy, del todo sincero. Y me parece que uno de los castigos que me podría imponer la vida es no volver a ver ese horizonte. ¿Recuerdas la tarde de la sierra, cuando vimos aparecer doblando el cabo las *islas flotantes,* los barcos *camouflés?* Pues así tengo el Mediterráneo en la memoria, Marg, como un lugar de *maravilla vivida,* de milagro posible. Me vuelve al alma el recuerdo de nuestros paseos por la sierra, de la llegada a lo alto, cuando ya dominábamos el mar y nos sentábamos en la piedra. Y esa tierra seca y áspera se me llena de ternura, me penetra no sé a dónde. Marg, ojalá podamos volver tú y yo, como entonces, a subir de nuevo a la sierra, a ver ese mar, a sentarnos callados a mirarlo.

Eso está fabricando mi alma al final de este domingo gris y solo.

Tu Pedro

[Al margen] Recibí "Le Temps". Prefiero que me mandes de vez en cuando "Marianne" o "Vendredi". Pero no con tantos sellos como el discurso de Azaña que te costó un dineral. No vale la pena, gracias.

Aquí me tienes, trabajando como un borrico para mis conferencias. Esta noche doy una, aquí, en el College, pero en español. A eso no le tengo miedo. Lo malo es cuando tenga que ser en inglés. ¡Qué terrible esclavitud, la de mi aptitud, al idioma! No te rías de mí, pero yo me doy cuenta de que si lo que yo llevo en la cabeza se pudiera expresar en idioma universal, comprensible para todos, me abriría camino en América, muy pronto y muy bien. ¡Cómo envidio al músico, al pintor, al escultor, es decir a todos los que son capaces de expresarse en lengua universal! América es un país muy abierto al mérito, muy acogedor para el que valga algo. Hay el culto del arte, del creador, hay público, atención, dinero. Y no sé si me determinaré pero yo creo que sabría abrirme camino aquí si pudiera ponerme en contacto con el público. Lo terrible es que me falta el instrumento, el medio. Cuando veo, por ejemplo, a Madariaga dando conferencias, estupendamente pagadas por ahí, me siento yo capaz de hacer lo mismo, por lo menos, si no fuese por el idioma. Cuando leo artículos y ensayos en las revistas no me parece imposible escribirlos igual, en cuanto a la idea. Pero tropiezo en lo mismo. Tu me dirás, acaso se puede aprender un idioma, no es un obstáculo invencible. Sí, pero sólo hasta cierto punto. Se puede aprender para el trato social, el lado práctico de la vida, y quizá también para lo intelectual. Pero no se puede aprender nunca lo profundo y hondo de una lengua lo que permite en ella *crear*. Y aún suponiendo que se pueda llegar a la expresión de lo intelectual, de las ideas, por ejemplo, para dar conferencias siempre se siente la limitación, la barrera infranqueable. Y cuesta mucho trabajo. Te lo puedo decir, Marg, porque contigo tengo la confianza de mi alma: me da como rabia, a ratos, el ver lo que *podría* hacer y no poder hacerlo. De cuando en cuando se oye hablar aquí de un pianista, de un pintor, español o ruso, o polaco. Ahora ha estado el tonto de Segovia, tocando la guitarra. Todos tienen acceso al público, pueden luchar. Lo que yo siento es no poder luchar en el mismo terreno que los demás. Compréndeme, por Dios. No pienso en lo exterior de eso, por lo que tiene de halagador para el orgullo, no. Es porque si yo pudiera, mi vida material estaría asegurada sin duda en América, independiente, por mis propios brazos. Mi orgullo no está ahí, está en lo que yo pueda hacer en mi lengua, que quiero más que a ninguna, en la otra de mi alma, si algo lleva en sí. Es lo otro, lo material, sabes lo que quiero decir. Y por eso no me atormenta, ni amarga, porque después de todo es lo que menos vale. Lo otro es lo que hay que salvar. Tu

Pedro

[Al margen] Me arrepiento de todo lo que he escrito aquí. Después de todo, el *mínimo* material, ganarme la vida para nosotros lo puedo hacer. ¿Para qué pensar en lo *máximo*? Perdona mi orgullo. [En hoja aparte] He estado leyendo estos días el *Poema del Cid,* para mis conferencias de Baltimore. Y he dado con algunos versos bonitos. Te mando dos:

Dios, que nos dio las almas, consejo nos dará.[22]

Y el otro, se refiere a la superstición de la Edad Media que veía augurios buenos o malos en la manera de volar los pájaros, ya fuesen por la derecha o por la izquierda. Y al salir de un pueblo dice el Poema:

al salir de Toro mucho hubieron buenas aves.[23]

¿No es precioso este verso "Tener buenas aves"?

No sé por qué estos dos versos que leí anteayer se me vienen

22. Es el verso 89 de la sección 18 del "Cantar primero". 23. El verso 9 de la sección 46 del "Cantar primero" dice: "al exir de Salón / mucho ovo buenas aves". *Poema del Cid,* texto antiguo según la edición crítica de Ramón Menéndez Pidal y versión en romance moderno de Pedro Salinas, Losada, Buenos Aires, 1938.

hoy al ánimo, y te los envío. Pero quizá sea porque siento, a pesar de la nieve, que tenemos hoy *buenas aves.*

Te abrazo mucho, mi Marg.

Pedro

[Nueva York] 28 marzo [1937]

Hoy te escribo por la mañana, vida. No he salido. Anoche estuve con Onís y su tertulia hasta las doce y media, me he levantado tarde y me he sentado al lado de mi estupenda ventana a trabajar un poco en mis conferencias y ahora a escribirte. Me gusta mucho hacer esto, es decir la vida ordinaria casi en Nueva York y no la del paleto viajero. Parece que se encuentra uno más a sí mismo. Y esta mañanita me está dejando más contento que si hubiera andado rodando por ahí. Ayer almorcé con del Río, el profesor que está con Onís, en Columbia, y que es muy simpático. (Voy a cenar con él, en su casa, esta noche y preguntaré a su mujer por el precio de la vida, aquí.) Después de almorzar fuimos a un Museo, que no conocía yo, estupendo con pinturas mágnificas. ¡Y siempre lo español, Goya, Velázquez, pero con un *acento* único e inconfundible, con su *fisonomía de alma* que no se parece a ninguna! ¡Qué gusto me da encontrarme en los Museos, con las caras conocidas, y los espíritus gemelos, en esos cuadros! Cuando todo vacila en España, eso, Marg, es *el suelo,* es la tierra última. Hay también en ese Museo un Ingres, y un Renoir, soberbios. Después fuimos a la Exposición de fotografía que es mucho menos buena que la de París, de hace tres años y dejé a del Río y me vine a casa, a escribirte. Estaba tan hermosa la ventana al entrar que en vez de ponerme a contarte lo que había hecho, me escapé por el cielo. Cené con Onís, el cónsul de España y tres españoles más en un restaurant italiano. ¡Clásica tertulia española! Tremenda discusión, sobre la guerra, sus causas, etc.

PASAJERO EN LAS AMÉRICAS

Lo mismo que en un café de España. ¡Qué tosco, qué vulgar de espíritu me parece Onís! Más cada día. Jamás le oyes hablar (se me ha acabado la tinta) de nada literario o artístico, ni finamente. Es la conversación de las novelas de Baroja, de temas periodísticos, vagos y de afirmaciones gratuitas y caprichosas. Es el tipo perfecto del culto-inculto, de la disociación entre las ideas claras y fijas que tiene sobre su materia, y la falta de *tono* espiritual, compañero de mesa de café, ni más ni menos. A mí, después de Wellesley, me distrae y entretiene eso un poco, pero no dejo de reconocer lo que es. No sé de qué le ha servido el vivir aquí 20 años. A María de Maeztu la he telefoneado sin encontrarla, y espero verla mañana. Don Ramón está en Cuba y va a venir a Nueva York dentro de tres semanas. Moreno Villa, en Washington. En fin, esto se va a llenar. Pero según Onís, todos los *vivos,* Ayala, Marañón, etc. se quedan en París, esperando que les llame Franco. ¡Qué público!

Adiós, guapa. Te llevo conmigo siempre, por Nueva York, en lo que veo. Siéntelo. Tu

Pedro

[Al margen] Espero tener cartas re-expedidas mañana. ¿Cómo estás? ¿Estarás de viaje hoy? ¿Dónde? Que sea en sitio hermoso y te sientas feliz.

[Membrete: Spanish Embassy/ Washington]

2 abril [1937]

No te he dicho nada de mis gestiones sobre el drama en Nueva York. Vi a Miss Lewishon.[24] Judía, unos 45 años, inteligente, co-

24. Irene Lewisohn (-1944), fundadora, con su hermana Alice, del "Neighborhood Playhouse" (companía de repertorio), Nueva York, donde en 1935 se representó *Bodas de sangre* de García Lorca en traducción inglesa de José A. Weissberger.

noce España bien y entiende el español. Tiene una escuela de arte dramático, y de cuando en cuando monta una obra en un Teatro de Nueva York. Es muy amiga de un famoso judío de Madrid, Weissberger, que es un *alto* comerciante y conoce todo el mundo y habla todos los idiomas. Este Weissberger está ahora en Nueva York y almorzamos juntos, Miss L., él y yo. Después del almuerzo leí el primer acto a la dama y a él. Les interesó mucho pero yo creo que la señora no entendió todo, por el idioma. Por eso W. se ha ofrecido a traducirme al inglés el primer acto para que ella lo pueda estudiar y decirme si habría posibilidad de que se ponga en escena el año que viene. En eso hemos quedado: le he mandado el acto primero a W., no sé lo que tardará en traducirlo, ni lo que tardará en leerlo la señora. Esperar y paciencia. Pero el drama tuvo otro éxito. Se lo leí a Onís y a Mañach[25] (el cubano) en casa de éste y les gustó mucho. La fiera de Onís se rindió por completo y me dijo que le parecía una cosa de primera clase. Y se ha ofrecido, si lo de Miss L. no cuaja, a hacer gestiones con dos escritores de Nueva York relacionados con el mundo teatral. Como ves son ya dos caminos. ¿Llevarán a alguna parte? Yo no lo sé, pero de cuando en cuando se me pasa por la cabeza la idea tu Pedro, estrenando en Nueva York y no en Madrid, con las Artigas,[26] u otra facha. Estoy como un literato de provincias esperando el estrenar en la capital. ¿Fábula de la lechera? No importa. Valen más unos cuantos sueños que un cántaro de leche. ¿No te divierte la perspectiva de asistir al estreno el año que viene? No te rías de mi, Marg, porque podría ser en todos sentidos una gran cosa hasta para el dinero. Y sobre todo me estimularía escribir más teatro que sigue *trabajando* dentro de mi cabeza. Adiós, guapa. Me ves animado hoy. Recibe mi animación, participa de ella y si no sale luego nada, participa en reanimarme e ir adelante.

Pedro

25. Jorge Mañach (1898-1961). Ensayista y crítico literario cubano. 26. Josefina Díaz de Artigas.

PASAJERO EN LAS AMÉRICAS

[Al margen] Marg, pulso de viaje, pulso cansado, letra fatal. Perdóname. No sabes lo que lo siento. Te abrazo.

A MARGARITA BONMATÍ, SOLITA
Y JAIME SALINAS

Wellesley, 6 de abril [1937]

Queridos corderos y mamá:

Aquí me tenéis de vuelta de mi excursión de vacaciones. No os he escrito carta de familia la semana pasada porque no tenía máquina y no quería haceros sufrir. Por cierto que ya vais siendo mayorcitos y será menester que aprendáis a leer la letra de papá. Pero por ahora os lo perdono.

He estado en Nueva York y Washington. En Nueva York me cogió el domingo de Resurreción y vi una especie de procesión carnavalesca, que se llama de primavera y que consiste en que unos cuantos insensatos hombres y mujeres, se ponen sus trajes de primavera y pasean por la Quinta Avenida, como por la Castellana, los hombres con chaqué y chistera y las damas con trajes muy elegantes. Pero el día era frío como un demonio y los infelices iban tiritando y disimulando su espantoso frío.

Esta vez he parado en un hotel que está en la misma estación, y del que os voy a contar unas cuantas cosas. Los hoteles son las creaciones más maravillosas de América. En Nueva York hay varios con más de 2.000 habitaciones, que son, claro, rascacielos. Éste en que yo paraba, el Commodore, tiene entrada subterránea, por la estación, de modo que no hay que salir a la calle para ir a él. Los salones de los hoteles son el ejemplo de lujo recargado y pesado más terrible que se puede encontrar. Mármoles, bronces, dorados, todo de un gusto detestable. Pero los servicios son estupendos. Por ejemplo los ascensores. En este hotel hay doce ascensores, en fila, funcionando constantemente. Seis de ellos son express, es decir no paran más que desde el piso 16 para arriba, de modo que según el piso que se habite se toma un express o un ordinario. Son de una rapidez vertiginosa y que no se siente. Las habitaciones suelen estar decoradas y amuebladas con poco gusto, también, pero con solidez y comodidad. Lo característico de ellas son las lámparas. Hay lámparas de mesilla de noche, de mesa de escribir, de tocador, una lámpara de pie para poner junto al sillón de lectura. El armario no existe. Hay alacenas o sea armarios hechos en la pared muy amplios y con muchas perchas. Los más modernos tienen todos radio, oculta en la pared, con los botones junto a la cabecera de la cama, de modo que se pueda oír lo que se quiera. Los cuartos de baño son perfectos, con baño y ducha, y agua caliente, claro. Pero además como esta gente es aficionadísima al agua helada, hay un grifo especial por el que sale en todo tiempo agua friísima, para beber. Las mesas de escribir son muy completas: se abre el cajón y hay dentro tintero, pluma, papel de todas clases, postales y hojas para telegramas y cables. En algunos se encuentra también como un acerico pequeño con hilo y agujas. En todos los pisos hay un curioso sistema para echar las cartas: es como un tubo de cristal, que va a lo largo de la pared, como una cañería y que tiene una ranura o boca de buzón, en cada piso. De modo que estás en el piso 22, por ejemplo, y si quieres echar una carta, sales al pasillo y la carta baja por el conducto y se ve desde todos los pisos. En fin todas las comodidades. Y eso que yo no voy a los hoteles de primera, sino a los medianos, porque los de primera son carísimos. En ése en que he estado ahora hacen una rebaja de un 25% a los profesores. ¡Qué país absurdo! ¡A cualquier hora se les ocurre eso en España! Tenía yo esta vez una habitación en el piso 22. ¡Qué vista!

Cuando vengáis el año que viene pararemos en uno de esos monstruos y comprobaréis mi descripción. Adiós, guaposos. Escribidme y sed buenos. Y recibid un abrazo los tres y uno y una y una.

Papá Pedro

A MARGARITA BONMATÍ

18 de abril [1937]

¡Cómo me entristece esa noticia de Eusebio[27] y Carmela! Es el único, el primer amigo de verdad mío que está con los rebeldes. No se puede comparar su posición con la de Jorge. A Jorge le cogieron en la ratonera en Valladolid, no podía escapar, y es, a lo sumo, un sometido exterior. Pero Eusebio es un adherido, que se suma a la causa de los fascistas. No es como combatiente, claro, pero sí como elemento activo y a su lado. En él es un acto de voluntad. Podía haberse quedado en Francia, esperar, guardar su libertad. El sabrá por qué lo ha hecho. En Carmela no me extrañaría porque su cabeza es un poco ligera y superficial. Pero a Eusebio le creía más sólido. Mucha pena me da, Marg, pero te digo lo mismo que te dije cuando Jorge: amigos eran y amigos son para mí. Amigos serán si ellos quieren serlo. Si escribes a Carmela, dáselo a entender, para que se lo diga a Eusebio: que mi amistad le acompaña como siempre. No quiero dejar entrar la guerra civil en mí, eso no. Sería además indigno, que yo que no lucho que estoy lejos, alimentara odios en mi ánimo. Es posible que si estuviera en España, como Pepe,[28] me hubiese dejado arrastrar al partidismo y al odio. Mi temperamento es de por sí, muy poco *neutral*. Pero desde lejos procuro apartar de mí esas semillas de discordia. Eusebio está equivocado: lo sé. No se puede moralmente, humanamente, estar con esa gente. Pero es noble y bueno, y una equivocación no es una condena de vida. Si algún día le veo le daré un abrazo muy fuerte y ojalá comprenda. ¡Pero qué terrible desastre es todo esto, Marg! Hace unos días, Jorge, ahora Eusebio. ¿Quién vendrá después? La sensación de lo que estamos perdiendo se me entra más y más en el corazón cada día. La amistad es para mí muy importante en la vida. Y el

27. Eusebio Oliver.   28. José Bergamín.

grupo de mis amigos está escindido y me temo que para siempre. ¡A cuántas cosas hay que decir adiós! Una de las que más me aterra al pensar en vivir para siempre aquí es el no tener amigos. ¿Cómo hacer amigos, en un país extraño, a mi edad? ¿Y con costumbres tan diferentes? Me carga cada vez más lo que llaman *la vida social.* Cuatro cortesías exteriores, medidas, preparadas de antemano, con el tiempo tasado, y nada más. No te puedes figurar el aislamiento sofocante que siento en algunos momentos, aquí. ¡Me escaparía! Y pienso en los amigos de Madrid y España, y veo que eso se deshace también. ¡Cuántas cosas ha destrozado la maldita guerra! En los periódicos se ven fotos de ruinas, de cadáveres, pero no se ve por fuera nada de lo que se ha arruinado y muerto por dentro de tantas y tantas almas. Precisamente me ha cogido la guerra en un momento de la vida en que todo esto se siente más. La energía de mi vida, ahora en el ápice de su fuerza, van a tener que emplearse en mil direcciones de re-construcción exterior, porque la guerra ha caído a mi vida *por en medio.* Irse a vivir a un país nuevo, o crearse una posición social y profesional nueva, buscar una atmósfera espiritual nueva, es a mi edad, y en mi estado de ánimo, muy duro. Vine a América, mejor dicho me propuse venir a América, como a un viaje de recreo, por curiosidad espiritual. Y de pronto se me ha convertido en una obligación, en su taller. Pero, en fin, Marg, no hagas caso de mis palabras. Me ha deprimido lo de Eusebio. Pero sé volverme a lo que tengo, tú, tu amor, tu bondad, los hijos, su hermosura y su porvenir y mi alma, lo que ella puede hacer todavía, lo que quiere hacer. No pido más que fuerzas físicas y vuestra compañía, Marg. Os abrazo

Pedro

[Al margen] Es uno de esos domingos monótonos y solos de aquí. Son como una losa de plomo. Escribirte ha sido mi alegría.

[Membrete: The Charles, Baltimore, MD]

27 de abril [1937]

Esta noche, Marg, estoy menos cansado y podré escribirte sin fatiga, como anoche. Estoy más animado, también. La segunda conferencia ha salido mejor que la primera. Había más público y me han escuchado atentamente y al parecer sin cansancio. Al final me han aplaudido bastante. Así que estoy más contento y más alentado para mañana. El público de América es muy bueno en general: curioso, respetuoso y poco crítico. Yo veo además que les doy lástima, con un aire de angustia al pelear con la pronunciación. En fin, *un toro menos* en esta corrida. Esta noche he cenado en casa de Spitzer,[29] el profesor alemán que me invitó a Colonia hace años. Está aquí desde octubre casi como yo. Ha sido un verdadero diálogo de *emigrados*. Él no podrá volver a Alemania, porque es judío y anti-nazi. Ha estado en Turquía tres años. Me ha hecho impresión, la visita. Son él, la mujer y un chico de unos 15 años. Viven modestamente, sin criada. La mujer no habla más que alemán. Hemos estado echando de menos Europa y lo europeo. Spitzer es un gran filólogo que domina el francés, el español y el italiano y hombre de gran sensibilidad y finura. No se encuentra bien aquí. Le falta la atmósfera intelectual, el aire espiritual. Cree que en América la cultura es pura aspiración externa imitativa, no sentida en el fondo del ser como una necesidad vital y subordinada siempre a lo práctico y lo materialista. El tipo de estudiante americano le parece francamente inferior sin problemas hondos, sin sentido total del mundo y del hombre. Él, que tenía en Colonia 400 estudiantes, tiene aquí 15. Y ésta es una de las tres grandes Uni-

---

29. Leo Spitzer (1887-1960), romanista austriaco. Fue profesor en las universidades de Marburgo y Colonia. Entre 1933 y 1936 vivió en Estambul, huyendo del nazismo. Ese año se instaló en Estados Unidos. Fue colega de Pedro Salinas en Johns Hopkins. Autor de *Lingüística e historia literaria* (1955). Salinas le dedicó "Esquicio de Leo Spitzer", *Ensayos completos*, III, pp. 411-414.

versidades de América. Su conversación no ha sido muy animadora, pero no me ha hecho gran mella, porque yo no vivo de lo universitario, ni del ambiente universitario, sólo. Pero he vuelto a tener la sensación del *emigrado*. ¡Palabra romántica, palabra nacida hace unos 150 años y que ahora se pone de moda otra vez! Yo la leía siempre con una sonrisa un poco irónica, como si fuese una palabra *literaria*. Y esta noche, hablando con Spitzer me vi, como en un espejo, en ella. No me ha dolido. Me he hecho cierta gracia melancólica. Me he acordado de la locución española: "¡Las vueltas que da el mundo!" Y me he dicho, para mis adentros: Que siga, que siga dando vueltas mientras haya como hay hoy, motivos y ganas de vivir en él. ¿Verdad, Marg? ¡Viva el mundo!

Pedro

[Wellesley] 1 de mayo [1937]

De vuelta en Wellesley, mi Marg. ¡Qué peso se me ha quitado de encima! No es que no tengo trabajo, no, me espera mucho trabajo aquí, pero por lo menos lo de Baltimore ya se terminó. Y no ha terminado tan mal como yo me temía. Parece ser que todo el mundo ha quedado contento. Yo creo que les he dado lástima, al verme tan apurado y afanado con mi pronunciación. Ello es que he hecho mi primera serie ante el público americano y no he salido con las manos en la cabeza. Y me he ganado su hermosa cantidad de dinero que nos servirá para mucho: unos 15 000 francos. No está mal. En mi vida he ganado tanto con conferencias. Vuelvo pues cansado, muy cansado, hecho pedazos, porque han sido cinco conferencias seguidas, pero satisfecho. Me han tratado muy bien, y he dejado buena impresión. He conocido, además un nuevo aspecto de la vida americana. No puedo resistirme a contarte lo que es la Fundación que me ha invitado a dar las conferencias, porque es algo muy típico. Había un matrimonio, Turnbull, allá por el año 1890, que tenía un niño muy inteligente y de gran sensibilidad para la poesía. Ese niño murió, de repente, a los nueve años. Y entonces los padres decidieron crear una Fundación para que todos los años se dieran en la Universidad conferencias sobre poesía, por poetas o por profesores de historia de la poesía. ¿No es estupendo? Quedan hoy tres hermanos del niño ese. Un señor casado y dos señoras solteras.[30] Los tres me han invitado a cenar. Una de las señoras, de unos 50 años es escultora y pintora. Vive en una casa, imitación a la antigua, rodeada de sus obras, y es además, especialista en Plotino, el filósofo griego, del que ha hecho traducciones, y una edición popular. La otra es una viejecita de 60 años, muy aficionada a la poesía. La buena señora ha traducido seis poesías mías al inglés, con muy buen sentido, aunque sabe muy poco español. Me ha consultado las traducciones, y dice que va a hacer más. Y acaba de salir del sanatorio, donde le han hecho una operación. Apenas si puede andar, pero ha ido a todas mis conferencias. Parece increíble el ánimo y el espíritu que tienen estas viejas de aquí. No se parecen nada a las viejas francesas, arregladas y pintadas, no, todo lo contrario. Son del tipo de la madre de Dámaso, activas y despiertas, siempre haciendo algo. A esta buena señora se la ha despertado el interés por el español, con mis conferencias y dice que si está bien irá a Middlebury este verano, a perfeccionar el español. ¿No es prodigioso ver a una señora rica, de 60 años aprendiendo un idioma? ¡Cómo me acuerdo de mi madre y de su incomprensión de estas cosas! He recibido varias cartas de enhorabuena y algunas invitaciones que no he podido aceptar. La mujer del cura de la mejor iglesia de Baltimore me invitó también, y trajo a su marido que es un gran admirador de Unamuno, a las conferencias. Yo creo que las mujeres aquí ganan con los años. O será que la vieja generación es mejor que ésta. La chicas parecen ton-

30. Eleanor y Grace Turbull.

tas, a su lado. Es un país verdaderamente extraño y yo me paso el tiempo oscilando entre admirarlos y no entenderlos. ¡Si vieras qué Museo hay en Baltimore, tan rico y variado, de pintura, escultura, artes industriales, todo él formado y regalado a la ciudad por un comerciante de tabaco! Y mientras los españoles, nos matamos y destruimos lo que nos dejaron nuestros padres. ¡Así va el mundo!

Marg, un abrazo de retorno y de descanso, depués de esta prueba que te dedico y ofrezco con mi amor. ¡Cómo te echo de menos, para descansar, hoy!

Pedro

[Al margen] Sí, vida, me gustaría de vuelta de mi *proeza* apoyarme en tu hombro, reposar en él y en ti.

[Wellesley] 19 mayo [1937]

Primavera lluviosa. Dos días lloviendo. Pero me gusta más así, casi. Todo toma una especie de sordina, de tono menor, exquisito. No sabes lo preciosas que son las flores del campo. Hay unas menuditas que crecen entre la yerba. Otras como azucenas silvestres. Y unos arbustos literalmente cubiertos de flores maravillosas. También me han llamado mucho la atención unos árboles que echan la hoja nueva del mismo color de la hoja de otoño. Te acercas a la hoja y es fresca, limpia y reciente, pero el tono es bronceado, del hermoso color otoñal. Sabes te debo confesar un pecado. Es tal la reacción que siento contra este ambiente convencional y rutinario de Wellesley, contra la frases hechas y los tópicos sobre todo lo humano y divino, que de tanto oír a estas viejas elogiar la primavera y las flores, y decir a cada momento: "¡Qué encanto! Qué precioso", etc., poniendo los ojos en blanco, y como una máquina de admiraciones hechas a la medida, me sentí una cierta antipatía contra la primavera y la otra noche tomé unos apuntes para una "Oda contra la primavera".[31] Luego esa actitud mía me ha preocupado y dolido. Es como un prejuicio que se ha interpuesto entre algo realmente hermoso, esta primavera de aquí, y mi capacidad de sentir y admirar. Porque estas pobres mujeres vierten sobre la primavera un aluvión de frases hechas. Yo he pecado contra la pureza de una impresión verdadera, de una belleza real. ¡Qué descontento de mí me he sentido! Me dejé vencer por la antipatía al lugar común, a la vulgaridad sentimental, y eso estuvo a punto de matar en mí el sentimiento *directo* de la primavera. Y me he arrepentido Marg, y ahora muy humildemente, muy *franciscano,* hago ejercicios de observación pura, de desagravio a la primavera ofendida. De todos modos si acabo la poesía te la mandaré. (He hecho dos más esta semana, pero no sé lo que son y no me inspiran confianza en su bondad.) Además, creo que lo que me pasa es que estoy acostumbrado a la primavera seca, breve, intensa y recatada de Castilla, de la Sierra, toda esencia y pudor y esta me parece demasiado *bonita* y primorosa. ¿Será la terrible dureza española, eso? ¿Será mi incapacidad de percibir lo bonito, algo que viene del fondo ibérico? Y sin embargo yo aprecio y siento lo fino, lo matizado, lo delicado, enormemente. Sea como sea, mi Marg, a ti te confieso mi pecado y te brindo mi arrepentimiento y todo lo que siento de hermoso ante esta primavera.

Pedro

[Al margen] Te mando adjunto el cheque de los 2.000 francos. No me has dicho si recibiste los anteriores.

---

31. El poema se tituló "Contra esa primavera" y fue publicado en *Todo más claro* (1949), *Poesías completas,* pp. 755-759.

Mi Marg, el conflicto esta noche es muy sencillo. O no escribirte o escribirte a máquina, que sé que no te gusta. Pero estoy muy cansado del cuerpo, mi pulso no puede trazar dos líneas y sin embargo mi alma quiere escribirte. ¿Me perdonas que lo haga así? Gracias.

He recibido dos cartas tuyas hoy, con las de los niños. ¡Pero qué insensata eres! ¿De dónde has sacado que era mi santo? Ha sido un santo inesperado y sorprendente: el mío verdadero es el 29 de junio. Pero agradezco ese santo de propina, y gratuito que con tanto celo me dáis. Más vale así. Me ha hecho gracia. Ya en el telegrama no lo entendía bien.

Veo algo de tus planes para el verano y eso me hace vacilar en los que yo te exponía ayer. Lo de Fort de l'Eau[32] no me parece mal, pero no sé si será tónico para ti y los niños y me temo que no mucho. De todo modos, te ruego que consultes al médico seriamente, sobre todo respecto a tu estado, para ver si ese verano te va a poner bien o te va a hacer retroceder, Marg. Por Dios hazlo, hazlo por mí. Me parecía mejor lo de los Alpes, el Dauphiné, o Savoie, no sé. Pero lo que sea hazlo con cuidado. Yo no estoy ahí para cuidarte y necesito que lo hagas tú por mi, alma, que no lo abandones. Ahora bien si os quedáis en África yo no sé en donde podremos reunirnos mejor. Los barcos que van de Nueva York a Argel no caen bien para mi fecha de terminación en Middlebury. A Gibraltar podría ir, pero temo no encontrar enlace allí con Argel, a parte de que me repugna tomar un barco italiano en estos momentos. Todos son unos cochinos, lo sé, pero vivir entre italianos y retratos del Duce una semana me da asco. Lo vencería si fuera menester para veros antes, pero es que como te digo no convienen las fechas. Eso se complica también con lo de París. Y si os quedáis en Africa para el veraneo se me

32. Playa cerca a Argel.

ocurre que lo mejor sería encontrarnos en París y pasar allí todo el tiempo de mi estancia en Europa. Porque de otro modo tengo yo que ir de Le Havre a Marseille, y de allí a Argel, para no poder pasar en Fort de l'Eau más que una semana, si es que luego queremos visitar París ocho o diez días. Además me tendría que gastar más dinero en Le Havre-Argel ida y vuelta. Mi proposición, sometida a tu parecer, claro, es que convenzas a tus padres, y que hacia el 23 os vayáis, con ellos a París, y así ven ellos la Exposición también. Y allí, despacito vemos París, se lo enseñamos a los niños y luego nos embarcamos para esta tierra. Me parece lo más práctico. Consúltalo con tus padres y haz lo que creas mejor. Y que conste que yo, si decides que nos reunamos en Argel iré contenísimo y no me importa nada hacer el viaje. De no haber sido verano mi ideal hubiera sido precisamente encontrarnos en Argel, como la primera vez, Marg. Mis fechas son, para que lo sepas con precisión, éstas. Salida de Nueva York el 18 y llegada a Le Havre el 23. Y saldremos todos de Le Havre el 15 de setiembre. De modo que dispongo de 22 días, pasando 10 en cualquier sitio tranquilo de Normandie, cerca del Havre y el resto en París. Como ves hay muchas posibilidades. Y todas se condensan en una: que nos veremos, nos reuniremos y no nos separaremos para el año que viene. Lo cual quiere decir, mi Marg, que todas son buenas y alegres para

tu Pedro

A MARGARITA BONMATÍ, SOLITA Y JAIME SALINAS

[Membrete: ESCUELA ESPAÑOLA, Middlebury College]

6 de julio [1937]

¿Qué tal lo pasáis, jóvenes cachorros, en Fort de l'Eau? Supongo que seguiréis puntualmente mis consejos y no tomaréis baños largos ni haréis imprudencias. Veo por los retratos que estáis guapos, pero flacuchos y no me gusta. En América se come muy poco y si no traéis reservas os vais a quedar como fideos.

Yo estoy en este Curso de Verano[33] hace unos días, y no lo paso muy mal. El sitio es muy bonito y pintoresco. Vivimos todos, profesores y alumnos, en esta casa cuya foto os mando. No se permite hablar más que español, de modo que se oyen las más pintorescas frases, porque los chicos aunque no sepan, para no infringir la regla hablan como Dios les da a entender. Hay unos setenta y cinco estudiantes que vienen de todas partes de América. Algunos muy pintorescos. Por ejemplo, dos señoras de sesenta y cinco años que ahora quieren aprender español, como si estuvieran empezando a vivir. A mí me parece muy bien, porque eso indica que siguen activas y jóvenes y no se resignan a echarse a un lado. Una de ellas está haciendo traducciones de mis poesías, al inglés.[34] A nosotros, los españoles, nos choca un poco esto, por la idea tan arraigada en nuestro país, de que las viejas deben estarse en casa y no ir más que a la iglesia, pero a mí me parece una ventaja de la vida americana. Otro tipo pintoresco es un chico muy gordo, italiano de origen, que vino a esta tierra, a trabajar en su oficio de zapatero, hace siete años. Pero el hombre tenía ambiciones culturales, y empezó a estudiar por las noches, hizo así el bachillerato y ahora está en la Universidad. Según me dice trabaja en sus zapatos por la tarde de una a seis, y el resto del día va a las clases y estudia. Con sus zapatos se gana dos dólares y medio al día y tiene para vivir y pagarse sus estudios. El Decano de la Facultad, para ayudarle le ha dejado una ha-

33. En la Summer School de Middlebury College dio dos cursos, "El romanticismo español" y "La poesía contemporánea". Le fue concedido un doctorado *Honoris Causa*. Entabló una cordial relación con Juan Centeno, director de la Escuela Española, hasta la muerte de éste, en 1949. A su memoria dedicaría el libro póstumo de poesía *Confianza*.   34. Eleanor Turnbull, a quien había conocido en Baltimore, al pronunciar las conferencias Turnbull de poesía. Véase carta de 1 de mayo de 1937 donde ya informa sobre la intención que tiene ella de aprender español para poder traducir sus poesías.

bitación en su casa, y allí vive. Es un ejemplo de todas las facilidades que da América al que trabaja. Contádselo a papá Vicente, porque le gustará. Para venir aquí ha pedido dinero prestado. Y con objeto de que le cueste menos la estancia sirve de camarero a la mesa. Porque habéis de saber que los que sirven a la mesa no son camareros de oficio y pagados, sino dos estudiantas y seis estudiantes, que hacen ese servicio a cambio de la comida, y así se ahorran una parte de los gastos. Eso aquí se considera perfectamente digno, y a nadie se le ocurriría mirar con menos consideración a uno de ellos que a los demás. ¡A cualquier hora iban a hacer eso los becarios de Santander! Claro que el trabajo no es mucho porque lo que se come aquí es casi ilusorio. Siempre me pareció que los americanos comían poquísimo, pero ahora las comidas de Wellesley, comparadas con éstas, se me representan banquetes opíparos. He tenido que comprarme frutas y galletas, porque con lo que trabajo aquí tenía miedo de enfermar de debilidad, si no como más que lo que me dan. Hay que creer que esta gente es de otra pasta que la nuestra. No se comprende cómo pueden trabajar lo mucho que hay que trabajar aquí y nutrirse con escasez tan milagrosa. ¡Felices vosotros, que podéis comer lo que queráis! El año que viene, en casa me voy a resarcir, si Dios quiere, y tenemos dinero, de todas las hambres y ayunos de este año. ¡Cómo me acuerdo de la cocina de mamá Mariana![35]

Adiós, cachorros y mamá. Ya nos queda muy poco tiempo de separación. Mamá me ha dicho que no tenéis ganas de verme. Yo tampoco. Pero nos resignaremos, eh. Os abrazo, hambriento y cariñoso.

Papá Pedro

[Al margen] ¿Que tal mamá? Mañana te contestaré a tu carta sobre el viaje. No me convences. Y te diré por qué. Es muy razonable lo que me dices, y te lo agradezco, pero... Ya veremos. GRACIAS

35. Mariana Botella de Bonmatí.

A MARGARITA BONMATÍ

Es curioso. Veo al través de tus cartas que me imaginas en América de un modo muy distinto al en que estoy, en realidad. ¿Piensas que América es un campo a mi actividad, en el que hallo algo nuevo? No vida. Te voy a decir la verdad, ahora mis opiniones no influyen ya en mis actos, y que nuestra decisión de venirnos aquí está tomada. América me ha defraudado y desilusionado, mucho. ¿Por qué? Para mi un país, me interesa sólo como un modo de concebir la vida, de vivir. Francia es una visión de la vida, España otra, y así todos los países grandes. O que lo fueron. Y el modo americano no me atrae, hasta ahora. Es éste un país racionalista, pero sin profundidad. Un país de *razón práctica,* éste es materialista. No es que no haya en él manifestaciones de vida espiritual –religiosidad, anhelo de cultura y mejoramiento del espíritu–, eso lo hay, pero de un modo vago e incoherente. Da la impresión de un vasto mundo mecánico, materialista, en el que flotan de un lado para otro, los impulsos espirituales sin formar verdadero cuerpo y [ilegible]. Un hombre se pasa la vida amontonando millones, mecanizando y materializando a su país, y luego le regala museos y bibliotecas, para des-materializarse. Hay como unas faltas de *sentido* de la vida que hacen las cosas sin saber por qué, en el fondo. Yo me he podido dar cuenta, por ejemplo, de que no saben lo que es una universidad, ni su finalidad, humana. Sus propósitos son excelentes, su intención muy buena, pero les falta algo como el *convencimiento interior* de lo que hacen: lo hacen por imitación, no por vanidad, no, honradamente, pero sin alma. Es un país *soso* espiritualmente, sin sabor, sin sal. Y la vida está tan dominada o más, que en Europa, por convenciones y rutinas. Convencionalismo y rutina son dos rasgos típicos aquí y dan por resultado una *burguesía* tremenda. Con sus automóviles, sus radios, su aparente libertad, viven encerrados en media docena de ideas tontas, fáciles. Es como una falta de originalidad vital, una novedad

sólo externa, que disimula la pobreza interior. Pueblo bueno, senci-
llo, cómodo, pero con una enorme desigualdad entre su cultura ma-
terial y la espiritual. ¿Le juzgo mal? Quizás. Pero les noto una caren-
cia de fondo, lo que sólo dan los siglos de vivir y vivir. No es país que
te indigne ni repela, no. Pero no entusiasma. Ese es mi estado: falta
de entusiasmo. Viviremos aquí bien, lo espero, pero siempre en el
fondo de mí habrá, creo, una nostalgia por algo indefinible: la *den-
sidad,* la *antigüedad,* de lo humano. Quizás: por eso si algo sale
nuevo en mí de esta tierra, será por reacción, por contraste, no por
adhesión. ¿Vas viendo mejor a Pedro, en EE.UU.? Ya seguiré hablán-
dote de eso en otros días. Te sirve a ti también. Tu

Pedro

[Al margen] No creas que estoy desanimado, no. Aún me quedan
cosas que ver aquí. Muchas. No me vengo aquí contra mi volun-
tad. Pero no con *toda* mi voluntad.

A CATHERINE Y JUAN CENTENO [36]

[17 de agosto de 1937]

ANTES DE EMBARCAR PARA KATHERINE JUAN MI RECUERDO DE AMIS-
TAD GRATITUD MI ALEGRIA HABER ENCONTRADO AMERICA NOS AMIGOS
A QUIENES NO QUIERO PERDER Y OFREZCOME CORDIALMENTE DIAS FU-
TUROS TEMPORADA MIDDLEBURY BUENA PARA MI GRACIAS SU COMPA-
NIA BUEN VERANO AFECTO

SALINAS

36. Juan Centeno (1901-1949), profesor de Middlebury College desde 1929, fue
director de la "Spanish Summer School", una empresa educativa que sirvió
para reunir cada verano a un selecto grupo de profesores, algunos exiliados y
otros que venían de España. Ver Stephen A. Freeman, *The Middlebury College
Foreign Language Schools. 1915-1970. The Story of a Unique Idea,* Middlebury
College Press, Middlebury, 1975.

SAILING AUG 18 SS NORMANDIE

A FÁBULA DE FUENTES SE FUE SALINAS POR UN MUNDO DE MARES
BUSCA BAHÍAS DALE QUE DALE EL ALFIL Y LA REINA SIN NOVEDADES

PEDRO SALINAS

[Membrete: Pedro Salinas/Hallowell House/Wellesley, Mass.]

[octubre de 1937]

Mis queridos amigos Catherine y Juan:

Aquí me tienen ustedes de vuelta. Sin mi familia. Después de
ir hasta Argelia, dificultades para dar el pasaporte a mis chi-
cos —¡bendita burocracia que resiste a las guerras y las revolu-
ciones!— me han obligado a volverme solo. Por fortuna tengo un
cable de mi mujer diciéndome que todo se arregló y los espero
para fines del mes que viene. Pero ya comprenderán ustedes los
malos ratos que he pasado y el humor con que volví. La Natura-
leza para ponerse a tono con mi humor, nos obsequió con dos ci-
clones y otras amenidades afines, de modo que mi retorno ha
sido una carrera triunfal. ¡Pero qué sensación de alivio se tiene
al entrar aquí, al dejarse atrás *aquello*! Aquello es el Viejo Mundo,
donde hay una atmósfera de nerviosidad y de peligro inminente
que ahoga. Dios me libre de predicciones más o menos spengle-
rianas, pero les aseguro que huele a podrido no sólo en Dina-
marca, sino en todo el solar de la civilización europea. Yo no he
pasado en París más que cuatro días —el resto del tiempo estuve
en Argelia con los míos— pero fue bastante. Di un vistazo a la
Exposición. ¿Símbolo? No sé, pero el pabellón de Alemania y el de

Rusia están frente a frente, mirándose, y entre los dos, como la solución intermedia, más hermosa que nunca, la torre Eiffel. En nuestro pabellón lo primero que me encontré fue un retrato de dos metros, de Federico, sonriendo. Tuve que salirme, claro. Ya rehecho, volví y vi un cuadro estupendo de Picasso, sobre Guernica. ¿Han llegado a ustedes las aguafuertes del mismo, llamadas *Songe et Mensonge de Franco*? Son magníficas.

En Nueva York me encontré con Laurita[37] y con Don Ramón.[38] Éste se queda en Columbia, dando un curso. Y me he enterado de que Montesinos[39] está en la Embajada, de agregado cultural, por seis meses. Hablé con él por teléfono y espero verle este *week-end*, en Nueva York. Dámaso sigue en Valencia: no le dejan salir, no sé por qué. Guillén se volvió a Sevilla. ¡Pobrecillo! Y Castro[40] parece que viene a Wisconsin, el semestre de primavera.

¿Cuándo voy a volver a verles a ustedes? ¡Cuánto lo deseo! No se me olvidan, ni mucho menos, los ratos de Middlebury. No sólo el ajedrez, las expediciones nocturnas hacia el Western o el Eastern, mis hazañas de *driver,* sino hasta las clases —¡que es el colmo!— me viven en el recuerdo con el mayor cariño. ¡Y el decanato de usted, Juan, y la tutela sonriente de usted Catherine! ¡Qué bien me cuidaron y acompañaron ustedes siempre! Las cosas de este mundo están muy mal arregladas: lo prueba el hecho de que el Curso de Middlebury dura seis semanas y el de Wellesley nueve meses. Es un contrasentido monstruoso. ¿No hay combinación para que nos veamos un día? ¿Sirve de algo el llamado progreso mecánico de América, los trenes, los aviones? ¿Hay un

---

37. Laura de los Ríos, casada con Francisco García Lorca, llegó a Wellesley en 1938 como profesora del departamento del español.   38. Ramón Menéndez Pidal.   39. José Fernández Montesinos (1897-1972) fue lector en Poitiers, luego se trasladó a Estados Unidos y fue profesor en Berkeley University.   40. Américo Castro (1885-1972). Hizo estudios de Derecho y Letras en Granada y se doctoró en Madrid, donde estuvo vinculado al Centro de Estudios Históricos. Autor de *España en su historia*. Fue embajador en Berlín, profesor en Princeton University.

punto del planeta intermedio, entre Wellesley y Middlebury? ¿O están ustedes sumidos ya en su sueño invernal, en un nacimiento nevado, y sin ganas de ver al amigo estival?

Mis asuntos teatrales van muy mal. Esa copia que usted, Catherine, me hizo con tanto primor mecanográfico como rigor acentual, se ha quedado en París en manos de Jean Cassou,[41] que va a traducir, probablemente, el monstruo, con vistas a un teatro parisino. Pero, en cambio, Miss Lewisohn no se decide a poner el drama en Nueva York. Mi traductor va a probar otros caminos, pero me parecen sin salida. ¡Paciencia! ¡Bien empleado me está por meterme a escribir dramas metafísicos!

Dos preguntas, Juan. Tenemos algún dinero para comprar libros aquí. ¿Conoce usted librerías, en este país, en México, o en América latina, donde puedan encontrarse libros, antiguos y modernos? Otra: desearía hacer este año aquí una exposición al modo de la de Middlebury, de reproducciones. ¿Ve usted inconveniente en imitar esa feliz iniciativa de usted? Yo creo que nada perjudicaría a Middlebury: es un ejemplo. Si no le parece mal le agradecería me dijera en qué forma y condiciones presta los cuadros Raymond.[42] Perdone la molestia.

Y, adiós, ya. Escríbame, uno, una, o los dos. O los dos a una. Y como decía el clásico, "guárdeme lo que puedan del olvido". Yo les tengo vivos en el recuerdo y la amistad.

Salinas

Espero recibir mañana mis bultos. Le ruego me digan en seguida cuánto les debo, por eso y por las deudas del verano (Miss Romeo, pluma, etc.). No lo dejen. Gracias.

[Al margen] ¿Saben ustedes el grito más hermoso en España, y en el mundo de hoy? "¡Viva la muerte natural!"

---

41. Jean Cassou (1897-1986), hispanista y traductor.   42. Pintor amigo de Juan Centeno.

A MARGARITA BONMATÍ

[Membrete: Hotel Imperial, México, D. F.]

Sábado [septiembre de 1938]

Mi Marg, ha pasado otro día y sigo mexicanizándome.[43] La avalancha de impresiones no cesa. Saltan al volver una esquina, donde menos se piensa. Esta mañana entré en la Catedral, edificio soberbio. Y lo primero que me vi es a una señora con un abrigo y un velo, exactamente lo mismo que vestía mi madre cuando iba a la iglesia. Las mujeres del pueblo se ponen un pañuelo a la cabeza, lo mismo que en España para cubrirse cuando entran. Y las posturas de devoción son las mismas que yo observaba cuando, de niño, me aburría en las iglesias mientras mi madre rezaba. Te aseguro que es emocionante este regreso de impresiones de infancia. Hacía mucho que no lo había sentido. Y por otra parte Sevilla vuelve también. Anoche, a la hora de entre dos luces andurreaba yo por las calles, a caza de esas cosas. Había una iglesia abierta; tenía delante un jardincillo, como las sevillanas. Entré y se alzó la visión idéntica: los altares barrocos, las mujeres sentadas, el rezo, en son monótono. Claro, menos rico todo que en Sevilla, pero con los mismos componentes. Estoy seguro de que si hubiese venido aquí desde España estas cosas no me saltarían tanto a la vista pero después de los dos años de sajonismo me impresionan lo indecible. Y si vieras las tiendecillas. Son maravillosas. Y más, aún, los puestos. Se ve a un indio sentado en la acera; delante tiene un paño puesto en el suelo y en el cuatro montones de nueces, de cacahuetes y otras mercancías tan valiosas; igual que en Sevilla.

Pero bueno, dejemos un poco la ciudad y hablemos de lo

---

43. Pedro Salinas visitó Mexico en septiembre de 1938. Sus conferencias consistieron en la versión española del ciclo que había pronunciado en Johns Hopkins el año anterior.

demás. Estoy en un hotel de segundo orden, aceptable y barato. Lo mejor es la ventana. México es una ciudad baja, de modo que se ven muchas azoteas y tejados, todo en tonos claros, y bastante al fondo, las montañas. Es maravilloso. Por las mañanas, me despierto, abro la ventana y me estoy diez minutos echado en la cama mirándolas. La luz es fina y clara. De la calle sube un ruido semejante al de Sevilla: bocinas, gritos, voces de vendedores de periódicos. Y tengo la sensación de haber abierto un caja misteriosa de la vida atrás y de verme en un sitio donde he vivido y donde no he vivido, que me es familiar y nuevo a la vez.

La gente bien, pero demasiado numerosa. Hasta ahora no he visto a los literatos, salvo a dos o tres. Pero los del Consejo, que son los que me invitaron por un lado, y la peña de españoles, por otro ya me cansan bastante. Sobre todo los segundos, claro. He ido a la Embajada y al Consulado, y a algunas tertulias donde se reúnen; todo es la guerra, como tema y el izquierdismo del Gobierno como tono. Yo estoy de acuerdo con ellos, pero me basta con estar de acuerdo y no necesito estar hablando horas de lo que estoy convencido. Procuraré desprenderme, sin descortesía ni violencia, de ese grupo. Ahora espero a entrar en contacto con los literatos puros. Pero resulta que ese grupo está muy alejado del elemento oficial, que es el que me invitó, y es vagamente derechista o indiferente, de modo que hay que andar con cuidado para no rozar susceptibilidades. Creo que sabré navegar por estos mares.

Mis conferencias no empezarán hasta el miércoles de modo que aún me quedan días libres. ¡Y qué temperatura! Ni frío ni calor. Un aire tónico y excitante, como de abril en Madrid. Por la noche refresca un poco y se pone uno un abriguillo, pero jamás se siente frío. ¡Y dicen que esto es lo peor del año!

Bueno, mi Marg. Perdona estas cartas escritas tan mal a máquina. Me han prestado una máquina, no la conozco bien y salen estos engendros irregulares. Pero escribiéndote a máquina te puedo escribir más que a mano, por eso lo hago. Seguiré contándote cosas. Mañana voy de excursión con el Dr. Arreguín.[44] Espero ver mucho y bonito. Te reservaré una primera fila, localidad única, en el coche, miraré con cuatro ojos, oiré con cuatro oídos y viviré en plural lo que vea hasta que te lo cuente. ¡Ojalá estuvieras aquí, para gozar todo esto! Aunque no sé si te impresionaría lo que a mí. Pero creo que nos descubriríamos los dos muchas cosas. Te abrazo y te llevo a Tequierito, conmigo.

Tu Pedro

[Al margen] Di a los cachorros que me escriban. Espero carta tuya mañana.

A JORGE GUILLÉN [45]

[Wellesley] Lunes 3 de octubre [1938]

¿Quién nos hubiera dicho que en el país de la mecánica suprema (lo opuesto a la "Mecánica menuda" de tu tienda de Valladolid) íbamos a estar separados dos semanas por averías de la mecánica? Pero el triunfo del fenómeno natural, que parece ya cosa muy anticuada, ha sido absoluto. Y ni siquiera se sabe lo que habrían hecho los rascacielos, si el ciclón pasa por Manhattan.

El caso es que no podemos vernos aún y eso me ha puesto de un humor de mil demonios. No sé si te había contado que yo soy profesor ambulante y tengo un *Seminar,* de dos horas cada quince días, en Johns Hopkins, es decir a diez horas de tren de aquí. Es pesado, pero no me cabe otro recurso para aumentar mis

44. Enrique Arreguín, miembro del Patronato de La Casa de España en Mexico. Enrique Arreguín le comentaba en carta del 5 de octubre de 1938: "Ya imagino los numerosos adornos de su casa hechos a base de chucherías mexicanas, pues recuerdo perfectamente el gran número que de ellas usted seleccionó con su buen gusto característico". "Pedro Salinas' Papers", Houghton Library.
45. Publicada en *Correspondencia (1923-1951),* pp. 63, 190-192.

nada grasos ingresos de Wellesley. Y eso me hace perder un *week-end* sí y otro no. Este mes me toca el 8 y el 22. Pero de todos modos ¡qué alegría y qué seguridad, saber que estáis aquí y que la entrevista y la conversación no están más que aplazadas! Prepararáos, pues, para venir el 15. Para esa fecha creo que ya estarán reparados todos los estragos viarios del huracán.

Sí, yo también he sentido como imposible posible el no encontrarme en Nueva York cuando llegasteis. Pero ese día andaba yo por uno de los lugares más prodigiosos que he visto en la tierra, por nombre el lago de Pátzcuaro. ¡Qué país espléndido, México! No te puedes figurar lo que me he divertido, en el sentido más cuatridimensional, que diría Recasens Siches[46] (está en México, y de ahí la reminiscencia), de la palabra. Ya te contaré mil cosas. Claro, lo esencial es la tierra y las ciudades, la grandeza de España, aparente en todo, y el aire de inmensa ruina indiferente. Pero además, yo, que estaba ansioso de atmósfera española, de conversación y de gritos españoles, de esos inolvidables: "Pues entonces, esta tarde a eso de las cuatro, en el café", he podido satisfacer todos esos deseos. He encontrado hasta a algunos amigos españoles: Gaos, Moreno Villa, Recasens, Millares, León Felipe.[47] ¡Y público, que me entendía, público *en español*! A ti te parecerá todo esto inocente, pero después de dos años de New England, con gotas de Vermont y Maryland, y algunas de Nueva York, muy raras, México me sonaba exactamente al nombre que le puso el que trajo las gallinas, o los caballos: Nueva España. Además me he encontrado a muchos admiradores y admiradoras, de esos que vienen a que les firmes sus libros, muy bien encuadernados, y excitan la parte alícuota de cabotinismo que nos toca. En fin, han sido cuatro semanas estupendas, que te serán relatadas, si no con el

46. Luis Recasens Siches (1903-1977), discípulo de Ortega y Gasset.   47. Agustín Millares Carlo (1893-1978), catedrático de paleografía y editor de clásicos. Fue profesor de El Colegio de México y de la UNAM. Salinas reseñó su edición de Feijoo en 1924.

pormenor de Bernal Díaz, casi con el mismo entusiasmo ante los volcanes y los mercados. Se te reserva el número 2 de la tirada de 150 ejemplares de "Error de Cálculo", mi casi último poema, impreso en México.[48] El dicho poema y sus muchos, casi veinte, congéneres te serán brindados, con no poco temblor y duda, por este su autor, en cuanto te tenga a distancia de víctima. Creo que he encontrado el título del nuevo libro en México, y del modo más divertido. Pero esto será materia de la "entrevista de Wellesley".

Dime cómo te va ahí. Creo que habréis hecho muy bien en parar en el hotel, o "La Inn", como dice Jaime. Así estáis a salvo del frío que es el verdadero Public Enemy Number I, de Vermont. ¡Qué perfecto tipo del hotel respetable de New England! Cuéntame lo que haces. Las clases supongo que no tendrán interés: el nivel del estudiante es muy elemental en los Colleges.[49] Pero en cambio gozarás de paz y de tiempo.

Y eso que hablar de paz, ahora, es como mentar la soga en casa del ahorcado. ¡Qué semana, la pasada! ¡Lo que nos hemos acordado de vosotros en los días de la incertidumbre! Menos mal que ya eso es historia, si bien la más abyecta y vilipendiosa historia que ha prohijado Donna Clío.[50] Pero también esto debe quedar para "las vistas".

Sé que te van a invitar a dar una conferencia en Dartmouth College, New Hanover. Es ante una Asociación de Profesores de Español, que se reúne allí el 12 de noviembre. Acepta. Te darán unos, aunque pocos, dólares. Tendrás que hablar tres cuartos de hora de "un tema español". Te prevengo que, aunque profesores de español, la mayoría no saben más que los verbos irregulares, y debes dar una charla sencilla sobre algo de carácter general. ¿Has hablado con Onís para conferencias? ¿Tienes algo planeado? Dímelo.

---

48. Publicado por Miguel N. Lira, México, 1938. Impreso el 20 de abril de 1938 con un tiraje de 150 ejemplares. El dibujo de la portada era del "pintor sobrerrealista César Moro". 49. Jorge Guillén era entonces profesor visitante en Middlebury College. 50. Musa de la historia y de la poesía épica.

Ya que estás aquí lo que importa ahora es que no te vayas. Pero tropezamos con un nuevo tema para "las vistas de Wellesley".

Bueno, respiro. Separados, aún, pero a distancia de teléfono, y con grandes perspectivas próximas. Y Sevilla y todo aquello, muy lejos, aunque esté muy presente a la conciencia.

BIENVENIDOS, con mayúsculas espaciadas, es decir con todo el aliento, y un abrazo de

Pedro

Sol y los cachorros os saludan. Están deseando que vengáis y visitéis nuestra reciente instalación, nuestra primera casa de América.

A MARGARITA BONMATÍ

[Membrete: The Grand Canyon Limited/ Santa Fe en route]

Jueves [15 de junio de 1939]

Margarita, ahora atravesamos un paisaje que recuerda mucho a Castilla y Aragón: grandes espacios abiertos, color, sol intenso, polvo. Esta tierra fue de España. Y parece que lo recuerda en su modo de ser. Me da pena, de pronto, y me gustaría estar a tu lado, ahora.

El viaje muy bien. He dormido perfectamente, leo *L'espoir*[51] y periódicos, fumo, miro el paisaje desde la plataforma de observación. Lo único que no me gusta es no poder escribir a máquina. Porque querría escribirte mucho. Mis pensamientos van a ti, de un modo natural, sin quererlo, como el agua por su pendiente. Pero no es posible escribir así.

Me quedo con lo que es posible: recordar y pensar. Y querer. Tu

Pedro

51. André Malraux, *L'espoir*, 1937.

[Membrete: Grand Canyon National Park Arizona/ El Tovar/ Fred Harvey]

Viernes 16 [junio de 1939]

Esta mañana, al llegar me esperaba tu carta. Me ha dado alegría ver que el empleado me tendía el sobre mismo que yo escribí; pero ahora lleno, con tus palabras dentro. He sentido la alegría de algo que *funciona* bien (aunque la palabra parece tan prosaica), de algo que va por su camino, con la naturalidad del día y de la noche: el que yo te busque y el que tú me esperes. Este sitio, donde no había estado nunca, se reviste así de un aire de acogida, como si tu pensamiento se hubiera adelantado al tren. Y oigo tus pajaritos, con sus tres pitidos, ahí, a través de ti.

He pasado un día muy bueno. Ya ayer, al venir atravesé unos desiertos imponentes de soledad y grandeza, a veces reminiscentes de Castilla, de una Castilla aún más despoblada, sin alma. Seis horas pasó el tren cruzando una tierra sin nadie, entre saladar y desierto, rala, o con una vegetación de palmitos. Es impresionante. Apenas población alguna. Dormí bien y a las nueve llegamos a este Grand Canyon. He aquí otra cosa que resiste a las postales, al turismo y a la propaganda. Lo mismo que me pasó con Venecia: venía con el prejuicio de la exageración turística, pero a los diez minutos de llegar lo he perdido. Por la sencilla razón de que esto es imposible de exagerar; es ello la exageración misma. Me he pasado el día mirando, mirando, mirando, sin cesar. Tanto me ha encantado que esta mañana por ir a un sitio desde donde se domina un gran paisaje he andado seis kilómetros. Yo no sé cuantos años hace que no los andaba. Por un camino, Marg, de monte, algo semejante al Pardo todo de pinos y plantas de olor, romero y tomillo, y lleno de sol. He vivido con la piel, con los pulmones, con el olfato, y todo ello unido y haciéndoseme alma que se me entraba por los poros. Andaba, me sentaba en un banco, me tumbaba de cara al sol. Y todo con el viento cantando entre los pinos, como en la Sierra o la Casa de Campo, o El Escorial, y un sol que tenía el mismo *sabor*. ¡Qué delicia, tan pura, tan simple y tan honda, por lo mismo! Pero este camino, tiene a su izquierda, esa *exageración*, llamada Canyon del Colorado. No se puede hablar de él. Cae uno en la hipérbole periodística: se acerca uno a los adjetivos a mano "estupendo", "soberbio", "extraordinario", "imponente", y los rechaza en el acto, por dignidad e insuficiencia. No hay más que mirar, no vale más que mirar y hundirse en el mirar. Es un enorme tajo, un valle, abierto por el río, todo rocas, y de una anchura de ocho o diez kilómetros. ¿Te figuras el Tajo de Toledo, 10 veces más hondo y 20 veces más ancho, y desarrollándose en una longitud de cientos de kilómetros? Paisaje mineral, nada más. Geología pura; rocas, rocas, sin vegetación, y sin verde. La noción del paisaje, que se suele asociar con lo verde, aquí no existe. Esta tarde me entretenía en contar los colores: gris, hueso, marfil, ocre, pardo, gris, rosa, rojo, violeta. Pero no son sólo los colores, son las formas, las masas: antes que los asirios, antes que los egipcios, que los mayas, todo lo grandioso estaba *soñado* por la tierra, aquí. Es la geología hecha sueños. Es entre Miguel Ángel, por lo convulso y Goya por lo fantástico. Y todo deshumanizado, sin traza de vida, sin posibilidad absoluta de vida, condenado a la esterilidad para siempre, como una especie de eternidad que se basta a sí misma. Sabes, yo decía: "¿Es un pre-paisaje? ¿Es un post-paisaje? ¿Es que la tierra empezó a ser así? ¿O es que acabará siendo así?" Lo que no cabe duda es que es una visión de *la creación.* Antes de que Dios acabara la tierra, y la pusiera lo demás *esto* tuvo que existir. Y claro, viene la lucha de lo informe, de la naturaleza que uno tiene delante, y de lo formado, de la mente que uno lleva en sí. La lucha se manifiesta de este modo: lo que hay ahí delante no tiene *voluntad* de forma, no es nada concreto, no quiere ser nada, es naturaleza sin objeto ni fin. Pero el alma del hombre se resiste y lo busca parecidos con formas de lo creado por el hombre: y te parece un castillo, un templo, un pueblo, una muralla, una iglesia, esta o aquella mole de rocas.

"No es posible", parece decir el alma, "que esto tan hermoso, no tenga *intención*". Y es terrible convencerse de que no la tiene, y de que dentro de mí, lucho yo, que soy un *ser,* con esas moles que son un *estar,* y no un ser. He pasado, mi Marg, un día de verdadera embriaguez pura del alma. He pensado en los místicos, porque este paisaje es el paisaje puro, la ultra Castilla. Si Castilla hizo delirar a Santa Teresa, esto está ya por encima de todo delirio, es delirio en sí. No he cruzado una palabra con nadie. Me llevaban esta tarde estos autocares de turismo, llenos de pobres gentes, que preguntan, sacan fotos, miden y comparan cifras. Y ni siquiera me han estorbado. Yo parecía un ser de otro mundo y los miraba con simpatía, como a ratoncillos o moscas. Me sentía en mi aislamiento, profundamente acompañado de mí, de mi alma, de mi actividad espiritual. Y estoy seguro de que si hubieras estado a mi lado, habría roto a hablar, a hablar sin parar, como un poseso, a ponerte ante ti todo lo que me brotaba en el alma, al ver esta tierra.

Adiós vida. No quiero decirlo, lo digo muy bajo, pero lo digo: "Tenemos que venir, tú y yo". Tú, serrana de la Sierra de Alicante, que has visto algo de eso en Alicante, en Aitana, en las montañas de plomo, en el paisaje metálico, de ternura y belleza que no se entregan sino entrándose muy hondo, ¿qué sentirás al ver esto? Quiero saberlo, Marg. Porque no es la dimensión, no, no, es la magnitud, es la calidad, lo *único,* que tiene. Bueno, adiós alma. Estoy rendido, de la caminata de esta mañana y sólo pensaba ponerte dos letras pero me he entusiasmado. Y como siempre en estos casos, acabo y me digo: "¿Verá ella algo a través de mis palabras?" ¿O la habré simplemente, cubierto de vocablos sin sentido? Ojalá veas algo, no con estas palabras, sino con tus ojos, aquí, tan hermoso como lo que yo he visto hoy y que te ofrezco, como puedo.

Pedro

Aquí van unas hojitas de romero.

Unas líneas, mi Marg para acompañar a las dos postales para los críos.[52]

Otro día estupendo. Estaba cansadísimo, anoche, me pasé diez horas en la cama y me he levantado al pelo. Y en seguida, a lo mismo, a ver, y a ver. Por la mañana un recorrido en autocar, parándose en los mejores puntos de vista. Y ahora, después de comer, dejaré el rebaño turístico y me iré yo solito, a pasear, a tomar el sol, y a mirar. Sabes, he descubierto que el turismo tiene tres grados, de menos a más. El primero, y elemental, es ver. La mayoría de los turistas ven, nada más. Ven lo que les enseñan, sin voluntad, porque se lo ponen delante, sin escoger ni diferenciar. El segundo grado es mirar: ya en mirar hay elección, y más actividad; se mira lo que uno prefiere e implica cierta personalidad e iniciativa. El turista decente ve todo, pero escoge y sólo mira a ciertas cosas. Y se llega al tercer grado: contemplar. Eso es lo supremo: una vez escogido lo que nos llama más la atención al corazón, se lo contempla es decir se fija la vista en ello, se pone en la vista la voluntad de penetrarlo con el alma, y así va uno apoderándose de ello. Es el grado supremo, porque al llegar a él el turismo queda abolido: ya no se anda, no nos movemos. *Plus de tours!* El verdadero turismo conduce a la contemplación, ¿no te parece? A pararse, a no andar más. ¡Jardines de Granada!

Ya ves cómo estoy desarrollando una teoría nueva del turismo. ¿Te gusta? Es un tanto mística, me parece. Pero ellos tenían razón en que la forma superior de conocimiento es la contemplación, no la acción. La posesión por la contemplación es mucho más pura. La posesión por la acción, empieza en la fiera. Adiós, guapa. Ves que estoy *animado*. Salgo esta tarde y mañana en Los Ángeles. ¿Estarás tú allí haciendo de ángel suplementario?

52. Una de ellas dice: "Como veis el Grand Canyon fue descubierto por españoles. ¡Viva España sin Franco! Este es el hotel donde paro. ¡No se come mal!"

Os llevo, te llevo conmigo. Recuerdos a la casa nocturna, que ahora me falta, al hombro de luz en la sombra.

Pedro

Los Ángeles, lunes 19 [junio de 1939]

Ya llegué al fin de mi viaje, por ahora. No vine muy cansado. Los dos días del Grand Canyon me dieron un color de cangrejo, de tanto tomar el sol. Y por dentro me queda también la señal de toda la hermosura que he disfrutado en esos días, como *un coup de soleil interieur.* No sabes con qué pena me separé de ese sitio: estuve hasta el último momento viendo el sol ponerse, y al marcharme aún quedaban tres o cuatro picos iluminados, los más poderosos y altivos. Me di aquella tarde, después de escribirte, otro paseo por el momento, estuve tumbado al pie de un pino unos minutos, llevé las manos llenas de romero. Ha sido como un retorno a todo lo que la Naturaleza me ha dado, en mi vida. Y allí en el Grand Canyon formuló mi alma un deseo que ojalá cumplamos algún día: volver a la sierra de Lo Cruz,[53] subir a ella, y sentarnos como otros días nos sentamos, pero ahora mucho más ricos y seguros. No sé por qué estos paisajes soberbios me han traído al corazón la sierra *nuestra,* pero ha sido así. Y en esa sierra he visto con la imaginación algunas de las horas más simplemente felices que he pasado a tu lado, Marg. Volver a España, será ahora para mí, en lo más hondo del corazón volver a esa sierrecita, sentarnos en la misma piedra, y mirar al mismo mar.

Bueno, pero estoy en Los Ángeles, ¿no? Es la ciudad más dispa-

53. "Pasa los veranos en la finca Lo Cruz de la familia Bonmatí, cerca de Alicante." Solita Salinas, "Cronología Biográfica" en Pedro Salinas, *Poesías completas,* Barcelona: Seix Barral, 1981, p. 39.

ratada que he visto hasta el día. Me da risa, por lo incoherente, lo natural, lo inocente. La extensión de la ciudad asusta. Es baja, menos los rascacielos de la parte central, que son pocos; de modo que se extiende leguas y leguas a derecha e izquierda, como si no tuviera fin. Todo es de una heterogeneidad sin igual. Al lado de una casa de madera estilo New England hay una de piedra, a lo español, luego un solar, todo de yerba, más adelante una estación de gasolina, o una tienda de modas. Es un simple disparate, en pleno crecimiento. Comparada con esta ciudad Boston y New England tienen la vejez, la dignidad y el señorío de una Roma o una Florencia. Aquí se ve, aquí veo yo por primera vez la verdadera América joven, casi campamento, saliendo de entre las manos de los hombres sin orden ni concierto, sin más orden que el lineal del trazado de las calles, el orden del suelo dibujado. Pero en cuanto empiezan a alzarse las construcciones, ya viene el delirio y la incoherencia. ¡Cómo se siente la prisa, el apuro, el deseo de hacer, de extenderse, el empuje de la sangre joven de la nación! Hasta ahora yo había sentido el espíritu *pioneer,* el espíritu de expansión hacia una tierra nueva. Los datos de la geografía recuerdan no poco a lo levantino. Mucha luz, cielo azul, montañas grandes y peladas al fondo de la llanura enorme, y colinas cerca de la ciudad. La huerta de Valencia, en algunos sitios.

Me recibió el Sr. Heras en la estación. Aire serio y grave, pelo blanco, aunque no es viejo realmente, muy servicial y atento, casi paternal. Comí con él y con su señora, una pobre americana desdichadamente fea y sin gracia, del Norte. Y ahora voy a verle. Ya iré contando poquito a poquito cosas de Los Ángeles, de la casa ésta, y de las gentes de aquí. Ayer vi a Weissberger y Miss Lewisohn,[54] que se marcharon a Nueva York. Empiezo a dar clases mañana. Impresión general: bien, curioso... pero voy a echar de menos Middlebury, creo. Ah, guapa, no tenía carta tuya aquí.

54. Véase la nota 24.

Estoy deseando saber noticias, y cómo ha acabado la leona los exámenes. Adiós, ángeles externos. Os abrazo

Pedro

[Los Ángeles] Martes 20 [junio de 1939]

Continuemos nuestras impresiones losangelescas. Te contaré cómo es mi vivienda. Se compone de un salón grande, con hermoso diván, dos buenas butacas y otra butaquita. Se abre una ancha puerta que hay en la pared y aparece una de esas famosas camas plegables, que con gran sencillez se abre. Al levantarse la dobla uno y la encierra en su jaula, como a una fiera a la que sólo se deja salir de noche. Tengo una anchísima ventana triple a un lado: da al parque, y veo árboles grandes y un poco de verde: la vista, sin ser pintoresca en extremo es agradable. Al otro lado otra ventana, que da a espacio abierto. De modo que el cuarto tiene mucha luz. Luego hay una habitación mitad cocina, mitad comedorcito. Es la habitación que me da más pena. ¡Qué voy a hacer con ella! Hay de todo, platos, vasos, cubiertos, y unos instrumentos de cocina en los cajones, de uso para mí misterioso y desconocido. También un pequeño *frigidaire*. Es una tentación a guisar, pero claro, la resistiré. Y por último un cuarto con armarios junto al cuartito de baño, muy mono. Es una habitación perfecta para dos personas, y si hubieras venido la cocina tendría empleo. Lo gracioso es que sólo limpian dos veces por semana, y se supone que el huésped tiene que hacerse la cama. Yo he protestado, y me la hará la camarera, dándola una propina. Todo está bien, pero lo malo es el ruido y la luz. Pasa un tranvía cerca, y bastantes autos. Y no tiene arreglo: porque como esta ciudad es tan inmensamente extensa está toda cruzada de líneas de tranvías y los autos circulan a todas horas. De nada serviría mudarme porque como no se fuese uno a diez o doce kilómetros fuera de la ciudad ocurriría lo mismo. Y como la luz es muy fuerte a las 6 de la mañana, a pesar de las cortinas, tengo el cuarto invadido.

No hay más recurso que el del amigo Quiroga:[55] el aguanto-formo. Y creo que me acostumbraré. De comida esto es mejor que el Este. Más barata y más abundante. Hay unas tiendas de frutas enormes, abiertas y que parecen una exposición. Me he comprado de todo, naranjas, melón, *grapefruit,* manzanas, y eso desayunaré. Aprenderé a hacer café. Te confieso que me causa cierta melancolía este retorno provisional a vivir a lo soltero. Y espero empezar el trabajo, hoy, a ver si me animo un poco.

Ayer estuve también con el Sr. Heras. Parece un excelente sujeto, tímido, modesto, y con cierto aire de fracasado sin queja. He visitado la Universidad: mucho más democrática y ordinario que lo nuestro. El tono general de California, despreocupado, vulgarote y sencillo se ve en la Universidad. Ahora me voy explicando por qué en New England se sienten los aristócratas de América: el nivel de diferencia se aprecia en seguida. Esto es valenciano a lo americano, y creo que me entiendes. De nuevo siento la distancia de Europa. La percibe uno aquí infinitamente más. Sin duda a esta gente les importa un pito Berlín o París. No lo necesitan para nada. Y sospecho que el nivel de cultura intelectual es mucho más bajo que por ahí. Los periódicos son malísimos y caros; hay muy pocas librerías. Y es que en New England hay solera, hay algo de fondo, pero aquí se nota que todo está recién hecho, y que hace treinta años tres cuartas partes de Los Ángeles eran tierra seca. Claro, el centro se ajusta al patrón de toda ciudad americana: grandes almacenes, mucho tráfico, lujo, bancos, etc., pero luego hay calles como Maisonnave,[56] casi, aunque limpias y bien asfaltadas.

55. José María Quiroga Pla (1902-1955), yerno de Unamuno, escribió una "Oda a Salinas", publicada en *Carmen* 3-4 (marzo de 1928).   56. Calle de Alicante en la que Rafael Bonmatí Alemañ, tío de Margarita, tenía un negocio de exportación de cereales y frutos.

Hoy empiezan las clases. ¿Qué tendré? Si los estudiantes son como el ambiente me temo que no les interesará mucho lo barroco ni esas zarandajas. Veremos a ver. Ya te contaré mañana o luego. Escribo estas cartas como quien tiende una mano, que quiere alcanzar lejos, muy lejos, buscando un contacto que necesito. Yo espero también la mano de ahí. ¿Tendré carta hoy? Aun no he bajado. La espero, con muchas ganas.

Pedro

[Al margen] Llegó la carta. Estoy contento gracias. ¿Pero y los exámenes de Sol? ¡Ya podía decirme algo!

[Los Ángeles] Miércoles 21 [junio de 1939]

Tu carta llegó, por fin. Ya te veo cumpliendo con todas las obligaciones sociales. Me alegro. Supongo que darías al padre de Margarital[57] la carta que dejé para él. Y además le escribiré, dándole las gracias. Menos mal que sus regalos no son del gusto del niño, porque de otro modo ya no me encontraría nada a la vuelta. Pero como no fuma, aún, ni bebe whisky aún, tengo esperanzas.

También llegó una carta de Sol, breve, pueril y deliciosa. Parece mentira la personalidad y la gracia que tiene esa chiquilla al escribir. No dice nada, pero su charloteo es encantador. A ti te diré en confianza, que se me cayó la baba leyéndola. Ojalá me escriba más. Pero el caballero no se ha dignado escribirme. ¿Qué hace? ¿Trabaja algo contigo? Lo curioso es que la cría no escribe ni una sola palabra de los exámenes: como si no existieran. De modo que la madre y la hija coinciden en ser cabezas de chorlito y tenerme sin saber qué tal han sido, ni si está contenta.

57. Margarita de Mayo (1891-1969), profesora en Vassar College de 1927 a 1956.

Yo, ni fu ni fa. No acabo de encontrarme en mi sitio, aquí. Empezaron las clases. Todo del mismo tono, más ordinario y vulgar. Los estudiantes parecen pobres. Wellesley, comparado con esto es un lugar de refinamiento y elegancia, en lo que respecta al tipo de las chicas y su estilo. Además me parece que no tienen mucha base de cultura. Así que estoy un poco desconcertado respecto a si gustan o no gustan mis clases. Hay una, sobre todo, que se me hace cuesta arriba: es la del barroco. Me encuentro ante caras inexpresivas, de gente que no entiendo o medio entiendo (que es peor). Y no es que no sepan español, no. Es que su cultura debe de ser bastante elemental e insuficiente. Todo en esta Universidad es cuantitativo. ¿Sabes cuantos estudiantes hay en la Summer School? Unos 5.000. Hasta tal punto que a las horas de clase, a veces se arma en las puertas de los edificios un lío, de tantos estudiantes como pugnan por entrar y salir al mismo tiempo, y hay que esperar, como en las esquinas de Nueva York, que se regularice el tráfico de gentes. Los chicos, todos en mangas de camisa. Muchos tipos raros: mexicanos, filipinos, indios, toda una mescolanza que hace sentir el Pacífico y Oriente mucho más que ahí. La Universidad con ser tan grande, tiene un aire mucho más ordinario y vulgar que nuestro College. La falta distinción y buen tono. En la Biblioteca hay que firmar al entrar, porque se llevan los libros. En fin, algo puramente de cantidad y masa, como una prisa por estudiar y sacar títulos para *subir* en la vida. Comprenderás que no me hace muy feliz ese ambiente. Ayer tuvimos una de esas sesiones inaugurales, ridículas, aunque menos ceremoniosas que en el Este. Lo que me chocó es la cara de brutos de casi todos los profesores, y la torpeza y premiosidad del Decano, y del otro orador. Estos hombres americanos son tan *gauchos* y sosos, que dan la impresión de brutos, de cerrados. Y a lo mejor no lo son, por dentro. Pero en el trato aburren. Yo no me veo más que con el buen Heras, que me acompaña y está muy atento. Anoche me llevó a cenar a su casa, una casita modesta y limpia. Es un tipo curioso. Desligado de España, pero sin ligarse con América. Un poco triste y como desengañado. Pero parece muy bueno, muy sencillo, y no vulgar, en el fondo. Como un hombre que hubiera querido ser más, y ya no puede, y se resigna noblemente, sin amargura, pero con vaga melancolía. Lo incomprensible es su mujer, una americana feísima, sosa, muy vieja, y también bondadosa y amable, pero sin un solo rasgo personal. Y parece que se han casado hace cinco años, según me dijo.

No he visto nada nuevo. Estoy deseando ver el mar, que está muy cerca, yendo a alguna de las playas, pero ni ayer ni hoy he podido, porque las clases acaban a las tres y cuarto y ayer hubo una sesión colectiva de presentación y hoy voy a cenar a casa de del Amo. (Ya sabes quién es, verdad. El millonario español de aquí que regaló la magnífica Residencia de la Moncloa. Veremos qué tal.)[58]

Marg, estoy como quien cumple su obligación aquí. Sin gusto ni disgusto. Creo que pasará este estado de indiferencia al ambiente en que me veo ahora. Espero que algo me guste, y sospecho que va a ser el mar. Y si no, o de todos modos, voy a ponerme a trabajar, a hacer algo. Pero la casa aún no me parece mía. Estoy bien, pero al entrar en mi cuarto me siento ajeno, como si fuese una equivocación. ¿Se llamará todo esto nostalgia? No lo sé. Desde luego, Middlebury, como vida, era infinitamente mejor.

¿Por qué guardas estas cartas aparte? No, vida, no. Son tuyas, para ti sola. Quiero que acaben en ti. En ellas pongo todo lo que me impresiona, para comunicártelo. Hay algo en mí que se resiste a la idea de aprovecharlas un día, como depósito de datos. Te escribo, alma, de mí a ti, hoy, para hoy. No tienen más valor. Y si en ellas

58. Gregorio del Amo (1858-1941), médico santanderino y filántropo. Después de pasar ocho años en Uruguay y México se instaló en Los Ángeles, en 1887. En 1927 la Fundación del Amo donó un edificio a la Universidad de Madrid para que 150 estudiantes norteamericanos y españoles pudieran convivir. Fue destruido durante la guerra civil.

hay algo que te guste, mi alegría más grande es precisamente que se quede en ti, que sea sólo para ti, que lo leas hoy y lo olvides mañana. Es decir que sean lo más parecido a la conversación, en lo desinteresado y directo. Muchas gracias por tu idea: la comprendo y la aprecio, Margarita. Pero no quisiera nunca, al escribirte, tener otra intención más allá de escribirte; tener la intención de *tomar notas*, para algún día usarlas. Margarita, ninguna de las palabras escritas valdrá jamás lo que valen las palabras que me oyes y que te oigo, esas que no se pueden guardar. En ellas está lo más puro de la vida. Una carta es siempre un *pis aller*. Pero de todos modos, es también una manera de hablarse. Que el oído de tu alma recoja lo que te digo, por escrito, como lo recoge tu oído material cuando estoy cerca. Y nada más. Soy un hombre que te quiere y te escribe, porque te quiere, sencillísimamente. Adiós, guapa. Descansa, disfruta, y ten presente que *estoy presente*, vida.

Pedro

[Los Ángeles] Miércoles 28 [junio de 1939]

Pues sí, como te decía ayer voy tomando más contacto con Los Ángeles. Es muy sencillo: en esta ciudad las distancias son tan inmensas que el no tener coche es sentirse un cero en el mundo. El pobre Heras no lo tiene y como él es mi compañero yo me sentía un cero junto a otro cero: Don Nadie junto a Don Nadie. Pero el domingo la riqueza me tendió la mano: almorcé en casa de del Amo, y después pasé del andar a pie a un soberbio Lincoln, que nos llevó en hora y cuarto a 2.000 metros de altura. Es una sierra soberbia, con unos recodos magníficos de bravura y aspereza. Yo que tanto suspiro por sierras de verdad, tengo donde hartarme. Recuerda algo a la sierra de Córdoba, pero en mayor tamaño. En lo alto hay un observatorio. (Es gracioso el sentido práctico de los americanos. En cuanto llegan a un pico plantan un observatorio: sin duda para utilizarlo.) Y un hotel. Pasamos allí una hora, mirando el paisaje, a un lado la llanura, cubierta de pueblos, y al otro unos montes, llenos de pinos, y con quebradas y ondulaciones grandiosas. Y al volver el bueno de del Amo no nos dejó y cenamos también en su casa. Conocí al hijo: es un verdadero cretino, tipo del señorito rico, petulante, necio, impertinente y vacío del todo. ¡Qué pena para ese hombre! ¿Se dará cuenta? El padre se ha pasado la vida trabajando, y este majadero ni ha hecho ni hará nada en su vida. Heras y Barja[59] decían que estaba borracho; yo creo que es su estado natural. Después de cenar salimos al jardín: son unas terrazas, enladrilladas. Hay palmeras muy altas, árboles de todas clases, y ¡pásmate! algarrobos, que trajo del Amo de España. A lo lejos y al fondo, por detrás de los árboles se ven las luces de colores de la ciudad, los anuncios azules, rojos, verdes, las cúpulas iluminadas de algunos altos edificios: magia y encanto, todo. El lunes Barja (el profesor de la otra Universidad) nos llevó a Castro y a mí a la playa. Pasamos por unos barrios estupendos de magníficas casas, con jardines y variadísimas plantas y árboles. Hay muchas colinas y recodos, algo semejante a Argel, camino de Mustafá. Se tiene una sensación de bien vivir, de holgura. Y como la temperatura es perfecta, el cielo azul, vienen a la memoria un poco las cosas mediterráneas. No hay duda que es lo más hermoso que yo he visto de este país. Se sale a la costa: la montaña llega hasta el mismo mar, y sólo queda un espacio estrecho entre el mar y ella, por donde va la carretera. Playas enormes todo a lo largo de la costa. Y un mar alegre, brillante, azul, aunque no tan intenso como el nuestro. Nos sentamos a tomar cerveza en un merendero casi tan destartalado como los de España, junto a una playa solitaria. Nunca he tenido la sensación en América de encontrarme en un sitio más cerca de lo familiar. Y ya sabes lo

59. César Barja (1892-1952), profesor de literatura española en Los Ángeles.

que es eso para mí: el Mediterráneo. Me declaro ciudadano del Mediterráneo. Claro es que a este falso Mediterráneo le falta algo: la antigüedad de las cosas. Ese cementerio de Cherchel,[60] esas iglesias de la Riviera italiana, esa nobleza de la tierra. Pero de todos modos, comprendo que la gente que se retira de los negocios se venga a vivir a esta parte de América. ¿Lo haría, si pudiera? No sé. La Naturaleza es magnífica, pero se siente como una distancia mucho mayor de eso que llamaría los focos de cultura, y que no sé bien lo que es ni dónde están. Sin embargo ahí, en el Este me siento más cerca de ellos. ¿Será, aún la atracción inconsciente de lo europeo?

Ya te he dicho que ha llegado Castro. Viene a dar unas conferencias en la Fundación Del Amo. Da unas en inglés y otras en español. Esta tarde fue la primera, sobre el Greco, en inglés. Ni un pobre maestro de escuela hubiese dicho tan pocas cosas y tan superficiales como las suyas, de hoy. Yo estaba avergonzado. Pero claro, lo mismo da. Había cuarenta personas (lo cual le ha molestado mucho) y como aún sabían menos que él todo ha quedado en secreto. No entiendo a este hombre. Aun sin querer, un hombre inteligente, al hablar del Greco tiene que decir algo inteligente. Él, ni por casualidad ha dicho nada. Hace ya con el inglés los mismos gorgoritos que con el francés, pero en malo; y a veces no se le entiende. Luego ha venido a mi casa, con Heras, y ha empezado a despotricar contra el Gobierno, contra Franco, contra todos, dando palos de ciego, a diestro y siniestro. Ya ha pedido los first papers, para hacerse americano, y dice que no es español. Siempre la misma ligereza suya. Dice que tiene que sostener a nueve personas, en Francia. Madinaveitia,[61] con sus años a cuestas, se fue desde París, donde estaba, a Barcelona, y trabajó unos meses con todas sus fuerzas por la Sanidad, con el Gobierno. Murió en Barcelona. Y un periódico, publicó un artículo, titulado "Caín y

60. Barrio de Argel.   61. Suegro de Américo Castro.

Abel", diciendo que después de todo era un médico de ricos, un burgués, y no había que llorarle tanto. ¡Ése es el pago! Era un periódico obrerista y dice Castro que el artículo lo inspiró Araquistáin.[62] Es repugnante, sencillamente. El Gobierno publicó una nota de desagravio y elogio, ante semejante canallada. Siento que haya venido Castro porque me va a dar la lata, con sus salidas de tono y sus genialidades. Intranquiliza y perturba en vano, sin provecho.

Como ves estoy un poco mejor. Pero no puedo soñar en trabajar. El trabajo del curso pesa mucho. Cuando termino mi clase, a las tres y cuarto estoy muy fatigado y con ganas de tomar el aire o descansar, nada más. Y por la noche tengo que reservarme y acostarme temprano, para el trabajo del día siguiente. De modo que viviré como pueda, aprovechando las tardes para ver algunas cosas, aunque el inconveniente de no tener auto lo complica. Y en los *week-ends* procuraré salir, o irme a descansar a alguna playa cercana. Hay que pagar las cosas. Veré California, pero me cuesta mucho más esfuerzo que Middlebury. Esta tierra es muy buena para poder disfrutarla y yo no podré hacerlo mucho. Pero de todos modos estoy contento de haber venido, porque aunque sea entre hueco y hueco de trabajo veo luz, tierra, cielo y sol hermosos, y algo se me quedará dentro, creo yo.

Adiós, mi Marg. Te digo adiós, hasta mañana, con las alas invisibles de Los Ángeles.

Pedro

Me alegro de que en tu carta opines como yo, que León[63] debía de irse solo. ¿Por qué no se lo insinúas, a él o a Andrea?

Te mando esta carta aún a Wellesley. No sé si debo hacerlo, pero no quiero esperar para escribirte a tener noticias de tus planes de salida. Si no estás ahí os la reexpedirán a Middlebury.

62. Luis Araquistáin, socialista, director de *Leviatán*.   63. León Sánchez Cuesta.

A SOLITA SALINAS

[Los Ángeles] Viernes 30 de junio [1939]

Insensata y amada criatura, vulgo gato:

He recibido tus cartas que han sido leídas con complacencia paternal. Celebro tu actividad epistolar relativa, muy en contraste con el silencio tumbal de tu hermano. Y espero que sigas honrándome con tu correspondencia, y me hagas la crónica fiel de Middlebury 1939, con los hechos y dichos de las familias Salinas, Guillén y Centeno, más todos los chismes y cantables de la Spanish School. Supongo que ya habrán empezado a llegar los fenómenos de ancianidad que suelen frecuentar esa Escuela. Y me alegro de que compartas tu hostal con Gurrichi, excelente compañera en insensatez.

Ya sabrás que estoy en Los Ángeles, ciudad denominada así porque a un compatriota nuestro, que muchos años ha, la descubrió casualmente, se le ocurrió ponerla bajo la advocación de Nuestra Señora de los Ángeles. Hoy lo de Nuestra Señora ha pasado a la historia y sólo perdura Los Ángeles. Yo no he visto todavía a los aludidos seres. A no ser que los ángeles sean todas esas criaturas que circulan en gran número por las calles, y que sin ser hombres por su naturaleza, tampoco son mujeres por el vestido, porque llevan pantalones. Especie de sexo intermedio que quizá alguien, por no parecer hombre ni mujer, llame ángeles. Porque aquí hay un enorme número de jóvenes y hasta algunas viejas, que andan por el mundo con pantalones. A medida que se aleja uno del Este el número proporcional de la falda disminuye. Se ve que la falda es un viejo y atrasado producto Atlántico, pero que la civilización del Pacífico, más nueva, es de pantalones. Por cierto que el nombre de la ciudad me ha hecho pasar ayer un rato divertido. Como ando con gente sabia, Don Américo, filólogo, Don César Barja, profesor, se les ocurrió la bonita cuestión de cómo debe llamarse en español a los naturales de esta ciudad. La cosa fue preciosa: habíamos cenado juntos, y luego subimos a un soberbio observatorio, desde el que se domina la ciudad entera, con sus líneas de luces de colores variados, espectáculo de cuento, prodigioso. Pero como los filólogos tienen reacciones extrañas, mis dos ilustres compañeros ante esa vista maravillosa, sintieron surgir en su alma una pregunta. ¿Cómo se llaman los naturales de este pueblo? ¿Angelenses? ¿Angeliceneses? ¿Angeleños? Se discutió el tema, con copiosas razones y argumentos, y convinimos, por unanimidad, que se los podía llamar de cualquier manera, al gusto de cada quisque. Yo propuse que con objeto de llegar a un cierto orden se cambie cada día de la semana y se los llame un día de un modo y al otro de otro, y *sic de caeteris*.

El caso es que la patria de los angelenses, es muy bonita. Yo no he visto jamás una extensión de terreno cubierta de viviendas, tan enorme. ¿Basta éso para decir que es una ciudad? No lo sé. Pero se recorren millas y millas, a derecha a izquierda, hacia arriba y hacia abajo, y todo son calles, casas, unas feas, y otras bonitas, barrios lujosos, otros comerciales. Ciudad incoherente, pero abierta, inmensamente luminosa y clara, muy baja. Al fondo una sierra espléndida, muy próxima, lo cual da al horizonte un perfil accidentado y noble. Y a la izquierda, al final de la ciudad, el Pacífico, que es casi tan alegre como el Mediterráneo. No cabe duda que es un lugar privilegiado de la tierra. La gente, en armonía con ello, es más natural y despreocupada en su aspecto.

Uno de los barrios de la ciudad es Hollywood. He tenido el honor de pasar varias veces por Hollywood Boulevard, en el que sueñan todos los papanatas del mundo. Te diré, confidencialmente que es una facha, salvo de noche, por la iluminación. Ah, detalle final, no he conocido a ninguna estrella, ni me propongo conocerla, como no vengan ellas a verme a la fonda. Tú, encantadora hija, eres mi única estrella, a ellas parecida, por lo distante, ¡ay! y por los picos de tus lindos huesos. Te ama y abraza tu

Papá

A MARGARITA BONMATÍ

Los domingos el despertar es distinto. Por el oído se sabe ya que es domingo. Circulan poquísimos autos, en comparación con los días de semana. Y se descubre una cosa que aquí hay pájaros también, de esos pájaros tontos tuyos. Hoy, al despertar tuve la sensación de estar en Wellesley. ¿Cómo, unos píos de pájaro? Es sencillamente que los autos les habían perdonado la vida, por ser fiesta. ¡Cuántas cosas así aplasta quizá una ciudad! ¡Cuántos cantos de pájaro hay al fondo de ese terrible tumulto de ir y venir de los coches! Y de qué manera el ruido brutal de la máquina ciudadana sumerge, ahoga esos otros mil rumores de la vida de siempre. Asombra pensar la diferencia que hay en lo que oye al despertarse un hombre de hoy y lo que oiría uno de hace doscientos años. ¿Qué le pasaría al hombre de 1700 si de pronto, al abrir los oídos le entrasen por ellos las bocinas, las sirenas de las fábricas o de las ambulancias, lo metálico de los tranvías? Se creería aún en la pesadilla. Y es verdad. Mi despertar de hoy ha sido más *antiguo,* como los de Wellesley. Quizá nos guste tanto la Naturaleza porque nos devuelve al ser antiguo, al ser de siempre, que hay en nosotros, por encima de ese ser actual y de hoy en que parecemos vivir. Oír los pájaros, los animales, el ruido del aire en los árboles, es repetir en nuestro oído lo que oyeran por siglos y siglos nuestros antecesores. En cambio, lo otro es nuevo, y sorprende, cuando todavía se lleva, como tú y como yo, en nosotros al ser antiguo, al hombre eterno y no al maniquí de modas contemporáneo. Así ha sido mi despertar. Luego me he tomado mi fruta, un *grapefruit,* dos ciruelas, y una manzana. De café nada, hija. No me atrevo. Compré el café, y el Rye Krisp, pero lo que tengo es una cafetera misteriosa que no me atrevo a tocar, y aunque no lo creas no he podido aun comprarme otra corriente. Así que tomo fruta en casa y luego en el restaurante de la Universidad un poco de café. Hoy no lo he tomado sino que después de la fruta he hecho mi cama (porque los domingos la señora sirviente no viene); y ahora me he puesto a escribirte. Ya ves qué mañana de domingo de Los Ángeles. ¿No te da risa imaginarte que me hago la cama y cómo me la hago? Como dice el refrán: vivir para ver. Y luego a las doce me iré a almorzar a casa de Del Amo con Don Americus, Barja y Heras.

Ya te darían las postales noticias de mi excursión de ayer. Fue preciosa. Siguiendo la carretera de la costa, fuimos, Castro y yo, llevándonos Barja en su coche, hasta Santa Bárbara. Es una playa situada a 100 millas de aquí. Tiene su recuerdo histórico, para estos americanos, inmenso: una Iglesia de los misioneros, o sea lo que aquí llaman una Misión, hecha a fines del XVIII y muy bien conservada. Nada de particular, en sí mismo, pero me gustó verla, por conocer lo que eran esos centros de los franciscanos, que venían a estos desiertos, se plantaban allí en medio de los indios, labraban su iglesia y los enseñaban a hablar, a escribir, a rezar. Hay quince de estas Misiones en California, una, la más al Norte, cerca de San Francisco. Es verdaderamente asombroso lo que hicieron los españoles en esta tierra antes que los norteamericanos pusieran aquí el pie. Hoy Santa Bárbara se ha convertido en una ciudad de descanso y recreo, lo mismo para veranear que para invernar, llena de casas preciosas con jardines. Tiene al fondo unas colinas muy semejantes al monte del Escorial, y muy pintorescas, llenas de casitas. Sitio encantador. Y luego es una de esas ciudades no fabriles, no comerciales; de puro vivir sin codicia. Me acordé de un verso de Jorge, precioso y que lo describe perfectamente: "ciudad de los estíos".[64] Esas ciudades donde la gente va a descansar de su afán, alegres, como llenas de banderas, sin odios, sin humo, con tiendas de trajes de juguetes para

---

64. Es el título de un poema de *Cántico*, Jorge Guillén, *Aire nuestro. Cántico*, Madrid: Anaya & Mario Muchnik, 1993, p. 150.

mayores, ciudades inofensivas, que se abren en junio y se cierran en septiembre, como una flor. Todo eso quiere decir para mí el verso de Jorge. Y Santa Bárbara es una constante "ciudad de los estíos". Además los arquitectos de California han creado un tipo de vivienda, basado en lo andaluz, realmente precioso, y mucho mejor de todo lo de España en ese sentido. Comimos en un hotel construido con elementos de cortijo andaluz, de una sencillez, una elegancia y una dignidad insuperables. Bajo, claro, de dos pisos, todas las fachadas encaladas, balcones con hierros pintados de verdes y persianas, y galerías. En vez de ser un sólo edificio, hay tres o cuatro, formando como un patio, con praderas verdes en medio. Una verdadera delicia de buen gusto y confort por dentro. Qué alegría me dio ver la cal, en tantos edificios y esas anchas superficies blancas y repasadas. En la postal de colores te podrás dar una idea del Ayuntamiento, hecho en el mismo estilo, más pretencioso, pero que está muy bien. Todo lo que hacían los arquitectos sevillanos intentando imitar lo antiguo en peor, más de pacotilla y recargado. La ciudad es muy tranquila, y en la playa, donde había poca gente, un mar manso y azulado. ¡Pero cómo le persigue a uno el recuerdo de la guerra! ¿Querrás creer que en medio de la bahía estaba anclado el acorazado americano Oklahoma, aquél que vino a Santander a recoger extranjeros y que fondeó junto a la Magdalena? No sé si le recordarás, tenía dos torres muy altas y raras, y estuvo dos días allí. ¡Cuánto le miré en Santander y cuántas veces pensé en mi fuero interno, que ese barco nos podría salvar de muchas tragedias! Me produjo una emoción muy extraña, verlo ayer; al fin y al cabo emoción de gratitud a la vida, y como de milagro, o casualidad misteriosa. El viaje de regreso fue precioso: el sol poniente coloreaba de rosa la espuma de las olas. Luego salió una luna enorme, dorada, que se abrió paso en el agua con un reflejo mágico, áureo primero y que se plateó poco a poco. Al final de la carretera, se veían las luces de Santa Mónica (¿Argel, Alicante, de noche, a lo lejos, como tantas veces?). Y volvía a sentirme hundir dulcemente en lo pasado, con una suavidad y un gusto infinitos, contento de ayer y de las muchas veces que he ido a tu lado, por una carretera junto al mar, anochecido y he visto una ciudad a lo lejos, en luces.

Pedro

[Los Ángeles] Jueves 6 [julio de 1939]

Me alegro de saber que ya estáis en Middlebury y que la llegada fue feliz. Lo que me cuentas del viaje me hace mucha gracia, Justa[65] retadora y maja plantada, Nin[66] a lo abate galante besamanos, y Jorge el eterno retrasado. Veremos ahora qué tal es la instalación y la convivencia. Confío en que todo irá bien. Y pienso en ese paisaje del todo rústico que se ve desde las ventanas traseras de la casa, y te lo envidio... a ratos. Solo a ratos por que todavía sigo encantado con este paisaje de sol, luz, y montañas peladas.

Ayer hice una excursión que me impresionó mucho. No sé si me has oído hablar de Careaga, el que era cónsul de España en Nueva York, hasta tres meses antes de la derrota del gobierno. Es un buen muchacho, cónsul de carrera, aficionado a la erudición, y a quien conocí superficialmente hace muchos años en la tertulia de Canedo[67] y Azaña, en el Regina. Ha cumplido con su deber muy bien, permaneciendo fiel al Gobierno, sin ser en el fondo nada extremista, y más bien conservador. El majadero de Vayo[68] lo quitó de Nueva York y lo mandó a Chicago, sin razón, por no ser de los amigotes. Ahora este buen hombre se encuentra sin nada, desengañado y sin rumbo. Tenía dinero en España, pero de nada le vale. Y entonces buscando descanso, y con unos pocos ahorros que tenía

65. Justa Arroyo, casada con José López-Rey. 66. Joaquín Nin-Culmell (1908), pianista. 67. Enrique Díez-Canedo (1879-1944). 68. Julio Álvarez del Vayo.

se ha venido aquí, y ha comprado una casita muy modesta por $1100, cantidad insignificante en una garganta montañosa que está a una hora de Los Ángeles. Allí vive con su mujer y su niña. Se dedica a la jardinería y a la huerta, planta flores y hortalizas, terraplena su pequeño jardín, lee, trabaja y no viene a la ciudad, donde no conoce a nadie, casi nunca. El sitio es ideal. Un paisaje de montañas, pero abierto, nada sombrío como una sierra del sur de España, un aire puro, perfecto, tomillo, carrascas, vegetación de monte. La casa domina una vista de sierra soberbia. Es muy sencilla, pero con lo asombroso de este país, tiene teléfono, gas, luz eléctrica y agua corriente, aunque está casi en un despoblado y no hay pueblo cerca. Te aseguro que Careaga, que hasta ahora me pareció un hombre vulgar y del montón, ha crecido a mis ojos. ¿Será un sabio, como los del XVI, que se retiran del mundo y vuelve a la tierra? En vez de irse a Nueva York, a intrigar, a murmurar, a rabiar, se ha recogido aquí sencilla y modestamente. Busca paz, serenidad, no lee los periódicos, y es una especie de ermitaño en familia. Yo creo que una decisión así enaltece a un hombre. Quizá es ése el camino mejor, hoy, por lo menos para una parte de la vida, para un paréntesis, después de tanta tragedia. Pasé en su casa un rato muy bueno. Y además, tiene una niña, des tres años y medio, que es literalmente un encanto. Estoy loco con ella. Si pudiera la vería todos los días. Se llama Clarisa, no habla una palabra de español, pero tiene una gracia, una vivacidad, indescriptible. No sé de dónde le vendrá. La madre es una americana gorda, gorda y de aire bovino, y suave. El padre es soso, en su apariencia. Pero la cría no tiene una palabra, un gesto, un movimiento que no sea delicioso. La vida la llena el cuerpecito sin dejar nada inexpresivo, feo ni muerto. Tiene una delicadeza sin melindre, una naturalidad sin descaro, prodigiosos. Me pasé no sé cuánto tiempo hablando con ella, me enseñó el jardincillo, sus muñecas. Nos entendíamos como Dios quería, porque el suyo es inglés de niño y el mío, malo. Pero la niña simpatizó conmigo y mientras Barja, Heras y el padre hablaban de otras cosas, ella y yo charlábamos, y la americana gorda nos miraba, como la vaca madre a sus crías, sin intervenir, y bondadosamente. Saqué una impresión hermosa, de familia feliz y sencilla, de vida natural y digna. Sobre todo de excepción a ese modo de vivir nervioso, agitado, lleno de malas pasiones y excitantes, que da la tónica a la vida de hoy. ¡Un sabio! Quién iba a decir que este simple Careaga iba a tomar este camino. Me gustaría mucho ir de vez en cuando a verle, hablar con él, jugar con la niña, disfrutar el silencio, el aire puro de este sitio estupendo. Por desgracia es inaccesible como no se tenga coche, y aunque él se ha ofrecido a venir a buscarme cuando quiera, no me gusta hacerle hacer un viaje tan largo, en el que gasta mucha gasolina.

Y aquí tienes lo mejor que he sentido en estas últimas 24 horas. Te lo ofrezco con muchos recuerdos, Margarita.

Pedro

Lunes 10 [julio de 1939]

Ayer y anteayer pasé dos días buenos. Excursión por la costa, hasta la misma frontera mexicana. Y en la excursión dos cosas de las que más me gustan en el mundo: jardines y mar. Habrás recibido ayer mis postales, ¿no? Una de ellas acaso te dé idea de la Misión de San Juan Capistrano: es una Iglesia-Convento, medio derruido, medio restaurado. Desde mi viaje a México no había visto nada que me emocionara tanto, en mi sensibilidad española, como esto. Dos grandes claustros-jardines, sencillos y pobres en su arquitectura, pero bellísimos en su conjunto, en su efecto total, y en sus plantas y flores. Trazado de los jardines a la española, con sus arriates de boj, sus paseos enladrillados, su fuente en medio, y sus bancos encalados. Todo sencillo y profundo a la vez. Y plantas hermosas: rosas, geranios, campanillas, jazmines, y entre ellas palmeras y chumberas. Ya sabes lo que me gustan los jardines: éstos, por una parte me recordaban a los andaluces, en las flores y el enladrillado. Por otra a El Escorial por el boj y la sencillez. Y el alma se me estuvo columpiando como un niño entre los dos recuerdos de las dos primaveras ausentes y la realidad de esta hermosura presente. ¿Sevilla, Escorial, California? ¡Qué balanceos sentía yo dentro de mí, qué ir y venir del ayer al hoy, de lo visto hace años a lo que estaba mirando ahora, de la verdad y el recuerdo! Y me puse a pensar que la vida se le enriquece a uno con los años, precisamente así: ni el pasado está muerto, ni el presente está aislado. Lo pasado se yergue, vibra, porque *hoy,* vemos algo. Y el presente se siente más hondo porque no está solo en su hoy, sino que le viene la compañía antigua del ayer. Es posible que haya algo mejor que ser joven, Margarita. Y es sentirse como yo me sentía ayer, más *entero,* más total. Ayer es insuficiente. Pero ayer y hoy, apoyados uno en otro, parecen ser suficentes para desear y preparar la tercera forma del tiempo: el mañana. Y en esos jardines en su calma noble y jugosa de color, sentí esas tres dimensiones de lo temporal: lo vivido, lo viviéndose, y lo por vivir, las tres buenas, las tres necesarias. Y sentí como una paz, con esas tres fases, y contigo

Pedro

[Al margen] Hoy vuelta al trabajo. Pero ya es la mitad del curso. Ya te hablaré mañana de las olas que vi en la excursión.

[Los Ángeles] Martes 11 [julio de 1939]

Todavía me quedan cosas que contarte del viaje a San Diego. Ayer me paré en San Juan Capistrano y no pasé de sus jardines. Pero hay algunas cosas más. Una: las dos jirafas del Zoo de San Diego.

Hay allí un Parque Zoológico muy bueno. ¿Por qué? Yo he llegado ya a pensar que en América detrás de todas estas magnas instituciones de cultura o de recreo público, hay un chiflado. Hay el chalado de turno, es decir el señor lleno de millones que un día se le ocurre regalar a su ciudad tal o cual cosa, o fundar un nuevo establecimiento. Los benefactores americanos son un serie de chiflados, cuya chifladura debe bendecirse, porque han hecho mucho bien. Y en San Diego hubo uno de esos a quien se le ocurrió que su ciudad (relativamente pequeña) necesitaba un gran Zoo. Y ahí está. Hay una pajarera inmensa, para aves de presa, cóndores, águilas, buitres, etc., tan enorme que en ellas hay árboles altísimos y parece un trozo de selva encerrado entre alambres. Pero lo que me cautivó fue una pareja de jirafas. Dos animales tan finos, tan tímidos, tan delicados de andar y de mirar, tan infantilmente torpes, que me recordaron ¿dirás a quién? A las dos hermanitas, a las paletitas de encima de mi mesa.[69] ¿Te ofende? Nunca había estimado la jirafa, hasta este día. Se me presentaron humanas, tiernas, un poco nostálgicas. Las bauticé, *in mente:* mis paletitas. Y esa idea me regocijó, y guardada en mi interior, me hacía sonreír al pensar en qué dirían los amigos que iban conmigo, si yo les hubiese comunicado mi asociación de ideas entre las jirafillas y las dos niñas de Argel. Te permito vengarte de mí, acordándote de tu esposo cuando veas a un hipopótamo. ¿Estamos en paz?

Por la tarde, de vuelta nos paramos en una playita, Laguna, que recuerda las playas de la *Côte Basque* un poco. Hay un hotel estupendo, sobrio, sencillo, pero comodísimo. Tomamos cerveza, y luego fuimos a un pequeño rompeolas, junto a la playa. Allí nos dividimos. Mis tres compañeros de excursión se dedicaron a mirar a los que se bañaban. Pero yo volví la espalda a la playa y me pasé cinco minutos fascinado, por las olas. ¡Años, Marg, sin haber sentido esto! Desde Santander, en la playa del Sardinero, una

---

69. Se refiere a una fotografía de Margarita y de su hermana Antonia.

tarde. El ver romperse sus crestas, ver el momento de doblar la ola, descubriendo por un instante una trasparencia verde clara, purísima, y luego, la iniciación de esa carrera loca de las espumas, desbocadas, frenéticas y alegres, saltando, chocando una con otra y saltando más, llenando al aire de burbujas, de blancura, de canto y alegría. ¡Ay, si yo pudiera escribir algo que recogiera eso! Pero ¿lo puedo escribir, yo, o lo puede escribir alguien? No lo sé. No lo recuerdo. Sólo la música de Beethoven, de todo lo creado por el hombre, me suena en el alma a algo semejante a esa triunfal marcha saltarina, sin más objeto que su propia belleza, nacida y enseguida muerta, vista y no vista, conjunción de lo áereo, del agua, y del sonido. ¡Eso sí que es el puro cántico, el que busca Jorge, el que los demás buscamos, con menos perfección y tino que él! Pasé un momento hermoso. ¿Cinco minutos? Nada importa. La verdad es que fue un tiempo sin medida, sin límites, que me ha durado mucho más en la memoria que todo lo que vi después. Ya puedes figurarte lo que me alegra el volver a sentir esto: me siento menos extranjero, en América, encuentro el lazo profundo entre todo, la armonía tras las diferencias.

Ayer tuve tu carta. ¡Cómo me extraña leer que ahí hace mucho calor! Porque aquí no hace ni calor ni frío, y vive uno como en un atmósfera inalterable y segura de delicia. Lo que te envidio es ese río, hermano pequeño de mis olas. Tu cuadro de la casa y sus habitantes me *sirve,* Marg, enormemente. Tus cartas os acercan. Describes las cosas y las personas vívidamente, con tal expresión, que los recuerdos se colorean, y ya me vivís en algo más que en la memoria blanca. Yo te diría que me pones colores en la memoria, me la pueblas de movimiento, la quitas su fría imposibilidad de ver. Veo un poco, alma, os veo, y aunque no hables de ti ni te pintes a ti, te veo, en esa obra de acercarme a los demás, acercándote tú, muy cerca, más que ninguno.

Pedro

[Al margen] Di a Jorge que le voy a escribir muy pronto.

Saliendo aparte.

¿Qué tal por Middlebury? Llevo dos días sin carta. Y leo en los periódicos que hay una ola de calor por esas tierras.

Yo, muy bien. Ayer fue un día de nubes y música. Magnífica combinación. Por la tarde había una luz muy clara. Se veían las altas montañas que sirven de fondo a la ciudad con todo detalle. Y encima de ella se había acumulado una de esas espléndidas reuniones de nubes, enormes, solemnes, marmóreas, llenas de reflejos, y del todo inmóviles. Hacía mucho que no las veía. Hay nubes románticas y nubes clásicas, y nubes barrocas. La románticas son las de las mañanas claras, o las noches lunares, vagas, sutiles, como velos o como sombras, apenas sin materia, nubes líricas. Las barrocas son las nubes grises de las tormentas, aceradas y negras, veloces, que se retuercen unas sobre otras. Y las clásicas son éstas de ayer, majestuosas, quietas, blancas y rosadas, nubes de Olimpo, con alusiones a dioses en formación, como precursoras de las formas divinas. Estas nubes debían ser las únicas que veían los griegos, y de ellas sacarían la idea de lo olímpico, de la mansión de los inmortales. Y dio la casualidad que a la noche, por uno de esos azares que le hacen a uno admirar más y más la vida, vi otras nubes sin tierra. Verás como fue. Hay aquí lo que llaman el Hollywood Bowl, u Hoyo de Hollywood. Es una *cazuela* de terreno, formada por una serie de colinas, en la que han hecho un inmenso teatro al aire libre, donde caben 30.000 personas. Es soberbio. Está en medio del barrio de Hollywood, pero tan cerrado que parece un mundo aparte, porque se entra por una pequeña cañada, y una vez dentro no se figuraría uno que se encuentra en el mismo centro de una enorme ciudad. Sólo se ven las colinas, los árboles, las estrellas. Es un verdadero hoyo. Y en las laderas están excavadas las graderías con los asientos. En la parte baja hay un enorme escenario en forma de concha, para la orquesta. El aspecto es imponente y misterioso, a la vez. Se ve entrar a millares y millares de gente, sin ruido, y se pregunta uno para qué vienen, cuál es el motivo de la reunión de tantos seres en aquel lugar aislado y agreste. Hasta que se encienden las luces de la vasta concha y empiezan a salir los músicos de la orquesta. Es un concierto. El de anoche era hermoso: Pasacaglia de Bach, concierto de Chopin, los dos Nocturnos de Debussy, Nuages y Fêtes, y un poema de Strauss, menos bueno. Realmente es un espectáculo sin igual. La gente guarda un silencio absoluto, cuando el director levanta la batuta. Y empieza la música, que se oye a la perfección, debajo de este techo de estrellas, hondo y sin límite. Entonces, comprendes, vinieron las otras nubes, las de Nuages, de Debussy. ¡Qué diferentes de las de por la tarde! ¡Qué delicadas, éstas, aéreas, fugitivas, imposibles de captar con la mirada! Nubes por el oído, nubes que nos entran por un nuevo sentido, y que corren por un cielo que no es tampoco el de los ojos. ¡Qué hermoso el poder del hombre, del músico, o del poeta, para ser capaz de trasformar así el mundo! Sentí una emoción profunda, al ver cómo se enlazaban en mí las nubes de la atmósfera y las nubes sonoras, las de tarde y las de noche. Y luego, Marg, hubo un momento graciosísimo. Estaban en el Concerto de Chopin. Se desplegaba por el aire una de esas frases trémulas y frágiles, de su piano: la orquesta callaba. Pero se podía oír un canto de tres o cuatro grillos, en las colinas. Los grillos hacían el contrapunto. Y precisamente en este instante se oyó otro ruido alto y extraño. Miré al cielo: tres luces rojas avanzaban por él. Era el avión correo. Y sobre la música de Chopin y de los grillos, se impuso ésta del motor. ¿Sabes lo que se me ocurrió? Sandwich de Chopin, con suela de grillos y techo de avión. Esto es América. Esto es lo hermoso de América, esos tres pisos: lo natural, el grillo, la aspiración al arte, la música, y la máquina, el avión. Te mando mi American Celestial Sandwich. ¿Lo quieres dar un bocadito? Para los dos.

Pedro

Ayer estuve a ver otra Misión que hay cerca de Los Ángeles. No tiene gran interés artístico, sólo el jardín. Pero realmente asombra, esto de las misiones. Lo curioso es que en España casi nadie sabe nada de eso. Todo el mundo ha oído hablar, claro, de Colón y de los descubridores y conquistadores, aunque de un modo vago. Pero se limita el conocimiento a nuestras gestas del XVI. Yo en ninguno de los libros de Historia que estudié leí nada sobre este admirable movimiento, ocurrido al final del XVIII, y en que parecen renovarse por unos años las grandezas del pasado. Un puñado de frailes franciscanos, con otro puñado de soldados, llegó hasta San Francisco, a lo largo de lo que hoy aún se llama el Camino Real, estableciendo Misiones. Consistían en una Iglesia, un convento para la comunidad, un Presidio, que venía a ser como el cuartel, y otro edificio para los indios criados. Desde lo que hoy es México hasta San Francisco fundaron 17. Y los americanos las conservan hoy como reliquias santas, las rodean de propaganda y *romance,* las han restaurado con gran tino. Cada una de esas Misiones ejercía una influencia cultural y catolizante en la población indígena, estudiaba el país, alargaba la influencia de España. Y eso era entre 1775 y 1800. A mí me ha impresionado mucho, porque se me representan como la última llamarada del gran fuego expansivo de España. Y se anda por esas carreteras y no ves más que nombres españoles, por todas partes y se siente cómo nosotros fuimos los que trajimos a esta tierra la primer forma de civilización. ¿Cómo va uno a sentirse extranjero aquí? En estas tierras, hoy de Estados Unidos, no son los anglosajones los que enseñaron a las gentes a labrar, a leer, a rezar, a curarse: fuimos nosotros, los españoles. Y cuando la gente de New England no tenía idea de lo que era California estos frailes y soldados la descubrían y la traían lo mismo que ellos estaban haciendo en el Este, en Boston o Philadelphia. Estoy convencido de que el español que no ha estado en América no se da cuenta de toda la dimensión y tamaño de lo que ha sido España. Sólo aquí sabemos qué es lo español. El hombre de Madrid es, en este sentido, un provinciano. Yo no entro a juzgar si colonizamos bien o mal, pero me siento conmovido al pensar que en este continente, se prolongan en formas de continuidad, las vidas españolas de hace siglos. La misma confusión que aquí tienen respecto a lo español y lo sudamericano, lo prueba. Mucha gente llama a lo mexicano de Los Ángeles, al barrio mexicano, a la comida, etc., español. En vez de molestarme eso, me hace gracia. Porque indica que sobre el nacionalismo de hoy perdura la tradición de España. Un alemán, un italiano, un francés, es aquí poca cosa, a nuestro lado. Y cuando se piensa en el estado terrible de España, hoy, en su tragedia, en su aparente ruina, es como un consuelo íntimo el ver todo esto, porque da una fe callada, pero firme. La historia no es la vida, como decía Unamuno. La historia pasa, y la vida queda. Por debajo de reyes y guerras, de grandes hechos, la masa anónima de los hombres que nacen, trabajan, sueñan humildemente y mueren, forma la base de todo. España se hundió, California es americana, pero esos nombres, y la vida que representan están ahí. Recuerdo un verso de Jorge: "¡Pero quedan los nombres!" Y donde hubo un nombre hubo una realidad. Y hoy millones de gentes, desde California, llaman a su madre con la misma palabra, aunque el tono sea distinto. Un país que ha sembrado vida así, y ha resistido, a la muerte así, no puede morir, por un Franco cualquiera. Y así se me asocia en California, lo que veo con los ojos y lo que llevo en el alma del dolor de España, la tristeza de hoy y una fe en lo español de siempre. Adiós, guapa. Ya no quedan más que dos semanas escasas. No he recibido el dinero de México, aún, aunque sí una carta de Reyes[70] diciendo que todo está arreglado. Si

70. Alfonso Reyes (1889-1959), poeta, historiador y ensayista mexicano. Fue director de la La Casa de España en México.

no fuera a México no me contrariaría gran cosa. Wellesley, el descanso, la casa... y los de la casa, me sonríen.

Pedro

A SOLITA SALINAS

Los Ángeles 23 de julio de 1939

Ilustre heredera de mi nombre y mis talentos (¡qué te crees tú eso!):

He leído con complacencia íntima y externa aprobación tu epístola, datada el 16 de los corrientes. Está bastante bien. No falta más que un acento, la ortografía es cabal, las ideas abundantes, y el tono familiar, como requieren los Manuales de Correspondencia, en las cartas entre hijas y padres. Sospecho que has debido de copiarla de alguno de los mencionados, supradichos, sobredichos o citados Manuales epistolares. O de otro modo tu coco ha hecho sorprendentes progresos en tan difícil género literario.

Tu madre debe de haberte dado larga cuenta de mi vida en esta ciudad. Me gano la vida ésa con el sudor de mi frente en el centro del día, pero sin ningún sudor en el resto de él, porque la temperatura es deliciosa. Tengo unas clases pintorescas, en las que abundan los tipos mestizos, pseudo mexicanos, indios, y medio españoles. A todos estos tipos se los llama aquí, globalmente (¡vaya adverbio de altura!) españoles. No me halaga, o haliaga, mucho. La clase de conversación reserva sorpresas exquisitas: por ejemplo un joven pregunta si se puede decir *tickete,* y asegura, muy formal, que así lo oye él decir en el barrio mexicano de aquí. Yo le contesto que como poderse, se puede, y que no existe mandamiento de la ley divina ni precepto de los códigos humanos que impida a un ser libre decir *tickete,* pero que ni es palabra, ni es española. En fin, que se aprende mucho. La influencia del español se siente mucho en los letreros y títulos de las tiendas, y en los nombres de lugar. No hay casi nombres de pueblos ingleses ni lugares. El nombre ilustre que ostentas, lo lleva también una ciudad del Norte de Los Ángeles, Salinas. A diez kilómetros de aquí está la Alhambra, que es un barrio muy feo. Todos los alrededores de Los Ángeles tienen denominación española: San Pedro, Santa Mónica, San Gabriel, Sierra Madre, Ventura, etc. Lo más bonito son los nombres compuestos, como Hermosa Beach, Redondo Beach, San Fernando Canyon. Y en títulos de tiendas se ven cosas lindas: La Alambra Mattress. El Sagrado Barbers. Y el más bonito de todos, el de un restaurante al estilo antiguo rotulado: La Venta Inn. Además, con la afición que tienen en este país a los nombres clásicos resulta que el otro día al pasar por un pueblito cercano me encontré que estaba en Arcadia. No se veía a los pastores y pastoras, pero se respiraba la felicidad de la novela pastoril. Y esta semana voy a ir a Pomona.

Es una ciudad preciosa: cada día me gusta más. Muy irregular: de barrios elegantes, llenos de casas con jardines, limpísimas y preciosas, se pasa de pronto a otros de solares, *filling stations* y venta de automóviles usados, expuestos, a centenares, en grandes solares. Y luego, otra vez, un barrio rico, alternando. Alguien ha definido Los Ángeles: *nineteen suburbs in search of a city.* Es muy gracioso: expresa el esfuerzo de todos esos barrios aislados por juntarse y formar una gran ciudad. Pero de todos modos es la ciudad más original y simpática que he visto en América. Mi teoría es la siguiente: Dios encargó a los ángeles que pusieran una ciudad en esta hermosa llanura, junto a la sierra, y les dio los edificios; a unos los rascacielos, a otros los palacios, a otros las *filling stations,* a otros las tiendas modestas, etc., con mandato de que los colocaran por orden. Pero cuando los ángeles iban a hacerlo, de pronto estalló una tormenta, se asustaron, y cada uno dejó caer lo que llevaba en brazos, en cualquier sitio. Y de aquí la incoherencia de la ciudad. ¿Qué te parece?

No me dices si engordas. *Lo exijo.* Escríbeme más y sé buena,

y digna de la tradición académica de tu progenitor, que besa tu
mano, aunque se haga daño con los nudillos

Papá

Di a tu hermano que su conducta cínica me tiene tan enfadado
que solo el silencio lo puede expresar.

> Aunque la presente epístola
> Para la niña se traza,
> Quiero que sepa la madre
> Que a ella también se le abraza.

P.

A MARGARITA BONMATÍ

[Los Ángeles] Lunes 24 [julio de 1939]

¡Hermoso día, ayer! La temperatura como siempre: un poco de
calor en el centro del día, pero luego fresco. Y el aire y la luz siem-
pre claros. Desde que estoy aquí no he visto un día oscuro ni nu-
blado, salvo algunas mañanas neblinosas, hasta que a la tarde se
aclara. Por la mañana escribí a Sol, y leí trabajos de los estudian-
tes, hasta las doce. Nos tenía invitados a almorzar del Amo, a
Barja y a mí. Nos dio la gran paella de siempre, y luego nos senta-
mos en el jardín, un rato. El jardín es maravilloso: cuatro palme-
ras esbeltas y altísimas, que se ven a gran distancia. Y toda clase
de árboles y plantas, helechos, rosas, geranios, dalias, nenúfares,
un árbol con flores azules. Estábamos bajo un emparrado de tre-
padoras que crea como un gran salón, con el suelo enladrillado,
en un excelente diván de jardín. Aunque en el centro de la ciudad
no llegaba el ruido, sino algo como polvo de ruido, nada molesto. Y
en cambio oíamos cantar un cuco, y otros pájaros, en el jardín.
¡Qué bienestar! De qué modo tan natural surgía en mí el pensa-

miento. Me hubiese puesto en este instante a hablar de cualquier cosa, a discurrir sin prisa sobre cualquier tema del mundo, o a leer en voz alta, versos y a comentarlos muy despacio. Todo estaba preparado para algo así en mí. Momento de tregua con la vida, de esos que sólo se sienten bien en países de sol, de aire tibio, de luz clara, como los nuestros, o éste. Pero, por triste paradoja el pobre Don Gregorio estaba en uno de sus días malos. Tiene una enfermedad muscular nerviosa en la cara que le ocasiona contracciones muy molestas, y necesita echarse. Comprendimos que no se sentía bien, y nos fuimos, a las 3. Me dio pena, el pobre viejo, tan despierto de ánimo, tan deseoso de vivir, y postrado por esa enfermedad. Barja me llevó en su coche por la orilla del mar, que estaba quieto y brillante, sin una duda, ni una vacilación. Recorrimos buen trecho y luego fuimos a sentarnos a un Beach Club, muy chic. Estos Clubs son los sitios adonde va la gente bien a bañarse. Tienen playas acotadas donde no pueden entrar más que los socios, terrazas donde se puede tomar cerveza, e instalaciones muy sencillas pero lujosas. Había poca gente. Estuvimos sentados casi dos horas, entregados al deporte favorito español, hablar de gente, de literatura, de política. Pero yo por entre las palabras, miraba y miraba al mar, bebía por los ojos distancias y luces, me dejaba empapar por la atmósfera. De cuando en cuando unas gentes entraban o salían en el agua. Gente joven, cuerpos ágiles y perfectos. ¿Qué era el mar para ellos y qué era para mí? Probablemente eso, es lo que nos separaba, y quizá lo que separa el mundo de hoy, la generación nueva, de la nuestra. Para ellos el mar es un sitio en que meterse, en que meterse, en que sentrise acariciando por las olas, en que bañarase, en fin. El mar es una gran piscina natural. Esta gente nueva tiene el sentido funcional del mar. El mar es para ellos un instrumento, algo que sirve para la función de bañarse y de nadar. Y fuera de eso, no tiene casi existencia. En cambio, para mí (que sé disfrutar también del mar para nadar, como ellos) el mar es una cosa en sí, un valor puro y único, un ser, casi, inmenso y misterioso, que crea sin cesar infinitas formas y nos llena el alma de infinitos apetitos, sueños, y fantasías. El mar es un misterioso, y una claridad, y un mundo, y una gloria, y un sí y un no, y lo infinitamente posible, y lo imposible. Tan parecido a la vida que mirar al mar es casi una forma de mirar a la vida, pero como si no fuera ella, con otro nombre. ¿No sería un síntoma terrible de esta generación nueva, esa insistencia en el valor funcional de las cosas y esa falta de ver en ellas su valor transcendente y absoluto? Por un momento me dieron pena esos jóvenes, los portadores de esos cuerpos fuertes y hermosos. Me parece que el mundo se les reduce a una serie de posibilidades prácticas. El campo sirve para correr por él en auto, tragarse millas, sin ver nada, o verlo de paso. Las montañas para trepar y llegar a tal altura, por deporte y record. El mar para bañarse. Y la vida se vacía de todo contenido, y queda hueca, como un globo de niño. Me sentí feliz, Margarita con mi edad, mi vista y mi alma, ayer, en la playa.

Pedro

[Al margen] Desde el *viernes* escríbeme ya a estas señas:
   Hotel Empire
   Civic Center
   San Francisco, California.

[Membrete: Hotel Mark Hopkins/Nob Hill/ San Francisco]

1 de agosto [1939]

Empiezo el mes de agosto en San Francisco. ¿Te acuerdas de cómo llamaba la gente a la iglesia de San Francisco, que estaba cerca de Don Pedro? "San Francisco el Grande". Pero éste es San Francisco mucho más grande. La situación es soberbia. Una bahía de proporciones inmensas, y que solo tiene acceso por una bocana, bastante pequeña, llamada "The Golden Gate", o la Puerta de Oro. Alrededor de la bahía se extienden tierras secas, con colinas y montañas hermosas. Como sitio natural es una de las cosas más imponentes que he visto. Y San Francisco está edificado sobre una serie de colinas, en las que se alzan los rascacielos, y por las que trepan unas calles, tan en cuesta, que en vez de tranvías de *trolley,* hay unos divertidísimos tranvías de cremallera, estilo siglo XIX, encantadores, que van muy despacio y tiene un aire familiar y bonachón, lo menos moderno que se puede concebir. Algunas calles son tan pinas que yo creo que si se deja caer una pelota en lo alto baja rodando. Encima de esas colinas están los hoteles modernos, de modo que imagínate la vista esplendorosa que se tiene desde ellos. En este en que yo paro hay en el último piso una habitación maravillosa —desgraciadamente consagrada al *cocktail bar*— con enormes ventanales de cristales, y que es un despliegue de ciudad, de bahía, de mar, cielos y montaña, sin rival. Como en América todo es absurdo esta gente ha construido dos puentes, de proporciones gigantescas para saltarse la bahía. En el estilo del precioso puente de Nueva York, pero no tan concentrados ni líricos como aquel. De todos modos asusta la idea de hacer un puente sobre toda una bahía. En el centro de ella hay dos islas. Una tiene un nombre que me encanta: "Yerba buena". Y otra es Alcatraz. ¿Sabes lo que hay en ésta? Un presidio para los criminales condenados a cadena perpetua, es decir los peores, algo como la isla del Diablo. La isla tiene una forma de acorazado o castillo, muy romántica. Pero no sé por qué me parece cruel poner a estos desgraciados en el centro de un lugar tan hermoso, y a la vista de una ciudad tan rica y libre. Se mira a esa isla y se siente algo como un malestar, no sé por qué. Y además de esas dos, esta gente ha hecho otra. Sí, ha hecho otra isla; así son los americanos. Han echado piedras y materiales al mar, para construir una nueva isla artificial donde tienen ahora instalada la Exposición. En conjunto es una ciudad casi tan cosmopolita como Nueva York, pero cosmopolita de otro mundo: el Oriente. Es el punto de partida para China y Japón, para Filipinas, India, Australia, etc. De modo que eso la da un color abigarrado y pintoresco. De aquí salen esos famosos aviones que van a China y a Manila. Es la puerta de Oriente. En cierto modo una Marsella, pero infinitamente más hermosa, variada y rica. Hay un barrio chino que es la ciudad china más poblada, fuera de China. Muy divertido, sobre todo las tiendas de herbolarios, donde venden toda clase de hierbas medicinales. En fin una ciudad muy pintoresca, con más color y animación que las del Este, pero para mi gusto menos *nueva* y original que Los Ángeles. Ya te mandaré fotos, mi Marg. Esta tarde doy mi conferencia en Berkeley, la Universidad, que está al otro lado de la bahía. Y luego me quedaré dos días más para ver la Exposición.

Te paseo conmigo, y te abrazo, mi Marg.

Pedro

No encontré sitio en el Hotel Empire, pero me reexpedirán todas las cartas, de modo que estoy tranquilo y espero noticias tuyas hoy.

¿Cuándo pensáis salir de ahí? ¿Van a ir los chicos a Nueva York? No me gusta que te quedes sola. No tengo inconveniente en que vayas, creo que debes ir tú también. O arreglarte para no estar sola. No te importe el dinero, oye.

[Membrete: Hotel Mark Hopkins/Nob Hill/ San Francisco]

Miércoles 2 de agosto [1939]

¿Agosto, verano? Desde ayer por la tarde estamos rodeados de una niebla casi tan espesa como la de Londres. Es una sensación extrañísima. Se la vio venir poco a poco, como a un ejército invasor. Subí a la torre del hotel, y los girones de la niebla tropezaban en los ventanales, impulsados por una brisa ligera y corrían no sé a dónde. Parecía mentira que aquellas sutiles y leves materias, apenas materias, más bien parecidas a sombras o espectros, al juntarse luego pudieran tener tal solidez que quitaran la vista. Y sin embargo, así fue. A las cinco de la tarde, cuando volví de mi conferencia la bahía era una soberbia confusión de gris, verde, y plata. Verde lo que se veía de las aguas, gris, la niebla y el cielo, flotantes por encima, y plata algunos manchones de sol, que de vez en cuando se colaban por entre lo nebuloso y caían sobre el mar, como islotes mágicos. La visión era muy hermosa. Cuando se hizo de noche, la niebla ya andaba por las calles, me daba en la cara. Naturalmente, frío, gabán abotonado, sensación invernal. Gusto de meterse en la cama y sentirse abrigado. Pero por otra parte, nostalgia de Los Ángeles, de su sol, de su luz. No hay duda, aunque San Francisco sea una ciudad más imponente y grandiosa en su conjunto, Los Ángeles es mucho más original, abierta y alegre. Y volveré a bajar con alegría hacia el Sur. Además en Los Ángeles tenía amigos. Aquí me encuentro un poco perdido. Di la conferencia ayer tarde en la Universidad de California, Berkeley. No está en San Francisco, sino en el pueblo llamado Berkeley, al otro lado de la bahía. Antes se tenía que ir allí en *ferry boats,* pero con el nuevo puente gigantesco se va en tranvía, en 35 minutos. No te puedes imaginar lo maravilloso que es esto. El tranvía más mágico del mundo, un tranvía por encima del agua, colgado sobre el mar. La idea del tranvía mismo sugiere calles, aglomeración, aburrimiento, gente leyendo, para matar el tiempo hasta que se llegue. Pero éste es todo lo contrario: vistas prodigiosas a un lado y a otro, sensación no de ir por tierra, sino de altura, de aire y mar. Los ojos bebiendo, a un lado y a otro, lo que ven. ¿Qué duda cabe que la mecánica puede crear maravillas de poesía? Este tranvía eléctrico es una de ellas porque hace cambiar las nociones usuales de las cosas, y el tranvía se escapa de su servidumbre y se acerca al avión o al barco, al andar por el aire y sobre el mar. Pero bueno, me he apartado de mi tema, Marg, entusiasmado con el tranvía. Iba a decirte que di la conferencia, que hubo mucha gente, y gustó. Schevill,[71] que es el mejor hispanista americano, me ha invitado a almorzar para hoy. La Universidad es otra monstruosidad, pero muy distinta del puente. ¿Sabes cuántos estudiantes tiene, entre la de aquí y la sucursal del Sur, en Los Ángeles? Unos 24.000. Es la mayor del mundo, en número de estudiantes. Pero ahí es donde para mí los americanos se confunden y empieza el lío. Es magnífico hacer un puente de seis o siete millas de largo, sí. La dimensión en lo mecánico, puede lograr efectos sorprendentes, y el hombre es capaz de vencer las dificultades de lo material, de los obstáculos que se le oponen. ¿Pero, en cambio, es posible trasladar las mismas normas de la dimensión a lo espiritual, o a lo intelectual? ¿Podrá ser buena una Universidad con ese número de estudiantes? Lo dudo. El lema americano es: *The bigger the better*. Esto es, cuánto más grande, mejor. Pero eso no puede rezar con las cosas más finas y delicadas del hombre. Y si bien han hecho un puente que es el más hermoso y grande del mundo, mucho me temo que la Universidad sea de las peores, precisamente por su magnitud. Y así, ayer viniendo de Berkeley, veía de este modo, la faz y el revés de lo americano, su virtud y su peligro.

Adiós guapa. Me voy allí otra vez a almorzar con Schevill. Recibí una carta tuya. Llegas aquí. Bueno, llegas, Marg, a donde yo llegue, siempre.

Pedro

---

71. Rudolph Schevill (-1946), profesor de la Universidad de Berkeley, especialista en Cervantes.

A SOLITA Y JAIME SALINAS

San Francisco 5 de agosto [1939]

Amados Solita y Jaime, o Jaime y Solita (que de ambas maneras puede decirse, dado lo ilustre de vuestras señorías):

He recibido sendas epístolas con señalado placer, y las he leído con delectación. Veo que os dedicáis a la cultura intensiva con verdadero provecho. Las efigies que me mandas, Sol, de tu insigne persona parecen menos birriescas que de costumbre. O quizá sea la idealización que la distancia produce en el amor paternal.

Yo he pasado varios días en San Francisco. Es una ciudad que se las trae. La Exposición, que he visitado, no vale gran cosa, y tira al camelo. Lo mejor es el Pabellón de arte, donde hay varios cuadros traídos de Italia, entre ellos el Nacimiento de Venus, de Botticelli, que os gustarían. Fuera de eso lo más notable es una grúa de dos brazos, a cuyos extremos hay dos jaulas en forma de huevo, donde se mete la gente, para ser elevada a una altura considerable y ver el panorama desde allí. Yo, naturalmente, dada mi afición incurable a las alturas, subí. El efecto es de estar dentro de la jaula de un grillo. Si me ponen un poco de lechuga empiezo a hacer cri-cri. La jaula da vueltas en el aire y al llegar arriba se para y está uno un rato suspendido, con la sensación de prisión aérea más estupenda.

En la Universidad de Berkeley (donde hay la tontería de 12.000 estudiantes) vi otra curiosidad americana, sin par. Es un pequeño quiosco, que a primera vista no se sabe para qué sirve. Es una fuente de tinta. Tiene varios recipientes llenos de tinta, y luego unas tiras de paño blanco, saliendo como las toallas de unas cajas. Allí van los estudiantes a llenar sus estilográficas gratis. No he visto semejante cosa en el mundo. Había oído hablar de la Fontaine de Jouvence, de la Fuente de las Musas, de la Fuente del Olvido, etc., pero confieso que no se me había ocurrido que pudiera existir una fuente para plumas estilográficas. ¡Viva América!

La ciudad es hermosa con una bahía cuya vista os enseñará mamá y los puentes más fabulosos del mundo. Está situada en una serie de colinas, con unas cuestas espantosas. Lo más divertido son unos tranvías antiguos, de cremallera. Como ciertas calles son tan pinas, en vez del tranvía ordinario hay lo que llaman el *cable car,* que no tiene *trolley,* y se mueve por un cable subterráneo, con el que engrana una rueda. Los coches son pintorescos, con unos bancos, abiertos, mirando a los lados. Andan con un ruido terrible, y a una velocidad de tortuga, pero son deliciosos. Os mando una foto para que os deis idea de esos vehículos arcaicos. Las comunicaciones son muy variadas. Por la bahía cruzan constantemente *ferry boats,* donde cabe todo, autos, personas o lo que se tercie. Y además hay los tranvías que pasan por encima de los puentes gigantescos, sobre el mar y por el aire.

Hay un barrio chino, lleno de tiendas donde venden artículos de aquel país, de restaurantes, etc. He comido en un restaurante chino, cosas incógnitas y deliciosas. Las tiendas más pintorescas son las de los herbolarios: venden caballitos de mar, y lagartos secos, que tienen un aspecto precioso, y que esta gente come, por lo visto. Hay hierbas para toda clase de enfermedades. Las tiendas de ultramarinos son aterradoras. Por fortuna las vi después de comer. Si no, no como. Hay también un barrio español, o sea hispanoamericano. En él me encontré con una librería que responde al bonito título de "La Moderna Poesía", aunque nada hay que lo justifique, porque no hay un solo libro de poesía moderna. Pero en cambio hay discos y tengo el honor de comunicaros que he adquirido "Pichi", otro chotis, y dos pasodobles, a más de algunos trozos de "La Verbena de la Paloma", con los cuales espero que epatemos a Wellesley el próximo curso académico.

Esta noche salgo para Los Ángeles, y de allí mañana por la noche, a México, tres días de tren. Sed buenos, amaos los unos a los otros (como dice Don José —os explicará la frase Don Jorge) y escribidme copiosamente. Ah, estáis autorizados a ir a Nueva

York, pero si lo hacéis cuidad de que mamá no se quede sola, y no os canséis mucho en la Exposición que es horrible. De hotel os aconsejo el Lincoln que no es muy caro y está cerca de Pennsylvania Station donde se toman los trenes para ir a la Exposición. Todo eso, claro, si a mamá la parece bien y lo aprueba.

Os ama y abraza

Papá

A MARGARITA BONMATÍ

[Membrete: Hotel Imperial/ Guadalajara, Jalisco, México]

Viernes 10 [agosto de 1939][72]

Sólo unas líneas hoy, mi Marg, para darte cuenta de mi llegada. Estoy deshecho. El viaje fue horriblemente cansado. Las cosas fueron de mal en peor, en el tren. El agua del lavabo sucia, daba asco lavarse. Todo lleno por una turbamulta de chiquillos, que parecían salir de debajo de los asientos. Esa paz y esa libertad de los trenes americanos, pasó a un sueño. En el restaurante el servicio malo y lento. En suma, el retorno a lo hispánico, a la raza. Lo más desdichado es que el tren se retrasó enormemente. Me recordaba los tranvías de Sevilla: "¡Que se le ha caído un tornillo! ¡Que la máquina no tiene fuerza! ¡Que lleva mucho peso!" Total, en vez de llegar a Guadalajara, el miércoles a las cuatro y media llegamos a las doce de la noche. El único hotel decente estaba lleno y he tenido que dormir en un fonducho asqueroso. Pero ahora acabo de recibir una grata noticia: Mi baúl, con toda la ropa y las notas para

72. Daniel Cosío Villegas, que sería más tarde director de la editorial Fondo de Cultura Económica, escribió a P.S el 1 de febrero de 1939 con la propuesta de programa para el viaje a México en 1939: Guadalajara, 1-2 semanas. 5 conferencias + 4 sesiones de público reducido; Guanajuato o Morelia 1 semana; en México la obra literaria estudiada como índice de "La actitud vital de una época", para minorías y para público general: "La primacía de los valores poéticos".

mis conferencias, ha considerado más prudente ir a México, en vez de quedarse en Guadalajara. De modo que no tengo ropa qué ponerme, y no sé cómo daré mis conferencias. Me lanzo a la estación, a intentar arreglarlo y que lo pesquen por el camino. Además estoy decidido a buscar otro hotel.

No tengo ánimo para hablarte de nada tranquilo hoy, mi Marg. La ciudad me parece muy bonita, pero estoy preso entre estas menudencias que sabes me perturban mucho. Voy a eliminarlas hoy, si puedo y a recobrar mi paz mañana. ¡Ah! mi primera conferencia estaba anunciada para anoche, a las nueve y como el tren llegó tarde hubo que suspenderla. Empiezo hoy. Ya te contaré.

¿Dónde estáis? Sigo escribiendo a Middlebury, para que de allí te reexpidan la carta. Creo mejor eso que no enviarla a Wellesley, hasta tener noticias tuyas. Espero que me lleguen mañana. Estoy impaciente.

Os abraza el viajero desdichado, pero contento, *malgré tout.*

Pedro

[Guadalajara] Viernes 11 de agosto [1939]

¿Dónde estáis? Sigo sin cartas. Acostumbrado a la regularidad de tus noticias en Los Ángeles me siento como un poco desconcertado. Y espero.

Ya empiezo a entrar en Guadalajara. Lo primero a que necesito hacerme es a su nombre. ¡Qué cosa tan rara son los nombres! Figúrate tú que el nombre ese es para mí familiar, desde mi infancia. Mi tía Manuela vivía en la provincia de Guadalajara, y sus hijos en la capital. De modo que para mí Guadalajara tiene una significación definida, unida a su nombre, inseparable. Es una ciudad castellana, pobre, sucia, triste, sin nada notable, menos el palacio del Infantado, hoy derruido por las bombas. Estuve en ella una vez, y me produjo una impresión penosa, de provincialismo pequeño y agobiador. Por eso aquí, al encontrarme con una ciudad que no se parece nada a aquella, siento en mí una lucha contra el nombre, porque necesito meter en él algo que no me cabe. Hay que vaciar estas sílabas –Guadalajara– de recuerdos viejos, de casas pardas, de ambiente sórdido, y luego llenarlas con casas claras, atmósfera alegre y sencilla, o impresiones nuevas. Es una operación proustiana, y me dan ganas de escribir algo sobre ese proceso de convertir un nombre de una realidad en otra realidad. Porque lo cierto es que esta Guadalajara, está vibrando de reminiscencias andaluzas, y en gran parte sevillanas. Muchas casas con rejas, hasta el suelo, bastantes aun con zaguán y cancela y al fondo un patio, al modo sevillano. Las calles no son tortuosas, ni curvas, eso no. Pero sí tienen el color de las calles sevillanas, esa policromía de una casa azul, junto a una blanca y luego una verde. Desde la ventana de mi hotel, ahora mismo, escribiéndote, no tengo más que levantar la mirada del papel y veo el caserío, todo plano, con azoteas, como en Sevilla y torres y espadañas de iglesias. Y empieza México a operar sobre mí esa influencia espiritual deliciosa de recordar lo visto y no visto, de volver a ver lo que nunca vi, y sin embargo me parece haber visto. Te aseguro, Marg, que no es una admiración pintoresca lo que siento por estas ciudades mexicanas, no. No admiro los edificios, ni el carácter de las cosas o los tipos, aunque ello entra también en mis sentimientos; es otra cosa. Es que México crea en mí un estado especial, que no se parece a lo que sentiría en España, ni en América, claro. Me gusta México porque me trae al alma una serie de sensaciones e ideas sutiles y singulares, de ayer y de hoy, de realidad y recuerdo. Tocan en mí estas ciudades una cuerda que sólo lo mexicano ha tocado, hasta hoy. Y lo aprecio mucho más, teniendo a España cerrada. No acepto a México íntegramente, ni mucho menos. Hay aquí cosas incomprensibles para mí, ajenas y hasta extrañas a mi sensibilidad (todas esas que a ti te repelen y te hacen tener tan mala idea de esta nación), pero yo me paseo por México como por un jardín o museo, mitad del pasado, mitad del presente, donde cojo aquí una cosa y allí otra, que no encuentro en otras partes. Pasado en el presente, o presente en lo pasado, eso es mi impresión mexicana. El porvenir no existe aquí, para mí. Así como en América, todo te está hablando del mañana todo está tendido, como un caballo galopante, hacia el futuro, en México no hay más que dos tiempos, curiosamente entremezclados en mi sensibilidad. Y eso es un gran reposo del alma. Nada urge, nada aprieta, se puede uno entregar a una especie de contemplación actual y retrospectiva, a la vez. Y aún es mejor ese estado de ánimo porque no recuerda nada definido: como no he vivido aquí lo que veo no me recuerda cosas precisas, exactas, que uno podría echar de menos. Es un recordar en el aire, sin filo ni punta, que no hiere, porque en realidad es un recordar imaginativo y no real, ya que se recuerda lo que no se ha visto. Y en esta ciudad tranquila y clara, aún se acentúa la sensación. Ves, pues que pasada mi primera mañana de fastidio por las mexicanadas del tren, del baúl, etc., empiezo a recobrar el uso de mi alma.

Y por suerte aquí no hay españoles, ni guerra civil representada en los refugiados. Eso, que va a ser lo más desagradable de México este año para mí, no ha llegado a este rincón. Puedo pues gozar con paz de mí mismo sin que me salpiquen gotas del terrible veneno nacional.

Adiós, mi Marg. Te llevo conmigo, como siempre, y al pasear mi mirada sobre muchas cosas la siento densa, cargada, como si fueran dos, como si tú miraras conmigo, por deseo de los dos.

Pedro

A SOLITA SALINAS

[México] 1 de septiembre [1939]

Para Sol

Vástaga amada y apreciable monstruo:

(No sé si te darás cuenta de que es un endecasílabo perfecto.)

He recibido tu epístola, donde se me relatan en estilo tan abundante en superlativos como escaso en puntuación tus gestas neoyorkinas. Celebro que lo hayas pasado bien en esa capital de provincia, y que queden algunos dólares todavía en la cuenta, tan acertadamente llamada, corriente.

También yo triunfo en México. Sabrás que mientras he estado en Guadalajara y Guanajuato (viajo por orden alfabético) todo el mundo me ha llamado "maestro". Era delicioso. "¿Cómo está usted, maestro?". "¿Le gustaría a usted, maestro, que fuéramos de excursión mañana?". Con qué delicioso eco resuenan aún en mis oídos estas apelaciones magistrales. Todo eso quiere decir que ambas ciudades saben distinguir. En Guadalajara conocí a un ser grandioso llamado Don Justo, que es especialista en el disparate barroco. Le gusta mucho hablar *fino,* empleando palabras cultas. Y te transcribo para tu regocijo, alguna de sus frases más famosas: "Cuando estuvimos en Venecia las calles estaban *abnegadas;* no se podía andar más que en *glándula".* "Yo como más que el *goloso* de Rodas." "Este gato es de muy buena raza; incrustado de Góngora." (Por "cruzado de Angora"). "No vi a nadie, hice el viaje de *inédito."* "El viaje tuvo muchas *pericias;* fue una verdadera *odalisca."* Como ves sólo ese hombre justifica la existencia de Guadalajara. En Guanajato conocí a otro tipo estupendo llamado Mustafá. Ya le he contado a mamá su historia. Di que te la comunique y te regocijarás. Por lo demás las dos ciudades son una maravilla de color y pintoresco, cada una en su estilo. También estuve en Querétaro, donde he visto unos confesionarios rococós, tan bonitos, que por el momento mi ambición es comprarme un confesionario, para leer en casa. Y ayer, en una especie de rastro de aquí, vi una licorera que no me he decidido a comprar aún, pero que es un sueño. Figúrate que tiene forma de barco, de cristal blanco y dorado; en el susodicho navío hay dos botellitas panzudas de color de rosa; el barco tiene una vela de metal y el aparejo de metal. Y de los palos cuelgan por las asas, unas copitas de color de rosa. Es una delicia. Pero no me decido por lo difícil que es de transportar. Ha aumentado mucho la colección de postales. Tengo verdaderos primores nuevos. Y los títulos de tiendas me han proporcionado descubrimientos maravillosos. En otra carta te hablaré de este capítulo.

Ahora, te ruego, te suplico, mando, ordeno, etc. que te estés quieta en casa, que duermas mucho, que comas más, que yazgas en las colchoneta largas horas, y que descanses. Vas a empezar a trabajar muy pronto y debes aprovechar estos días para el reposo absoluto, porque entre el estudio de Middlebury y el jaleo de Nueva York, no has podido descansar antes. Ya lo sabes. Si descansas y eres buena te enseñaré los preciosos tesoros mexicanos y hasta te daré alguno.

Se te abraza elegantemente.

El *Maestro*

Last, but not least, mis cordiales felicitaciones por las notas buenas y mi piadoso olvido por las menos buenas. El maestro está contento, y espera verte coronada de AAAAAA.[73]

Di a Jaime que recibí su carta del barco, y que espero una carta contándome lo que vio e hizo en Nueva York. Dale un abrazo de mi parte, si puedes rodear su gentil cintura de junco.

---

73. Una "A" es la calificación máxima en el sistema educativo estadunidense.

A JORGE GUILLÉN[74]

Mi querido Jorge: Por fin, terminadas las peregrinaciones por el continente, vuelve uno a *lo suyo*. Es decir, la casa, la familia, la hermosa vida diaria, lo más próximo y querido. Y vuelvo, naturalmente, a escribirte.

De vosotros y de vuestro verano me ha sido hecha, si no una crónica detallada, por lo menos una serie de cuadros sueltos con los cuales reconstituyo un verano relativamente feliz para todos, un gran éxito tuyo en la Escuela y una marcha al Canadá[75] conforme, si no alegre.

Soy yo el que tengo que dar cuenta de mis actos. Dividiremos el verano en etapa californiana y mexicana. La primera fue un poco cansada, con mucho trabajo (tres horas), pero muy feliz. California, sobre todo Los Ángeles me han seducido, por pura gracia de su luz y su originalidad urbana. En mi colección de ciudades, una de mis manías, Los Ángeles está entre los primerísimos ejemplares. Tiene un aire de provisionalidad, de ciudad momentánea, hecha renuncia a toda pretensión de eterna, de definitiva, que le hace a uno asombrarse de que esté allí, al despertarse cada mañana. Y es la ciudad de más lujo espacial que conozco. Luz horizontal, derramada por todas partes, sin canalizar por avenidas altas, que dura más que en otras ciudades. De elemento humano, regular. Barja, mejor que sus libros, y personalmente muy atento conmigo. Don Américo estuvo quince días. Por cierto que hablamos de tu tesis, es decir de la tesis que está haciendo sobre ti una damisela estudiante de Wisconsin. Le he excitado a que apriete a esa señorita para que la remate pronto. No hay duda de que tratándose del bello Don Américo la apretará. El pobre salió de Los Ánge-

---

74. Publicada en *Correspondencia (1923-1951)*, pp. 68, 203-206.   **75.** Guillén obtuvo un puesto en la Universidad McGill de Montreal, desde el curso 1939-1940.

PASAJERO EN LAS AMÉRICAS

les, rumbo a Austin, Texas, para dar allí un curso de verano. Pero a los dos días de llegar me lo llevaron a un hospital, y le hicieron una operación de la vesícula biliar. Me escribió una carta apuradísima, en vísperas de la operación, y luego otra, cuando ya estaba fuera de peligro. Después nada he sabido de él. Pero me dicen que por fin se decide a quedarse en Texas, y deja Wisconsin. Di una conferencia en Berkeley. San Francisco estupendo, como ciudad pintoresca y de emplazamiento soberbio, a lo Nápoles o lo Río de Janeiro. Pero menos amable que Los Ángeles, para mí. Sin embargo hay dos puentes en la bahía que a pesar de ser los dos mayores del mundo son los dos más hermosos del mundo por mí conocidos. En Berkeley, que está estupendamente situado, vi mucho a Schevill, y a un joven profesor que me dio la sorpresa gratísima de ser guillenista y cantiquista de los buenos, de los *hinchas,* de convicción.[76] En suma California me dejó la impresión de un mundo nuevo, luminoso, ancho, alegre, lo cual no es poco en este planeta ensombrecido hoy día. ¡Lástima que no haya cátedras en estas tierras! Yo voy a volver el año que viene, con una misión de la que ya te hablaré y libre de toda obligación docente.

La etapa mexicana empezó muy bien.[77] Guadalajara: nombre que le cayó encima a esta ciudad como en una rifa. Porque es andaluza pura, llena de resonancias sevillanas, hasta en las chicas, su modo de hablar y de mirar. Cancelas, rejas, flores y toda la guardarropía quinteriana, naturalmente. Gente deliciosa: hice muy buenos conocimientos, me acompañaron sin cesar, y vi casas precio-

76. Se trata de Edwin S. Morby. Cf. carta de Salinas a Guillén, desde San Francisco, a 5-VIII-1939, Houghton Library.   **77.** "Agosto de 1939. Conferencias de Salinas en la Casa de España en México. Explicación y comentarios de grandes textos españoles: 4 conferencias. Las grandes líneas de la literatura clásica española: 5 conferencias. Lectura y comentarios de textos románticos (Espronceda). Septiembre de 1939. Pedro Salinas: Lo barroco en la literatura española del Siglo de Oro" (Anuncio en *Romance* [México], no. 1, 1 febrero 1940), P. Salinas, "Algunas soledades de las 'Soledades' de don Luis de Góngora", *Prisma* (Guadalajara), I, 25 de enero de 1940, pp. 1-4.

sas, campo, pueblos, ruinas, en función de turista integral. Las conferencias muy bien. Admiradores de ambos sexos. Dos seres angélicos que han copiado a mano, ¡a mano!, "Razón de amor". (Ah, *by the way,* en México encontré otros dos ejemplares manuscritos.) En fin esa clase de gloria, de *provincia en el extranjero,* que debía ser el sueño de Salvador Rueda y el objeto de desprecio de Baroja. De allí a Guanajuato. Otro devoto: un joven Licenciado, que me presentó en la Universidad con un discursito hecho todo de alusiones a mis libros. La ciudad formidable, a lo Ronda o a lo Granada, y con un provincialismo neo-romántico super azoriniano. Barroco en grandes cantidades. Minas de plata, que me han dado ganas de escribir una novela, puesta en el siglo XVIII, que empiece allí y acabe en Sevilla, la novela de la plata de Indias. Hablaremos. Peligroso. Pasé luego dos días en ese espléndido esdrújulo de Querétaro, rara combinación de barroco delirante y Maximiliano de Austria. Y por fin llegué a la capital. Y allí se acabó el turismo y no vi más ruinas que las numerosas de los españoles en el destierro. Emigrados por todas partes, y de toda condición, desde el científico de la Junta, al poeta moderno. Pequeña lista (incompleta por falta de memoria): Canedo, Lafora, Enzina, Salazar, Bal y Rosita, Recasens, Gaos, Moreno Villa, Bergamín, Ugarte (con esposas), Prados, Gaya, Gil Albert, Petere, Jarnés, Ontañón, Madinaveitia, Giralt [sic], Joaquín Xirau, Carner, y... Domenchina con su pareja.[78] Casi toda la lira.

78. El psiquiatra Gonzalo R. Lafora (1886-1971) era desde hacía años amigo de Salinas. Ricardo Gutiérrez Abascal ("Juan de la Enzina") (1890-1963), crítico de arte, director de Museo de Arte Moderno de Madrid. Jesús Bal y Gay (n. 1905), musicólogo, miembro del Centro de Estudios Históricos. Eduardo Ugarte, director de *La Barraca,* con García Lorca. Juan Gil Albert (n. 1906), redactor de *Hora de España* y de *Taller,* en México. José Herrera Petere (1905-1977), Premio Nacional de Literatura en 1938, redactor de *Romance.* Eduardo de Ontañón, escenógrafo, creador en México de Ediciones Xóchitl. Antonio Madinaveitia Tabuyo (n. 1890), catedrático de Química de la Universidad de Madrid. José Giral (1879-1962), catedrático de Química, Rector de la Universidad de Madrid, Presidente del Consejo del Gobierno en el exilio. Josep Carner (1884-1970), poeta y

Además de los políticos, y ex-embajadores, que pululan: Pedroso, Isabel Palencia, su esposo. De mexicanos, Reyes,[79] Octavio Paz y su grupo. No he parado un momento: tés, comidas, tertulias y chismes. La España emigrada está dividida en dos grandes bandos políticos: negrinistas y prietistas, que se tiran a matar. Y los intelectuales en otros dos bandos: los de la Casa de España, que son los privilegiados, y los últimos, que ya no tienen cabida allí por estar completo el cupo. El Domenchina invariable. ¿Sabes lo que está haciendo? Una antología de poesía de hoy, para las publicaciones de la Casa de España. Según me han dicho varias personas pensaba excluirnos a Cernuda y a mí. Por desgracia los discretos, que nunca faltan, le han convencido de que debe perdonarnos la vida inmortal y nos va a incluir. ¡Qué lástima! Desde luego, cien páginas del Magnífico K.Q.X.[80] Va a ser una juerga, como dice Solita Salinas. Canedo siempre fino y amable, y su gente muy simpática. Me ha hablado de ti con interés y afecto. Lo mismo Reyes. A Pepe le he visto bastante. Todo está igual... Ya tiene editorial. Pero en vez de *Cruz y Raya,* se llama *Séneca.*[81] Y hasta la sede se parece al piso de Madrid. Quiere editarnos. Me ha dicho que te hable. Yo, por mi parte, no sé lo que haré, acaso una segunda edición de *La Voz.* La editorial se va a encargar de la revista *Taller,*[82] que

diplomático. Juan José Domenchina (1889-1959) estaba casado con Ernestina de Champurcí.   **79.** Manuel Pedroso (1883-1956), catedrático de Derecho político en Sevilla, diputado y representante de España durante la II República. Isabel Oyarzábal de Palencia (1878-1949), escritora, presidente del Lyceum Club Femenino, delegada de España en la Sociedad de Naciones. Ceferino Palencia (n. 1882), diplomático y pintor. Alfonso Reyes (1889-1959), escritor, ensayista, poeta y diplomático mexicano, gran conocedor de lo español. **80.** Juan Ramón Jiménez.   **81.** Véase D. Eisenberg, "Las publicaciones de la editorial Séneca", *Revista de Literatura,* XLVII, 94 (1985), pp. 267-276.   **82.** Los redactores de *Taller* fueron O. Paz, R. Solana y E. Huerta; A. Quintero Álvarez dirigió los cuatro primeros números. A partir del quinto, bajo la dirección de O. Paz, se estableció la relación con Séneca y los emigrados españoles. El secretario fue Juan Gil Albert y entre los redactores y colaboradores se contaron F. He-

hasta ahora hacía el grupo de Octavio Paz, y que se convertirá en revista hispano mexicana, prolongación de *Cruz y Raya.* Voy a mandar una serie de poemas y una antología de Carrillo. A todo esto los escritores mexicanos del grupo Novo, Villaurrutia, lanzando epigramas contra los españoles, sobre todo contra Bergamín, llenos de recelos y envidias. Pero se han encontrado con la horma del famoso zapato, porque Pepe les ha hecho dos sonetos magistralmente quevedescos, donde el insulto llega a lo increíble. El tema se presta porque todos son Ex Illis, o jotos como se dice allí. En fin, la historia continúa. Jarnés resbaladizo, apartado de todos, metida ya la cabeza y el estilo en periódicos mexicanos en donde adula sin tasa a todos los escritores del país, cuando no exalta al Ortega remoto y siempre amado. Asistí al estreno de dos pamplinas suyas.[83] No le he visto más. Prados simpático y muy proletario. Petere divertidísimo. Gaos muy bien, muy sereno, y con gran éxito femenino en sus conferencias de Filosofía. Es decir: Bergson, París; Ortega, Buenos Aires; Gaos, México. Moreno Villa casado, muy gracioso, como extrañado, *et pour cause,* de verse así. Me ha regalado un cuadro muy gracioso que ya decora nuestro *living room.* En conjunto el cuadro de los españoles en la emigración (no el de Moreno) resulta pintoresco, y un poco triste. Aire de naufragio, de restos, incoherente, de agarradas a cualquier tabla, de grandezas efímeras, de nostalgias de Embajadas provisionales, de casino, de chismes, de Granja del Henar, de ilusos. ¡Qué gusto me da volver a América, a este pueblo donde nadie sabe quién es Manolo, ni Domenchina! Lo pasé bien, pero deseando que pasara, en el fondo.

rrera Petera, A. Sánchez Barbudo, R. Gaya y J. Rejano. Salinas colaboró en el número 8-9 (enero-febrero de 1940, pp. 73-96) con una selección de poemas de Luis Carrillo Sotomayor, basado en la edición de D. Alonso –Madrid, 1936–. Véase la reedición facsímil de *Taller,* México, 1982. **83.** Quizá se tratase del "monodrama" *Cardenio,* México, 1940.

Y ahora, aquí empezando el nuevo curso. Wellesley acogedor, silencioso y limpio. ¡Grandes cosas! Tengo un curso de Quijote que espero me divierta. Y mucho trabajo. Y una decisión importante que tomar, de la que te hablaré cuando esté tomada, muy pronto.[84] No sé nada de la gente de Nueva York. Parece que entre la población flotante de esa ciudad se cuenta el Andaluz Universal, cuyos mejores amigos son los Serís.[85] ¡A lo que hemos llegado! Se sospecha, como compensación en la distancia una correspondencia larga con Domenchina, allende Río Grande.

¿Te has enterado de las muertes de Tarr, Princeton, y Crawford, Pennsylvania?[86] Escribe a Onís. Hay tres grandes vacantes, esas dos y Wisconsin. ¿A quién nombrarán? Yo no sé nada absolutamente. Crawford murió hace ocho días.

Se acaba el papel; y el tiempo. Cuéntame de tu instalación íntima en ésa, y del mundo universitario. Espero impaciente. Afectos a los tres y un abrazo

Pedro

Me he traído el gran ejemplar de "Cántico" bien encuadernado, aunque no tan perfecto como yo hubiese querido.

A JUAN CENTENO

Baltimore 19 de junio de 1943

Mi querido Centeno:

Acabo de volver de Wellesley, de un viaje relámpago, para asistir a la boda de Teresa.[87] Estuvo muy bien. Se celebró en una *Sorority House*, "Agora", con concurrencia limitada, gente del College

---

84. Pedro Salinas decidió aceptar una oferta como profesor en Johns Hopkins University a partir del curso 1940-41. **85.** Homero Serís (1879-1969), bibliógrafo, profesor de la Universidad de Syracuse (Nueva York). **86.** F. Courtney Tarr (1896-1939), profesor de la Universidad de Princeton. J. P. Wickersham Crawford (1882-1939), profesor de la Universidad de Pennsylvania. **87.** Teresa Guillén –hija de Jorge Guillén– se casó con Stephen Gilman.

y algunos amigos: entre éstos Castro y yo. Teresa muy guapa, con una mantilla española colgante. Jorge la condujo al *altar* con un pasito solemne y ritual, que a mí me hizo una gracia enorme. Ponía en dar cada paso con el ritmo y gravedad debidos la misma atención que en un verso difícil. Los novios se fueron a Florida, quince días. Y yo me he precipitado a Baltimore, sintiendo mucho no poder quedarme más con Jorge.

No sabe usted lo que da que hacer eso del viaje a Puerto Rico. Son cien pequeñas cosas burocráticas, permisos, *affidavits,* prioridades, anticipos de contribución. Aparte de los preparativos de notas y papeles que he de someter a la censura. Por todo esto no creo poder llegar a Bread Loaf hasta el mismo día 29. Con mucho gusto me encargaré, si a usted le puede servir de descanso, de la presentación de esa noche, y de todas las demás chapuzas análogas. No vacile en decírmelo con toda sinceridad. Si he de tener a mi cargo la *oración* inaugural del 29 le rogaría me dijera la extensión que debe tener, y si usted ha pensado en algún tema central o lo deja usted a mi discreción. Yo puedo prepararla aquí, con las indicaciones que usted me haga, y luego en cuanto llegue, en Bread Loaf, verme con usted un cuarto de hora, para repasar el texto y hacer alguna modificación si fuer menester. Supongo que es en español, claro, y que se trata no de la ceremonia de la capilla, sino de la apertura del curso de la Escuela Española, para nuestros estudiantes. Si quiere usted que haga algo en inglés para la ceremonia, se hará también.

Entendido lo de Spitzer. Llegaré, creo el viernes, para pasar un poco más de tiempo en la Escuela.

Me espeluzna lo que me dice usted del curso de las dos. Recién comidos estudiantes y profesor, y con una hora previa de clase, es decir ya *castigado,* va a resultar una clase *sacrificial.* Preferiría, aunque a usted le asombre mi resolución ante la *madrugá,* darla a las 10 o ...¡¡¡¡¡¡hasta a las 9!!!!!! En fin, haga usted lo que pueda. Lo que sí le aconsejo, en beneficio de la Escuela, es que de ponerme una clase a las 2, sea la del ensayo. Supongo que a esta irán menos estudiantes, ya que es el "short" y la otra la "feature" (pronúnciese *facha*).

Mándeme los datos para la peroración cuanto antes. Me alegro de que esté usted en Bread Loaf, pero le aconsejo que se atrinchere en su cabaña, y no se asome por nuestros dominios. Ya le ayudaremos entre todos.

Para usted y Catherine el afecto de todos. Un abrazo de

Salinas

A JORGE GUILLÉN [88]

Avenida Magdalena, 5
Santurce. Condado
San Juan. Puerto Rico.

San Juan 15 de septiembre de 1943

Mi querido Jorge:

No tuve noticias tuyas antes de salir de Baltimore para esta isla. Supongo que ya estarás metido en tráfago del curso del College.

Nuestro viaje se realizó sin ningún incidente. Salimos de Baltimore el 16, pasamos un día en Miami, y el 19 por la mañana tomamos el avión para Puerto Rico. La travesía fue, para mí, deliciosa. No tuve el menor trastorno y pude entregarme sin miedo a la contemplación de esos paisajes celestes de nubes, última conquista de la observación del hombre. En cambio Margarita se sintió un poco malucha y el viaje la alteró hasta unos días después de la llegada. Ahora está ya bien, y se pone unas inyecciones contra la anemia, que suele siempre sentirse al llegar al trópico. Des-

---

88. Publicada en *Correspondencia (1923-1951)*, pp. 108, 309-311.

cansa mucho. Porque vivimos en una especie de pensión, de una señora gijonesa, que lleva casi cuarenta años aquí, de manera que Margarita no tiene absolutamente nada que hacer. Y así pienso seguir toda nuestra estancia porque quiero librarla de trajines domésticos. Además hay gran escasez de pisos, y los pocos que salgan a alquilar, carísimos. Comemos casi a la española, muy bien y muy abundante. Tenemos dos habitaciones amplias, sencillas pero cómodas, en el barrio llamado el Condado, que es el mejor de aquí. No se ve el mar desde nuestra casa; se oye, por las noches porque está cerca, a unos doscientos metros. Así que yo voy como el borracho a la taberna de la esquina, dos o tres veces al día, a echarme mi vista al mar, o mi trago de ojos. Solita muy contenta. San Juan es encantador. El casco de la población vieja recuerda una capital menor de Andalucía o Levante, lleno de animación, de ruido, y con caserío a lo Almería o lo Huelva. Me divierte mucho irme por las mañanas a callejear, a ver las tiendas y a sumirme en ese tráfico, un tanto desordenado, pintoresco y alborotado. Se entra en unos portalillos, donde se beben refrescos del país, que sólo con los nombres satisfacen al más sediento: ajonjolí, tamarindo, guanábana, guarapo de caña. Y el caso es que son deliciosas. La gente chic, claro, no los toma; consume Coca-Cola. Y la parte alta de San Juan, con más vistas al mar espléndidas, recuerda la Alcazaba de Málaga. Lo malo, ya viene lo malo, es que el calor te alicorta para todos estos paseos, y en general, para toda actividad. No es que sea desagradable, no. Lo prefiero, como sensación del de Baltimore. Aquí corre brisa casi siempre, y además parece el calor la emanación natural de esta flora tan variada y rica. Pero hay que defenderse, cuando aprieta. Hay que vivir en guardia, no hacer esfuerzos, no agitarse; una serie de omisiones y precauciones que no van con mi carácter. Donde lo siento más es en las clases. Son de hora y media de duración, y una, a las dos y media; algunos días me parece que se me va a acabar la energía. Por lo demás, en la Universidad muy bien. Tengo estudiantes atentos y numerosos, y me gusta el trabajo. Doy dos cursos: "El periodo barroco", uno, y el otro "Literatura española del siglo XX".[89] No tengo que ir más que cuatro tardes a la Universidad. Pero como está a unas 10 millas de San Juan, y los medios de comunicación son pésimos, echo la tarde casi entera. Hay aquí un artefacto con pretensiones de semoviente, y que responde por el *trole*, es decir el tranvía. No he visto nada más original. Porque es de vía única, circular, y a unas horas va en una dirección y a otras en la contraria. El por qué es así, aún no he podido averiguarlo. Pero el caso es que tienes que andar pensando antes de salir de casa si el *trole* va hacia el este o el oeste, y hacer cálculos de tiempo. Porque si te es propicia la dirección se tarda en llegar a un sitio, diez minutos, por ejemplo, pero si circula en la contraria, se tardan cuarenta o cincuenta, porque hay que dar la vuelta entera. No he visto un triquitraque más absurdo en ninguna parte. Para ir a la Universidad me tengo que embarcar primero en este voluble vehículo y de él trasbordar a una de las llamadas *guaguas*. La guagua es una autobús ligero. Ligero por el peso y la velocidad. Son las que llevan todo el tráfico de San Juan a Río Piedras, que es donde está la Universidad. La tal guagua es individualista, y no se arrebaña en compañías. Hay guaguas de todos los colores, y cada una con su nombre. "Los Comandos", "Las Muchachas", "In God we trust", "La Margarita". Las más serias, estas ya de una compañía, se titulan: "Autoridad de Transporte". Corren mucho, hacen por ganarse la delantera unas a otras, de modo que el traslado a la Universidad, por muy consuetudinario que sea, está lleno de emociones y de aventura. Se llega con el cuerpo sacudido por los bamboleos del aparato y el ánimo no menos zarandeado por las peripecias del trayecto. Pero por lo general, se llega.

No he trabajado absolutamente nada, fuera de la preparación

---

89. Entre los papeles de P. Salinas se encuentran unas notas a máquina que parecen ser apuntes de este curso sobre literatura española del siglo XX.

de mis clases. Espero que termine pronto mi aclimatación, y me entren ganas de hacer algo. Por aquí hay algunos españoles. Don Fernando, que estará hasta octubre. Honorato de Castro; un médico Rodríguez Olleros, que era ayudante de Hernando.[90] Y Cristóbal Ruiz, el pintor que vive en nuestra misma casa y es persona excelente y muy sencilla. Veo mucho a Ramón Lavandero, amigo de Madrid de allá por el año 1912. Era del grupo de Cipriano, Canedo, Fortún, etc. Muy amigo de los españoles, ha hecho lo indecible por ayudar a los refugiados. Tiene su archivo no tan moderno, como el de Guerrero, pero con cosas curiosas. Me ha dejado algunos recortes de periódicos sobre Unamuno, y su muerte, que tienen datos importantes. Tiene también algunos artículos sobre libros míos que a mí me faltan. El libro que acaba de publicar Bergamín, de Unamuno con el título de "Cuenca Ibérica",[91] está hecho por Lavandero con artículos que él tenía recortados y guardados. ¡Es un gran regalo que le ha caído a Bergamín! ¿Has leído el librito? Tiene algunos artículos muy buenos. Me gusta más que "La Ciudad de Henoc". Y los primeros, sobre mis barrios de Madrid, me han soliviantado muchas cosas en la memoria.

Escríbeme en seguida. Dime si tenéis a Teresa con vosotros y cómo está Claudio. Y cuéntame cosas en abundancia. Los libros llegan aquí con un retraso inmenso, de modo que dime si ha salido algo de interés en México o en cualquier otro sitio. Ah, aquí me han prestado una colección de 12 números de *Escorial*.[92] Ya te hablaré de algunas cosas que valgan la pena.

Muchos recuerdos de Margarita y Sol, para todos, y míos para Germaine y Tore. Un abrazo de

Pedro

---

90. Don Fernando de los Ríos. Honorato de Castro Borrell, zaragozano, matemático y astrónomo. Ángel Rodríguez Olleros, médico salmantino, ayudante de Teófilo Hernando. Cristóbal Ruiz, pintor ubetense.   91. Miguel de Unamuno, *Cuenca Ibérica (lenguaje y paisaje)*, Séneca, Colección Lucero, México, 1943.   92. La revista *Escorial* (1941-1950) estaba dirigida por Pedro Laín En-

A MARGARITA DE MAYO [93]

[Membrete: Gobierno de Puerto Rico, Universidad de Puerto Rico, Río Piedras, P.R., Colegio de Artes y Ciencias, Departamento de Estudios Hispánicos]

12 de octubre de 1943

Querida Margarita de Mayo:

Su carta nos ha dado gran alegría, ya que es muestra de que está usted de nuevo asentada firmemente en este mundo, que tiene buen humor para contarnos sus aventuras hospitalescas, y que el apéndice no la dará más que hacer. ¡Es curioso, eso de que le saquen a uno el apéndice, de propina, cuando operan por los alrededores! Dan ganas de dejárselo en casa, antes de ir al hospital. O de poner un letrerito en la sección epidérmica correspondiente, de esos de los hoteles: "Please, do not disturb!" En España son más superficiales, y se limitan a quitarle a uno la cartera, en el tranvía, sin llegarse a esas profundidades. Lo que me gustaría saber es si la cobraron a usted por esa operación, dos veces apendicular, en este caso, o se la hicieron de guagua. ¡Dios me mantenga, y conmigo a los míos, alejado de eso templos de la ciencia, muchos años!

Nosotros muy bien. Esto es encantador. Gran tierra para los ojos y su nobilísima función miradera. El mar, del azul al verde, y vuelta, prodigioso. El cielo y el nuberío, proporcionan puestas de sol, que aunque sea ya muy desacreditado por la poesía, y la pintura el tal espectáculo, salen a veces, como nuevas. La vegetación es preciosa, con árboles muy variados y un follaje brillante y lim-

---

tralgo y Dionisio Ridruejo. Sus secretarios eran Luis Rosales y Antonio Marichalar. Cf. José Carlos Mainer, "La revista *Escorial* en la vida literaria de su tiempo (1941-1950)", *Literatura y pequeña burguesía en España (notas 1900-1950)*, Madrid, 1972, pp. 241-262.   **93.** Toledo, 20/VII/1891-Madrid, 29/ VII/ 1969. Enseñó en Vassar College en el curso 1924-1925 y desde 1927 a 1956. También enseñaron en Vassar Edith Fahnestock, Pilar de Madariaga, Sofía Novoa y Camila Henríquez-Ureña.

pio, de tamaños diversos, desde la hojilla más menuda a las más opulenta y extendida.

También el paladar tiene aquí hermoso campo. Frutas y refrescos deliciosos hechos con sus jugos. La pondré algunos nombres para abrirle la sed: guarapo de caña, ajonjolí, tamarindo, guanábana, maví.

Vivimos en una pensión de una viuda española, que nos da de comer con largueza. Margarita, así, descansa, que bien lo necesitaba. Al llegar notamos que tenía anemia, y ahora se pone unas inyecciones que la han reanimado mucho. Pero lo mejor son las inyecciones de veinticuatro horas de no hacer nada.

Mi trabajo en la Universidad agradable; muchos estudiantes y atentos. Buena falta hace enseñar bien el español. Porque la prensa y la radio lo van estropeando poco a poco. Es injusto acusar a los americanos de oponerse el español; son los portorriqueños mismos los que lo estropean con su desidia, sin por eso aprender mejor el inglés. Se leen cosas atroces, en la prensa diaria: "compartimiento de *cuños*" por monedero. Y "cuchilla plegadiza", por navaja. Eso son sólo dos botones de muestra. Yo estoy en buena situación, porque lo que defiendo es que hay que aprender mejor las dos lenguas, el español y el inglés, y que el aprender bien una ayuda a aprender bien la otra.

Tenemos muchos amigos, muy obsequiosos. Hay bastantes españoles, los gachupines de antes, casi todos muy ricos, y franquistas; y algunos pocos emigrados. Los primeros, la gente *bien* de la colonia española, no se entera de nuestra existencia. Yo no he recibido ni una sola atención de un español de esos acomodados, porque sin duda soy rojo y petrolero. ¡Cómo se apena uno al ver el cerrilismo de estas gentes, que cuando se viene aquí, de Profesor Visitante, no se dan por enterados, simplemente porque no juro por el Caudillo y su España una! Y lo más divertido es que esos caballeros, ahora, al ver que la guerra la pierde Hitler hacen grandes protestas de demócratas, y adulan a los americanos.

Pero ya ve usted el fondo verdadero cuál es: no reconocer como español, ni hacerse presentes a un hombre de buena fe, que viene de profesor de literatura española, y al que hace años habrían de seguro agasajado.

Lo único que me tiene descontento de mi vida aquí es que no tengo ganas de trabajar. El ambiente, tan fácil y grato invita a deslizarse sobre el tiempo, a flotar sin hacer nada. Y ya soy muy viejo para permitirme esos lujos de pasar un año de vacación total. Trabajo mejor en Estados Unidos.

Solita estudia bien en la Universidad. Da una clase conmigo, de literatura contemporánea; otra de novela picaresca, a más de una de literatura hispanoamericana y la de Rubén del Rosario, de filología. Aprovecha bien el tiempo. Me acuerdo de sus primeras semanas de Vassar, el año pasado, y de lo bien que la ayudaba usted a franquear los pasos difíciles. ¡Siempre, gracias!

Esas vacaciones que se va usted a tomar mucho me alegraría que se las tomara aquí. Aunque bien sé que México tiene más atractivos de extensión e intensidad. Pero si de todos modos usted se animara a venir la preparemos lo que usted quiera, para su estancia. Los meses de menos calor (todos son de calor, aunque a mí no me pesa), son enero y febrero.

Muchas efectos de Margarita, que ya la escribirá, muy pronto. Aun se siente perezosa. Diga muchas cosas a la gran Pilar, a la que recordamos con cariño y a Doña Sofía,[94] que aquí oiría músicas estupendas de ritmo popular.

Gracias por lo que me dice de conferencia. Si quiere iré a darla en avión. ¡Del trópico a las nieves de las márgenes del Hudson! ¡Terror!

Un cordial recuerdo de este siempre suyo

Salinas

94. Pilar de Madariaga, Sofía Novoa.

Para esa conferencia supongo que no se olvidará usted de la existencia de Don Jorge. ¡Ése sí que es bueno, y no el maleta del año pasado!

A AMÉRICO CASTRO

Avenida de la Magdalena 5
Condado San Juan.
San Juan, P. R.

26 de enero de 1944

Mi querido Castro:

Gracias por su atención al remitirme el texto de las palabras que pronunció usted por radio. A su sentido me uno por completo. Ésa es en efecto la seña que debe dirigir a los españoles y usted la formula con una emoción tan penetrante porque con ser dicha desde hoy y para hoy viene de mucho más lejos que nosotros, en nuestra España. ¿Pero seremos algo más que el batallón de los solitarios de que habló Unamuno? Por lo menos gran consuelo es esa de la compañía en las soledades. Campoamor, puesto al revés: buena compañía la de dos o muchos en soledad.

Por lo que a la proyección de todo esto en la actualidad política concierne, es decir, al futuro inmediato de España tal y como lo proyecten las Naciones Unidas, yo no soy ni pesimista ni optimista; me mantengo a la expectativa. No creo en esos infundios de que las democracias van a ayudar la restauración de una monarquía en España. Hay mucha opinión liberal en Inglaterra y Estados Unidos que sabe muy bien que eso sería un atropello y un disparate a la vez. Entre algunos amigos de aquí cunde la desesperanza. Pero me resulta prematura.

Yo me encuentro aquí contentísimo. Este clima, sobre todo desde que amenguó el calor, en noviembre, me sienta a maravilla. Las hojas del calendario con todas sus asociaciones usuales me parecen mendaces. ¿Cómo voy a creer a unas letras impresas en unos papelitos, que dicen "diciembre" cuando la ventana de mi cuarto no se cierra ni de día ni de noche y un día hermoso sigue a otro día hermoso, y se anda sin chaleco hasta después de cenar? Esta atmósfera me parece ser prodigio. Y más de prodigio el mar, aquí, en estas playas del Condado, con las líneas sucesivas de arrecifes que lo pueblan de espuma sin cesar. No he visto un paisaje marino tan hermoso. Vivo "ojeando". Y, por fortuna, con ganas de trabajar. He terminado una larga poesía[95] que empecé hace meses; he escrito otras cuantas originadas aquí, y además otras dos piezas cortas de teatro. Va a resultar que soy un dramaturgo senil porque a estas horas me veo con una obra en tres actos y cuatro en un acto. Naturalmente sin vislumbre de representación posible. Aquí no hay teatro. La gente se nutre de la bazofia peliculera. Y no me gusta publicarlas en libros. Se masca la obra póstuma.

Veo por aquí algunos españoles amigos; mucho a Lavandero tan simpático como siempre. Santullano[96] sigue en San Germán, pero piensa marcharse a México porque le tira mucho la familia. Hay algunos españoles más. Y naturalmente los amigos puertorriqueños. Con frecuencia le recuerdan a usted estos amigos y hablan de su estancia en la isla.

Vivo aquí un poco incomunicado. Tardan mucho en llegar libros y periódicos. La vida intelectual no es como la de América; pero los elementos compensan de tal modo que estoy pasando unos meses de gran contento. Me asusta la idea de volver a meterme en Baltimore donde no hay ni un solo día al año que pueda compararse con la luz, el cielo y las hermosuras de aquí. Acaso me encuentre usted mente-capto, o embobado de isla. Pero me

---

95. Puede referirse a *El contemplado*, Editorial Stylo, México, 1946.   96. Luis Álvarez Santullano (1879-1957) fue vicesecretario de la Junta para Ampliación de Estudios y organizador de las Misiones Pedagógicas. En el exilio fue colaborador de *España Peregrina* (México), profesor en Puerto Rico, en la Universidad de Columbia y en El Colegio de México. (Cf. J. L. Abellán, edición, *El exilio español de 1939*, Madrid, 1976, 6 vols.)

atengo a un simple deber: vivir donde se sienta uno vivir a gusto y en plena posesión de actividad. Escríbame y cuénteme cosas de lo que hace usted y de lo que pasa por el mundo. Apenas recibo noticias mas que de Guillén. Ya sabe usted los terribles días que ha pasado. ¡Qué mala suerte la de la pobre Germaine! Él sigue manteniendo su formidable temple de ánimo a pesar de esas adversidades. ¡Ojalá lo conserve!

Muchos saludos a Carmen de todos nosotros. Soledad y Margarita les envían sus recuerdos. Un abrazo cordial de

Pedro Salinas

Se me olvidaba decirle que yo hice una cosa, también, para esas charlas de la British Broadcasting Corporation. Me pedían algo sobre poesía, y me lancé a lo que titulaba: "Defensa e ilustración de la lírica española". Tesis: la lírica española del siglo que corre entre 1530 a 1630 es mejor que la de ningún otro país del mundo. Pregunta: ¿por qué esto se ignora o se disimula en todo el mundo?

[Al margen] Por supuesto, mandé a Santullano y di a Lavandero las sendas copias de su charla.

A JORGE GUILLÉN [97]

San Juan, 17 de julio de 1944

Mi querido Jorge:

Por fin puedo escribirte. Gracias a un día de vacación, inesperado, hoy lunes, aniversario del patricio puertorriqueño Muñoz Rivera. Porque desde que volví del viaje no he tenido momento. Mi regreso fue cinco días más tarde de lo calculado, por la informalidad de la Pan American Airways. (¡Tres días nos pasamos en Camagüey, Cuba, ciudad nada divertida, yendo mañana tras mañana al aeródromo, a ver si nos embarcaban en algún avión!)

---

97. Publicada en *Correspondencia (1923-1951)*, pp. 118, 333-336.

Y como a mi llegada tenía que dar una serie de diez conferencias para el curso de verano, dedicadas especialmente a los profesores de escuelas secundarias, apenas llegué hube de ponerme a preparar y dar conferencias, una diaria, y en eso ando aún. Me faltan tres. Y estoy ya hasta la coronilla, porque llueve sobre mojado: el viaje, sobre todo en Cuba ha sido una serie de breves vislumbres de ciudades y personas, entre conferencia y conferencia.[98] Todo por las malditas prisas, forzadas en este caso sobre mis deseos, por las comunicaciones. ¡No te muevas, Jorge, de ningún sitio que pida avión para salir! Ya deducirás de esto que el viaje fue muy cansado. Menos en Santo Domingo; allí muy atendido, obsequiado, objeto de dos a tres artículos diarios en la prensa, alojado en un magnífico hotel por cuenta de la Universidad, y con Solita, *par dessus le marché*. La ciudad preciosa, ciudad menor, sencilla, alegre, limpia, en su estado actual, y con unas formidables ruinas del XVI, cuidadosamente conservadas. Un grupo de muchachos españoles, excelente. Trabajadores, sufridos, finos, animosos. Después de haber pasado mil penalidades en España y Francia están haciendo una obra soberbia en Ciudad Trujillo. Uno creó y dirige la Orquesta Sinfónica, otro la escuela de Bellas Artes; pintores que decoran los edificios nuevos, arquitectos que los trazan, profesores en la Universidad, periodistas, libreros, yo no sé. Me conmovió verles, ahí, en tan reducido espacio, trabajando con tanta energía y buen resultado. Vi a Baeza Flores, que vino con nutrida comisión de La Poesía sorprendida dos veces, a

98. Cf. José María Chacón y Calvo, "Don Pedro Salinas en el Seminario de Investigaciones Históricas", *Revista Cubana*, XVIII, enero-diciembre de 1944, pp. 205-206. Salinas habló de Góngora y el pesimismo barroco (I. Poesía oscura y claridad poética. II. Ni es el cielo ni es azul. III. Imagen espantosa de la muerte). En el Lyceum de La Habana hizo una "Defensa de la lectura" (Cf. *Información*. *La Habana*, por Gastón Baquero, recorte sin fecha, *Papers*). En Santo Domingo habló sobre la lírica de Rubén Darío, sobre "El nacimiento de Don Juan" y sobre "El problema del libro y el hombre de nuestro tiempo" (Cf. *La Opinión*, Santo Domingo, 17 de junio de 1944, recorte en *Papers*).

verme al hotel. Buenos chicos, merecen que se les ayude. La revista es tiernecita, pero te aseguro que es heroico su propósito, de mantener una revista *universal* dicen ellos, en ambiente tan modesto. Son muchachos más o menos orientados, pero con una dedicación a la literatura, sin problemas sociales, ni otras adherencias, ejemplar. Me hablaron mucho de ti, me rogaron que intercediera cerca de Tu Grandeza para que les mandases algo. Hazlo; yo voy a mandarles algo también. En cambio en Cuba encontré a todos los escritores en armonioso estado de discordia y navajeo. La guerrilla es una unidad harto grande para la lucha literaria cubana... a lo sumo francotiradores en pareja. Lezama me resultó engreído y distante, en la breve aparición que hizo. Cintio Vitier más sencillo y simpático. Gaztelu, bien, pero en pareja con Lezama lastrado.[99] Luego el *relajo* cubano llegó a maravillas, conmigo. Ejemplo: se anuncia una conferencia mía, con tres días de anticipación en determinado local: y dos horas antes de la hora, me telefonean los organizadores (los segundos de Chacón,[100] por cierto) que era menester suspenderla porque no se habían enterado de que en ese local estaban haciendo obra, desde un mes antes y no se podía ni entrar. Lo malo es que el público, no avisado, fue; y no volvió al día siguiente, al local nuevo. De La Habana, ciudad, he sacado una gran impresión: me parece que debe de ser la ciudad más española que hay fuera de España. Se siente uno como el pez en el agua. Amplia, fácil, "democrática", a lo Barcelona o lo Valencia. Pero la informalidad, la irresponsabilidad de la gente, insuperables. Eso explica las revistas que nacen y mueren como la consabida rosa; siempre mueren de disensión interna. La Universidad, mezcla de pompa externa y relajo verdadero. Mis conferencias las anunciaron, las tres, en uno sólo de los

99. José Lezama Lima (1912-1981), poeta y novelista, director de la revista *Orígenes*. Cintio Vitier (n. 1921), poeta y ensayista. Ángel Gaztelu, poeta y sacerdote, de origen español. Jorge Mañach (1898-1961), historiador y crítico cubano.   100. José María Chacón Calvo (1892-1969), ensayista cubano.

periódicos de La Habana, que son diez, y no se volvió a repetir el anuncio de las conferencias, cada día. Consecuencia: tuve de 30 a 40 personas. Todos me dijeron que eran un lleno. Porque los estudiantes, tradicionalmente, no van a las conferencias. ¡Así! Los profesores por no ser menos, tampoco van. Por supuesto que no se trasparente nada de estas impresiones, cuando hables con Chacón. Dile sólo que me encantó La Habana, como es verdad, pero que sufrí mucho del calor, como es verdad. Qué horroroso; no se podía ni dormir. Esto es Biarritz, comparado con La Habana. Vi a Chabás, comunistoide, pero afectuoso, asiduo y simpaticón. Bastante anduvo con nosotros María Zambrano, tan *basbleu* como siempre y Don Gustavo Pittaluga.[101] Cené dos noches con Durán. Mañach, Ministro de Estado, estuvo muy atento conmigo y hablamos de ti. ¡Pero no le cuentes nada de nada a Chacón! Todos están esquinados y no se puede decir que se ha visto a nadie so pena de incurrir en el furor de los demás.

De Manolo Altolaguirre ya te habrá dicho Chacón; es decir, como Chacón es tan bueno y tan fino, acaso no te haya contado todo: no puede ser más lastimoso. Ha caído en abyecciones imposibles; estaba dispuesto a divorciarse de Concha (y hasta aseguran que ya está entablado el divorcio) para casarse con una mujer de historia, millonaria, que se encaprichó de él y lo siguió hasta México. La tal es un pingo completo, divorciada dos veces, morfinómana, y "protectora de las artes". A Concha le daría unos cientos de dólares al mes, para que consienta. Y todos tan contentos. Pero la última noticia, de dos días antes de salir yo de La Habana, es que todo se ha venido abajo. Porque la aludida sinvergüenza se ha encaprichado de un torero mexicano, y ha dado de lado a Manolo, ya a medias divorciado. Por supuesto, el producto natural

---

101. María Zambrano pertenecía por esos años al Instituto de Investigaciones Científicas de la Universidad de La Habana. Don Gustavo Pittaluga era catedrático de epidemiología de la Universidad de Madrid, y fundador de la Unión de Profesores Universitarios Españoles, en el exilio.

que más abunda en La Habana es el chisme; frondoso por doquier y sobre cualquiera. Comprenderás que tu decisión de dar el libro a *Litoral*, cuando nazca, me entusiasmó menos, por tener tan recién sabido lo de Manolo. Confío que tu amigo Calvo[102] y Moreno Villa contrarrestarán la irresponsabilidad de Manolito y Prados. ¡Bienvenido *Litoral* si viene a editar *Cántico*! Es razón archisuficiente, yo diría que única para existir. Por lo demás, habiendo en México dos revistas como los *Cuadernos Americanos* y *El Hijo Pródigo,* no veo una nueva como necesaria.

Sobre la edición de *Cántico,* que es lo que me importa, creo que pueden hacerte un librito bonito, y eso es esencial. Lo que ya dudo es que sepan venderlo. Pero después de mi triste experiencia con *Poesía Junta,* haces bien en buscar editor que te garantice ante todo la pulcritud y claridad del libro. En eso de seguro quedarás contento, y más al ser el primer libro que editen. Te aconsejo que aprietes bien a Calvo, y te confíes en él más que en ninguno de los poetas litorales. Ya puedes suponer la alegría que me ha dado —aparte ya la circunstancia de edición, etc.— la noticia de que *Cántico* está dispuesto a la tercera salida. Hasta me alegro de que salga en América, y en México. *Cántico,* su poesía, tiene que servir de mucho a los jóvenes que escriban versos por estas tierras, frente a la influencia mefítica del barbado Juan Ramón. (¡Qué cosas dice de nosotros, de Bergamín, de Alberti, de medio mundo, según referencia directa de Durán, a quien se las dijo. Son tan descabelladas y vergonzosas, que no me atrevo a escribírtelas. Pero dan más y más idea de la bajeza, de la ruindad de ese hombre, malvado entre los malvados!) Cuánto siento no estar ahí, no poder ver, y ojear y hojear, el original definitivo del libro. Supongo que irás dándome detalles sobre la ordenación, arreglo, tipos, etc. ¡Será éste, querido Jorge, el primer *Cántico,* a cuya gestación editorial no asisto! Qué le vamos a hacer. Recordaré los

102. Julián Calvo años más tarde editó *El desnudo impecable y otras narraciones.*

días de ir a la imprenta en Madrid, de la primera prueba, de las dudas, etcétera.

¿Ha acabado ya Casalduero su estudio? ¿Por qué no lo editaría *Litoral,* también? Si eso no te parece bien, acaso, pero sin seguridad alguna podría publicarse en unas series que yo quiero que haga la Universidad de aquí, en vísperas de adquirir una imprenta. El primer tomo sería de Spitzer. Pero no digas nada a Casalduero, porque aquí las cosas van despacio, y yo no quiero luego decepciones. No he podido ocuparme nada de mis poesías. Cuando me desprenda de esto de las conferencias escogeré las que voy a mandar a *Cuadernos Americanos,* para ese número antología. ¿Qué mandas tú? De la proposición de *Litoral,* diles que me escriban, si persisten en su idea de editar algo mío. Claro es que si tú les das *Cántico,* el orden natural de las cosas exige que salga un libro mío, también. Pero espero a que me lo pidan.

Bueno, estoy rendido, de teclear. Y acaso se me quedan muchas cosas por decir. Ya no puedo más. Cuéntame de Bread Loaf, de Juanito (no me ha escrito una letra, lo siento mucho), de los amigos. Saluda a Chacón y a Casalduero, y abraza a Juanito. Y dime cómo siguen las castellanas de Weston Road, y el doncel de Wellesley. ¿Cuándo los retratos? El doncel de Argel, es decir mi hijo Jaime está con nosotros ya. Da su poquito que hacer, como suele: se empeña en alistarse en el American Field Service. La guerra va muy bien, como ves. Creo que se acaba este otoño. Amén. Abrazos

Pedro

A MARGUERITE RAND[103]

San Juan, Puerto Rico, 26 de agosto de 1944

Mrs. O. R. Rand

Mi distinguida amiga:

Mucho me alegro de tener noticias suyas. No tenía idea de que había usted cambiado Washington por Chicago. Ese hotel donde usted tiene la suerte de vivir es para mi gusto uno de los lugares más prodigiosos de América. Sobre todo si sus ventanas dan al lago, que ofrece tan maravilloso horizonte. Yo pasé dos días en ese hotel, casi todo el tiempo asomado a la ventana. Otra de las cosas que me encantan de Chicago es el Art Institute con su magnífico museo. Hay allí dos o tres cuadros franceses modernos inolvidables y cuatro paisajes de ruinas romanas de Hubert Robert a los que iría a ver todos los días si pudiese. También los Tiépolos son delicadísimos. De modo que no se considere usted desafortunada por vivir en el hotel más grande del mundo y poder entrar cuando quiera a uno de los museos más bonitos de América.

Comprendo las dificultades que su traslado la ha causado respecto a la tesis doctoral. Estoy de acuerdo con usted en que es muy poco práctico hacer su tesis en Hopkins viviendo en Chicago.

Tengo entendido además que el doctor Spitzer va a pasar el año próximo a Vassar College como profesor visitante lo cual complica más las cosas. Yo creo que si por ahora usted va a pasar algún tiempo en Chicago lo más ventajoso para usted sería ponerse a trabajar intensamente en seguida sea con el doctor Parmenter (1). Hopkins perderá una excelente graduada, yo una excelente discípula, pero creo que usted saldrá ganando. Este consejo mío no debe decidirla a usted a hacer nada si no coincide con los consejos del doctor Lancaster y del doctor Spitzer. En cuanto al

---

103. Estudiante de doctorado en Johns Hopkins.

tema de la tesis sigo creyendo que hay material interesante en el que estaba usted trabajando conmigo. No sé si el doctor Parmenter opinará de la misma manera. Si a él le gusta a mi me parece que no debía usted cambiar. Comuníqueme usted la resolución que adopte y en todo caso ya sabe que estoy a su disposición para cualquier consulta que quiera hacerme.

Yo sigo muy contento en Puerto Rico. Fui a dar conferencias a la Habana y a Santo Domingo hace un mes. La ciudad de la Habana me encantó; es lo más español que he visto fuera de España. Santo Domingo es una ciudad tranquila y provincial, deliciosa. Sigo trabajando en mis clases y escribo algunos poemas y cosas de teatro.

Salude al doctor Castillo de mi parte y dé mis más atentos saludos al coronel Rand. Queda siempre a sus órdenes su amigo

Pedro Salinas

Margarita y Soledad la envían sus cariñosos afectos.

(1) Ya sea con el Dr. Castillo.

A GUSTAVO AGRAIT [104]

Baltimore, 10 de octubre de 1946

¿Conque ya está usted otra vez prendido en las mallas oficinescas, entre el teléfono y el misterioso cajetín parlante? ¡Cómo echará usted de menos las licencias y lozanías de Villamediana o Entreburgos (traducciones ambas casticísimamente castellanas de Middlebury, y de las que es autor un gran castellano, Don Jorge Guillén) con emigrados austríacos y cendolillas del país!

104. Gustavo Agrait (1909), escritor y profesor de la Universidad de Puerto Rico. Fue decano de la Facultad de Estudios Generales y director de la Biblioteca General de la universidad.

Yo estoy devuelto a Hopkins, a Baltimore, y por ende a Estados Unidos en una de sus ciudades más aburridas. Tengo un trabajo muy cómodo, tres clases a la semana y un seminario, pocos estudiantes de modo que el curso se presenta como de plácido desarrollo, y me deja tiempo libre para cualquier clase de desmanes literarios. Por lo pronto hago algo mejor que eso: es decir, nada, poco más, cantidad de hacer un tanto difícil de determinar. Arreglo papeles, libros, me instalo en mi cueva de trabajo, y me dispongo a amenazar a las prensas con el envío de mis obras, cuya publicación preparo acá y acullá (acá, en México, acullá en la Argentina) para lo antes posible.

Lo que más fastidiado me tiene es mi dolencia. No puede ser más pedestre. He tenido que poner los pies en manos de dos médicos, los cuales a su vez pondrán las susodichas manos en mi bolsa, hasta dejarla exhausta. Yo, a fuer de intelectual debía adolecer de la cabeza; pero por lo visto lo que más se usa en este ejercicio del escribir es el otro extremo.

He visto a poca gente. Han llegado Amado Alonso[105] y Montesinos, el primero a Harvard, y el otro a Berkeley. Nos hemos escrito pero aún no les he visto. También de España vienen algunas gentes. Todo confirma la idea de que el deseo de las santísimas democracias es que el *caso* España se portugalice; es decir se olvide, y que las gentes no se vuelvan a acordar de que existe una dictadura vergonzosa, ahí en las puertas de Europa. Así se realizará la unión ibérica, y lo mismo Hispania que Lusitania, disfrutarán del mayor de los tesoros: el olvido. Pero se me figura que no les van a dejar salirse con la suya.

¡Si usted viera cómo está el ambiente, por ahí! La gente del pueblo no piensa más que en la escasez de la carne. Tengo la persuasión de que pasarían por todo, con tal de poder comprar chu-

105. Amado Alonso (1896-1952). Colaborador del Centro de Estudios Históricos de Madrid, dirigió el Instituto de Filología de la Universidad de Buenos Aires desde 1927 hasta 1946. Catedrático en Harvard University a partir de 1946.

letas. ¿Querrá usted creer que los sindicatos obreros, piden que se suprima la tasa de precios y se vuelva a la venta libre? ¿Qué conciencia socialista tendrá un partido obrero que solicita que el Estado renuncie a una medida precisamente socialista, de regulación de la economía! El insigne Sr. Lewis,[106] el cejudo, pidió lo mismo, porque *sus* mineros necesitan comer carne; por ende que se hunda el programa anti inflacionario. Mientras el pueblo sueña en sus chuletas, la prensa, la radio y casi todos los políticos van acumulando día a día la pila de animosidad y de odio a Rusia y al comunismo. Es absurdo pensar en una conjura (¿de quién podría ser y de dónde podría venir?) pero es sorprendente la coincidencia en el atizar la hostilidad popular a Rusia de todos los diarios. Por eso ahora el blanco predilecto de las diatribas es Wallace,[107] porque se atrevió a hablar claro. Naturalmente, yo no creo en una guerra inmediata, pero la conducta de los enturbiadores de la opinión en este país, parece que quiere llevar a eso. Todo ello produce una impresión de desaliento, y de pérdida de toda confianza en la capacidad de la inmensa mayoría de las gentes para discurrir claro y querer con firmeza. Eso es lo que permite que la minoría se lance a esa propaganda entre necia y criminal, porque sabe que no hay control crítico por ningún lado. Y entretanto, en Europa, peleándose por Trieste[108] como fieras, y sin que nadie quiera ceder un ápice en sus pretensiones nacionalistas. Bueno, maestro basta de jeremiadas.

¡Feliz usted, cercado de albos marullos, arrecifes cantantes, y cielos multicromos! Y a propósito, pronto le mandaré mi librito.

---

106. John L. Lewis (1880-1969), líder sindicalista. Presidente (1920-1966) de la United Mine Workers of America. Cf. Saul Alinsky, *John L. Lewis*, 1949. **107.** Henry A. Wallace (1888-1965), 33 vicepresidente de Estados Unidos (1941-1945). Rompió con el partido demócrata en 1946. Partidario de cooperar con la URSS. En 1948 fue candidato a presidente por el Partido Progresista. **108.** Se refiere a la disputa entre Italia y Yugoslavia que fue resuelta en 1946 al ser declarado Trieste territorio independiente bajo la supervisión de la ONU.

Los editores me envían ejemplares con cuentagotas, y no se lo he podido ofrecer ni a amigos tan dilectos como usted.

¿Nombraron ya a Villaronga?[109] Cuénteme cosa de la UPR.[110] ¿Qué tal Llorens[111] en su nuevo puesto, y Medina Echavarría?[112] Mantenga usted el fuego sagrado en este pobre ausente de esas bellezas. Salúdeme a su señora esposa, hágase digno de sus vástagos, y dicte una carta dilatada [a] cualquiera de sus múltiples y mecánicas escribas, para este infeliz que le saluda cordialmente

Pedro Salinas

Su casa: 3521 Newland Road
Baltimore, 18. Maryland

A MARGARITA BONMATÍ, SOLITA Y JUAN MARICHAL

[Membrete: Hotel Residencias Santa Fe/Bogotá]

Miércoles 20 [agosto de 1947]

Ilustres ausentes: El viaje, como se os dijo en el telegrama que puse anoche, fue estupendo. De Baltimore a Miami, muy bien, haciéndoseme el tiempo muy corto. En cuanto me presenté en la Pan American se me quitó la preocupación: todo arreglado. Pero no ha habido manera de averiguar dónde fue a parar el billete. Me levanté a las cuatro de la madrugada y a las seis andábamos por los aires, en un avión muy grandote, y con muy pocos viajeros. Primera escala, el infausto Camagüey.[113] Apenas si paramos

---

109. Luis Villaronga. Novelista, autor de *El sembrador* (1939).   **110.** Universidad de Puerto Rico.   **111.** Vicente Llorens. Profesor en Johns Hopkins University a partir de 1947. Autor de *Memorias de una emigración* (Ariel, Barcelona, 1975) y *El romanticismo español* (Castalia, Madrid, 1979).   **112.** José Medina Echavarría (Puerto Rico, 1903), economista. Colaborador de *Cuadernos Americanos* (México).   **113.** Véase carta a Jorge Guillén, 17 de julio de 1944 (p. 174).

cinco minutos y me alegré por los recuerditos que tiene el lugar para mí. La siguiente parada fue en Kingston, Jamaica. Allí estuvimos unos 20 minutos. Y se nos ofreció una bebida estupenda, propaganda del ron del país, *Jamaica Punch,* de la que tomé vaso y medio. Y luego el tercer tranco del viaje, que nos puso en Tierra Firme, en Barranquilla. Niguna dificultad en Aduanas ni autoridades. Los artistas a quienes Tito[114] dijo que fueran a esperarme no se presentaron. ¡Mejor! A las dos y cuarto arrancamos para Bogotá. El paisaje desde lo alto desolado y grandioso. ¡Cómo se da uno cuenta de que la diferencia principal entre Europa y América es la de población! Atravesamos dos o tres sierras que daba miedo verlas. Y a las cinco en Bogotá. En el aeropuerto me esperaban fuerzas vivas: el rector,[115] otro universitario, el antiguo Ministro de la República española, Ureña. Por el recorte de prensa que os envío sabréis lo que pasó después. (Por supuesto, yo no dije ni la mitad de los disparates que se me atribuyen, ya lo comprende-

---

114. Tito de Zubiría, colombiano. Discípulo de Pedro Salinas en Johns Hopkins University. Fue Rector de la Universidad de los Andes, en Colombia.   115. En carta a Gerardo Molina, rector de la Universidad de Bogotá, de 13 de abril de 1947, Salinas explicaba la propuesta de viaje: "Veo tres posibles formas de actuación mía, en esa República. 1. Conferencias de carácter general, sobre temas de cultura que interesen a todos y no requieren especialización ni vocación particular. Por ejemplo podría tratar 'El libro, monstruo moderno. El problema de la lectura en el mundo de hoy'. Desarrollaría el tema del conflicto que se le pone al hombre contemporáneo ante la creciente multiplicidad de libros, para escoger los que han de leerse y abrirse inteligentemente camino entre esa profusión que, siendo un hecho aparentemente favorable para la cultura, puede resultar en grave daño para ella. De tres a cuatro conferencias. 2. Cursillo académico, dado en la Universidad, aunque con acceso al público sobre un tema literario. Por ejemplo: la poesía oscura y Góngora. Trataría un tema general de literatura, pero aplicado a un autor, y siguiendo muy de cerca su texto, de suerte que resultaran clases universitarias. Este tema que le digo no es definitivo, y sólo sirve par darle una idea del tipo de actuación. 3. Una o dos reuniones de libre plática con personas profesionalmente interesadas en la enseñanza de la literatura para tratar con ellas, en debate libre, las modernas tendencias en ese campo y la renovación que en él se está llevando a cabo. No se trataría de lecciones, sino de cambio de impresiones; ni de metodología, *strictu*

réis.) Ots[116] no estaba esperándome porque tenía un catarro muy fuerte. Fui a visitarle antes de cenar, y estuvimos charlando un rato. Paquita muy atenta y el chico, un grandullón. Ahora, hijos míos, la nota catastrófica del viaje: el frío. Estoy helado y muerto de miedo. Corre un airecito que corta. No hay calefacción en ninguna parte. En esa entrevista del hotel que relata la prensa me quedé aterido de frío. Me he puesto todo lo que tengo de ropa de invierno, pero es poco. Gracias a que en el hotel me han dado un calentador eléctrico. Si no, creo que me vuelvo. En la cama tenía tres mantas de lana y la colcha. Y en casa de Ots me dieron una manta en la que estuve envuelto todo el rato que pasé allí. Se ha convenido en que no hace falta calefacción. Y yo me he dado cuenta de que estoy desmoralizado por el *american standard of living.* Ya no tengo remedio. Lo que me importa es no coger un catarro que me estropee las conferencias. La ciudad apenas si la he visto. Aspecto de capital de provincia española con gotas de americanismo, escasas. Lo que más gracia me hace es el ruido. Totalmente hispánico: esta mañana desde el cuarto del hotel, al despertarme, se oían bocinas de auto, pero tocadas a lo madrileño por la abundancia y variedad, algunas campanas, un gallo y un gato maullador. Y las voces de los criados, por los pasillos. Todos estos criados tipo indios puros, sumamente suaves y amables y muy simpáticos. A mí, para que deis cuenta de mi grandeza se me suele llamar: "Maestro", pero en serio, por todo el personal. El hotel: cuarto bien amueblado, entre Estados Unidos y Colombia, con

senso, sino de tendencias en Europa y América, y su posible aplicación a Colombia. Aparte de eso, y por ser año del Centenario de Cervantes, daría muy gustoso una conferencia sobre tema cervantino, si ustedes lo desean. Por supuesto todo esto son propuestas mías. Desde luego si ustedes quieren dar otra dirección a mi trabajo en ésa, por ejemplo más estrictamente académico, díganmelo." *P. Salinas Papers.* **116.** José Maria Ots Capdequí (1893-1975), catedrático de historia del derecho español de la Universidad de Valencia; se exilió en Colombia. Había coincidido con Salinas en la Universidad de Sevilla. José María Barrera López, *El azar impecable,* Sevilla, Editorial Guadalmena, 1993, p. 109.

una cama que parece lusitana, por lo dura, pero grande. Un cuarto de baño sin baño, al modo de Puerto Rico, es decir ducha y un sumidero en el suelo, pero cuarto grande. (Ahora, cuando describía el cuarto de baño, acaba de suceder un episodio que os dará idea de mi grandeza. Suena el teléfono: El fotógrafo de *El Espectador* diario de la noche. He descendido y me ha hecho una efigie, con fondo de ventana de reja bogotana. ¿Qué os parece?) Continúo diciendo que el hotel es decente muy limpio... pero terriblemente frío. En el comedor y el salón no se puede estar. No he hecho más que dos comidas, la cena de anoche y el desayuno. Cena: sopa, pollo con arroz, carne asada con zanahorias y papas, y dulce de durazno, y un estupendo anón esa fruta tropical que parece una crema. Esta mañana tomé unas naranjas y mandarinas, éstas hermosas, papaya y café. ¡No vamos mal! Hoy cenaré en casa de Don Ots. El cual, por cierto, me dijo ayer que el pollo Correa[117] se casaba ayer u hoy, con una damisela de aquí, de modo que volverá casado a Baltimore. ¡Ya lo decíamos, que no escapaba soltero! No sé quién es ella. En Hopkins causará su poquito de sensación, la noticia. Bueno, ya os he informado copiosamente de mi viaje y arribo. Lo más temible de aquí es la nube de jóvenes literatos, que preguntan sin cesar si conozco a Fulanito o a Zutanito, es decir a los escritores jóvenes. Hoy por la mañana iré a hacer una visita oficial al Rector, en su despacho y a convenir con él el programa de trabajo. Y por la tarde a saludar al Director de *El Tiempo*, el diario más importante, que me mandó un mensajero ayer. Voy a precipitarme además, al mercado en busca de maravillas frutales.

Adiós, ilustres desterrados. Margarita, sentí mucho no hablar contigo desde Miami, si bien me fue sumamente placentero oír las juveniles voces de tus señores hijos. A ver cómo cumples mis

---

117. Gustavo Correa (1914). Profesor en Johns Hopkins University (1947-1959) y luego en Yale University. Autor de *La poesía mítica de Federico García Lorca* (1970).

instrucciones de sueño, comida, descanso etc. Os mando en sobre aparte los recortes de prensa. Os amo y os abrazo

Pedro

[Membrete: Hotel Residencias Santa Fe/ Bogotá]

Jueves [21 de agosto de 1947]

Ayer fui a la Universidad. Es una Ciudad Universitaria, hermosa, con un campus o parque extensísimo, y muy bonito, y fondo de paisaje estupendo, de montaña. Impresiona ver esto, que indudablemente, para un país pequeño como Colombia significa un esfuerzo enorme. Claro los edificios no son tan grandes ni lujosos como los de ahí, pero son suficientes. El Rector atentísimo conmigo. Convinimos el plan de trabajo y empezaré mañana con la primera conferencia pública sobre "Libro y tiempo". La gente no puede estar más amable ni atenta, y me han acogido aquí mejor que en ninguna parte. Todos los periódicos, menos uno, el conservador y de tendencia franquista, han publicado saludos, más o menos disparatados, pero de mucha consideración. Ayer tarde fui a la redacción de *El Tiempo,* el periódico mejor de aquí, a dar las gracias al Director. Vi a Germán Arciniegas,[118] el intelectual más interesante de Colombia, hoy y me resultó muy simpático. En suma, hasta ahora todo va muy bien. Veremos cómo se acogen las conferencias.

Siento menos el frío. Me puse el bendito jersey verde y mi ropa interior y con eso ya se me pasó el estado de zozobra y alarma de los primeros momentos. En el centro del día, además no hace frío, sino un fresquito agradable. Y en el cuarto tengo mi estufa.

Ayer anduve un poco por la ciudad. Me gusta mucho. La ani-

118. Germán Arciniegas (Bogotá, 1900). Uno de los escritores colombianos más populares del siglo XX. Periodista, diplomático, catedrático, parlamentario y ministro de Educación. Autor del ensayo *Entre la libertad y el miedo* (1952).

mación callejera es muy grande. En las calles céntricas hay siempre una cantidad de gentes, a lo madrileño en la Carrera de San Jerónimo o la calle de Sevilla o Alcalá. Y como son estrechas, aún parece más. Y en un trozo de la calle principal hay cientos de *parados,* como en la Puerta del Sol que van allí a verse y a hablar, antes de comer y cenar. A todo esto unos tranvías y unos autobuses muy malos se abren paso por entre la gente. Y los autobuses, si la calle es estrecha, se meten en la acera, sin más. Yo iba andando ayer tan tranquilo por una acera, y de pronto siento algo detrás y era un autobús que me venía al alcance. Muchos vendedores de lotería, que te la ofrecen y vocean como en Madrid. Hay lotería todos los días, pero con unos premios muy raros. Naturalmente, jugaré, aunque todavía no sé por cuál decidirme. Y mujeres indias, vendedoras de fruta, en la calle. Yendo a echar la carta, ayer no pude por menos de comprarme unas mandarinas y comérmelas en plena acera: riquísimas. Tres por diez centavos, es decir unos seis centavos americanos. Así que hasta ahora estoy encantado con todas estas novedades ciudadanas.

Cené en casa de Ots, con ellos y con el arquitecto de la Mora, un chico muy simpático, amigo del círculo Bergamín. Luego vinieron dos españoles más, de la colonia, y estuvimos charlando hasta las doce, que aquí es mucho trasnochar. Los Ots viven en un piso regular, que les cuesta 150 pesos, unos 80 dólares, de tres habitaciones y cuarto de baño. Están contentos.

Hoy voy a ir de librerías, al mercado a comprar fruta, y luego a la Biblioteca. La altitud, hasta ahora, no me ha afectado y en realidad no siento ninguna molestia. Veremos mañana en la conferencia; descansaré bien, antes.

Ah, ayer vino a verme Don Luis de Zulueta,[119] lo mismo que

---

119. Luis de Zulueta (1878-1964), profesor de la Escuela Superior del Magisterio, diputado, ministro y embajador en Berlín y ante la Santa Sede durante la II República. Miembro del Partido Republicano Reformista. En Bogotá fue profesor de la Escuela Normal Superior.

siempre. Me ha invitado a ir a tomar té (¡lo mismo que siempre!) en su casa el sábado. Y esta noche puede que vaya al teatro. Hay dos compañías españolas, ahora y esta noche estrenan *La casa de Bernarda Alba,* de Federico. Como veis, lo paso muy bien. Niños, sed buenos y cuidadme a mamá, como a las niñas de los ojos. Y tú, mamá, déjate cuidar.

Pedro

[Membrete: Hotel Residencias Santa Fe/ Bogotá]

Viernes [22 de agosto de 1947]

Amados esposa y niños:

Hoy me estreno. Ya han gemido las prensas anunciando la primera de las conferencias. Como es natural, se apela a la consabida fórmula de que "reina gran expectación" en los círculos intelectuales. Ya veremos cómo despacho el primer toro. Y a propósito de toros: Santiago de la Mora, el arquitecto español que vive aquí, ha hecho una plaza de toros muy bonita, o mejor dicho, restaurado. La vi ayer y está muy bien situada: en una colina, frente por frente de la que sirve de asiento a la Biblioteca Nacional. No sé si iré el domingo a los toros. Parece que los toreros son malos, pero tengo unas grandes ganas de volver a ver "el espectáculo más nacional". Y me he perdido, por un día el Don Juan Tenorio, que es también el espectáculo casi más nacional, y que dieron el día que yo llegué. Hay actuando dos compañías teatrales, la de Cibrián y la de la Montoya. Esta noche pienso ir a ver a la de Cibrián. Naturalmente ni ellos se han acercado a mí, ni yo a ellos, para lo de mi teatro. Yo no estoy dispuesto a andar cortejando a esos ilustres representantes. Doña Amparo, no se ha hecho presente, tampoco. Me sospecho que en cuanto vea trabajar a una de estas compañías, se me van a quitar las ganas de intentar nada con mis obras.

Continúa la lluvia de atenciones. Ayer fotógrafos para una revista semanal, nuevas notas en los periódicos, y una invitación de la Radiodifusora Nacional, para hablar mañana sábado en una interviú. Hay que aceptarlo todo. Hoy me da un almuerzo García Peña, el director de *El Tiempo*, al que creo concurrirán intelectuales variados. Y pasando a otra clase de homenajes: ayer mañana me trajo el jefe de comedor, que me protege, dos mandarinas que parecían naranjas por su tamaño excepcional. Y por la tarde recibí otro paquete de un joven periodista (el que me hizo la interviú) con media docena de las susodichas mandarinas, pero estas de tamaño de toronjas. ¡Es increíble! Espero recibir hoy algunas de tamaño de sandía, en vista de lo ocurrido. También me llevaron ayer a una tienda donde se toman jugos de fruta: ingerí uno de pera y otro de guanábana, deliciosos. Ya veréis que esto es una ciudad civilizada. Hay muchas librerías y se ven muchos libros españoles nuevos; pero inasequibles por lo carísimos. Y ahora que hablo de españoles: precisamente ayer presentó sus cartas credenciales al Presidente, el nuevo ministro de España. Alfaro,[120] un poetastro novicio, que yo conocía en Madrid. Y da la casualidad de que el diario publica hoy la fotografía de la ceremonia y al mismo pie los anuncios de mis conferencias. De éstas ya está hecho el programa; empiezo hoy y daré una cada día de la semana que viene. Quiero despachar cuanto antes, porque tengo miedo a resfriarme y que haya líos; aunque me encuentro muy bien, hasta ahora. Y me alimento como una fiera. Menú de ayer en el hotel: Toronja, sopa de ajiaco, exquisita, huevos a la cubana (con arroz español), pavo con verdura y patatas, helado de guanábana, más un café estupendo. ¿Qué os parece? Y para el público de fuera ese almuerzo vale 2.50, esto es unos 1.40 americanos. A ver dónde se come así en "the land of

---

120. José María Alfaro, autor de un artículo sobre *Cántico*, "Precisión y perfección de un *Cántico*", *Ya* (11 de marzo de 1936).

plenty". Total, encantado. Del anónimo de Baltimore he pasado
sin transición a la fama pasajera. ¡Pasajera, ay! Recibid algunos
rayos de la gloria que me rodea y algunos gajos teóricos y cordia-
les de las mandarinas que devoro. Mamá y niños: Ea, pué con
Dió. Hasta ahorita.

Pedro

[Membrete: Hotel Residencias Santa Fe/ Bogotá]

[sábado] 23 [agosto de 1947]
Salud, ilustrísimos:

Continúan las sorpresas colombianas. La de ayer no fue pe-
queña. Salgo a la calle y de pronto, y por casualidad, me caen los
ojos sobre mi nombre, impreso en enormes letras rojas, en un car-
tel y pegado en la pared de un edificio. Muy sencillo: aquí se anun-
cian las conferencias como las obras de teatro, con carteles. Y así
me he visto ascendido a la gloria, codeándome, literalmente, con
un cartel de toros y otro de cine, entre los nombres excelsos de
Carmelo Torres famoso diestro mexicano y Jane Russell, protago-
nista de *The Outlaw*. Es ya el vértice de lo glorioso. Naturalmente,
anoche, al pasar por una calle ya vi el cartel hecho tiras, símbolo de
la fugacidad de las grandezas. Lo que me temo que no desapa-
rezca tan pronto es el resultado de la comilona de ayer, que se me
quedará en forma de libras o kilos. Fue algo estupendo. El lugar de
la escena "Casa Marina". La tal Marina es una cocinera de Lo-
groño, sede de la gran cocina española. Primero unos entremeses
imponentes, a la española, con su manzanilla para beber. Luego
una paella magistralmente hecha, y con gran abundancia de com-
ponentes. Y entonces la Marina me preguntó si me gustaban los
callos. Ya conocéis mi debilidad por plato tan vulgar. Y me sirvió
dos platos de callos, uno tras otro, a la madrileña y a la andaluza a
cual mejor. Desde que he salido de España no había comido nada

tan suculento. Estaban inmejorables. Luego el postre, el café, el coñac. Parecía que estaba uno en el Frontón, de Madrid. ¡Y yo que tenía que dar la conferencia dos horas más tarde! Me vine al hotel y me eché en la cama a descansar un rato. Estoy alarmado porque a este régimen voy a engordar como un monstruo y por otra parte no puedo resistirme a tanta tentación. La conferencia salió bien. (Véase recorte adjunto. Ah. Guardadme en el cajón de las cartas todos esos recortes que os mando, eh.) Asistió, deferencia notable, Sanín Cano,[121] el patriarca de las letras colombianas, un caballero de 86 años, nada menos que aun discurre y escribe con lucidez, y es hombre muy culto. Me presentó un escritor de aquí, que escribió unas páginas de prosa preciosista, no mala, sobre vuestro esposo y padre. Parece que gustó.

Hoy y mañana, libres. Almuerzo donde Ots (¡otra paella, ay!) y tomo el té en casa de Zulueta. Luego la interviú por la radio. Y a la noche si tengo tiempo iré a ver *La casa de Bernarda Alba* que da la Montoya. El lunes, en una representación de *Bodas de sangre*, dada por la otra compañía, la de Cibrián, leeré mi semblanza de Federico. Cibrián, a quien me presentaron ayer me pidió que hablara en esa función de beneficio de la primera actriz, y lo que voy a hacer es leer esa semblanza. Eso si encuentro el texto, aquí. No hay libros americanos, ni nadie tiene *El Hijo Pródigo*.[122] Si no lo encuentro me voy a ver en un apuro.

Adiós, Margarita de las Margaritas. Rige y gobierna a los niños y hazte cuidar por ellos como te mereces. ¡Quién pudiera hacerte partícipe de algunas de estas comiditas bogotanas! Abrazos respectivos y cordiales

Papá

[Al margen] Sin noticias vuestras, aún. ¿Qué pasa?

121. Baldomero Sanín Cano, escritor colombiano (1861-1957), autor de *La civilización manual y otros ensayos* y *Crítica y arte*.   122. Se refiere a "Nueve o diez poetas", prólogo de la antología de Eleanor Turnbull, *Contemporary Span-*

[Membrete: Hotel Residencias Santa Fe/ Bogotá]

Domingo [24 de agosto de 1947]

Lejanas e ilustres criaturas:

Aquí estoy sin tener noticias vuestras y muy deseoso de ellas. Quiero saber, primero, como está mamá: si asiste debidamente la mucama; cómo se portan los niños; qué es de Don Jaime, y demás noticias que se os ocurra darme. Esperemos a mañana.

Por mi parte continúa todo a pedir de boca. Ayer comí donde los Ots, en familia. Me di un postre de frutas imponente: guanábanas, mangos, mandarinas, anones etc. Luego a tomar el té a casa de la familia Zulueta, donde estaba el Ministro y su esposa y dos o tres personas más. (Esto del Ministro se explica así: es el Sr. Ureña, Ministro que fue de la República en Colombia hasta el triunfo de Franco y a quienes todos los españoles llaman el Ministro, por amabilidad. El pobre anda bastante tronado, pero aún quiere darse aires de diplomático, y más aún la señora que es su poquito aristócrata madrileña.) Se conversó amenamente y a las siete vinieron a buscarme los de la Radio Nacional. Todos los Zuluetas y amigos se empeñaron en acompañarme a oírme hablar, así que salimos una partida de diez o doce personas. Todo marchó bien. El pobre interrogador se limitó a hacerme dos preguntitas y yo diserté como me vino en gana, porque no me pusieron límite de tiempo. Ni la implacable radio tiene aquí el tiempo tasado.

Se os manda adjunta foto del acto, para comprobación de mis asertos. Por la noche me fui solito a ver la obra póstuma de Federico, *La Casa de Bernarda Alba*. Poca gente, una atmósfera fría, de temperatura, en la sala, yo sin quitarme el gabán. Y—detalle bogotano— se fuma todo lo que se quiere. ¡Ay, hijos míos, qué desilusión, eso del teatro! La actriz era la Montoya,[123] muy conocida en

ish Poetry, Baltimore, 1945; versión en español publicada en *El Hijo Pródigo,* VIII, mayo de 1945, pp. 71-79, y en *Ensayos completos,* III, pp. 308-321.   **123.** María Teresa Montoya.

Madrid, ya bastante madura. Se da aires de gran trágica. Me gustó mucho el drama, quizá más que ninguno de los de Federico o tanto como los otros. Pero la representación fue deplorable. Empezando por las decoraciones, el mobiliario, los tipos y los modos de hablar de las actrices. No han pasado años. Los actores españoles siguen tan malos como antes de la guerra civil. Os aseguro que ninguna gana siento de ver obra mía en poder de tales gentes. Y además me pareció que ellos tampoco la tomarían. Mañana voy a ver *Bodas de Sangre,* en esa representación de beneficio donde tengo que hablar; veremos si esa compañía es mejor. Pero estoy muy desilusionado. El repertorio que llevan estas gentes, salvo lo de Federico —y eso lo dan por razón de moda— es lo de siempre: los Quintero, Casona, eso lo más moderno, dramones italianos, para lucimiento de las actrices. Tampoco en eso se han mejorado ni han ganado en gusto literario. Desde lejos se desea la representación: de cerca se huye. También me pidió el Director de la Radio Nacional una obrita mía para darla por Radio. Yo con todo género de cortesías me excusé, pues no me hace gracia presentarme al público, así, a ciegas. Por lo demás; la Radio es muy buena, puramente cultural con excelentes programas musicales, y buenas cosas literarias. Este mes han dado un drama de los Machado, otro de Roxlo el poeta argentino, una de Tamayo y Baus, y otro de Jean Sarment. Pero me quité de encima el compromiso. Mañana empiezo la serie de lecciones sobre poesía. Mañana almorzaré en casa de César de Madariaga, donde está Pilar.[124] Ya os contaré. Se os abraza uno por uno, y particularmente, por debidos merecimientos, a la mamá

Pedro y Padre

---

124. Pilar de Madariaga, profesora en Vassar College.

[Membrete: Hotel Residencias Santa Fe/Bogotá]

Martes [26 de agosto 1947]

Esto de no tener noticias vuestras es ya fastidioso. Desde que hablé con los niños, en Miami, no he sabido nada. Y yo os escribo todos los días. Ya sé que es cosa del correo, pero estoy deseando saber de vosotros.

Todo sigue bien. Ayer por la mañana salí a dar una vueltecita, estuve en una librería de ocasión y luego en un café cervecería, estilo español, con unos jóvenes literatos. Todo al modo hispánico. Por la tarde vinieron de otro periódico a hacerme unas fotos. Me han prometido pruebas y si salen bien os mandaré alguna. Empecé mi cursillo de poesía clásica, a las seis y media; estaba preparada una aula de clases pero acudió mucha gente y hubo que darla en el aula máxima. Por cierto había unos cristalitos rotos y una corriente de aire que me tuvieron desazonado. Se acogió bien la conferencia. Hoy doy la segunda del curso público, sobre el libro. Lo cual quiere decirse que a estas horas ya andará por las paredes los famosos carteles (aun no he salido a la calle) que tanto me avergüenzan. Y anoche fue el beneficio de Pepita Meliá, la primera actriz de la compañía Cibrián, que daba *Bodas de sangre.* Lo hacen muy decentemente y en algunos cuadros francamente bien, de decorado, movimiento, etc. Es muy distinta a la compañía de la Montoya, que había visto dos días antes. Naturalmente me conmovió el oír aquí la obra de Federico. Hablé entre el primero y segundo acto. Había escrito una cosa de circunstancia, recordando el estreno de la obra en Madrid, y tratando luego de la significación que ha tenido América para la fama de Federico. Me lo pidieron en seguida para publicarlo en *El Tiempo* de modo que ya os lo mandaré.[125] Es muy molesto, eso de hablar

125. "Bogotá, 1947: palabras sobre Lorca", en *Ensayos completos,* III, pp. 294-296.

en un escenario con la sala a oscuras. No se ve absolutamente nada porque la luz le da a uno de frente y se tiene la impresión de estar frente a un vacío negro, y nada más. El teatro es bonito, tipo siglo XIX con adornos y molduras. Estaba casi lleno. Pasé muy buen rato, después de tantos años sin estar en un teatro de ese tipo. En fin, no tengo más que motivos de satisfacción en ninguna parte me han acogido mejor. Ahí os mando un artículo, con su retrato, que indica que además de la cortesía procuran enterarse de las cosas.

¿Habéis visto el cuartelazo del Ecuador? No se sabe aún qué rumbo tomará la política. Pero todo lo que venga por ese camino es sospechoso. El Presidente depuesto era un loco, un demagogo, y un cursi que decía que quería hacer un *síntesis* política, uniendo la *tesis* y la *antítesis*. Ya esta todo tranquilo otra vez. Me temo que mi viaje en esta situación de nuevo régimen no se arregle. Bueno niños y mamá ilustres, me acuerdo mucho de vosotros, y me placería en extremo que me acompañárais, por lo menos a las horas de las comidas. Anoche hizo el cocinero del hotel una especie de *canelone* grande, relleno de trozos de pechuga de pollo, muy notable. ¡Y no era más que el primer plato, eh! No encuentro donde pesarme. Ni quiero. Dicen que con la altitud se queman más grasas. Sino me salva la altitud estoy perdido. Se os abraza

Pedro. Padre

A MARGARITA BONMATÍ

[Membrete: Hotel Residencias Santa Fe/ Bogotá]

Miércoles [27 de agosto de 1947]

Esta carta es para Doña Margarita. Doña Margarita, por fin ayer tuve carta tuya, y del viernes 22; deben de andar los correos de mala manera en esta tierra, porque estoy seguro de que me has escrito antes. Lo de Sol me deja como desconcertado. Tan acostumbrado estoy aún a mirarla como a la niña, que no puedo imaginarme esa suprema prueba de seriedad. ¡Cómo avanza la vida, sin que se la sientan los pasos! Tu noticia me hace ya, ahora, sentirme, no más ni menos viejo, sino como en el umbral de otra cosa, de otro más allá de la vida. Y claro, ya tengo la clásica preocupación de su salud y de sus cuidados, como antes. En fin, eso es lo natural y lo debido, y no hay más que esperar para ella suerte y alegrías. Por lo pronto no hay que pensar en que trabaje ni se ajetree. Todo sería perfecto sin esas dificultades de la vida material que cargan todas sobre la mujer. Pero ella, y ellos, ya están en cierto modo usados a esta vida nueva y tienen que hacer cara a las cosas tal y como se les presentan en el tiempo que les ha tocado vivir.

Me alegro de que a Llorens le guste Baltimore. Ayer vi a Pardo, el amigo de Correa que estuvo ahí, ¿te acuerdas?, y me dijo que Correa ya debe de estar camino de Estados Unidos, con su joven esposa que es una muchacha de su mismo pueblo. Todo lo que habíamos previsto. De modo que se aumenta la colonia hispánica de Baltimore. Seguramente se sentirá defraudada alguna de esas americanas que andaban rondando al joven doctor. Pero está muy en su carácter bonachón y sencillo eso de casarse con una chica de su pueblo.

De lo de Toña[126] ¡qué va uno a decir! Es un producto de ese pueblo en descomposición. Hay que pasar por todo con tal de que a ti te alivie el trabajo. Ya veremos cómo nos arreglamos para tenerla menos encima. ¿No escribiste a Elsa? ¿Recuerdas que nos proponía mandarnos a otra mujer? Pero ya es tarde, y procuraremos tirar con esta un año más, aunque sea *à contre coeur.*

Yo sigo perfectamente. Continúan las atenciones. Ayer vino un joven periodista a hacerme una interviú. Me preguntó por mis impresiones de Estados Unidos. Me solté el pelo a hablar bien de ese país, y de sus museos, bibliotecas, etc. Creo que saldrá bien.

126. Asistenta que trajeron los Salinas de Puerto Rico.

Es para un semanario ilustrado y no se publicará hasta la semana que viene.

Descubrí el mercado. No puede compararse con los de México, en pintoresco. Pero hay un despliegue de frutas del país estupendo. Y unos puestecitos donde venden jugos de frutas y unas ensaladillas de frutas que tenían muy buen aspecto. La gente del pueblo toma eso aquí como un refresco. Es muy simpático. Compré anones, nísperos y naranjas y volví cargado con mi saquito. Luego vi el barrio de alrededor de la Catedral, que tiene casas y rincones preciosos. Ya distingo ese matiz especial de lo *colonial* que no es lo español, con tener algo, a veces mucho, de ello. Por la tarde mi segunda conferencia del libro, tan concurrida como la primera. Después de cenar fui un rato a charlar a casa de Ots, en familia. Ots está contento, pero pasa lo mismo en todas partes. Con tener un buen sueldo –para lo que es esto– no es más que lo justo estrictamente para vivir. Hoy voy a almorzar a casa de Germán Arciniegas, el escritor y a ver el Gimnasio moderno, una Escuela Secundaria del tipo de la Institución. A la tarde lección sobre Garcilaso. Adiós cordera, corderante, corderosa, aleonada, Margarita de las Margaritas, adiosito, hasta mañana.

Tu Pedro

A MARGARITA BONMATÍ, SOLITA
Y JUAN MARICHAL

[Membrete: Hotel Residencias Santa Fe/Bogotá]

Viernes 29 [agosto de 1947]

¿Cómo funciona el correo Bogotá Baltimore? Supongo que mejor que de Baltimore a Bogotá. Porque yo no he recibido más que dos cartas vuestras, en los diez días que llevo aquí, una tuya, Margarita y otra de la niña. Por mi parte os he escrito todos los días. Espero que las hayáis recibido.

Niña, la noticia o notición que me das me parece escandalosa. Veo que no se trata mas que de una conspiración para arrojar sobre mí la sospechosa calificación de abuelo, y envejecerme prematuramente. ¡Abuelo, a mis años! ¿No te da vergüenza? Por lo menos se me concederá que soy un abuelo prematuro. ¡Bueno niños, cuidado con las responsabilidades que se dibujan en el horizonte! ¿Sabrán ustedes ser tan buenos padres, como sus progenitores? ¿Sabrá Doña Margarita cumplir con los deberes de la abuelez? Vayan ustedes disponiéndose a responder a esas preguntas. Por lo pronto niña, supongo que habrás abandonado toda idea de dedicarte a la docencia este año, ya que estás ocupada con más altas faenas.

Por aquí, todo muy bien. Prosiguen sin pausa visitas, agasajos, obsequios, etc. Ayer hice la excursión al salto, o cascada, de Tequendama, que está a unos 30 kilómetros de aquí. Me llevó el Rector, y nos acompañaron Ots y Royo. Es muy bonito. Mucho más pequeño, claro, que el Niágara, menos abrumadoramente impresionante, tiene una personalidad curiosa este enorme torrente despeñado. Se encuentra, además colocado como en escena, en un soberbio anfiteatro de rocas, y en el centro de un hermosísimo paisaje. Me gustó mucho la excursión. Por la tarde di la última conferencia del cursillo sobre el libro, que es la que más gustó. Y a la noche fui a ver *El genio alegre,* de los Quintero, hecho por la compañía Cibrián. Si se prescinde nada menos que de la tesis y parte del argumento, y se queda uno con los tipos populares y el diálogo, la obra es muy divertida. La gocé viendo desfilar a todos esos tipos andaluces, muy auténticos y oyéndoles hablar como hablan de verdad. Pero tienen los hermanos famosos una cursilería esencial, que no puede por menos de asomar a menudo. Hacen bien la obra, en conjunto y dos o tres papeles muy bien. Yo apenas si creo lo que veo: es decir ¡verme, en un palco platea (el de los Madariaga), en un teatro de verdad, oyendo una comedia quinteriana! La compañía va a seguir, en otro teatro y pienso ir alguna vez. Por supuesto, de gratis. Pilar dice que tampoco ella puede concebir eso de haber ido al teatro casi todas las noches y ahora meterse en Poughkeepsie[127] y sus cines. Se marcha el lunes. Yo iré a almorzar a su casa el domingo. Esta noche ceno en casa del arquitecto de la Mora, y mañana almuerzo donde Ots. Termino mañana por la mañana el cursillo de poesía, de modo que con eso queda acabada la primera y prin cipal etapa de mi trabajo, en Bogotá. El lunes iré a Medellín, a dar tres conferencias en esa Universidad; pasaré allí tres días. Luego vuelvo aquí y daré dos conferencias más.

Adiós criaturas. Os abrazo y amo.

Pedro

[Membrete: Hotel Residencias Santa Fe/ Bogotá]

Sábado 30 [agosto de 1947]

Sigo sin noticias de esa respetable familia. Yo creo que el correo en esta tierra anda manga por hombro, ya que no puedo creer que me tienen ustedes en semejante abandono, correspondiendo tan mal a mi asiduidad epistolar.

Parece que se arregla lo del viaje a Quito. Ayer llegó un telegrama invitándome a ir a dar algunas conferencias a la Casa de la Cultura. Como la revolución, sin sangre, ya está terminada y resuelta y yo tengo muchas ganas de ver esa ciudad de la que todo el mundo me habla con extremo elogio, aceptaré, en cuanto fije, las condiciones. No creo que me paguen más que una pequeña cantidad, además de los gastos de estancia y viaje, pero mi interés está en conocer la ciudad. Desde Popayán, adonde iré después de la semana próxima, sólo se tarda dos horas en el vuelo.

127. Ciudad del estado de Nueva York donde se encuentra Vassar College.

Hoy termino el cursillo de poesía. Ha ido en éxito creciente. Ayer tuve más gente que ningún día. Y el Rector, después de terminada la conferencia me dijo: "Parece como si hasta ahora no hubiera uno sabido leer". Y es que aquí el estudio de la literatura está abandonado por completo. No hay profesores de literatura en la Universidad cosa tanto más absurda cuanto que en esta tierra todo el mundo tiene una afición innata a las letras. Todos son abogados.

Esta mañana termino el cursillo. Anoche cené en casa del arquitecto de la Mora, con los Ots. Comí como un león, para variar. La esposa que es rusa-blanca, pero no anticomunista, hizo un repollo rojo, vulgo lombarda, a la rusa, estupendo, y unas peras en dulce no menos suculentas.

Pero todo son minucias junto al duelo universal causado por la muerte de Manolete.[128] No se habla de otra cosa. Aquí lo idolatraban, como en todas partes, y los periódicos le dedican largas informaciones. Os mando como muestra, ese acuerdo de la sociedad de toreros colombianos, con su prosa oficial y burocrática, tan en contraste con la torería. ¡Aún hay madre patria! Las noticias de todas partes, de Lima, de Caracas, de México coinciden en que la unidad hispánica, tan quebrantada en todo lo demás, se rehace momentáneamente, ante la muerte del artista. ¡Otro valor hispánico común a España y a América! Hoy hasta el mozo de comedor me hablaba de la cogida de Manolete. Y no sé si habrán dicho los periódicos de ahí lo más fantástico. Que su confesor, un capuchino, se pasó desde que se enteró de la cogida, horas y horas rezando, y al saber que había muerto, se murió él también, de un ataque al corazón. Con lo cual se completa la tragedia: mueren toro, torero y confesor, hermoso drama español.

Bueno os abandono porque me voy a dar mi última clase que

128. Manuel Rodríguez "Manolete" (1917-1947). Murió de una cornada en Linares.

es a las once. Luego, paella donde Ots, y esta tarde té en casa de Ureña, el Ministro (de ayer) de España.

Se os abraza, con la natural prioridad para Doña Margarita

Pedro

A MARGARITA BONMATÍ

[Membrete: Hotel Residencias Santa Fe/Bogotá]

Domingo 31 [agosto de 1947]

Para Doña Margarita.

Estoy ya preocupado con esto de tus cartas. Llevo doce días en Colombia y he tenido una carta tuya y otra de Solita; ni más ni menos. Por mucho que quiera echar la culpa al correo, me siento un tanto inquieto. ¿Es que no tienes ganas de escribir? ¿Tienes alguna preocupación, no te encuentras bien? De lejos y de cerca, Margarita, tú eres mi primer cuidado. El saber que no te ocurre nada, me es indispensable para sentirme yo a gusto. Cuando estamos juntos, la mirada me tranquiliza; te miro, y ya con eso adquiero la confianza. Pero ahora, en lo único que podría poner la mirada es en tus cartas, para buscar esa serenidad. En fin, me repito a mí mismo que todo son cavilaciones mías, y que, o el correo o la desgana de escribir algunos días son la causa de la falta de cartas. Y no es, Margarita que yo quiera, que yo espere, que me escribas a diario, no. He llegado a un grado de unión contigo, en que no se necesita modo exterior de muestra. Cuando a veces digo esos disparates de "como los leones" o "como los gatos", yo creo que es porque me acuerdo de haber visto en los parques zoológicos a esas parejas de leones que están uno junto a otro, echados, como ajenos el uno al otro, pero en verdad, allí los dos acompañándose sin más. Hay un modo de estar juntos, de vivir juntos, que yo llamaría *natural,* más que deliberado, o pensado o querido. Es una proximidad la que yo siento con respecto a ti, así; es fruto del querer, del quererla, del forjarla, pero ya parece como si no se sintiera nada de ese haberla querido, y como si hubiese siempre sido así, natural, ordenada por la naturaleza y no hija de nuestras dos voluntades. Si no me estuviera mal la comparación, diría que es como la proximidad de dos flores en una misma planta, salidas las dos allí. Por eso, al parecer no hace falta nada, decir nada, señalar nada. Pero cuando me separo de ti, al faltarme la presencia siento más fuerte el vínculo. Bueno, mi Marga, no hagas caso de todo esto, sino en lo que necesites.

Por lo demás, y aparte de eso de la falta de noticias, sigo perfectamente. Un poco ya en guardia, frente a tantas atenciones y elogios. Porque, chica, esto es el contraste más grande que cabe: en Baltimore el anónimo. Soy el desconocido, literariamente, un señor que escribe en un idioma extranjero. El incógnito, como dice Jorge. Se vive, literariamente, de incógnito. Y aquí, de pronto, esta lluvia de curiosidad, de atenciones, de alabanzas, muy provinciana, claro, pero tan distinta. Y hay que estar en guardia para que no se le suba a uno a la cabeza —después de esa temporada tan larga de ausencia de todo reconocimiento de ahí— este fácil alcohol de la pequeña *glorieta*. No hay cuidado. Recorto todos los artículos, los guardaré, os mando muchos, pero aceptando todo esto, agradeciéndolo, sobre todo, mucho, creo que no perderé el sentido de la proporción. De todos modos me está proporcionando este viaje muchas satisfacciones. Ya te he dicho muchas veces, mi Marg te he confesado, cómo el que escribe necesita indispensablemente, un poco de atención, de estima, el no vivir en un vacío. Lo de ahora, es un mucho, una disparatada proporción, claro, pero en el fondo me anima. Y me hace sentir todo lo que representa la América Hispana para nosotros españoles. Bueno adiós criatura. Mañana a las 9 salgo para Medellín. Dejaré todo bien encargado para que me reexpidan tus cartas, que aguardo mañana. Regresaré a Bogotá el jueves por la mañana. Te escribiré desde Medellín. El león,

Pedro

[Membrete: Hotel Nutibara/Medellín-Colombia]

Martes 2 [septiembre de 1947]

Aquí me tienes en Medellín, desde ayer mañana, después de un viaje de una hora en avión. Ésta es la ciudad más industrial del país. No cabe cosa más incoherente ni feamente pintoresca. Imagina un poblachón que de pronto empieza a echar casas modernas de ocho o diez pisos, y estilo pseudo Le Corbusier[129] por estas calles estrechas, donde son propias las casas de uno o dos pisos. Y un palacio de Gobierno de estilo veneciano, absurdo. Y este hotel, excelente, a la americana. Éso debe de ser el efecto de la llamada vitalidad económica. Aquí hay mucho dinero, se parece en eso a un Bilbao. Y se ve una calle, de las pocas que quedan, de tipo colonial, casas de un piso, de aire reposado y antiguo, pero llena de tiendas de gran lujo. Lo que es hermoso es la situación; estamos en una hoya de montañas que cercan la ciudad por todos lados. El clima es muy templado tirando a caluroso porque esta mucho más bajo que Bogotá. Desde la mesa donde escribo, por un amplio ventanal, veo uno de los pocos trozos intactos de la ciudad vieja: tejados y tejados de tejas pardas y rojas, una iglesia, y saliendo de los patios palmeras y algún que otro ciprés. Y detrás la montaña, que sube abruptamente, de pronto. Pero el ruido no es de pueblo de provincia: tranvías eléctricos, y sobre todo martilleo, ruidos de construcción, la fiebre de edificaciones. Me recibieron muy bien. ¡La gloria de provincias, hija! Fotógrafos en el aeródromo (adjuntas las imágenes) y el Rector y el Secretario de la Universidad. Me alojan en este estupendo hotel, muy bien

---

129. Le Corbusier (seudónimo de Charles-Edouard Jeanneret) nació el 6 de octubre de 1887 en La Chaux-de-Fonds, Suiza, y murió el 27 de agosto de 1965 en Cap-Martin, Francia. Un arquiteco y proyectista de ciudades de influencia internacional que usó principios geométricos y proporciones matemáticas para producir construcciones funcionales así como monumentales.

amueblado, a la americana, y para turistas gringos sobre todo. Se come perfectamente y hay aún mejor fruta que en Bogotá. Ayer descubrí dos frutas nuevas, la granadilla y la pitaya, deliciosas. ¿Y sabes a quién he venido a encontrarme en el hotel? Pues ayer en el ascensor, me veo solo con un individuo de aspecto ordinario, jovial que me dice si no le conozco ya, si no le recuerdo. A mí la cara me sonaba pero no sabía a qué. Y resulta que es el marido de la Berta Singerman, que esta aquí con la *inmarcesible* recitadora, como siempre, de recitales poéticos. Me invitaron a almorzar en su mesa. Ella con pelo rubio rojizo, parece otra; no muy aviejada. Tan lista, tan escurridiza y tan histriónica como siempre. Encantados con Colombia, donde esto de la poesía da dinero. Ya llevan ocho recitales, nada menos, aquí. No ha cambiado nada. En el de hoy, a la misma hora de mi conferencia, de lo que me alegro para no tener que ir, añade una poesía de Rilke; pero lo demás, igual que hace veinte años alguna poesía que otra buena y cosas efectistas, para lucirse. Me contó Stollek, el marido, que Alberti está casi rico. Que entre ella y él, con la radio y el cine, y la casa Losada, han hecho dinero y que es el escritor de más éxito económico, entre los buenos. Y que no se mete en política. Sus impresiones de la situación argentina son totalmente pesimistas. Ya os diré cosas de la Eva Perón,[130] divertidas.

Yo empecé anoche mis conferencias con mucho público, en la Universidad. Hoy daré la segunda y ahora me vienen a buscar para visitar la Universidad Femenina y luego ir a almorzar a las afueras, al Country Club. Sigo sin cartas. Encargué a Ots que pasara ayer por el hotel y me mandara el correo; por eso espero algo esta tarde. Estoy muy preocupado por vuestro silencio.

Abrazos

Pedro

130. Eva Duarte de Perón (1919-1952), conocida como Evita; la segunda esposa del tres veces presidente argentino Juan Domingo Perón.

[Membrete: Hotel/Medellín, Colombia]

Miércoles 3 septiembre [1947]

¡Ay, qué alegría! ¡Bien hice en pedir a Ots que me reexpidiera el correo! No podía esperar a volver a Bogotá, el jueves. Y ayer al volver de la conferencia me encontré con dos cartas tuyas, y otras de Juanito y Llorens. Soy otro. Se me había figurado yo no sé qué. Que no te encontrabas bien. Que estabas preocupada por lo de la chica. Que había habido algún disgusto por Jaime. Pero sobre todo era tú, tú, tu estado, lo que me tenía inquieto. ¡Qué hermosa dependencia ésta en que me siento de ti! Qué deseada, qué gozada, qué fecunda, y qué alegre para mí. Me siento estos días acompañado, ocupado, viendo cosas nuevas y gratas. Pero nada de eso me hace dejar de sentir lo que tira de mí, lo que me enlaza y sin atarme me tiene y me sostiene. Porque esa atadura, me sostiene. No sé por qué atar se toma siempre por cosa que sujeta y quita libertad. A mí me la da. De suerte que tus cartas me la hacen sentir con un gozo renovado: el de tener mi vida siempre referida a ti, siempre pendiente y apoyada, sostenida y sostenedora de ti. ¡Y eso que me dices de la gente alegre! Cuánto gusto me da. En ocasiones ese modo de ser mío, propenso al chiste, a la broma, me ha dado como cierta vergüenza ante ti; no vergüenza porque tuviera nada de malo en sí; sino porque lo encontraba como impropio de una fase de tu carácter, más grave y hondo. Ahora, a los años mil, descubro que no te disgusta, que te agrada, que sin decirlo te alegra. Es decir que te gusta que sea como soy. ¿Qué más voy a pedir ni a querer?

He recibido una carta de Monsieur Dumont[131] sobre una porquería que le han hecho quitándole el despacho. A través de la discreción con que lo cuenta se percibe una verdadera grosería, un

131. Profesor de sánscrito en Johns Hopkins University.

abuso cometido con un hombre porque se le ve indefenso. Telefonéale en seguida, diciéndole que puede disponer de mi despacho como quiera; me dice Llorens que él trabaja allí, ahora. Que se entiendan, para compartirlo. A Llorens supongo que más tarde le darán otro.

También me ha escrito Llorens, encantado del piso de Baltimore, de todo. Dile que le contestaré en cuanto pueda, porque ando muy atareado, no por el que hacer sino por la gente que no me deja.

Ayer fui a almorzar con tres profesoras de la Universidad Femenina y sus esposos (buenas mujeres, pedagogas, más a la española que a la americana) al Country Club. Los pocos kilómetros de camino son preciosos de veras; un valle con todo el verdor y la grandeza de los paisajes del norte de España, y la luz, las palmeras, el calor de lo meridional. El Club está muy bien, sencillo estilo campero, pero comodísimo y con un parque y unas vistas por todos lados estupendas. ¡Qué sitio de descanso y serenidad! La conferencia de la tarde fue un lleno; la más concurrida de las que he dado en Colombia. Gustó mucho. Al volver, como te dije me encontré tus cartas. Y para acabar el día bien unos jóvenes poetas de la localidad me llevaron después de cenar a ver la ciudad de noche desde la montaña; espectáculo mágico, de luces, y más aún porque las nubes lo tapaban de cuando en cuando. Volvimos muy temprano y preparé mi clase de hoy, porque el día va a ser agitado de visitas. Todo el mundo muy simpático conmigo. Me pagarán el viaje y la estancia y unos 100 dólares. Yo, encantado. Lo que se pone mal es lo del Ecuador. Me temo que tendré que renunciar a ver Quito, de lo que tantas ganas tenía. Pero el estado revolucionario del país, no se resuelve. Salgo mañana para Bogotá a las siete. ¡Qué madrugón! Tengo conferencia por la tarde. No estoy nada cansado. Como muy bien y no me pesa el trabajo. Mi Márgara de las Márgaras estoy muy contento. Ya sabes por qué ¿no? Las cartas tuyas y tú, y tú de tu

Pedro

[Membrete: Hotel Residencias Santa Fe/ Bogotá]

Jueves 4 [septiembre de 1947]

Ya me tienes otra vez, mi Marg, en la Residencia Santa Fe. Terminó felizmente mi salida a Medellín. Ayer fuimos a almorzar a un restorán de la montaña, trepado en un sitio estupendo con unas vistas, un aire puro y un silencio divinos. Temperatura tibia, casi calurosa. La excursión fue accidentada y a la española. Me invitaban el Sr. Don Juan de Garganta, nada menos, y su esposa. El Sr. Garganta es un catalán, muy grave, que escribió hace dos años un ensayo sobre mi poesía,[132] muy atento y cariñoso. Es profesor de la Universidad, en Medellín. Casó con una colombiana no hace mucho y decidieron llevarme a ese sitio, pero sin telefonear antes. Total, que llegamos (a una hora de la ciudad) allá a lo alto, y resulta que los dueños se han ido a la ciudad, se han llevado las llaves de todo, y no hay quien nos haga de comer, ni qué hacer de comer. Ya retrasados que íbamos figúrate el chasco. Yo puse la mejor cara que supe pero estaba fastidiado y muerto de hambre. El criado decía lo de siempre: "Ahoritita vienen, en seguida". Esperamos media hora y ya nos volvíamos carretera abajo al pueblo, cuando nos cruzamos con los dueños, que subían. Vuelta hacia arriba, otra vez. Y a las dos y media nos pusimos a comer un pato, suculento, con lombarda. Ahora, lo divertido es que el dueño no es colombiano, ni español, es alemán. Pero los alemanes en Colombia ya están hechos a la tierra. Total, se me descompuso todo el plan que tenía hecho para el día, no pude descansar antes de la conferencia ni comprar unas cosas que quería. Sin embargo la conferencia resultó bien, con lleno completo. He tenido en Medellín más pú-

---

132. Juan de Garganta, "La obra poética de Pedro Salinas", *Revista de las Indias*, XXVI, 84, pp. 205-227.

blico que en Bogotá, con ser una ciudad mucho más pequeña. Se ve que la gente cuando se les da algo más que palabrería vacua, se interesan.

Por la noche, aunque tenía que acostarme muy temprano para levantarme a las seis, no pude escaparme a la lata del marido de la Singerman empeñado en que fuera a oírla. Por supuesto no la oí mas que la primera parte del programa, veinte minutos. Un teatro de pueblo, pintoresco y simpático. Ella, peor que nunca. Más declamatoria, más falsa y más efectista; con un repertorio indecente, alternando cosas buenas con poesía de cuarta clase en donde ella puede lucirse. Recitó el "Llanto a Sánchez Mejías", de Federico con un dramatismo barato intolerable. El público, encantado. ¿Cómo ha podido el exquisito JR creer alguna vez que era esta pobre una mujer excepcional, como él decía? Ya asegura ahora, ella que JR no gusta a los públicos. Y el marido con más aire de mercachifle que jamás tuvo, jaleándola y contando éxitos sin parar. Luego, acostumbrado ya como estoy a este hablar tan correcto de Colombia, su tonillo argentino me carga.

El viaje de Medellín a Bogotá excelente: vistas soberbias de montañas, unas al fondo todas cubiertas de nieve. He venido alternando la vista con la lectura de una novelita de Cervantes: es mi homenaje, por el centenario. Espero carta tuya. Y esta tarde ya tengo conferencia aquí. Adiós, Margaritísima. Cuídate y cuídate, para tus hijos y para tu

Pedro

[Membrete: Hotel Residencias Santa Fe/ Bogotá]

Viernes 5 [septiembre de 1947]

Tuve carta ayer, Margarita. Me alegro de que se haya aclarado el ánimo de Juan.[133] Tienes razón. Es posible que ahora, casado y con lo que venga, se de cuenta de que sin dejar de sentir el afecto debido a los suyos, no debe apenarse así, ni apenar a Solita. Pero al fin y al cabo, eso indica bondad de ánimo, y no otra cosa, y si la administra con un poco más de equilibrio nadie sufrirá por eso. No puedo creer lo que me dices de Morales. Y sin embargo esa tristeza, ese desaliento que Mildred parece llevar siempre en la cara, la predestinan para un infortunio así. Me da con eso un gran desengaño ese joven. Ots con quien hablaba ayer de la cosa me dice que esas niñas de su Departamento son unas *cazadoras* de marido a toda costa. ¿Te acuerdas de la que quiso pescar a Colorado? Pero Colorado es un botarate y Morales no lo parecía. Aunque haya sido débil, y la individua le haya ganado la voluntad no por eso le encuentro excusa. ¡Pobre de Mildred! ¡Primero la madre, ahora ella! Y todo viene más que de las personas de ese ambiente infecto de la islita, donde ya la vergüenza ha emigrado.

El día de ayer fue el más agitado de todos. Incidentes cómicos: dos horas buscando las *Confesiones* de San Agustín y las poesías de Quevedo. Fui a la Biblioteca de la Normal, y nada. Acabé por ir a una librería y allí el librero me permitió tomar las notas que necesitaba. Y luego, mientras yo estaba fuera, Mallarinos, el yerno de César Madariaga, que está muy atento conmigo, había convenido que leyese *La isla del tesoro*[134] a Cibrián y la Campoy, los dos actores jóvenes de la compañía Cibrián. Estaba muy can-

---

133. Juan Marichal.   **134.** Obra de teatro de Pedro Salinas escrita en 1945 en Puerto Rico. *Teatro completo*, edición de Pilar Moraleda, Alfar, Sevilla, 1992, pp. 91-113.

sado, pero la leí. Les gustó mucho; así lo dijeron, y creo que era verdad. Pero de eso a que la representen, hay distancia. Me aseguraron los dos que les parece muy teatral, muy bien dialogada, etc. Opinión que solo me interesa por venir de unos cómicos de profesión. Veremos si deciden algo. Luego tenía conferencia en el Salón de la Casa Colonial, una especie de Museo de la Colonia, muy bonito y de ambiente español. Fue un lleno completo, con gente de pie abundante. Es que la Casa esta en el centro de la ciudad y no hay que darse la caminata hasta la Ciudad Universitaria, como para las otras. Hablé de Azorín, y aunque me sentía muy cansado, gustó. Hoy voy a almorzar a la Embajada de Chile, invitado por el embajador que es un poeta amigo de Neruda.

La novedad: invitación de la Universidad de San Marcos, de Lima. La recibió el Rector de aquí, para que me la comunicara. He dudado un momento, pero ¿quién rechaza la ocasión de ver una ciudad tan bonita, ahora que está a mano? Como lo del Ecuador hay que aplazarlo o desistir de ello, me he inclinado a aceptar. Hoy pedimos condiciones económicas (el rector lo hace por mí) y si son buenas me iría el martes, a pasar allí una semana. De vuelta, si se ha normalizado la situación podría parar en Quito un día o dos. Como ves el viaje se amplía. Pienso en si se van los niños tú te quedas sola en casa; no lo quisiera. De otro modo, aunque vuelva a Baltimore tres o cuatro días más tarde Lancaster está conforme. Hoy, última conferencia.

Adiós, Margaritísima. Un abrazo bogotano y baltimorense de tu

Pedro

A MARGARITA BONMATÍ, SOLITA
Y JUAN MARICHAL

[Membrete: Hotel Residencias Santa Fe/ Bogotá]

Sábado 6 [septiembre de 1947]

Ilustres y oseznadas criaturas:

Llegó ayer carta de la más ilustre de esa comunidad y su jefa
natural, Doña Margarita. Se contestará debidamente. Ayer rematé
gloriosamente el ciclo de conferencias. En la misma Casa Colo-
nial, en un salón tipo refectorio de convento, muy grande, con ga-
lería alta a un lado, cuadros numeroso de escuela colonial en las
paredes encaladas, estera rústica y aire solemne y austero. La
concurrencia tenía sillones frailunos de banqueta. Aire español
colonial antiguo. La sala llena, mucha gente de pie y la galería ocu-
pada. Me alegro mucho de este éxito público sobre todo por el
Rector. Ya veríais en el recorte que os mandé ayer cómo tiran
contra él por traer a conferenciantes *rojos* y por eso cuando los
rojos son acogidos por el público como lo he sido yo el éxito es
para el rector. Claro, eso de ayer no tiene significación alguna.
Ese diario es franquista, está en relación diaria con la legación
de España e insulta a todos los republicanos españoles. Todo el
mundo me felicitó por el ataque, y yo lo acogí con muy buen
humor y diciendo que ya era hora de que alguien no hablara bien
de mí en Colombia. Porque hay que ser muy cauto con esta gente,
parece que si se protesta en público entonces se considera como
una falta contra el país; lo mejor es callarse. Yo de haber sido de
otro modo, habría pedido al sinvergüenza del suelto, que señalara
una sola frase, o palabra en que se probara que yo difundo doctri-
nas marxistas. Precisamente he estado hablando de valores de la
literatura clásica española y la conferencia de ayer fue una de-
fensa de la tradición. Pero hay aquí un clericalismo tremendo, y
tan cerril como el español y ellos no perdonan a nadie que no sea
enteramente de su cuerda. En resumen estoy contentísimo del

resultado de mis conferencias. Y Ots lo está en sumo grado porque como él ha contribuido en gran parte a que venga, considera el éxito como cosa suya.

Espero hoy las condiciones propuestas por Lima, para decidir el viaje; si son favorables y me ofrecen buena compensación económica saldré el martes y llegaré la misma noche. Y como ya está restablecida la tranquilidad en Ecuador, me detendré en Quito a la vuelta un par de días, para verlo y dar dos conferencias, con su correspondiente retribución. Hoy almuerzo en casa de Ureña el ex Ministro de España, con Giral,[135] y a la tarde doy una conferencia en el Ateneo republicano, un grupo de españoles de aquí. Salgo a conferencia diaria, como veis, pero no obstante no me siento cansado. Debe ser por lo tónico del fresco y la comida nutritiva y abundante.

¿Cuándo se van los niños a Princeton, definitivamente? No quiero que te quedes, Marg, sola en casa. Desearía saberlo, porque así podré decidir la fecha de mi vuelta. Aunque tenga que renunciar a algunas invitaciones. Se os abraza conjuntamente y sueltos.

Pedro

A MARGARITA BONMATÍ

[Membrete: Hotel Residencias Santa Fe/Bogotá]

Domingo 7 [septiembre de 1947]

Ayer llegó tu carta del 2. Ya he vuelto a estar tranquilo. Te digo otra vez, que esté donde esté, haga lo que haga, y vea lo que vea, siento como un centro de gravedad espiritual, que eres tú, que desde lejos gobierna mi bienestar o mi preocupación. Me alegro mucho que te haya gustado lo de Federico, y lo de Dulcinea. Puede

135. José Giral (1879-1962), catedrático de química, rector de la Universidad de Madrid, presidente del Consejo del Gobierno en el exilio.

que esto de Dulcinea sea más cierto de lo que parece. Y que los españoles estemos soñando en una España tan irreal e imposible como la señora de Don Quijote, y que es en verdad, una Aldonza.[136] En cuanto a lo de América, lo sentí tan vivamente, porque yo en una escala más sencilla y modesta, y por fortuna, en vida estoy experimentando ese mismo fenómeno, de la ampliación, la extensión de lo español en estas tierras. ¿Cómo, si yo fuese escritor italiano, o belga o francés, podría andar por aquí, verme reconocido y atendido? Todo es el idioma, que sin querer nos mantiene milagrosamente vivos fuera de nuestra propia tierra. Gracias a Dios que se ha restablecido la calma de Don Juan, y con ella la de su esposa. Poco a poco se irán acostumbrando los dos. Y todos nosotros. Ese acostumbrarse unos a otros no es difícil con Juan, para mí. Y es siempre necesario cuando entra una persona nueva en la familia. ¡Cuánto más difícil no es lograrlo en casos como el de Steve Gilman,[137] y la familia Guillén!

Pues señora, aquí estoy sin saber para dónde voy a salir el martes. Parece que apenas me invitan de un país, surgen los disturbios. Hoy hay noticias de que en Lima ocurrieron, choques entre los estudiantes y la policía. Probablemente la Universidad interrumpirá las clases o habrá huelga. Y en esta situación es lo más lógico que me pidan que aplace mi viaje; como no puedo hacerlo tendré que renunciar a Lima. Tengo ya billete reservado para el martes, pero no lo he tomado. Y espero hoy, o mañana a lo más tardar, un telegrama de Lima. De no ir allí iría a Quito, porque la situación en el Ecuador ya se ha normalizado. Es un poco fastidioso estar así hasta el último momento, sin saber si se va o no.

Ayer comí en casa del ex Ministro de España, Ureña. La señora es una cocinera estupenda. ¡Con decirte que ha publicado un libro de cocina, aquí! Pero no es una teórica, no. Me dio una co-

---

136. "La mejor carta de amores de la literatura española", *Ensayos completos*, III, pp. 83-96.   137. Stephen Gilman, marido de Teresa Guillén. Profesor de literatura española en Harvard University.

mida magnífica, exquisitamente guisada. Y luego, como conservan aún su poco de rumbo, de cuando eran diplomáticos de verdad, vajilla de plata, hija mía y grandes aires. Los pobres son muy simpáticos, porque lo hacen todo eso para mantener el prestigio de la República Española, y no tienen un cuarto. Ha logrado Ureña ser muy respetado aquí, y le invitan en las funciones oficiales, muchas veces. Estaba Giral con su mujer. Tan Giral como siempre; un poco más aviejado que en Puerto Rico, tan moderado, discreto y anodino. No dice nada nuevo, pero se le nota claramente anti-Prieto.[138] Los prietistas están ya decididos a pactar con los monárquicos, a pesar de que éstos no les ofrecen nada, y sólo se dejan ayudar, según cuenta Giral. Conferencié en el Ateneo Republicano, con éxito y después de cenar fui a ver una película francesa donde trabaja Arletty, la actriz de "Les enfants du paradis", con Aristóbulo. Interesante. Hoy almuerzo en casa de Trias.[139] Abracitos y abrazos

Pedro

[Al margen] Hacedme el favor desde hoy, y por si acaso me echo a rodar por esos mundos de escribirme a estas señas:

Dr. José M. Ots
(Para P. Salinas)
Carrera 13 A. 24-26
Bogotá. Colombia

Ya veis por el recorte cómo han salido a defendernos del ataque de *El Siglo*. Más valía que no hubieran hecho nada.

---

138. Indalecio Prieto (1883-1962), ministro durante la II República.   139. Antoni Trias i Pujol (1891-1970), cirujano. Fue presidente de la Acadèmia de Ciències Mèdiques de Cataluña (1936-1938). Se exilió en Colombia.

A MARGARITA BONMATÍ, SOLITA
Y JUAN MARICHAL

[Membrete: Hotel Residencias Santa Fe/Bogotá]

Martes 9 [septiembre de 1947]

Preclaras criaturas:

Acabo de desayunarme: una rueda de piña, un trozo de papaya, una exquisita pitaya, naranja, mandarina, jugo y una taza de este café de Colombia que es estupendo. ¿Qué os parece? Ayer pasé un día más tranquilo. Hice gestiones para ver si es posible decidir algo de mis viajes. Tal y como están las cosas creo que desistiré de lo de Lima; no contestan. ¿Cómo se va a entender a unas gentes que ponen *motu propio* un cable al Rector de aquí, pidiéndole que me invite a ir a Lima y luego cuando se les responde que acepto y que me señalen las condiciones no contestan? Ya a estas alturas, creo que no puedo ir. De Quito, lo mismo. Cable del Rector, cable a mí, invitándome. Se ofrecen condiciones; y la callada por respuesta. Esto puede tener explicación por la efervescencia política en que se halla ese pobre país. Se reúne el Congreso el lunes 15 y todo el mundo está pendiente de eso. Pero yo, después de hablar con el secretario de la Embajada, me he decidido a ir: o de conferenciante o de turista. Me atrae la ciudad mucho, y voy a estar en Cali (a dos horas de avión) cuando vaya a Popayán. De modo que mi plan es salir mañana miércoles para Cali, y de allí ir a Quito; al regreso a Popayán a dar unas conferencias en su Universidad.

Por los recortes que os mando veréis que sigue la divertida defensa que nos hacen. Lo del *El Liberal* es disparatado y absurdo; en cambio lo de *El Tiempo* es gracioso e intencionado. Ya veis que no nos parece hacía falta defendernos. Resumen: de los cuatro periódicos más corrientes de Bogotá uno, el cerril conservador nos ha atacado y los otros tres nos defienden. Eso indica el sentimiento predominante en el país, en favor de la España libre.

¡Quién le iba a decir a ese mequetrefe de Alfaro cuando venía a leerme poemitas humildemente al Centro que le iba a dar esos disgustos![140]

Estoy dándome una panzada de teatro. Mallarinos, el yerno de Madariaga es crítico teatral y tiene un palco en el Colón. Me lo ofrece y ya he ido cuatro veces. He visto las dos obras de Federico que os dije y dos de los Quintero, *El genio alegre,* de que ya os hablé y anteayer *Tambor y cascabel,* que tiene un primer acto bueno y luego se echa por la pamplina y la cursilería. La actriz argentina que lo hace, la Serrador es bastante buena. Y ayer fui a ver un quinteto vocal e instrumental "Los Bocheros", cinco bilbaínos que cantan y tocan aires populares de toda España. A mí no me gustan: son para la exportación, muy vulgares y efectistas y cantan lo andaluz y lo castellano con acento vasco. Pero el teatro completo y entusiasmado.

En este momento telefonazo del Rector: cable de Lima. Me ofrecen pago de viaje, estancia y remuneración que yo señale. Nueva confusión. No sé qué hacer. Voy a hablarlo con Ots, que viene ahora. Me tienta mucho el Perú. ¿Pero, y el tiempo? Pienso sobre todo en los días en que se vayan los niños a Princeton, y te quedes tú sola. Si estuviera Antonia, aún. Bueno, ya veremos. Adiós. Abrazos trinos y unos,

Pedro

[Cali] Miércoles 10 [septiembre de 1947]

Aquí me tenéis, en Cali, esperando el avión para Quito. Salí esta mañana de Bogotá. Madrugón imponente: a las cinco. Llego aquí a las nueve, y debía tomar el avión para Quito a las once. Pero no

140. Véase carta de 22 de agosto de 1947 (pp. 190-192).

viene. Y no hay más remedio que estarse esperando el tiempo que Dios quiera. A ver si viene o no viene. ¡Los sofocones que me tiene dados la maldita Pan American! Con esto de viajar en avión no hay nada seguro. Tienes que entregarte al azar del aire, y a los abusos de las compañías. Si no viene hoy, me esperaré hasta mañana, y si mañana tampoco llega me iré a Popayán −adonde de todos modos tengo que ir a la vuelta− y que está a dos horas de aquí. Estas salidas inesperadas a Quito y Lima, son muy atractivas, me encantan y me darán unos dólares, pero me están perturbando la grata estancia de Colombia. Veremos. Adiós, Margarita, y adiós niños. Abrazos

Pedro

Os mando dos recortes más. Guardádmelos todos.

[Al margen] Escribid a Lancaster diciéndole que al aceptar la invitación de Lima no podré empezar mis clases hasta el 6 de octubre. Creo que no tendrá inconveniente. Mi plan es llegar el 2, y descansar.

[Membrete: HOTEL-RESTAURANT/"LE GOURMET"/QUITO-ECUADOR]

Jueves 11 [septiembre de 1947]

Ya lo habéis leído, insignes oseznos. Estoy en Quito. El viaje fue accidentado. En primer lugar hasta última hora estuve sin saber si el avión se detenía o no en Cali. Por fin, a las doce y media me dijeron que sí. De modo que llegaba con tres horas de retraso. Voy al campo de aviación y allí me encuentro con un telegrama muy confuso de sentido, en que se me aconsejaba que siguiera a Lima y no me detuviese en Quito, por "dificultades", sin explicar cuáles. Pero no podía seguir a Lima por no tener el visado de Perú. ¿Qué hacer? Me entró una desesperación, y me incliné a no salir de Colombia y dejarlo todo. Pero como la única posibilidad de hacer algo era venir a Quito, en el último momento me decidí a tomar el avión. Llega el aeroplano, aterriza elegantemente y salen los pasajeros a descansar un momento. Y he aquí que se me antoja que uno de los que descendían era Jorge Carrera Andrade. Claro, como me había levantado a las cinco y no había podido almorzar, se me figuró una alucinación de mi estómago vacío. Pero, no, era él, en carne y hueso. ¡Cuidado que es casualidad venir a entrar en Ecuador, con el más amigo que tengo en este país, y al que no veía hace siete años! Carrera es Senador y viene a la reunión del Congreso. Estaba de Ministro en Caracas y dimitió hace meses cuando la dictadura de Velasco. Me contó muchas cosas de Caracas, de Picón Salas,[141] Bergamín y otros. Parece que Picón va a abandonar el Decanato de la Facultad de Filosofía; según Carrera sólo lo tomó como escalón para otro puesto, que ya ha obtenido, el de Embajador en Colombia. Se va a casar con una mujer muy rica, de Caracas. La idea que de él tiene Carrera no es muy favorable.

Una cosa me dijo que me tiene preocupado. Parece ser que hay una crisis editorial tremenda en Buenos Aires. Han quebrado varios libreros y casas editoriales. Y Losada tiene la intención de irse de Buenos Aires, al Perú o a Chile. Ya comprenderéis lo que se me ha ocurrido: que mis libros están parados y no saldrán. De ese modo me explico la falta de noticias. Sería ya mala suerte. Alberti ha escrito a Carrera preguntándole si se puede encontrar algo en Caracas. Parece que todo se debe al alza de los jornales en Argentina y del coste del papel. Bueno aquí me tenéis en este fantástico Hotelito con ese nombre increíble. Está regentado por un matri-

141. Mariano Picón-Salas (1901-1966). Exiliado de su país por motivos políticos, cursó estudios universitarios en Santiago de Chile. Allí publicó diversos relatos —*Odisea en tierra firme*— y un importante ensayo que mostraba su idea de una Iberoamérica integrada y unida por los ideales democráticos: *Hispanoamérica, posición crítica* (1931). Tras regresar a Venezuela en 1936 fundó la Facultad de Filosofía y Letras de la Universidad Central, donde fue además catedrático y decano.

monio alemán, que apenas habla español, y que son muy buenos cocineros. Tengo una habitación enorme, con un cuarto de baño estilo salón. Y la casa está medianera con la residencia particular del Presidente de la República. De modo que los recientes sucesos, con sus disparos de tanques y todo se desarrollaron como quien dice a mi puerta. Apenas he visto nada de Quito. Me gusta mucho. Esto sí que está lejos de toda influencia americana. Es un pueblo grande, estilo Extremadura, con calles empedradas de guijarros, casas e iglesias viejas, y un pueblo de indios con perchas pintorescas de colores, y de blancos con aires provincianos. Me han acogido muy bien. Esta tarde empiezo las conferencias, dos nada más, porque todo el mundo está absorbido por los preparativos de la reunión del Congreso, que es el lunes. Pienso salir el sábado a la una, para Lima, si la Pan American no me hace otra jugada. Ahora voy a salir a ver las iglesias y la ciudad. Ya os contaré mis impresiones. Os envío este estupendo anuncio de mi conferencia.

Adiós ilustres. Margarita no se te olvide mi recomendación: cuídate y cuídate, y vosotros niños cuida a la mamá.

Abrazos quiteños

[Membrete: HOTEL-RESTAURANT/"LE GOURMET"/QUITO-ECUADOR]

Viernes 12 [septiembre de 1947]

Ayer recorrí gran parte del Quito del turista, acompañado por un joven poeta y un no menos joven pintor de la ciudad, en un coche puesto a mi disposición por la Casa de Cultura. Es realmente hermoso. La impresión que da, comparado con Colombia, es que aquí no ha llegado el afán de modernidad urbana en ninguna de sus formas. La ciudad se conserva intacta, casi, con su aire de poblachón, en el que surgen de vez en cuando iglesias y conventos magníficos. No tiene pretensiones; sí, más bien, un aire simple y pobre, en el exterior, de gran autenticidad. La Iglesia de la Compañía, la de los Jesuitas, claro, tiene una portada barroca soberbia de movimiento y riqueza plástica. Y se entra y se siente deslumbrado, porque parece la iglesia toda de oro. Es la más magnífica que he visto por América, tan buena como lo mejor de México. Unidad absoluta de estilo, ese estilo de líneas generales de planta europeo; pero indígena, indio, en la factura de los detalles y en la ejecución decorativo, en mil particularidades que asoman en los elementos del decorado. Es como una lucha entre la imposición de los dueños, y el instinto de los indios que quieren vivir, dar señales de vida, en la obra que les mandan ejecutar. No hay duda de que ahí están los primeros signos de independencia, no política, sino humana. Las demás iglesias que vi son todas muy buenas con la misma profusión de decoración barroca, unos púlpitos espléndidos y unos confesionarios, que dan ganas de llevárselos para encerrarse a trabajar en casa. Además hay muy buena escultura. Quito fue el centro artístico de todo el Norte de esta América.

Aquí se pintaba, se esculpía, y cuadros y esculturas iban a todas las iglesias de América del Sur. Hubo, pues, escuelas propias. Hay dos escultores, indígenas los dos, muy curiosos, que introducen en el estilo de la talla española acentos nuevos, matices extraños. La pintura es peor, pero curiosa. Los claustros de los conventos están llenos de cuadros. El claustro de los agustinos tiene una fuente preciosa con un remate que estoy seguro de que es gótico, traído, claro, de Europa. También vi en el Museo unos sillones de cuero, con el respaldo de escenas de cuero repujado y policromado, preciosos; son del siglo XVIII y las escenas deliciosas, una cogida de un torero por el toro, mientras otro torero de casaca y sombrero de tres picos, le torea de muleta; una escena de circo, un juglar de pie en un caballo, echando bolas al aire; otra de caza. Son un verdadero encanto. No saben lo que vale, y lo tienen medio abandonado. Aparte de esta riqueza monumental, hay rincones bonitos y el pueblo circulante por las calles es sorprendente: unos indios de trazos purísimos, que, más que andar, marchan a un trotecillo medio. Las mujeres llevan a la espalda, metido en un pliegue del mantón a las criaturas, de las que solo se ve asomar la cabeza. La Plaza Mayor tiene soportales, en dos lados. Unos se llaman "Portales de Salinas". Y hay unas covachas, unas tiendecitas en la planta baja de algunos edificios monísimas. Total, que lo estoy pasando muy bien. La conferencia salió bien. Os mando recorte. El salón lleno y el público atento. Hoy seguiré viendo cosas, almorzaré con Carrera Andrade, y daré la segunda conferencia. Creo que podré salir para Lima mañana a la una. Lo que me falta son noticias vuestras. He encargado a Ots que me remita las cartas a Lima en cuanto reciba un radio mío.

Adiós, Margarita de Quito. Adiós, jovenzuelos.

Pedro

[Membrete: Gran Hotel Bolívar. LIMA-PERÚ]

Domingo 14 [septiembre de 1947]

Ya estoy en la Ciudad de los Reyes. El viaje ha sido accidentado. Salimos de Quito a la una. Parada en Guayaquil, y luego, hacia el Sur, volando muy cerca de la costa. Impresionante: todo desierto. Son millas y millas, horas y horas, de volar por encima de un terreno rugoso, montañoso, con los bordes, junto al mar de arenales, y sin una casa, un árbol, una mata, ni un ser humano. Yo no he visto nada que dé impresión tan tremenda de desolación, de una tierra anterior al hombre. Dos escalas, en un puesto de una compañía petrolera, anclado en ese desierto, y luego a las ocho estábamos sobre Lima, después de una puesta de sol extraordinaria, por su grandeza. Yo venía leyendo a Unamuno, la poesía, y casaban a la perfección. Pero no pudimos aterrizar; había tal niebla que el piloto no se atrevió a descender, y seguimos hacia el Sur, a un pueblo llamado Pisco, en el cual por cierto, no entramos. Nos llevaron a pasar la noche a un hotel de las afueras, en la misma orilla del mar. Hotel nuevo, de turismo, pero muy deficiente. Es la adaptación de lo peruano a los gustos de los gringos. Lleno, por lo demás, de gringos, que como siempre beben, ríen escandalosamente y juegan a los dados. Me acosté en seguida para descansar algo. Esta mañana nos despertaron a las seis. El mar, y la costa, recordaban un poco a Santa Pola, un brazo de tierra rosado y malva, un agua quieta. Pero en mucho más pobre. Salimos a las nueve. No se veía la tierra por ningún lado, volábamos sin cesar sobre un mar de nubes, precioso, claro y luminoso. Y así llegamos *sobre* Lima. ¿Sería posible aterrizar? Me dio verdadero miedo, ver que nos lanzábamos de cabeza en el nuberío, sobre todo cuando el avión estuvo todo cercado de niebla y nube. Íbamos a ciegas, del todo; pero el piloto, por lo visto, sabía adónde iba. Traspasamos la capa de nubes y allí, muy cerca estaba la tierra, y la ciudad de Lima. ¡Respiré! Vine al Hotel Bolívar, el mejor de aquí, y me encontré con que ya me tenía reservada habitación la Universidad. Estoy muy bien instalado, un cuarto amplio, con baño grande. Hotel entre a la antigua española y a la americana. Aún no he pisado la calle. Lo malo es que por ser domingo no hay nadie en la Universidad, y no sé cómo voy a ponerme en relación con el Rector. Supongo que llamará luego al hotel a ver si he llegado. Lo que he atravesado de la ciudad me gusta porque es una ciudad moderna, y baja, sin esa manía de "echar para arriba" y *rascacielear,* que les da a otras. Aquí, Doña Sol es muy popular. Es la moneda nacional, el sol, que son doraditos y redondos, aunque no del tamaño del auténtico astro. ¡Qué lío se hace uno, con la moneda, pasando de dólares a pesos colombianos, luego a sucres ecuatorianos, y ahora a los soles! ¡Menos mal que en el Ecuador me han pagado en dólares, en *travelers checks*! El viaje, Doña Márgara, va a salir mejor de lo que pensaba, económicamente hablando. Aunque, claro, no me llevaré los tesoros del Perú, porque se los llevaron antes esos compatriotas, Pizarro y Almagro. Pero no quiero hacerme ilusiones de llevarme mucho. Si he venido aquí y he ido a Quito, ha sido, además del gusto, que era mucho, porque me daban algunos dolarillos. Bueno, voy a tomarme un jugo de naranja (son las once y media) y lanzarme a la vía pública, a ver cómo es un domingo limeño.

Se os abraza, con abrazos peruleros y cordiales.

Pedro

A JORGE GUILLÉN [142]

[Membrete/Gran Hotel Bolívar-Lima-Perú]

14 de septiembre de 1947

Mi querido Jorge:

Sí, aquí estoy en la Ciudad de los Reyes, por buen nombre, como ya te habrá dicho el membrete. La cosa fue porque un día me invitó la Universidad de Bogotá a dar conferencias allí. He estado dos semanas en Bogotá. Y entonces recibí invitaciones de Quito y Lima. Acepté, claro. No sólo por el gusto, sino porque me dan unos pocos dólares. En Quito pasé tres días maravillosos. Y figúrate la coincidencia: al ir a tomar en Cali el avión para Quito, me encuentro a Carrera Andrade que volvía a su patria después de siete años de destierro. Lo he pasado muy bien, hasta ahora. Lo de Bogotá es inimaginable. Nos conocen, hijo mío, nos conocen, nos han leído y nos admiran. He dado ocho conferencias con excelente éxito. Para mayor diversión te diré que allí se anuncian las conferencias en carteles, por todas las paredes. Y me he visto

---

142. Publicada en *Correspondencia (1923-1951)*, pp. 151, 424-425. Publicada parcialmente por J. Guillén, BAL, pp. 31-33.

de pronto, un día al salir a la calle, con mi nombre en letras rojas tamañas, −así de rojo me puse yo al leerlo− y en vecindad maravillosa: a un lado Hedy Lamarr, en una *pose* seductora, al otro el anuncio de una lotería, al norte una corrida de toros, y al sur una novena. No, no fantaseo. Pedí a un amigo que me sacara fotografías de los carteles y se enseñarán en su día. Los literatos jóvenes y mayores me han acompañado a todas partes. Han salido yo no sé cuántos artículos y ensayos sobre mi poesía. En fin, chico, del anónimo de Baltimore a la gloria bogotana. Ots ha estado conmigo tan cariñoso como siempre. Hay allí un grupo de españoles muy bueno. Hasta Don Luis Zulueta me ha hecho un artículo.[143] ¡Con eso está dicho todo! Pasé a Medellín a dar dos conferencias. Luego a Quito, que es imponente. Lo mejor de América que he visto, tan grande como México, intacto, puro con unas iglesias barrocas todas de oro, delirantes. ¡Y a 3000 metros de altura, en un rincón del mundo! Ayer llegué a Perú y esta mañana a Lima.[144] Y como, por ser domingo y no haber podido ver aún a nadie, tengo el día libre, he aprovechado para escribirte. Ya era hora, porque me había remitido desde Baltimore tu primera carta de París, Margarita. (Que está en Baltimore acompañada por el matrimonio Marichal.) Ya comprenderás cómo he leído tus primeras impresiones, y lo que me cuentas de los amigos. Ah, lo de *Europe* es materialmente imposible. No tengo nada hecho; la ocasión es de gran magnitud, nada menos que Cervantes; y rodando por estos mundos no me puedo poner a escribir. Hoy es el primer día que paso tranquilo, por lo que te dije. Lo siento mucho. Díselo a Cas-

---

143. "El hombre y el libro", *El Tiempo* (Bogotá, recorte sin fecha, *P. Salinas Papers).* **144.** Véase *San Marcos,* Universidad Nacional Mayor de S. M., Lima, septiembre-octubre de 1947, "Pedro Salinas, español del éxodo y el llanto". Sus conferencias versaron sobre "Garcilaso y la poesía del amor", "Una metáfora en tres tiempos", "En busca del lector desaparecido (psicología de la lectura)" y "Lo que debemos a Don Quijote de la Mancha". Fue hecho catedrático honorario. "Una metáfora en tres tiempos" se publicó en *Ensayos de literatura hispánica* (1957) y en *Ensayos completos,* III, pp. 121-132.

sou. Estoy, como comprenderás, en muy mal modo para ponerme a escribir con reposo. ¡Tanto viaje en avión, tanta gente alrededor! ¡Y qué viajes! Esto de los Andes desde el aire, es imponente. Hay a veces unos paisajes aéreos de sierras y nubes que asustan. Y las ciudades le recuerdan a uno tantas cosas de España. Por cierto que en todas partes encuentro un gran afecto a España y a nosotros los desterrados. En Bogotá he visto *Bodas de sangre* y *La casa de Bernarda Alba*. Hablé, a petición de Cibrián, el director de una compañía, la noche del estreno de *Bodas de sangre*.[145] ¡Hasta eso gustó! ¡A lo que llega uno! Imagínate lo que ha sido eso de ir al teatro, por las noches, a un teatro que se llama, naturalmente, Colón, precioso, a lo siglo XIX. Me he visto dos obras de los Quintero, *El genio alegre* y *Tambor y cascabel*. Es posible que me estrenen los Cibrián una de mis obras cortas, *La isla del tesoro*. La han leído y dicen que les gusta. Pero no me fío mucho, porque tienen que hacer un repertorio del corriente (salvo lo de Federico) para gustar al público. Ya veremos. Yo, después de una semana aquí, y dos conferencias en Popayán, volveré, Dios mediante, a Bogotá. Y entonces veremos si han decidido algo. Luego, hacia el 25 a Baltimore. Ya te escribiré más novedades cuando tenga un rato libre. Alegrísimo por lo que me dices de Germaine. Y, deseando ver a los Gilman, que supongo ya andarán de vuelta, después de la primera travesía de Don Antonio.[146] ¿Qué le ha parecido el Viejo Mundo? A los dos, abrazos

Pedro

Muchos saludos a todos los amigos, particularmente a Quiroga y Bataillon.[147]

---

145. El texto fue publicado en *Trece de Nieve,* segunda época, 1-2 (diciembre de 1976), *Ensayos completos,* III, pp. 294-296.   146. Hijo de Stephen Gilman y Teresa Guillén.   147. Marcel Bataillon, hispanista francés, autor de *Erasme et l'Espagne; recherches sur l'histoire spirituelle du XVIè siecle*, Droz, París, 1937.

A MARGARITA BONMATÍ, SOLITA Y JUAN MARICHAL

[Membrete: Gran Hotel Bolívar/LIMA-PERÚ]

Martes 16 [septiembre de 1947]

Ayer vino a buscarme el Rector de la Universidad. Es la famosa Universidad de San Marcos, la más importante y antigua de la América Española. Está en un caserón del XVIII, con tres o cuatro patios. Trasciende a Universidad española de provincia, y me recordó algo a la de Sevilla. El salón de actos tiene un techo pintado con pinturas del XVIII, precioso. Ya está convenido el programa de conferencias. Daré cuatro, y tendré una reunión de mesa redonda, además. Empiezo esta tarde a las siete. Veremos lo que sale. No tengo muchas esperanzas, porque a la misma hora hay una de André Maurois, en el teatro, y aquí hay mucho esnobismo afrancesado. La gente universitaria me recibió atentamente y con obsequiosidad, pero nada comparable a lo de Colombia, que ya me ha echado a perder. Y la prensa, como decía ayer, enteramente distinta. Hasta ahora no han publicado más que los anuncios de las conferencias, a pesar de haber venido a verme de dos periódicos. Claro, que a mí todo esto me importa un pito; al contrario, estoy ya un poco harto de tanto artículo de periódico. Pero para ser una ciudad grande, creo que hay menos curiosidad intelectual que en Colombia.

Anduve paseando por la ciudad y viendo librerías, ayer mañana, un rato. Esto es el paraíso para comprar libros. Como la moneda está muy depreciada resulta que se adquieren libros en español, de Argentina, México y aun de España a la mitad de lo que cuestan en Nueva York. Voy a comprar algunos. La situación de la moneda hace que resulte la vida muy módica. Fijaos lo que me dieron de cenar anoche en el hotel: huevo duro con rollo de ensalada rusa, muy bien hecha; sopa, corvina, un pescado delicioso, y carne con legumbres, y su postre, claro. Pues todo eso vale 12 soles, es decir 85 centavos americanos. No se puede pedir más por menos dineros. Y así todo. Una carrera en taxi el equivalente de 10 centavos americanos. Por algo Jauja es una ciudad del Perú. Claro esto viniendo con dinero americano. La pobre gente de aquí está rendida con esta inflación.

Por la tarde me mandó el coche el Rector y fui a dar una vuelta con dos amigos (aquel famoso Nieto Peña que estaba en la Universidad) por los balnearios, es decir las playas, que están a unos diez o doce kilómetros de Lima. Todos esos barrios residenciales se ven muy limpios y cuidados, con aire de ciudad burguesa cómoda. La costa es bonita con acantilados: pero hay una niebla constante, no aparece el sol, desde que llegué, y resulta triste el paisaje. Al regreso de la excursión me llevó el pintor que nos acompañaba a una especie de homenaje a Manolete. Había una exposición de fotografías de sus faenas cuando toreó aquí el año pasado, y dos trajes de lidia, preciosos, que regaló a amigos de Lima. Uno tabaco y oro, magnífico, todo recamado de bordados, lentejuelas y pasamanería. No pudo por menos de recordarme el lujo pesado de ciertas casullas y vestiduras sacerdotales. No te puedes figurar la curiosidad y hasta devoción, con que la gente miraba todo eso. Y no gente del pueblo, no, gente de la mejor sociedad de aquí y sobre todo señoras y muchachas. Hay una afición enorme a los toros. No deja de hacérseme raro que esto de los toros sea uno, si no el más fuerte, de los lazos entre España y esta América. Pero no cabe duda de lo que es. En Colombia y aquí lo he visto a lo vivo. Las películas flojas, de aficionado, pero con algunos lances soberbios del torero. Ya ves, sumido en la España castiza, anteayer en las iglesias, ayer en el culto a lo taurino. ¡Qué de cosas se ven por esta tierra! Bueno, estoy pensando si se irán ya los niños pronto y cómo estarás tú, si habrá vuelto ya Antonia. En fin, en ti y en la casa, donde estás. Espero cartas reexpedidas de Bogotá. Abracísimos

Pedro

A MARGARITA BONMATÍ

[Membrete: Gran Hotel Bolívar. LIMA-PERÚ]

Miércoles 17 [septiembre de 1947]

Llevo ya muchos días sin saber de vosotros. Ese es el inconveniente del viaje. Veremos si hoy recibo cartas reexpedidas por Ots.

Ayer se me acabó la tranquilidad. Por la mañana, con un poeta de aquí, Xavier Abril,[148] que conocía de España vagamente (cuánta gente conoce uno, así, vagamente, por estas tierras, que se te presentan, recordando haberte visto en tal o cual parte. Ayer, por ejemplo, las hijas de Ricardo Palma,[149] el gran escritor de aquí, que encontramos en casa de Ballesteros,[150] allá por los años mil). Bueno, pues con ese joven fui a una librería, donde encontré entre otras curiosidades tres libros de Casero,[151] el madrileñista, que ya sabes cómo me regocija, y a ti también, un poquito (de lo que me alegro mucho). Para que te des una idea: compré 18 volúmenes, nuevos todos, sin abrir, por el equivalente de 3 dólares, es decir como a 20 centavos americanos cada uno. Esto es la Jauja de los libros, chica. Ya puedes figurarte lo encantado que estoy. Por la tarde fui al Museo Antropológico y Arqueológico. ¡Qué mundo extraño y misterioso se le descubre a uno! Cómo se comprende el drama que llevan encima estas gentes. Porque no es sólo la cultura de los incas, la que destruyó Pizarro, no. Son otras muchas culturas anteriores, algunas de antes de Jesucristo, de las que quedan en este

---

148. Xavier Abril (1905-1989), poeta, narrador y crítico peruano. Introductor de procedimientos del surrealismo en la poesía peruana.   149. Ricardo Palma (1833-1919), autor de *Tradiciones peruanas*, libro que difundió la narrativa histórica y costumbrista.   150. Manuel Ballesteros Gaibrois, catedrático de historia de América en la Universidad de Madrid.   151. Antonio Casero Barranco (1874-1936), periodista y poeta, autor de poemarios como *De Madrid al cielo* y *Los castillos*, y sainetes como *Madrileñerías*.

Museo vestigios curiosísimos. Sobre todo telas y cerámica. Pero tanto en los tejidos como en los cacharros, se revela una concepción del mundo y de la vida mágica, extraña, infinitamente lejana de nosotros. La cerámica, por ejemplo, tiene una serie de cacharros que son retratos, de personas, viejos, jóvenes, hombres, mujeres, de fantástica potencia expresiva. Por ejemplo, hay varios ciegos. Y se nota todo el patetismo del ser sin vista, en ese modelado de las cerámicas. Todo se ha encontrado en tumbas. ¡Y qué tumbas! Los cadáveres están metidos en serones o espuertas, doblados, por las rodillas, en la postura más extraña. Y todo ello, envuelto en sus vestiduras más lujosas, y acompañado por objetos de cerámica, y cubierto por una tela como de saco. De manera que las momias, en vez de aparecerse como las egipcias, rígidas y rectas, son como un montón, cubierto de tela de saco. Se alza éste y se ve la momia, hecha un ovillo y con todas sus riquezas. ¡Qué maravilla, de tejidos! La fantasía en la estilización es interminable. Monstruos, estilizaciones de figuras humanas, casi inconocibles, ofidios, peces. Y los colores y los bordados de una nitidez, como si hubiesen sido hechos ayer. Salí trastornado, de la inmersión en ese mundo. Figúrate, pasar de allí, dos horas después, a Garcilaso, al Renacimiento, al mundo de las claridades, de las formas puras, de la eliminación de todo lo monstruoso por fuerza del espíritu ordenador. Tremendo viaje que yo hice, ayer. Pero estas gentes tienen los dos mundos dentro, y no hay duda de que se debaten del uno al otro trágicamente. Los voy conociendo mejor, y con más respeto. La conferencia, muy bien. Salón repleto de estudiantes y profesores, mucha atención y mucho aplauso. Al salir estaba invitado a una recepción en la Embajada de México, por ser el día de la Independencia mexicana. Estábamos invitados todos los republicanos españoles. Mucha gente, y todo de pie. Estuve media hora y me volví al hotel a cenar. Hoy me ha invitado a almorzar el director del Instituto Norteameri-

cano de Lima, un Mr. Burke. Ojalá no me dé un lunch a la ame-
ricana. He aceptado porque quiero estar siempre bien con los
americanos. Y tengo conferencia a las doce, dentro de un ratito,
casi. Adiós mi Márgara. Cuídate, cuídateme

Pedro

A MARGARITA BONMATÍ, SOLITA
Y JUAN MARICHAL

[Membrete: Gran Hotel Bolívar. LIMA-PERÚ]

Jueves 18 [septiembre de 1947]

Ilustres aleonados:

¿O estará ya sola la aleonada mayor? Tampoco he tenido ayer
carta. Y pienso en si se habrán ido los niños, y cómo andará New-
land Road. Aquí ya el lío se va haciendo mayor. A aquel delicioso
día de soledad y libertad primero, han sucedido compromisos, in-
vitaciones, latas variadas. Hoy tengo a las once un debate de
mesa redonda en la Universidad; luego almuerzo en el Country
Club que nos da el Rector a Maurois, a Funes y a mí; conferencia
a las siete y de seguida recepción en una tertulia literaria, "Ín-
sula", de gentes de mundo y artistas, en donde me invitan a cenar.
La conferencia de ayer mañana resultó igualmente concurrida.
Lleno y con bastante gente de pie. A los estudiantes parece que
les gusta mucho. Comí en casa de Burke, el norteamericano, un
antiguo estudiante de Middlebury que ya no recordaba (Sol y
Jaime se deben de acordar de él); vive en una terraza, y como ayer
por primera vez desde que estoy aquí se desgarró la niebla tres o
cuatro horas, la vista era estupenda. Toda la ciudad, llana y exten-
dida, y a un lado el Pacífico, muy cerca, con unos enormes islotes
muy próximos a la costa, y al otro las montañas tremendas, y ya
envueltas en neblina. Es preciosa la ciudad por ese emplaza-
miento. Y el mar tenía un color bonito. Por lo demás el almuerzo,
aburrido. Había otro americano, profesor de portugués, y en

cuanto me vi mano a mano con ellos, aunque hablábamos espa-
ñol, me cayó encima esa neblina que parece emanar de la conver-
sación del americano. Me fui pronto y correctamente. Vino a bus-
carme el director de una revista literaria nueva, *Las Moradas,*
bien orientada y anduvimos de librerías, primero. Fui a una li-
brería francesa y compré tres o cuatro libros a un precio asom-
broso de baratura. Resultan a la cuarta parte que en Nueva York.
Lo malo es que tienen pocos. Luego fui a ver el palacio de Torres
Tagle. Es un palacio colonial, del XVIII, sin duda el más bonito en
su género de América. Patio con azulejos, dos balcones enormes
de madera, cerrados con celosías, como tribunas de convento,
enormes cámaras. En la planta se parece a una casa andaluza
buena, pero en el decorado y el aire general tienen un sabor dis-
tinto, eso que se llama lo colonial. Antes de cenar fui a una tertu-
lia, muy curiosa de artistas y aficionados *bien.* La *regenta* es una
coleccionista de cosas de arte popular peruano. Tiene cosas pre-
ciosas, de esas que yo me llevaría a docenas. Unos como altarci-
tos, de madera, con imágenes dentro, de barro pintado, a manera
de pequeños retablos: cerámica, caballitos, figuras, mil cosas gra-
ciosas. Gente entretenida. Y después de cenar, preparé un poco
mi conferencia de hoy y me acosté temprano. Estaba rendido.
Hoy me ha despertado por teléfono Carmen Ortiz de Ceballos,[152]
aquella muchacha que fue novia de Claudio, te acuerdas, y que es
una peruana de las primeras familias de aquí. Procuraré verla
hoy en la Biblioteca Nacional, donde trabaja. Ahí tienes, hija mía,
la crónica de mi día. Estoy contento. Lo curioso es que la prensa
de aquí, a pesar de haberme hecho interviús para tres periódicos,
no publica nada sobre mí más que los anuncios de las conferen-
cias. Es que la mayoría de los diarios son fascistas y de Franco.

152. Carmen Ortiz de Cevallos, peruana, amiga de Jorge Guillén, "de la familia
de los marqueses de Torre Tagle, hija de un diplomático que vivía en París, sol-
tera", según Julián Marías, quien la conoció en la Universidad Internacional de
Santander en 1934 (*Una vida presente. Memorias,* 1, Madrid, 1988, p. 150).

A mí me es igual, pero los amigos españoles están quemados, porque dicen que mis conferencias son tan buenas como las de Maurois, de las que salen largas reseñas. Todo eso me es indiferente. No les puedo decir que los elogios o silencio de la prensa ésta me tienen sin cuidado del todo. Adiós niños. Se os abraza

Pedro

A MARGARITA BONMATÍ

[Membrete: Gran Hotel Bolívar. LIMA-PERÚ]

Viernes 19 [septiembre de 1947]

Hija mía, el día de hoy es catastrófico. Me llevan ahora, dentro de un momento a ver unas ruinas, luego tengo un almuerzo con un historiador de aquí, derechista, y visita de iglesias, y después compras, tres pelmas y la conferencia. Tras ella recepción en la Asociación de Escritores. Esta gente es mucho menos sencilla que los colombianos. Se empeñan en que veas lo que ellos quieren, tengas o no gana. En fin, paciencia. No te escribo más que unas palabras. Ayer buen día, pero cargado. El almuerzo en el Country Club muy numeroso. Hablé un momento con Maurois, tan untuoso y exjudío como siempre. Antes habíamos tenido esa discusión de mesa redonda con los profesores de literatura de la Universidad. ¡Qué ambiente de mediocracia y de ignorancia, chica! Un argentino español, verdadero energúmeno intelectual, otro peruano que habla sin decir nada, todo lugares comunes. Me dio una triste idea de la enseñanza de la literatura en ésta, la mejor Universidad, dicen, de la América Española. Se andan en el modo de enseñar de España de hace cuarenta años, y de lo demás han oído campanas, que no saben dónde suenan, y de puro oído. Por eso me explico que gusten a los estudiantes mis conferencias. Ha ido la cosa en crescendo. Ayer el público de pie llegaba al mismo borde de la mesa donde hablaba y hasta por las ventanas había gente escuchando, y en el patio, en bancos, donde se habían subido. Me alegro mucho, sobre todo por el silencio absoluto que hacen los periódicos, que no publican la menor reseña. Pero se ve que se corre la voz entre los estudiantes. Pobrecillos, con las ganas que tienen de algo nuevo, y en manos de estos anticuados. Lo mejor es el Rector, Luis Alberto Sánchez, que gana mucho conocido.

Hay en Perú una división política feroz, muy parecida a la de España antes de la guerra civil. Como la Universidad es aprista los no apristas la tienen odio a muerte.[153] Hay también mucho franquismo y falangismo entre la titulada gente bien, y algunos intelectuales. El que me invita hoy a almorzar es uno de esos derechistas; ya veremos. Yo ando siempre con la mayor corrección y neutralidad, claro.

Bueno, voy a ver esas ruinas incas. Pienso salir pasado mañana, si puedo, si no el lunes. Y sigo sin recibir cartas.

Abrazos múltiples, acorderada criatura.

Pedro

Ah, ahora quien me lleva de excursión es el padre de Encinas.

[Membrete: Gran Hotel Bolívar. LIMA-PERÚ]

Sábado 20 [septiembre de 1947]

Ya tengo arreglado el viaje para mañana, mi Márgara. Saldré a una hora en que me espanta pensar: a las cinco. Lo cual supone levantarme a las tres y media, o sea no dormir casi. Dios mediante llegaré a Cali, Colombia a las dos de la tarde, y o pasaré la tarde allí o saldré para Popayán, donde conferencio el lunes y el martes. Salgo

153. APRA, siglas de Alianza Popular Revolucionaria Americana, partido político fundado en 1924 por Víctor Raúl Haya de la Torre.

como ves casi a conferencia diaria. Pero no me siento fatigado y estoy muy contento. Porque con estas dos excursiones a Quito y Lima me llevaré el doble de dinero de lo que hubiera sacado sólo de Colombia. El viaje ha resultado económicamente tan fructuoso como si hubiera ido a Venezuela, y más grato. Ojalá siga bien.

Ayer por la mañana fui con el padre de Encinas a las ruinas de Pachacamac; era una ciudad inca con tres templos y muchas casas. Apenas queda nada en pie, y están reconstruyendo el templo de la Luna. Situada a orillas del mar, tiene enfrente unos peñones soberbios parecidos a los de la costa de Alicante. El paisaje de tierra es de una desolación que sobrecoge. Colinas arenosas, cerros pardos, y al fondo montañas hoscas. Pero con una luz suave y neblinosa. Por la desnudez me recordó algo de Castilla. El Sr. Encinas es un senador independiente muy izquierdista y me contó algo del confuso panorama político del Perú, que según dicen muchos va a dar en una revolución o una dictadura muy pronto. Luego cambié de tono. Almuerzo con Porras Barrenechea;[154] un historiador y diplomático españolísimo, acusado de falangismo. Almorzamos en el Club Nacional, que es un casino como no te puedes figurar de lujoso, como los buenos casinos del XIX, con un aire confortable y sólido. Comida excelente. Este hombre es enemigo furioso del indigenismo y de todos los intentos de reconstrucción espiritual del pasado indio e inca. Es más apasionado que un español. Sostiene que Pizarro hizo bien en matar a Atahualpa, que era un bárbaro. Despotrica contra los yanquis y defiende la cultura española como la única base posible de vida espiritual para el Perú.

A pesar de todo esto no es un tonto ni un fanático. Nos entendimos bien. El estuvo muy discreto en lo político. Todo mi afán, sabes, es hacer ver que los llamados rojos somos tan españoles como los otros, y que se puede hablar con nosotros sin es-

154. Raúl Porras Barrechenea (1897-1960). Historiador peruano.

perar estridencias rabiosas ni insultos para nadie. Me llevó
luego a ver la tumba de Pizarro. Impresiona la momia, terrible
en su urna de cristal. ¡Qué diferencia con México! Allí no quie-
ren oír mentar a Cortés, y el hallazgo de sus restos armó el jaleo
que ya sabes. Le tienen odio. Pero en Perú comprenden que Pi-
zarro, en bien o en mal, es un personaje sin par en su historia y
lo respetan. Luego fuimos a la llamada Quinta de la Perricholi,
un palacete del XVIII, estilo hispano francés, encantador, donde
dicen que vivió la famosa cómica. Y de allí al convento de los
Descalzos, que tiene cosas bonitas. También vimos una Ala-
meda, la Alameda de los Descalzos, imitada a la de Sevilla, con
sus estatuas, precioso tipo de paseo provinciano. La conferen-
cia a las siete, rebosante, tanto o más gente que el día anterior
en todas partes, pasillos puertas y ventanas. Por la noche me
invitó a tomar un chocolate Carmen Ortiz de Ceballos, tan fina
y discreta como siempre; había reunido a cuatro escritores jó-
venes, de lo mejor que he visto por estas tierras. Y hoy, Marg,
dentro de una hora ceremonia: me hacen Catedrático *Honoris
Causa* de la Universidad de San Marcos. ¡Qué más se puede
pedir! Serás Catedrática *Honoris Causa* de la Universidad más
ilustre y Antigua de América Española. ¡Fínchate! Adiós, mi
Marga. Cuídate mucho.

Tu Pedro

Hotel Alférez Real
CALI, COLOMBIA

Domingo 21 [septiembre de 1947]

Verdaderamente, Márgara, esto de la aviación es asombroso.
Esta mañana a las cinco aún en Lima. Y a las dos de la tarde, en
Colombia, después de saltarnos los Andes, como si nada. Y todo
con una sensación de comodidad, de seguridad increíble. Me tuve

que levantar a las tres de la madrugada. Y sin embargo, como he dormitado un poco en el avión, estoy relativamente bien. El viaje monótono, a todo lo largo de la costa del Pacífico, por encima de esas tierras desoladas, verdadero desierto, que es la costa Norte del Perú. Un amanecer encima de las nubes, suave y paulatino, sin ninguna violencia, con un llano de nubes inmóvil, debajo de nosotros, sin ver la tierra. Luego cuando, ya en Guayaquil, hemos dejado el mar y hemos puesto proa a los Andes, han empezado esos paisajes celestes y terrestres grandiosos, donde compiten las montañas y las nubes en enormidad y movimiento. Hicimos escala de unos minutos en Quito, y respiré su alto aire fresco y vivo. Y a las dos llegamos a este Cali, ciudad graciosa, al pie de una sierra, cálida, que recuerda un poco a Murcia. Es la escala forzosa para ir a Popayán; dormiré aquí esta noche y mañana, tras un breve viaje de avión, llegaré a Popayán. Allí dos conferencias y dos días. A ver si esa ilustre y renombrada ciudad es tan bonita como dicen. Tiene fama de ser la más noble, reposada y a la antigua, del país. Todo esto estaría muy bien, de no ser porque he salido de Lima sin tener noticias tuyas. Yo no sé lo que pasa. Es el correo de Colombia, indecente entre todos. Ots quedó en reexpedirme todo lo que llegara para mí: estoy seguro de que lo ha hecho. Y nada me ha alcanzado. Tengo calma, pero de todos modos en el fondo estoy un poco inquieto.

Ayer, día último de Lima se celebró la ceremonia de concederme el título de Catedrático *Honoris Causa*. Lo de siempre. Un discurso del Rector, una presentación, biográfica y crítica de un profesor de Literatura, y luego el Rector me impuso la medalla de Catedrático, con su hermosa cinta rosa. Me la dieron luego en una bonita caja de plata peruana y el correspondiente diploma. Yo contesté, agradecido y lo más elocuente que supe. Asistió Giral, también. Todos los de San Marcos me despidieron muy atentos, y pidiéndome que vuelva, en principio, en julio del año que viene. ¡Pero Dios sabe lo que habrá pasado para esa fecha en el Perú y en el mundo! Perú está desgarrado por la política, y no hay nadie que no se tema una revolución, y muy pronto. Todos estos países están corroídos por ese mal; y siempre, al fondo, amenazando, para ser el que en último momento lo decide todo, el espadón, el ejército. Ayer se me presentó una chica muy simpática, amiga de una recitadora que hubo hace años en Madrid, María Antonia. Yo ya no me acordaba de esa criatura; la infeliz se suicidó en Buenos Aires hace tres años. Y esta chica, Teresa Llona, era íntima suya, y la llevó a vivir a su casa, con sus padres, cuando se vio desamparada en Lima. Tiene un verdadero culto por su memoria. La encontré un poco parecida a Elsa:[155] sencilla, inteligente, con ese aire de limpieza humana y muy servicial, como Elsa. Como yo tenía que comprar libros y cosillas de plata para mi esposa e hija, ella me guió por las platerías. Me fue muy simpática. Lo malo es que es poetisa, y que me dio un libro suyo, no muy bueno. Es también, para mayor paralelo con Elsa, amiga de Gabriela Mistral.[156] ¿Cómo se las arreglará esa Gabriela para hacerse esas guirnaldas de amigas similares? Por la noche cené con los amigos españoles, Funes, Giral, Roda, etc. Nada nuevo. Poca esperanza. Bueno, mi Marg, son las cinco, voy a tomarme un jugo, a preparar mi conferencia nueva de Bogotá (que es sobre Unamuno, y no la he dado nunca) a hacer hora de cenar y a acostarme, ya te puedes imaginar a qué hora, habiéndome levantado a las tres. Se te abraza corderesca y leonescamente

Pedro

---

155. Elsa Fano, Puerto Rico.   156. "Vindicación de la distraída (Gabriela Mistral)", *Ensayos completos*, III, pp. 415-420.

Ya estoy en Popayán. Como ésta es una ciudad que presume de antigua, prócer, y muy española, el hotel donde paro se llama Hotel Lindbergh, y tiene en la vajilla ese nombre y un aeroplanito. Pero me parece que ahí se acaba la influencia gringa. La ciudad, es un poblachón a la extremeña, con una gran unidad, todo casas de pueblo, algunas con pretensiones de casas señoriales, y su golpe de escudo y blasones, pero la mayoría casas de dos pisos. Y sembrada, claro, de iglesias y conventos. Todo muy limpio, casas pintadas de colores, y rodeado de colinas verdes, muy alegre. En España sería un pueblo simpático de cuarto orden en la provincia de Jaén o Córdoba. Aquí pasa por ciudad, nada menos: ilustrísima y señorial. Por lo menos no hay rascacieletes de ésos con que ahora se envanecen estos países, como en Cali, ni nada agringado, salvo el famoso hotel, el cual también se parece en lo destartalado a una fonda andaluza. ¡Ni armario tengo! Y de aquella suntuosa habitación del Hotel Bolívar, Lima, con su salonesco cuarto de baño, ahora sólo hay en la habitación un lavabito. En cambio, veo por el balcón, a mis pies, una rinconada preciosa, que forma la fachada de un convento, y la de la Universidad. En eso sí que me parece estar en una pueblo cordobés. La recepción fue como corresponde a un pueblo con categoría de capital de departamento. Hasta el gobernador, hija, vino al campo de aviación; y entré en su coche, el más moderno que he visto. Se suben los cristales de las ventanillas oprimiendo un botón; y tocando otro se abre la portezuela. Es un *ultimísimo* modelo Lincoln, recién llegado de Detroit. Paradoja: en una de las ciudades más viejas de este continente vine a ver el último modelo de coche yanqui. Sospecho que les ha gustado mucho la admiración de que he dado muestras al ver lo a la moderna que se vive. Debía empezar las conferencias (dos son las que he de dar aquí) esta tarde. Pero hemos topado con la política: a las tres llega el jefe del partido liberal, en viaje de propaganda y dará un mitin a las cinco. Es imposible que los ánimos encendidos por la oratoria política se calmen para oír hablar de Garcilaso, un poco más tarde. De modo que hablaré mañana, dos veces, a las once y a las siete.

El viaje de media hora, en avión, ha sido precioso. Íbamos esta vez casi siempre por encima del valle del Cauca, muy feraz, todo verde como un jardín, y repleto de ganado vacuno, y árboles añosos y bosquecillos. Paisaje de égloga, hija mía, sereno, pastoril, de Edad de Oro. Y el río, el Cauca, discurriendo por en medio, pero con unos rasgos y unas curvas preciosos. Nunca he visto un río que de esas vueltas y trace esos dibujos sobre el verde como este. Parece que se entretiene en ir jugando, despacio y encantado. Hay unas cuantas curvas casi cerradas, en que el agua por poco más forma un círculo perfecto sobre su curso. Me he acordado del río de Góngora. Y después de tanto derroche de montaña y grandeza abrupta me ha gustado mucho este paisaje. La temperatura suave hasta un poco calurosa, también a la andaluza. Y ahora, me entran por el balcón abierto, balcón de verdad con sus dos hojas de cristales y maderas, los gritos de un hombre que pregona: "¡Crema, crema, hay crema!" también con sonsonete andaluz.

Bueno, niña, van a venir a buscarme mis admiradores, sí hija mía, admiradores, que los tengo, para empezar a ver iglesias. Invito a Popayán a que te salude conmigo, aunque te abrazo solo

Pedro

[Membrete: HOTEL LINDBERGH/POPAYÁN-COLOMBIA]

Martes 23 [septiembre de 1947]

Ahí tienes ya el membrete del hotel con su aeroplano y todo. ¡Qué hotel! Parece que he vuelto a aquellos tiempos en que el confort empezaba a entrar en España, y el mayor lujo era un lavabito con agua corriente, que a veces no corría. Aquí los grifos tienen lo de "frío" y "caliente", pero es mera letra y tan fría está la una como la otra. Y me he tenido que hacer yo la cama, porque las sábanas y mantas son tan roñosas que se destapa uno sin querer a la menor vuelta. Pero así hay que pagar el amor a lo antiguo, a la nobleza colonial, al recuerdo de España. Aquí para *inter nos,* toda esta América trasciende a provincia, a espíritu provinciano. En los mejores casos, en Lima, en Bogotá, capital de provincia de primer orden, pero con ese tufo de estar pendientes de lo que hacen otros, los de la gran capital de querer seguir su moda. Y en otros, como Quito y Popayán, pueblo de provincia. Para mí lo no provinciano, la capitalidad es tener una especie de seguridad, de confianza en sí mismo, la conciencia de que se es cabeza, y se guía a lo demás. Pero claro, aparte de esta observación general, ya en concreto tiene para mí un encanto inmenso el volver a respirar este provincianismo. Popayán es quizá lo más remoto de lo yanqui, que he visto, es decir lo más auténtico. Ayer dimos un paseo por la ciudad. Desde lo alto del cerro los tejados se agrupan se apiñan, con una unidad admirable; se ve que es una ciudad entera, sin esos rompientes de cemento de las casas nuevas. Es el mismo espectáculo de tejados pardos de Salamanca, o Palencia. En cambio las casas son más alegres, pintadas de colores, a lo levantino. Todo limpísimo. No hay alrededores sucios, ni *fanquitos,* ni chozas. No sé cómo es, pero se acaban las calles limpias en un campo limpio. Vimos dos o tres iglesias. Tienen altares y retablos semejantes a los de Quito y Lima, algunos buenos, pero no hay nada con la imponente grandeza de conjunto y riqueza de las iglesias de Quito. Sin embargo un púlpito es tan bueno como lo mejor. La baranda de subida al púlpito es una joya. De madera calada y pintada, tiene temas de frutas y pájaros del país. Esa influencia de lo americano, introducida por el artesano, por el tallista indio, fuera de la voluntad del maestro de obras español, es lo mas típico de este arte de por aquí. Se ve ya un anhelo de independencia, una afirmación de su modo de ser, que se asoma, y se insinúa, en los detalles, ya que lo principal está regido y dirigido por otros, por los amos, los conquistadores. De modo que yo he llegado a la conclusión de que el deseo de independencia, no se manifiesta primero en lo político, como idea, lo cual no ocurre hasta final del XVIII, sino en lo sentimental y en lo estético, en estos desvíos de la tradición europea pura, que se ven en Quito, en Lima y aquí. Es el arte el que primero lo expresa, con su voz misteriosa, que no percibían o no entendían los dominadores. La libertad se busca siempre sus salidas. Bueno, Marga, te escribo con el balcón abierto de par en par y el sol entrando a raudal en el cuarto. Bien te querría aquí, aunque no fuera mas que gozaras esta chispa de nuestro mundo. Tengo hoy dos conferencias. Mañana a las dos salgo para Bogotá. El sábado 27 para Cartagena. Allí estaré hasta el martes 30 en que saldré para Miami. Y si Dios quiere el jueves 2 de octubre estaré contigo. ¡Buenas ganas tengo! Tu

Pedro

[Membrete: HOTEL LINDBERGH/POPAYÁN-COLOMBIA]

Miércoles 24 [septiembre de 1947]

Hoy ando deprisita, mi Márgara. Tengo que dar una conferencia a las once, la matinal. Y luego, a la una y media echarme a volar, o a que me vuelen, a Bogotá. Por cierto que de allí he tenido una noticia triste: ha muerto la esposa del Rector Gerardo Molina, que tan bien se ha portado conmigo. Durante mi estancia en Bogotá yo ya sabía que estaba muy enferma de padecimiento crónico, alta tensión; pero este hombre se ha desvivido por acompañarme, sin ahorrar tiempo, y sin aludir ni una vez a su situación doméstica. Esa discreción y pudor me lo hicieron muy simpático. Y un día, como sabía que su mujer era muy aficionada a leer, le ofrecí para ella un ejemplar del *El contemplado*. Me alegro haberlo hecho. Creo que se entendían muy bien y eran una gran matrimonio. Anteayer al enterarme de su desgracia le telegrafié en seguida.

Popayán me gusta mucho. Me va penetrando este encanto de su calma y su gracia de ciudad entera. Eso es lo bonito: está entera, no tiene casi manchones modernos. Lo hermoso no es éste ni aquel edificio en particular, es el conjunto, toda ella. Ayer al ir al mercado me topé con una de esas costumbres españolas, inolvidables. El pajarito amaestrado que saca el papelito de la suerte. Pero conforme al cambio de latitudes no era un pajarito, ni un jilguero, como en España; eran dos loritos preciosos. En la jaula o caja donde viven hay unas pinturas de colores que dicen, por un lado: "Una mirada a su porvenir", y por el otro: "Júpiter y el profeta Elías". Son los nombres de los dos pájaros. Por lo demás el papelito es como todos. La única novedad es que después de predecir que recibiré noticias que me den mucha alegría me asegura que me tocará la lotería si juego al número 1300. Esto está hecho para estas tierras.

Di las dos conferencias ayer, una a las once, otra a las siete con buen público. No me cansé nada: al contrario, en la de la tarde estuve más fluido que en la primera. Chica, voy aprendiendo a dar conferencias, en este viaje. Ya muchas veces tengo el papel delante y no lo miro. A la noche comida ofrecida por el Rector en el Club de Popayán. Asistieron el Gobernador y un Senador. Buena comida y rato agradable. En fin me han tratado muy bien. Les encanta que venga por aquí uno, se ve. Y la gran sorpresa fue cuando me hablan de la retribución, de lo que no había nada convenido. Me dan, claro, los gastos de viaje y estancia y 500 pesos, es decir más de 200 dólares. Me quedé encantado. El viaje va a resultar mejor de lo que pensaba. Lo malo es lo que hay que pagar cuando vuelva. Pero de todos modos ha sido una gran ayuda el viajecito.

Adiós, guapa. Voy, precisamente, al banco a cobrar el cheque, a comprar postales y luego a la tribuna. Abrazos. Esta tarde en Bogotá ya sabré algo de ti. Estoy ansioso. Tu

Pedro

A MARGARITA BONMATÍ Y SOLITA SALINAS

[Membrete: Hotel/Residencias Santa Fe/Bogotá]

Jueves 25 [septiembre de 1947]

No me engañaba el lorito de Popayán, al predecirme que pronto tendría buenas noticias, porque anoche al llegar aquí me encontré con cartas tuyas y de Sol. Gran alegría. Sobre todo me tranquiliza que Sol se esté contigo hasta mi regreso, lo cual es bueno para las dos y para mí. Veo, además, que estás bien, y que los Llorens, como era de suponer, son ya un elemento de compañía que nos hará sentirnos menos aislados en Baltimore. Ya te iré diciendo, otras cosas de las cartas. Hoy es muy mal día, por supuesto como todos en eso del traqueo. Porque ayer llegué tarde a Bogotá, por culpa de la condenada Avianca (es el nombre de la compañía filial de la Pan American), que sigue con la misma informalidad e inseguridad en el trato del pasajero. Y nada de lo que me proponía hacer pude hacerlo. Menos mal que en vez de dos conferencias daré solo una, la del Quijote, porque para mañana estaba comprometida ya la sala para Maurois. Me alegro mucho. Así que hoy es la despedida. Pero me quedan muchas visitas de despedida que hacer, algunos libros más que comprar, etc. No sé aún si saldré para Cartagena el sábado o domingo. El Rector Molina, después de su desgracia, se ha ido al campo y eso me ha trastornado un poco los planes, porque con él todo iba sobre ruedas. Ayer un violento ataque contra mí en el periodicucho fascista y falangista *El Siglo*. Se dice que la Universidad Nacional de Colombia no puede vivir sin un rojo, que me dio unas cortas vacaciones y que ya me vuelve a traer, porque la separación no duró mucho. Que me fugué de Santander, que soy un privilegiado, que dispongo de las aulas de la Universidad, de la Casa Colonial, y de la Radio. Y luego, así: "No importa que el Sr. Salinas sea comunista, no". Es decir que ya se me titula comunista, sin más.[157] Por mucho que uno quiera transigir con esas gentes, son una canalla inmunda, que se merecen que los ahorquen a todos. Se jactan de españolistas, y a mí que no he hecho mas que exponer y ensalzar valores espirituales españoles, me insultan de ese modo. No cabe duda esta vez que la cosa viene de la Legación, del canallita del Alfaro, el ministro actual, que hace doce años venía humildemente a solicitar mi opinión sobre unos poemitas suyos a mi despacho, y me trataba con respeto sacristanesco. Bien saben ellos que estoy trabajando por España y lo español, más que ellos; pero como son unos fariseos y unos hipócritas, no les importa. Parece ser que desde Madrid la radio de Franco nos insultó hace tres noches a Giral y a mí, con motivo de nuestra presencia en Bogotá. Todo claro, soplado desde aquí. ¡Y ésa es la política de atracción, que pregonan! Bueno, que se vayan todos al cuerno. Yo, por lo demás, no chistaré y no me quejaré, como la otra vez. Es la mejor táctica.

Me alegro de lo de Jaime. No le he escrito porque no tenía las señas. Dale algún dinero, si lo necesita. Bueno, niñas, ahora viene

---

157. La carta del día siguiente lleva una anotación manuscrita de Margarita Bonmatí: "Acusaron a Salinas de conf. marxista cuando eran sobre poesía clásica. ¡Estaba furioso! Ahí lo manifiesta, por eso el calificativo".

Ots para que vayamos a convertir en dólares los pesos colombia-
nos con que rebosa mi cartera. Se os abraza amante y cariñoso

Padre
Pedro

[Membrete: Hotel/Residencias Santa Fe/Bogotá]

Viernes 26 [septiembre de 1947]

Ilustres mamá y niña:

Hoy último día bogotano. Ya os podréis imaginar el barullo
que me espera, de despedidas. Y lo trágico es la hora de salida de
mañana: a las seis. Esta condenada compañía de aviación parece
que se propone dejarle a uno sin sueño. Viajar en avión es renun-
ciar a dormir. Y yo he cogido un principio de catarrito de esos de
garganta que me dan de vez en cuando y tengo más miedo que el
Cid, que dicen en Burgos. Salgo para Cartagena, de la que todos
se hacen lenguas y me dicen que me ha de gustar mucho. Pasaré
allí sábado, domingo y lunes. Ayer anduve todo el día loco con
lo de los cambios. Es imposible conseguir dólares. Y el problemita
de cambiar estos pesos colombianos en ricos dólares es arduo.
Pasé casi todo el día en eso. Por fortuna en Ecuador y Perú me pa-
garon en dólares, y aquí la Universidad, también, pero los otros
piquillos, las Universidades de provincia, me dieron pesos. La
conferencia de ayer como me dijo, en serio, un caballero "cerró
con broche de oro" mi actuación. La sala de la Casa Colonial rebo-
sando público, y gran número de gente en pie. Muchos aplausos.
Ya he terminado bien. No sé si la canalla franquista llamará tam-
bién marxista a esta conferencia sobre el Quijote. Estuvieron
todos los españoles importantes (los Zulueta, tanto ella como él
deshaciéndose en cumplidos), y muchos escritores colombianos.
Hoy pienso pasar a dejar tarjeta a los periódicos que se han ocu-
pado de mí, y a despedirme del Ministro Ureña, los Zulueta y Ma-
dariaga. Veremos lo que me da el tiempo de sí. A los comiquillos

no les he visto. Desde luego no creí ni un momento que me estrenarían la obra. Lo que están dando aquí es Muñoz Seca,[158] los Quintero, y algún *vaudeville* que otro. Esta gente no tiene remedio. Son las mismas compañías de España, que cultivan deliberadamente el teatro más bajo y vulgar. La carta de la Editorial Sudamericana da a entender bien claro que mi libro ni ha salido ni saldrá en algún tiempo. Ya no sabe uno qué hacer. Y de Losada, nada tampoco. Paciencia y más paciencia.

Adiós niñas. Hoy ceno con los Ots, por ser el último día. Paquita me ha dado una pequeña mantelería de té para Sol, que os llevaré religiosamente. Adiós monadas. Mañana, si Dios quiere, estaré en Cartagena, "brazo de agarena" como reza el cantar de Tito y desde allí se os saludará como es costumbre. Os abrazo mamá y niña o niña y mamá, o mamás y niñas, a elegir.

Pedro

[Al margen] Ya mandé el cheque del alquiler de la casa con todo este jaleo se me había olvidado.

Sábado 27 [septiembre de 1947]

Eh, vaya papel de escribir que me he echado. Con ilustraciones y todo.[159] Esta mañana a las 5, sí a las 5, me levanté. A las 11 en Cartagena. A las 2 os escribo. Nota dominante, predominante, el calor, archi-puertorriqueño. Venía forrado de ropa y he tenido que quitarme casi la epidermis. Me esperaba el Rector, otros dignatarios de la Universidad y el padrino de Tito, Don Arturo.

---

158. Pedro Muñoz Seca (1881-1936), autor de teatro cómico, creador del género teatral llamado "astracanada". Autor de *La venganza de Don Mendo*.   159. La carta está escrita al dorso de un mapa polícromo de Cartagena en relieve, anotado a mano por Salinas.

Todos de blanco. ¡Qué envidia me dieron! Tengo un miedo espantoso a la conferencia de esta tarde, a las cinco. Solita, si recuerdas el calor de La Habana eso te dará una idea, pero pálida. La ciudad parece muy bonita (este hotel está afuera, en la playa) pero con esta temperatura ni la mismísima Roma me conmueve. Hijas mías, aquí las estoy pagando todas juntas. Espero estar vivo mañana y escribiros.

Pedro el sudoroso

El defensor

DEFENSA DE LA CARTA MISIVA
Y DE LA CORRESPONDENCIA EPISTOLAR

DEFENSA DEL LENGUAJE

Defensa de la carta misiva
y de la correspondencia
epistolar

LA INVITACIÓN AL MAL

UN PASEO por una gran urbe moderna es un desafío a las tentaciones. En cuanto se aventura uno por el centro de la ciudad, mírese a donde se quiera, a ras del suelo o a la altura de un piso veinte, la vista cae, siempre vencida, sobre un cartel, rótulo o letrero, de letras ya minúsculas ya gigantescas, desde el cual se nos excita a hacer algo. Casi siempre ese hacer toma la forma adquisitiva, es un comprar. Los carteles, unos nos aconsejan ("debiera usted comprar..."), otros nos preguntan ("¿nunca usa para el pelo...?"), los hay que nos amonestan ("cuidado con vivir sin tener un seguro..."), y hasta a veces nos mandan, nos ordenan autoritariamente, con su pelotón de letras, a lo militar. De estos letreros mandones e imperiosos ninguno me es más aborrecible que uno, de dolorosa frecuencia para la vista. Se halla en las portadas de las oficinas de telégrafos, y dice así, con brutal laconismo y bárbara energía: "No escribáis cartas, poned telegramas". *Wire, dont write.* Por atrevido que parezca yo proclamo este anuncio el más subversivo, el más peligroso, para la continuación de una vida relativamente civilizada, en un mundo, todavía menos civilizado. Sí, es un anuncio faccioso, rebelde, satánico, un anuncio que quiere terminar nada menos que con ese delicioso producto de los seres humanos, que se llama la carta. Tan santa indignación me produce que tengo hecho ánimo de formar una hermandad que, a riesgo de sus vidas, recorra las calles de las ciudades, y junto a esos rótulos de la barbarie, escriba los grandes letreros de la civilidad, que digan: "¡Viva la carta, muera el telegrama!" Los que perezcan en esta contienda, que de seguro serán muchos, se tendrán por mártires de la epistolografía y en los cielos disfrutarán de especiales privilegios, como el de libre franquicia para su correspondencia entre los siete cielos y la tierra.

¿Porque ustedes son capaces de imaginarse un mundo sin cartas? ¿Sin buenas almas que escriban cartas, sin otras almas que las lean y las disfruten, sin esas otras almas terceras que las lleven de aquéllas a éstas, es decir, un mundo sin remitentes, sin destinatarios y sin carteros? ¿Un universo en el que todo se dijera a secas, en fórmulas abreviadas, de prisa y corriendo, sin arte y sin gracia? ¿Un mundo de telegramas? La única localidad en que yo sitúo semejante mundo es en los avernos; tengo noticias de que los diablos mayores y menores nunca se escriben entre sí, sería demasiado generoso, demasiado cordial, se telegrafían. Las cartas de los demonios de Lewis son pura invención literaria.

NOVEDAD DE LA CORRESPONDENCIA

Y sin embargo, de tan familiar que se nos ha vuelto hoy día la correspondencia epistolar se nos olvida que, en verdad, los hombres en general, la mayoría de los humanos, hace muy poco tiempo que hallaron acceso a sus beneficios y delicias. Antiquísima es la carta, en sí; más de cuatro mil años dizque cuenta la decana de las cartas habidas, que es, por cierto, una carta de amor escrita en Babilonia. Pero en el mundo antiguo una escasa minoría, los sabidores de las entonces raras artes de lectura y escritura –y esta minoría era masculina, exclusivamente– se permitían el lujo de cartearse. Además, una vez escrita la carta, su trasporte hasta la persona deseada oponía más dificultad a la voluntad de comunicación. La gran institución rectora de la Edad Media, la Iglesia, y otra nacida a su sombra, la Universidad, son las primeras que se preocupan por facilitar el trasporte de las cartas, creando un servicio de mensajeros a lugares remotos, a fuer de ese concepto de universalidad contenido en los nombres de las dos instituciones —la Iglesia aspira a una catolicidad, la Universidad a una universalidad— que son imposibles sin ese ir y venir de las ideas, saltándose las lejanías y venciendo los aislamientos. Los famosos *messagers volants,* los correos de las universidades, forman una ilustre nobleza en el cuerpo benemérito de la cartería. Por mucho tiempo sólo los clérigos, sacerdotes o sabios, las gentes de iglesia o de casas de estudios, disfrutan de ese servicio de los mensajeros. Ellos, y por encima los reyes con sus correos reales, son casi los únicos capacitados para hacer llegar a gentes distantes sus deseos o sus pensamientos. Ya en el siglo XVII Francia, tierra de singulares dotes para letras y epístolas, cuenta con novecientas estafetas postales. Nos queda en muchas cartas de ese tiempo constancia de cómo se estaba pendiente entonces de los días y horas de salida de ordinarios y extraordinarios, con atención y observancia análoga a las que hoy ponemos en los horarios de las ferrovías. ¡Qué distancia, de esas lentitudes y dificultades en el acarreo de las cartas, a los primores y expedientes que nos ofrecen nuestros días, para comunicar, así sea a los antípodas, y a cualquier hora diurna o nocturna, la primera fruslería que se nos venga a las mientes!

CAJA DE LAS MARAVILLAS

Su mejor símbolo, los buzones. De entre los muchos prodigios que pululan en una calle de ciudad moderna, sin que nosotros, por la embotadora ceguedad de la costumbre, nos apercibamos de su calidad de maravillosos, pocos como éstos, los buzones. Callados, fidelísimos, discretamente vestidos de verde, como en Estados Unidos, otros uniformados de rojo, como en las grisuras de Londres, se ofrecen en cada esquina a todas las querencias de un alma por otra alma ausente. Quizá mi entusiasmo por los buzones venga del estupendo estilo con que se me presentaron por primera vez en mi vida. Eran los del Correo Central, en la Villa de Madrid y en su calle de las Carretas. Para disimular su misión meramente funcional, la ranura en la que se depositaba la correspondencia afectaba la forma de una boca de león, con sus dientes y todo. Las cabezotas leoninas eran tres, si mal no recuerdo, una para el interior, otra para provincias y la tercera para el extranjero; estaban esculpidas en alto relieve, en la pared, de tamaño más que natural, con lujo realista de detalles —melenas copiosas, ojos fieros, acusados huesos frontales— en hermosa piedra granítica. ¡Qué temblor, la primera vez que dejé yo caer una carta, aupado por los brazos de mi niñera, en la bocaza del felino postal! La solté sin adelantar mucho la mano, por si acaso las fauces se cerraban, de pronto, como era de esperar. Porque una de las cavilaciones que me acuciaban en esos días era la de saber a qué hora descansaban los leones de esa boquiabierta constante, cuándo les llegaba su descanso y juntaban las quijadas, en justo premio a su esforzado trabajo. Así me ofreció a mí la vida el correo misteriosamente, convirtiendo la simple operación de echar una carta en aventura arriesgada, en la que, al modo de Amadís, había que afrontar nada menos que a un león melenudo, para salir a cabo con nuestra voluntad. Si yo hubiese leído para entonces aquello del "vivir en peligro" nietzscheano, habría interpretado ese designio del correo madrileño —revestir los buzones de figuras leoninas— como un modo más de hacer sentir al pobre hombre que somos, lo alburero y aventurado de hasta el acto más simple de la existencia: echar una carta.

Desde entonces he mirado a los buzones con mixto sentir de asombro, gratitud y temor. Mentira me parece que una carta, soltada en su boca oscura, que participa de la calidad del osario, o fosa común, en la que todos nos encontramos revueltos, no quede enterrada allí, deshaciéndose lentamente, sino que, al contrario, se nazca, se alce a su nueva vida viajera, y vaya y cumpla hasta el fin su destino de ofrecerse a otras manos y a otro ser. De misterio y recelo que me infunden los buzones han venido a representárseme como adornados de personalidad e individualidad, dotados de ánimo e intención como los hombres, o quién sabe si más. A unos, los miro como amigos y benevolentes, particularmente afectos a encargarse de mi peligro y a despacharlo volando. Pero otros hay que los siento como emanando un vaho de malevolencia y animosidad hacia mi persona, como reacios a servir, rebeldes a su menester, y muy peligrosos. Y por eso huyo de ellos, porque me barrunto que si les entrego mi carta nunca saldrá de sus malas entrañas, y allí se consumirá sin alcanzar su perfección la entrega; y ando, si es menester, tres o cuatro calles, hasta dar con buzón de apariencia amigable y diligente, de confianza, ése que no puede fallar, y en cuyo seno se deposita el sobre con la misma fe que la confianza en el pecho del amigo fiel. También hay ángeles buenos y malos, y de algún buzón de Madrid sé yo que me tuvo persuadido, por años casi, que comunicaba directamente con el fuego central de la tierra, y que toda palabra escrita que allí se aventurase acabaría consumida en pavesas, mientras mi novia la esperaba días y noches.

Mi último descubrimiento, en esto del depósito de la correspondencia, el último invento y *non plus ultra* de la buzonería, es obra de la maravillosa inventiva mecánica de Estados Unidos. En grandes hoteles, en edificios oficinescos del país, el forastero primerizo descubre con extrañeza que en todos los descansillos, entre piso y piso, cruza la pared de arriba abajo, y adosado a ella, un conducto cristalino, de forma rectangular, no cilíndrica, y con una sola abertura o ranura, en su centro. No se explica uno por el momento ni siquiera que eso sea una tubería, que tenga un propósito conductor y sirva de paso a algo. ¿Qué es lo que puede transitar por esos cristalinos caños, de dónde lo recoge, para dónde lo lleva? ¿Es de materia sólida, líquida o gaseosa? De pronto algo como la sombra, el vislumbre de un cuerpecillo blanco, cruza rapidísima ante nuestros ojos por la canal, apareciendo en lo más alto, sumiéndose, apenas entrevista, por el fondo. Sígase mirando fascinadamente, como yo lo hice, y se observará cómo caen y caen, por la traslúcida cañería, más y más raudas sombras blancas, gotas gordas, intermitentes y misteriosas, un destilar de lo celeste a lo terreno, rocío encauzado. Todos acaban, quién antes, quién después, según y conforme a su agudeza deductiva o a su perpicuidad de observación, por saber que se trata de un colector de cartas, propio de esos edificios rascacielos, que permite a cualquiera, en cualquier piso, depositar las suyas en el descansillo correspondiente, y que las lleva derechamente al buzón instalado en la planta baja. Lo que no he podido averiguar, ni pienso intentarlo, es por qué secreta providencia este portentoso artifecho, en lugar de ser de materia opaca y negada a la vista, es transparente y cristalino, de modo que permita el goce —que yo me he ofrecido muy frecuentemente a mí mismo— de sentarse en el banco del descansillo a ver pasar las cartas por la cañería, a palpitar de expectativa, cuando trascurre un minuto o dos, sin que caiga ninguna, a alborozarse jubiloso, cuando llegan juntas unas cuantas, chocándose unas con otras, como si retozaran; contando las disidentes de color, los sobres azules, pardos, y alguna vez se siente el pujo de querer parar una, de robar un pensamiento, que debe de ser deleitable entre todos, y que cruza, de azul.

DIFUSIÓN DE LA CARTA

No obstante ese aumento en el número de estafetas postales, que señalábamos cuando nos ocurrió el extravío de la digresión precedente, todavía la carta, en el siglo XVII, en el XVIII, no ha perdido su carácter de privilegio de clase. Es cosa reservada al señorío, como puede verse repasando los índices de cualquier antología epistolar. Discreteos de cortesano a cortesano, malicias de salón a salón, sentencias y sabidurías de erudito a erudito. Dos aristocracias, la social, los nobles, y la de la inteligencia, sabios y escritores, usufructúan, casi sin entrada de tercero –y excepción hecha, por supuesto, de las correspondencias oficiales, aristocracia, también la burocrática–, el gran regalo de la correspondencia.

Pero el siglo XIX, si no libera el átomo de materia, libera el átomo social, el individuo, deshace las arrebañadas muchedumbres pacientes de antes, y salen al mundo caras nuevas, almas nuevas, antes confundidas en la vasta masa anónima. El número de los que escriben se amplía enormemente, porque se enseña ahora a muchos a leer y a escribir, a comunicar y recibir pensamientos por escrito. Y en Inglaterra, hacia 1840 ocurre, hecho no menos influyente en la difusión del arte epistolar, la adopción del sello de correos, del *Penny Post*. Así la comenta un antólogo, William Dawson:

> Desde que se adopta el correo a centavo, el *Penny Post*, la nación se convierte realmente en una estrecha unidad social. El pastor que vive en las montañas de Cheviot puede comunicarse con su hijo, el que habita en Londres por menos de lo que le costaba antes un mensaje dirigido a la aldea de al lado. Las más remotas provincias inglesas donde la vida y el pensamiento se desarrollaban perezosamente entran en contacto con los grandes centros metropolitanos y se enlazan con ellos por mil nuevos y delicados filamentos de inteligencia y simpatía. Gentes apartadas, que viven en aislamiento, en rústicos lugares, son, de pronto, ciudadanos del mundo.

¡Cuántas muchas más almas, sufridoras de aislamiento, de soledades, van a hallar ahora remedio por la posta! Distancias y ausencias son tinieblas, y envuelven por igual al presente y al ausente. Un no poder verse material, engendra como un espiritual al no verse. Las gentes, de lejos, mueren a la visión; y empiezan a agonizar en la memoria de los corazones. La carta actúa como luz, porque luz es el verbo. Así lo sintió, y en una carta lo puso, Jane Welsh, la llamada a ser Mrs. Carlyle: "Tenía el alma más a oscuras que la medianoche cuando tu pluma dijo: 'Hágase la luz'. Y la luz se hizo, como a la orden del Verbo". La bendición del lenguaje tenía antes los confines que la marcaba el oído, y no llegaba más que al interlocutor. Cuando se les abren caminos fáciles por todas las rutas del mundo, caminos de las postas, van a conocer, por primera vez, como los nautas del siglo XV, las extensiones y grandezas del orbe. Santos de Carrión cantó esa fuerza de lo escrito con precisa gracia:

Que la saeta lanza
hasta un cierto sitio,
e la letra alcanza
de Burgos a Egipto.

E la saeta hiere
al vivo que se siente,
e la letra conquiere
en vida e en muerte.

La saeta no llega
si no es al presente,
la escritura llega
al de allen mar ausente.

Frente al antiguo localismo, cerco estrecho, mundo de lo visible y lo audible, nada más, tan parejo en su parvedad al del animal, se alza accesible todo el universo, las realidades que ni se ven ni se oyen, el mundo propio exclusivo del hombre. Ni se ha logrado, ni ojalá Dios se logre, la ubicuidad corporal, que debe de ser facultad harto incómoda y fatigosa, sólo codiciable para negociantes atrafagados y adolescentes impulsivos; pero la ubicuidad del ánimo, el asistir con nuestra alma acá, donde estamos, y allá donde otra persona de nuestro afecto nos lee los pensamientos, es magna conquista, y la carta arma poderosa en el gran triunfo.

En aquel ayer de la incomunicación forzosa, amigo ido valía casi por amigo perdido. El amante que se alejaba dejaba tras sí un temor diario, la amenaza sin tregua del olvido. "Ojos que no ven, corazón que no siente", reza el proverbio. Pero con la comunicación siempre posible, la carta ayuda a seguir sintiendo al corazón del que ya no puede ver. ¡Qué de innúmeros vínculos de humano afecto, qué de amor, de comuniones espirituales, de compañerismos del alma, no se salvan ahora por la correspondencia, que antes se perdían! Cuando les falta solar material en que posarse –cercanía, vista–, infinitos anhelos, fervores de donación de almas perviven, sostenidos en las hojillas de papel, que van y vienen, ayudando esperas largas, mitigando angustias, divirtiendo pesares, consolando muertes. En cuanto se afirma y generaliza la correspondencia entre las gentes, siente el cuerpo de la humanidad que se le ha añadido un nuevo sistema de relaciones coordinadoras y unificantes, al cual, como al nervio dentro del organismo animal, incumbe la trasmisión de las más altas y delicadas funciones del hombre, actos del amor, actos de conocimiento.

EL GRAN INVENTO DE LA CARTA

¡Gran invención, precioso hallazgo, la carta! En los anales de la inventiva humana, se señala de preferencia los inventos de artefactos y maquinarias, sustancias químicas, de cosas que nos sirven en nuestra material existencia y nos vienen a ofrecer más y más modos de domeñar la naturaleza, la exterior, se entiende. Gran lugar ocupan en esas crónicas todos los aparatos de traslación, desde la rueda al helicóptero, y se derriten los autores en ditirambos sobre todo mecanismo que contribuya a facilitar el comercio material entre los hombres.

Yo sostengo que la carta es, por lo menos, tan valioso invento como la rueda en el curso de la vida de la humanidad. Porque hay un tipo de comercio, o de trato, el de los ánimos y las voluntades, muy superior al comercio de las mercancías y de las lonjas. Trasportar pasajeros, acarrear bultos, de una punta a otra del Mediterráneo, es cosa vieja y actividad frecuente. El trasporte de las manufacturas se adelanta, con mucho, al de las mentefacturas, y se lleva tras sí muchas más energías y esfuerzos. Mercantes, trajineros, corsarios y trafagadores están hartos de surcar los caminos del mundo, siglos y siglos, cuando salen a la vida correos y verederos, agentes nobilísimos del comercio de los espíritus.

UNA NUEVA FORMA DE TRATO

¿Qué nuevo vellocino, que potosí ignorado, dispensa la carta a la riqueza comunal de la humanidad? Concurre a ella con nada menos que una nueva forma de trato entre los hombres. De antiguo tienen los terrícolas ciertos modos de relacionarse: el abrazo y la maza, la caricia y el habla, la rapiña y la caridad. En ciertas películas de Hollywood encanta ver la simplificación a que llegan los personajes en sus tratos: el héroe reparte puñadas, o balines, con naturalidad perfecta, a un cierto grupo de sus semejantes, que le son adversos. Al segundo siguiente —sin duda porque en esto de las películas hay que apurarse y no malgastar el tiempo en matices ni transiciones— estrecha en sus brazos a la heroína, y la osculación espaciosa —lo único donde no es de lugar la prisa en el arte cinematográfico americano— sucede con perfecta naturalidad al sopapo o al homicidio. Así la energía que Dios nos dio se emplea sin cavilaciones, en quebrar cabezas cuando son de varón, y hocicarlas cuando de hembra. Con estas dos facultades, la manual y la labial, se es hombre suficiente, y hasta héroe ejemplar, en los mundos de la pantalla, y ellas bastan para comunicarse con los prójimos y las prójimas. Sin embargo, hasta que se accediera, al cabo de los años mil, a esta síntesis de la actividad vital, reminiscente por lo demás, de la *Weltanschauung,* o cosmovisión, del troglodita, se usaban ciertos modos intermedios de comunicación entre las gentes. Y se solía aparejar la altura de la civilización con el refinamiento y exquisitez que alcanzaban las formas del trato humano. No otra cosa significa la cortesía, preferencia de los modales de sociedad de la corte, por más humanos, más delicados y gratos, sobre los rústicos, más bárbaros y de mayor aspereza. Ser cortés, por su faz externa, consiste en saber tratar, en esquivar la rudeza, la grosería, en cuanto se puede. Si el hombre, por supuesta ley natural, ha de hacer daño, procúrese que en los momentos en que no se sujeta a ese espantable deber se comporte con la gracia y finura posible. Ese parecía ser el mandamiento de la cortesanía renacentista, fuente de las demás.

Ningún utensilio ni aparejo más hermoso se había hallado, para ese efecto de la comunicación, de la relación entre persona y persona, que el conversar. Lo que las gentes tenían que darse, en el comercio intelectual y afectivo, se lo daban, realzado de placer e ingenio, hecho arte, y sin perder naturaleza, en parlatorios, forma tan flexible y generosa que admitía por igual los coloquios platónicos, los discreteos del Hotel de Rambouillet, los debates de las Academias de Ciencias y los desgarros expresivos de la chulería y la majeza. En el platicar se abrevó suficientemente por muchos siglos esa sed de convivirse, de relacionarse, sin busca de logro o provecho, por puro gusto, honor del hombre.

Pero he aquí la carta, que aporta otra suerte de relación: un entenderse sin oírse, un quererse sin tactos, un mirarse sin presencia, en los trasuntos de la persona que llamamos, recuerdo, imagen, alma. Por eso me resisto a ese concepto de la carta que la tiene por una conversación a distancia, a falta de la verdadera, como una lugartenencia del diálogo imposible. Ilustres tratadistas de la epistolografía la definen de ese modo. "Est enim... epistola absentium amicorum quasi mutuus sermo", son las palabras de Erasmo que se repetirán veces y veces en los manuales y por los historiadores de la carta. "Es como decir conversación privada", formula Antonio Pérez, maestro del género en España. Lope, dirigiéndose a su más favorecido corresponsal, el Duque de Sessa, acoge lo de "oración mental a los ausentes". Y hasta los poetas, como en estos dos versos de Donne, "More than kisses, letters mingle souls. For, thus friends absent speak", y Pope: "Speed the soft intercourse from soul to soul"; aunque estos dos últimos, al referirse a conversaciones de almas, ya desvirtúan el puro sentido de la conversación, la cual pone a magnífico empleo las corporales gracias de la persona, de su físico, instrumento de todas las voluntades de decir de las almas, y tan poderoso que suele echarse a hablar por su cuenta, y olvidarse de la encomienda.

Asimilar escritura epistolar a conversación es desentenderse de la originalidad pasmosa, de la novedad absoluta, con que aumenta la carta este negocio de las relaciones entre persona y persona. Es no fijarse en la mina propia, el venero intacto, que la carta beneficia, y cuyas preciosidades dispensa a la humanidad, sin traba. Cartearse —la hermosa palabra castellana—, no es hablarse. Se necesitaba ese verbo. Y antes de entender yo todo eso por razonamiento lo aprendí, en la viva experiencia, de un ser humano, que no puedo por menos de apartarme a recordar, ahora, unos momentos.

LA CURA POR LA CORRESPONDENCIA

Fue la maestra, sin el menor propósito didascálico, que es como mejor se enseñan las cosas, una cierta Miss K. L. Francis, mujer de singularísima hechura humana entre todas las que me he encontrado por esos mundos. Era persona de alta situación en sociedad y caudales apropiados a ella. Su belleza, de esas que se ocultan mientras se está a su lado, detrás de las gracias y agudezas de la conversación, pero que luego, a los diez minutos de haberla dejado, se representa con tal evidencia en la imaginación como un olvido, que no nos podemos perdonar, y ya irreparable.

Solía aparecerse en lugares señalados por la moda como de visita indispensable, y casi siempre en una trulla de damas y galanes versados en los recreos y solaces del mundo. Tanto más asombrado me quedé, por eso mismo, de echármela a los ojos, en un hotelito muy retraído de la montaña suiza, al que fui a parar unos días de pura casualidad. Parecía otra, por simple efecto de la desaparición de sus compañeros de bureo, que al dejarla así, sola, la devolvían la entereza de su ser. Casi enrojeció, al verme, extrañada, sin duda, y como si la hubiese sorprendido en una aventura. En verdad, así era. Porque al segundo coloquio con que me favoreció, ella se creyó en el caso de explicarme qué motivo la tenía en este retiro, casi eremítico, por contraste con sus usuales frecuentaciones.

Estaba, me dijo, siguiendo un tratamiento de filantropía, o amor al prójimo, por método suyo y original, el método epistolar.

Las gentes con quienes más me veo y me hablo, no suelen tener nada qué decir. Van y vienen, vamos —yo con ellos—, de barra en barra, de teatro en teatro, de sarao en sarao. Bastan unas pocas palabras para llenar los huecos que quedan entre copa y copa, o baile y baile; palabras, por supuesto, nada reveladoras de las personas que las pronuncian, palabras de callarse cosas, más que de decirlas. Al cabo de un cierto tiempo, empiezo a sentir que me aburren. Y, lo que es más grave, que me entra un asomo de desdén por el mundo, de desestima y menosprecio por mis prójimos, de donde sale esa vaga niebla de desinterés general. Señal de peligro, aviso que hasta ahora siempre he atendido a tiempo, porque a mí me gusta creer en la gente y sentir mi poco o mucho de amor por mis semejantes. Apenas siento que se me van los pies por ese pérfido declive psicológico del escepticismo fácil, sonriente, la moneda de mejor paso entre las pandillas seudo intelectuales, apelo a mi tratamiento.

Por lo pronto me recorro mis dos o tres tiendas favoritas de papeleros y me abasto con prudente surtido de papel de escribir, de varios cuerpos, dimensiones y colores. Hojas y pliegos, livianos, espesos, en su mayoría blancos, algunos acremados, y, por si incido en alguna flaqueza sentimental, dos o tres tonos de color, un malva pálido, un cerúleo y un verde aguamarina. De paso por la estafeta de correos hago provisión de sellos, para el país y el extranjero. Y completando, con muy pocos avíos más, mi equipaje, me escurro de la ciudad, sin aviso ni huellas, en busca de un sitio así como éste donde usted me ve. ¿Para estar sola? No; tampoco la soledad me enamora cuando me desencanta la compañía, al menos como amante exclusiva. A lo que me recojo aquí es a escribir cartas, y a recibir cartas. Ese es mi método curativo, el ejercicio epistolar, en sus dos direcciones, de ida y vuelta.

Escribo y escribo a borboritos, obediente a inexplicables indicaciones y preferencias, que me vienen de dentro. A amigos que están muy lejos, que no los veo hace años; y a éstos, a los que acabo de dejarme, a los que vi a diario, hasta anteayer. Cartas breves, epigramáticas, que están holgadas en una octavilla. Cartas fluviales, que se dilatan, a lo largo de tres o cuatro pliegos. Unas regocijadas, otras melancólicas, conforme al humor que me asista al levantarme, a que la nieve se mire mate o refulgente, a que la comida me agrade o me disguste, a cualquier cosa. Me entrego al placer de ser como soy, como me dé la gana, sin miradas que me traben, sin presencias que me limiten. A cada corresponsal tengo que figurármelo, que representármelo, antes de trazar su nombre en la salutación. De modo que esta soledad en que usted cree verme es pura falacia, porque por aquí, conmigo, andan todos los amigos a quienes convoco con los rasgos de mi pluma, y me gasto la compañía más heterogénea y divertida que usted puede pensarse, con gentes de toda calaña y edades, de los más vecinos a los antípodas. Y como cada cual es como es, cada uno me inspira un modo particular y diferente de dirigirme a él, concorde con su índole. Y así vivo embriagadamente en mis escrituras, como de mil distintas vidas. Basta con que piense en Fulano para que se me abra la vena irónica; que me recaiga la memoria en Zutano, para que empiece a destilar la melancolía.

No tarda en llegar la recompensa. El cartero deja cada día una carga tan variada de sobres a mi nombre, que el botones del hotel me pide que le guarde los sellos extranjeros. El placer de escribir se me duplica, se me completa ahora con el de leer lo que me escriben. La compañía de mis lejanos amigos es más cercana, más próxima, tan viva que a algunos casi se les oye la risa o se les adivina la mirada. Sola, en la terraza, trepando monte arriba, voy riéndome de lo que se le ocurre a Fabián decirme desde Australia, o se me frunce el ceño, pensando en cómo podría sacarse a Mabel de ese mal trance sentimental donde se ha metido, en la Riviera.

¿Quién se había creído que los hombres eran un hato de necios, que el mundo se hallaba deslustrado de toda gracia y hermosura? Bastó con que mi carta tocara, como una varita mágica, el corazón de Micaela, para que de él brollaran ideas exquisitas, dolores delicados, tan puros en la distancia. Y en cuanto mis renglones despertaron de su sueño de olvido, igual que una fórmula de abracadabra, a Alejandro, se le soltaron en la respuesta caudales de bondad y encanto, inesperados de los que lo ven zanganear por los salones, imitando la frialdad británica. Todo cambia. Al compás de las mejillas que se me pintan de rosa vivo, de la piel que se fortalece con el aire serrano, del apetito que se me agudiza hasta que devoro, de los músculos que me obedecen sin remisión, mi humanidad se vigoriza, me arrecia el afán de querer a todo el mundo, me corre la benevolencia —la poca o mucha que me ha tocado en suerte— por las venas, alegre y ligerita, y el ánimo recobra su confianza en el mundo y sus habitantes. Me intereso por mis prójimos, vivo con ellos, me gusta la sociedad. ¿No me ve usted ahora cómo estoy, qué diferente de aquélla que se encontró usted hace dos meses en el *Zoo,* mirando la pajarera de los pájaros moscas, de los colibríes, para compensarse del tedioso trato de gentes sin pizca de interés? Es que llevo mes y medio de régimen curativo, de epistolografía de montaña. La semana que viene, caeré otra vez abajo, a mi casa, al mundo. Pero con energía para vivir meses y meses con las gentes de verdad, con las habladas. Pero, aquí entre nosotros, son mejor las personas escritas. No quiero presumir de aforista, pero los hombres son mejores cuando escriben que cuando hablan.

Al preguntarle yo qué pasaba con las mujeres, me repuso que ellas, también, eran más de verdad, más sinceras, por escrito. "Créame, amigo mío, no se jacte usted de conocer a nadie si no hizo más que platicar con él; no llegará usted a su pura persona si no le conoce, también, por escrito". Y como yo me quedara un poco cogitativo, me advirtió, en prevención de posible error, que no por eso se figura ella que el trato humano debe reducirse a la escritura, no; hay que ver a la gente, hablarse con ellos, ir y venir en su compañía. Pero luego, cuando ya creemos poseer su imagen completa, queda otra cosa, unos secretos últimos, unos primores de alma recónditos, que sólo nos llegarán, desde lejos, entre líneas, y que no se hubiera entregado nunca en la presencia ni el habla.

Pasmado me dejó aquel nuevo camino hacia la sabiduría que la encantadora damisela treintañera, gala de los bailes y *cocktail parties,* me acababa de descubrir. Nos despedimos. Y aquella tarde renuncié a la planeada ascensión al Pic des Moines, y encerrándome en el cuarto a la vera de la chimenea, me encaré con otras blancuras, las del papel, y me puse a escribir a un amigo de colegio que según mis últimas noticias —de seis años antes— dirigía una empresa de máquinas registradoras en California, por lo cual ya le había dado yo por perdido.

EL EQUÍVOCO DEL DESTINATARIO

¿A quién se dirige una carta? Esta pregunta, hecha, por ejemplo, a un cartero, le parecería el colmo de la simpleza. Naturalmente, a la persona nombrada en el encabezamiento, a la que consta con nombre y apellidos en el sobreescrito. Como los carteros responderían millones de gentes, de entendimientos igualmente sencillos, nada usados a los tiquis miquis y triquiñuelas psicológicas. Y hay que reconocer que no les falta su tanto de razón. Un elevado tanto de razón. Y que esa creencia del cuerpo de cartería de que una carta es para el individuo designado en el sobre, es el cimiento de todo el orden postal. El día que también los carteros dudasen de que una epístola dirigida a Madame de Grignan, era, sin duda, para esa distinguida dama, los ordinarios no sabrían qué hacerse con las cartas, y el admirable ordenamiento del correo quedaría desbaratado por la sospecha y la duda, como cualquier corte de Dinamarca.

Y sin embargo... Lo cierto es que apenas las palabras van animando la hoja blanca, el que escribe se empieza a sentir viviendo, allí; se reconoce en esos vocablos. Un notable sabidor en eso de las cartas, Gustave Lansón, después de darle vueltas al tema, tiene que acabar diciendo que una carta "es unos cuantos movimientos de un alma, unos instantes de una vida captados por el sujeto mismo, y puestos en el papel". Es decir, el estado de ánimo del escribiente, los sentimientos que por modo más o menos confuso se sentía latir dentro, se le dibujan, al paso de los trazos de la letra. El primer beneficio, la primera claridad de una carta, es para el que la escribe, y él es el primer enterado de lo que quiere decir por ser él el primero a quien se lo dice. Surge de entre los renglones su propio reflejo, el doble inequívoco de un momento de su vida interior. Todo el que escribe debe verse inclinado —Narciso involuntario— sobre una superficie en la que se ve, antes que a otra cosa, a sí mismo. Por eso, cuando no nos gusta el semblante allí duplicado, la hacemos pedazos, es decir, rompemos la carta. ¿Por qué se desgarraría una carta medio empezada, si no porque es lámina imperfecta, agua turbia, que no nos representa bien, y al no gustarnos nosotros, en ella, tampoco podríamos gustar al que la espera? Puede redactarse una carta, así, sin pensar, como se juega, al descuido: pero en cuanto queda escrita en letra, es ya un acto de conciencia. El escribir es cobrar conciencia de nosotros y hasta el que escriba una carta a la ligera se pondrá delante el testimonio, la conciencia de su ligereza. Hombre que acaba una carta sabe de sí un poco más de lo que sabía antes;

sabe lo que quiere comunicar al otro ser. Como el niño recién nacido, toda carta da la primer alegría o el primer dolor al que la crea. Podría, pues, precisarse lo que se dijo arriba. Nosotros dirijimos una misiva a una persona determinada, sí; pero ella, la carta, se dirije primero a nosotros. Cuántas veces se han dejado caer pensamientos en un papel, como lágrimas por las mejillas, por puro desahogo del ánimo, enderezados más que al destinatario al consuelo del autor mismo. Es ésta la forma esencialmente privada de la carta, la privadísima.

Pero lo convenido, y lo conveniente, es que una carta presuponga y requiera la existencia de una segunda persona. He aquí el círculo social mínimo de la carta: dos personas. Es el número de la perfecta intimidad, el más semejante al número del amor. Muchas cartas hay que agotan así su función, del que la escribió al que la lee, cartas como miradas, que van derechas de unos ojos a otros, sin nada cruzado ni tercero entre ellas. Es la carta pura. Privada, pero no solitaria, compartida, convivida. Para eso se inventó, aunque luego admita variadas adiciones a ése su fin esencial.

La primera quizá sea la duplicación o multiplicación de la persona destinataria, propiamente dicha, que, como suele suceder, siente el deseo irrefrenable de leérsela a otras. ¿Por qué? Por compartir con otras personas las noticias curiosas, los sentimientos delicados que la carta contiene, porque la encuentra tan graciosa, interesante o conmovedora el que la recibió que quiere que sus virtudes las gocen, además, otros. He aquí el primer caso: destinatario intencional único, pero lectores varios, los amigos. ¿Puede decirse que la carta queda así despojada de su carácter privado e íntimo? No, siempre que el grupo de lectores lo formen gentes de una modalidad de espíritu afín al destinatario, con análogas capacidades de entender y sentir los primores de la carta. Se pasa de lo único, el alma única, a lo unánime. Así por ejemplo lo sucedido con ciertas cartas de edificación y ejemplaridad religiosa o moral, escritas por religiosos, que se copiaban, e iban luego de mano en mano. Así con las de algunos artistas, circuladas entre reducidos círculos de fervorosos admiradores. Lo que amengua en este caso de cerrada y exclusiva intimidad, puede que se gane por una hermosura de confraternidad espiritual, en que —sin dar entrada a todos, sino a los fraternos— el secreto que la carta implica sigue siéndolo entre varios, y su intimidad no por compartida se enturbia, ni se merma su pureza. En este grado de multiplicación de lectores la carta puede muy bien no perder nada de ese especialísimo tono de recato y pudicia intencionales que la distingue entre todos los escritos. No se olvide, además, que, en semejante caso, la carta no se hace pública, propiamente; en la noción de público entra una totalidad indiferenciada muy distinta, ya que los lectores a quienes se extiende el favor de la carta son pocos, no todos, y escogidos por supuesta afinidad, y no indiferentes.

Ese designio de intimidad, esa voluntad de pudor, que son sustancia misma de la carta pura, está expresada materialmente en las precauciones que se toman para que nadie, sino el deseado, pueda leerla, desde las ataduras y los sellos de las tablas romanas al sobre moderno. Recuerdo aún los años en que se aseguraba lo particular, lo reservado de esos pensamientos recogidos dentro del sobre, con sellos de lacre. ¿Cómo iban a faltar en un escritorio femenino las barritas de lacre, de dos o tres tonos, la lamparilla de alcohol, para derretirlo, y el sello de cuño —a veces montado en un anillo— con las iniciales de la dueña, o con alguna figura emblemática? Delicada operación, hacer gotear el lacre fundido sobre el papel, extenderlo de modo que no quedara ni muy espesa ni muy delgada la capa, y luego imprimir en ella las cifras grabadas en el sello, procurando que quedaran limpiamente en relieve en el manchón del lacre. Esas precauciones de las cancillerías, usadas para el resguardo y autenticidad de importantes documentos oficiales, se individualizaron, y servían ahora para amparar la intimidad de las palabras cambiadas entre dos personas. Los mismos dos nombres revelan el designio: sello, no es sino el *sigilo,* latino, que vino a significar ocultación, silencio, secreto. Y el sobre, se dice en alguna lengua *enveloppe,* lo que envuelve, protege y separa de la vista pública. Lo mismo en aquel refinado proceso de lacrar una carta, que en nuestra manera apresurada de humedecer el engomado de la solapa de un sobre, para cerrarlo, se está afirmando nuestro deseo de intimidad para lo escrito, el propósito de que la misiva cruce y corra mundos, a salvo de toda mirada extraña, y vaya a ofrecerse a los ojos destinados tan virginal como salió de la pluma.

EL GRAN DESTINATARIO

¿Es esto que llamamos la intimidad, la vida privada de lo sentido y lo vivido, cosa muy antigua? Si tomamos la carta, criatura nacida de ese modo de vivir interior, como testimonio, acaso nos halláramos con que en la antigüedad la carta se escribe pensando en destinatarios colectivos, es un género literario que apunta a muchos lados: al sermón suasorio, y al discurso de propaganda, las cartas del Nuevo Testamento, las de San Pablo; a las gacetas y diarios, como las de Cicerón y sus amigos, en las cuales Gaston Boissier halló los materiales para reconstruir aspectos del alma romana; a la explanación de ideas morales, por donde se tocan con el ensayo moderno, como en Séneca. Esa forma de expresión literaria no cesará ya en la historia, se correrá al lenguaje poético, engendrando la epístola, cultivadísimo género renacentista afamado en español por Garcilaso, Lope, los Argensolas, F. de Andrada, Quevedo. Seguirá usándose para la difusión de ideas religiosas, las Provinciales de Pascal, las de Balmes, las de C. S. Lewis –correspondencia entre dos diablos–, *The Screw Tape Letters.* Servirán a la difusión del humanismo como las de Erasmo. A la sátira social, para lo que las usan

Goldsmith, Montesquieu y Cadalso. Y ya, conquistando más y más territorios, irán a forzar las fronteras de la forma novelesca desde el Renacimiento, para llegar a suplantar la narración novelesca misma, en ejemplos tan celebrados como la Pamela, la nueva Eloísa, el doncel Werther y la viuda Pepita. Pero todo esto, o carta didáctica o carta fingida, es *arte epistolar,* género literario, artificio retórico. No nos incumbe, y se toca por razón de distinguir mejor nuestro tema. Llamémoslo, en conjunto, *epístolas,* y dejémoslas bien aparte de la carta privada. Lo que las diferencia radicalmente es la intención del autor: intento en ésta de ser para uno, o para unos escogidos pocos, si así lo quiere el que la recibe. En aquélla, intento de hacerse pública, de alcanzar a todos, sin distingos.

LO ÍNTIMO, PUBLICADO

Pero la complejidad de la carta cala hasta más adentro. Ya se definieron dos tipos: la privada y la pública, distintas, razonando su diferencia radical en su origen primero: la intención del escribiente. Y ahora, nos salta a la atención una tercera categoría: la carta privada, hecha pública; las correspondencias íntimas, impresas y entregadas al mercado. Aquí podría censurárseme cierta deficiencia de discurso: porque el hecho de que alguien publique unas cartas particulares no las hace cartas públicas, no cambia su naturaleza, ya que la base distintiva, la intención del autor, no queda afectada en lo más mínimo por la publicación. Melodramáticamente cabría llamarlas cartas traicionadas. Escritas para quedar en manojo, atadas con cintas de color, o en el caso más favorable —el de los pastores de novela— con rubios cabellos de la amada, en un cofrecillo, una mano torpe las traslada al libro y las saca al sonrojo de los escaparates y la venalidad. Y sin embargo, ocurren curiosas sospechas al pensar en uno de los ejemplos preclaros de este traspaso, el de Madame de

Sevigné. Sospechas que nos devuelven a aquella interrogación de antes: ¿Para quién se escribe una carta?

DE MADRE A HIJA

Archisabida es la historia. Madame de Sevigné adora en su hija. Cuando ésta, por enlace matrimonial, se vuelve Madame de Grignan y sale de París, con su esposo el conde, para ir a vivir a Provenza, se inicia una colección de cartas de la *grande dame* de París, a la dama joven de la provincia, que van a hacer la carrera más afortunada y gloriosa que nunca hizo un epistolario íntimo. La intención de la marquesa es la más maternal de las intenciones de madre: dar a su hija todo el amor que se puede transmitir a distancia y por escritura; amor igual revelado en frases encendidas de pasión, que en relatos de grandezas y minucias de la Corte, con tanta gracia y veracidad trascritos que se siente el deseo de agradar, de encantar a su hija, y son tan prueba de amor como las directas declaraciones de afecto. Todo ajeno a pretensión ambiciosa de notoriedad, de galardón famoso; la colección impone, por la especie de monumentalidad de la sencillez que en ella cobra el amor de madre a hija. Monumento, por eso, no académico, humano. En 1725 se empiezan a publicar las cartas. Y Madame de Sevigné se ve arrojada de cabeza, a la gloria. ¡Tantos como la buscaron derrochando afanes, velando y desvelándose, sin sentir siquiera el aire de su vuelo, y esta mujer que se la encuentra, donde menos la espera con los brazos abiertos y la corona preparada, sin poder librarse de ella!

¿Puede dudarse que la intención de la Sevigné es comunicar su querer a su hija, acercarla a su corazón, en contra de las leguas interpuestas? ¿Es decir, del carácter rigurosamente privado, de estas obras maestras de la epistolografía? ¿No se merecen el título, por lo efusivas, lo naturales, de parangón y dechado de la carta íntima, de la transcripción directa, del corazón a la pluma, de purísimos sentimientos, ajena a cualquier otro fin? Así suele decirse, y así lo acepta la mayoría.

EL DEMONIO DE LA TENTACIÓN

Pero antes de la Marquesa, ya no pocos nombres eran célebres por sus cartas. Un caballero de la Corte, treinta años más viejo que Madame de Sevigné, Jean-Louis Guez de Balzac, se fabricó su reputación a punta de pluma epistolar. Y su fisonomía de epistológrafo, por lo tan ambigua y sospechosa como se presenta, ayuda a iluminar un poco esas zonas dudosas del verdadero destino de la carta privada. Balzac se quejaba de que sus cartas corrieran las rúas y plazuelas. Dice que cuando él se figuraba estar en su estudio, se encontraba, de golpe, en escena. Júzguesele por estas y otras semejantes palabras suyas, y se lo pondrá entre los defensores de la intimidad de la carta, cuyo vulnerado pudor se subleva contra su publicidad. Pero, por otra parte, el dato histórico nos asegura de que Balzac no escribía más que para la imprenta, despachaba sus cartas por pura forma, y a veces, ni eso. Tal afirma Lansón. Balzac es el Tartuffe de la carta.

Sin duda no quería acordarse de lo que un procesoroso compatriota suyo, Michel de Montaigne, había castigado a Cicerón en uno de sus ensayos (Libro I, XL) por una vanidad tan impropia de personas de ese rango, que algunas veces, cuando ya se le había pasado el tiempo a una carta para mandarla a su destinatario la daban a la publicidad con "la digna excusa —dice Montaigne— de que no querían dar por perdidos sus trabajos y vigilias". Había un arte de la carta, en el hotel de Rambouillet. Sobre algunos sucesos, por ejemplo la muerte de Turenne, escribe la Sevigné diez cartas diferentes; su cultura, su decoro intelectual, su conciencia avisada de la belleza literaria, nos son notorios. No, no es suspicacia pecadora el pensar que la marquesa, escribiendo a su hija,

tuvo más de una vez el vislumbre de que aquellas cartas descolla-
ban del recinto privado de las dos, de su mundo subjetivo, para co-
brar la estatura de objetivaciones perfectas, de obras de arte va-
lederas para todos. Y en cuanto fue así, ¿será también malicia de
la imaginación el atribuir los cuidados que prestaba a sus cartas,
sus celos por el estilo, a una doble querencia, la de una madre in-
cansable en el amor activo a su hija y la de una escritora, urgida
por un afán de perfección?

Curiosa coexistencia de dos impulsos, que al principio no ex-
traña en demasía. Pero si se sigue adelante pensando en el modo
de operar en las cartas de esas dos potencias, la afectiva mater-
nal, y la artística, veremos que pueden convivir y colaborar en
tres formas o estados de proporción. En la primera se compen-
san equilibradamente, la madre y la artista satisfacen sus anhe-
los respectivos en plena armonía, y la carta contenta por igual a
esa doble persona que la escribe y que se halla representada igual-
mente en sus amores maternal y literario. Una segunda forma
sería aquella en que la madre, rendida al frenesí del sentimiento
del instante, escribe sin curarse de la artista y pasa sobre ella,
descuidando todo primor letrado. Y una tercera —por algo se dice
lo de a la tercera va la vencida— donde la epistológrafa se recrea
en el escribir, y de tanto solazarse en los hallazgos o inventos de
su pluma, en las alegrías —más o menos conscientes de la crea-
ción— deja que se anuble la persona de su hija, el tema real de la
carta, hasta pasar, como sombra en retirada, al último plano de
la operación epistolar.

La consecuencia es de peso. Quiere decir que, aunque no
fuese más que por un momento, la madre toma a su hija como
tema literario, como pretexto de un anhelo —escribir hermosa-
mente— que va más allá del origen —de la originadora, Madame
de Grignan— estrictamente personal y humano de la carta. En
este delicadísimo momento hemos sorprendido a la Marquesa
de Sevigné en la comisión de una doblez: escribe a su hija, pero

por algo más que el deseo de escribirla: por la irrefrenable orden de su sino, que la manda hacer con sus sentimientos, y con el idioma de Francia, una obra lo mejor hecha posible. En ese instante tampoco se la puede ver como escribiendo únicamente para Madame de Grignan, algo que ésta, y sólo ella, puede gozar, por tratarse de privativa y reservadísima hermosura entre las dos; sus páginas ofrecen pasto de goce y admiración a cualquier persona sensible, y así está escribiendo para muchos, para la posteridad, para nosotros.

Ya está en pie, delante de nuestra conciencia, la tremenda figura del equívoco, que se puede vislumbrar, por lo menos desde entonces, en las cartas íntimas. La formularía yo así: la carta es terreno tan resbaladizo, que la intención estrictamente humana, de comunicarse con otra persona por escrito, al tener que servirse inevitablemente del lenguaje, puede deslizarse al otro lado de las fronteras de lo privativo, sin que el autor se dé cuenta apenas, y convertirse en intención literaria. Porque el lenguaje tiene sus misteriosas leyes de hermosura, sus secretas exigencias, también, que tiran del que escribe. Es muy difícil que la persona que se pone a escribir no sienta, dése o no cuenta clara de ello, prurito de hacerlo bien, de escribir bien. Y si lo logra, la pena que le aguarda, ya sabemos cuál es: la caída de Ícaro, de los cielos limpios —lo privado— a las aguas dudosas —la publicidad.

Pensemos, ahora, en los lectores. En cuanto las cartas de la Marquesa adquieren categoría de epopeya artística, epistolar, de un sentimiento, el eje humano sobre el cual se mueve esa epopeya, la condesa de Grignan, comienza a cargarse de una significación literaria también. La persona real, una hija, se muda, primero en persona histórica, la principal destinataria de la correspondencia, su protagonista, par reflejo. Y después, cuando la fama sube las cartas, de su nivel de testimonios históricos y documentos de época al de obras maestras de la literatura francesa, esa persona lo es cada vez menos: ahora es *personaje,* personaje literario, que perdiendo su calidad de mujer de carne y hueso, de un lugar y un tiempo, se reviste de la nobleza de una figura de ficción. Es en las cartas donde existe, mucho más que existió en la vida, porque en ellas se sobrevive. Tentado se siente uno a llegar a la bárbara conclusión de que Madame de Sevigné, en cuanto escritora, mata a su hija, la deshace, como ser humano, para resucitarla a renglón seguido, como heroína de letras. ¿Qué nos importaría este drama, de no muy excepcionales cualidades, a no ser por todo lo que la escritora que era su madre, fue tejiendo de imperecederamente bello, sobre el débil cañamazo que ella ofrecía? La paradoja de la correspondencia es que estando siempre enderezada a la hija, quien resalta es la madre. Mucho la quiere y en tanto querer la envuelve que la figura querida se desdibuja, y lo que queda es el querer; radiante, la Marquesa de Sevigné; borrosa, la Condesa de Grignan. ¡Raros los extremos psicológicos de la pasión, y rarísimos, hasta dejarnos cabizcaídos, por lo inesperados y sorprendentes, algunos de sus efectos!

Con la publicación de la correspondencia se convierte Madame de Sevigné de gran dama de la Corte de Francia, en gran dama de la Corte Universal de las Letras. Su celebridad mundana e histórica, de mujer, queda superada por la gloria. Pero el camino por que accedió a esa altura es lo más peculiar del caso. En vez de dar la cara al público, de hablarle frente a frente, como todos los escritores, le deja de lado, se vuelve a una sola persona, su hija, y a fuerza de cartearse con ella, contándola sucedidos de la Corte y hablillas de los cortesanos, se saca el mismo premio que un Racine inspirando a Fedras y Andrómacas con los más elevados sentimientos.

LA CARTA SE VUELVE SOSPECHOSA

El ejemplo pudo resultar fatalmente dañino para la correspondencia epistolar. La pura significación de la carta se confunde con este efecto público que han logrado las de Madame de Sevigné. Al descubrirse que esa ocupación epistolar, aparentemente íntima, de gabinete, ha resultado en este caso una magnífica trocha, de nadie frecuentada, y por la que se ataja a tantos otros que ambulan hacia la gloria por el poblado camino real de la franca literatura, ya siempre podrá sospecharse de la pureza de propósitos de todo ciudadano que se encierra a escribir una carta. ¡Quién sabe si no incurrirán en la tremebunda tentación de dirigirla, por encima de la persona con cuyo nombre la encabezan, nada menos que a la humanidad lectora, a la posteridad! El ordinario depositará el pliego en las mismísimas manos de un cierto individuo, es verdad; mientras el autor sueña que lo que escribe irá a parar, por elevación, mucho más allá, el día de mañana, a las manos de todos.

Queda trastornado ese sistema de relaciones entre los humanos que representa la carta. La persona destinataria deja de ser su término natural, la perfección de la carta, ya que ésta se perfecciona cuando es leída y sentida por el que la recibe, cerrándose así el ciclo de su existencia, sin otra interposición. Quizá el presunto y proclamado destinatario es un engañado y se le toma como puente por el cual pasar a la otra orilla. La perfecta originalidad, la irreductible hermosura de ese escrito que llamamos carta, y que consiste en hacerse y vivirse de un ser a otro, de un corazón para otro, como mundo suficiente, queda maltrecha. Y perdida su belleza moral, porque ya no es dádiva, acto de donación desinteresada, en el que una persona entrega a otra algo muy suyo. Ahora se usa como instrumento útil, con el cual procurarse renombre, gloria. En lugar de fluir por ese caudal que llama Richards *the stream of givings,* la corriente del dar, se suma ahora al *stream of gettings,* al río de obtener. Heridos por la nueva intención, ganarse algo para sí, agonizan las dos prendas mejores de la carta pura, el desprendimiento espontáneo y la generosidad sin cálculo.

Al que le parezca fantasía todo esto del pernicioso efecto que pudo tener el suceso de Madame de Sevigné, querría recordarle una carta de otra célebre epistológrafa femenina, Lady Montagu, la más famosa autora inglesa de cartas del siglo XVIII. Escribiendo desde París a su hermana, la condesa de Mar, dice: "La última alegría que me salió al paso fueron las cartas de Madame de Sevigné. Son preciosas de verdad, pero sin la menor vanidad te afirmo que dentro de cuarenta años las mías serán tan entretenidas. Te aconsejo, en consecuencia, que no emplees ninguna en el cesto de los papeles". Y en la carta siguiente: "Hace ya tiempo te escribí una larga carta, que por lo visto no ha llegado a tus manos; era muy emocionante, un *chef d'oeuvre,* digna de las de Madame de Sevigné". Póngase lo que se quiera a la cuenta de la elegante ironía, en los dos pasajes, pero ahí queda consignado el nombre de la Marquesa como la serpiente tentadora, que ofrece a la dama británica una ilusión de posible inmortalidad. Se la ve obsesionada por el ejemplo de la Sevigné, pensando entre bromas y veras en lo que pueden ser sus cartas a los cuarenta años. Y, en el acto mismo de escribir a su hermana, apunta, por si acaso, a la gloria póstuma.

No quiero decir que se haya hecho imposible la carta pura. Millones y millones de cartas se habrán escrito y se están escribiendo, inocentes de toda sombra de ambición. Pero hemos descubierto esa nueva forma de pecado, y su tentación puede ya presumirse, aguardando, al alma flaca, en ese espacio que hay entre la pluma en alto y el papel que espera, en el crítico momento de iniciar una carta.

Ahora se puede contestar con más conocimiento de causa a la pregunta inicial: ¿a quién se dirige una carta? Es cosa más intrincada de lo que parecía. Acabamos de ver cuántos visos equívocos y aspectos sospechosos desmienten la aparente sencillez de la operación epistolar; cómo el sobreescrito muchas veces no es más que eso, lo encimero, la sobre faz de la carta, y que el sobre dice la mentira, y en la carta sólo se presiente la verdad. De ahí arrancan las dificultades de los tratadistas para distinguir entre carta privada y pública. Y hasta esa base de distinción que señalamos como la más sólida, la intención del autor, no es terreno bastante firme, ya que en el curso de la escritura no es cosa imposible el mudar, sin darse cabal cuenta, de intención profunda, sustituyendo al humilde corresponsal, amiga, hermano, a quien se empezó a escribir por la gran destinataria de todas las obras de la literatura, la fama perdurable.

ALLÁ VA LA CARTA, ¡QUIÉN SABE DO VA!

¿Será mucho decir que una carta encierra en sí una triple potencia de alcance? En su función normal y más simple llega a su destinatario, sin más acá ni más allá. Pero hay un más acá, anterior a él, el propio autor, el primero que lee la carta y que puede ser el primer alcanzado por sus efectos. Y hay, sobre todo, un más allá, el alcance máximo de la carta, que apuntada a un blanco cercano y definido –tal persona– lo sobrepasa y llega muy lejos, a todos, al gran público.

Y no está en la voluntad del hombre –ése es el misterio de la carta, el mismo de cualquier obra literaria– asegurarse de que su carta llegará a donde desea. Algunas cartas de pura y simple intención se pierden por los correos, sin que se sepa cómo, y nunca llegan a las manos que se quería. Otras del mismo linaje, que probablemente no aspiraban a pasar de una persona, llevan dentro carga de espíritu tan propulsora, que traspasan su propósito y se las entrega, finalmente, a la humanidad. Y algunas –quién sabe si muchas en estos tiempos modernos– que, al contrario, disimulan su empeño bajo artificiosa naturalidad, van asestadas, capciosamente, a la gloria, y se quedan cortas, y mueren faltas de aliento, ignoradas.

Carta se llama también a los naipes, acreditados funcionarios del azar. Jugar a las cartas es ya juego de palabras. Porque toda carta, la sota de cartulina, o las de la monja Eloísa a Abelardo, es un albur. Fadadas están por el azar, así las que se juegan como las que se escriben. Y así, el más poseído de sed gananciosa, como el alma más inocente, se lo puede ganar todo, la inmortalidad, a una carta.

LA CORRESPONDENCIA, COMO AUTODIDÁCTICA

Ya queda dicho que el primer beneficiado por una carta puede serlo el que la escribe, en cuanto que le asiste en el conocimiento de sí mismo. Es el ejercicio epistolar tan generoso que al terminar una carta la pena de escribirla nos la gratifica no tan sólo el resultado inmediato y concreto que tenemos allí delante, ella misma, sino otros gajes, que a modo de propina, y sin que nosotros nos lo pensáramos, se nos vienen a la mano y que son otras tantas formas de utilísimas enseñanzas. Cabe considerar la correspondencia como una deliciosa educación, que libre y graciosamente, aparentando no serlo —todo lo contrario del dómine o la pedantería—, sin necesidad de azacanarse de aula en aula, ni atenerse a inflexibles horarios, nos instruye sobre muy principales materias.

CARTA Y LENGUAJE

Por lo pronto, cartearnos desinteresadamente con nuestros prójimos nos coloca en el trance de tener que entendérnoslas con el instrumento de comunicación, el lenguaje. Nos coloca frente a nuestra lengua en actitud muy otra de la del conversante.

Ya me opuse a la confusión entre conversación y correspondencia, a que se inclinan, en su afán de acentuar lo natural de la carta, algunos críticos. No hay duda que la postura psicológica de la persona que habla con otra difiere notablemente de la del corresponsal. Viene la diferencia de la situación humana originaria de toda carta: la ausencia. Si nadie, por muy atrevido, va a atreverse a negar lo que va de presencia a ausencia, ¿cómo podría ocultarse lo que va de entendernos con alguien que está aquí, delante de nuestros ojos, entero y verdadero, a comunicarnos con el que está a mil leguas de distancia? Cualquier amigo, cualquier conocido, es uno o es otro, según que le tengamos al lado y a la vista, o se nos aleje en la distancia. Distancia es algo más que una realidad espacial y geográfica, que se interpone entre dos personas: es una situación psicológica nueva entre ellas dos y que demanda nuevo tratamiento. Este trato, en la lejanía, es la correspondencia.

Nadie sabe lo que valen unas facciones, el tono de una voz, un gesto, una costumbre, una sonrisa, hasta que, después de tenerlos bien vistos, desaparecen un día, raptados por la ausencia.

¿Dó están agora aquellos claros ojos?

pregunta con sencillez –tan henchida, no sabemos bien por qué, de patetismo– el gran lírico toledano. Todos los poetas enamorados o enamoradizos andan llenos de semejantes preguntas, que todavía siguen llamándose retóricas.

Lo que decimos con el habla se siente apoyado, sostenido, más aún, defendido, por toda nuestra apariencia fisonómica y hasta corporal. Las palabras cuentan con maravillosas, fieles aliadas en los rostros, que muchas veces son los que les ganan la batalla, decidiendo el éxito con un mohín, una sonrisa o un fruncimiento. Con frecuencia sucede que la endeblez de lo que se charla queda compensada, y en olvido, por las gracias de decirlo, y la gracia total de la persona que lo dice. Nuestro ser físico actúa con su hermosura plena en el habla; ninguna facultad suya se esquiva al empleo; al par de la inteligencia discursiva, alegando los severos métodos de la razón, del ingenio agudo, de la afectuosidad sin duda, funcionan los músculos, la sangre, los nervios, se colorea el rostro, se arman las sonrisas, se encienden las chispas en los ojos. Entra el ser humano en juego, sin reserva, y para recibir su comunicación y responderla, nosotros, parejamente, echamos mano de todo lo que somos, nos movilizamos por completo; se vive en la integridad del ser. Por algo San Juan afirma que la dolencia de amor no se cura sino con la presencia y la figura.

Pero tómese la pluma en la mano para escribir al distante.

¿Qué es éste sino un nombre, un simulacro que nosotros reconstruimos, más o menos aproximadamente, incorpórea escultura afanosamente labrada con las dos manos de la memoria y la fantasía reproductiva, a veces tan torpes e incapaces? No podemos ahora hablarle contando con todo el poder de esos recursos que el mero acto de hablar en presencia pone en marcha, generosamente. De todo el herramental expresivo de la persona nos resta un instrumento sólo: el idioma mudo, el diccionario en desorden, y singularmente abreviado, que tengamos dentro. Todo lo que se ansía comunicar ha de valerse de palabras escritas, signos de signos, para exteriorizar la plena realidad de nuestro estado interior. Es como si una gran comedia lopesca o shakesperiana no nos pudiese llegar más que por su texto, sin la vivificación de los actores, de las acciones, en que toma cuerpo. Porque una cara tiene algo de escenario, y de compañía de representantes, de las ocurrencias interiores del alma, y se dedica devotamente a ponernos en escena, en la gran escena del mundo.

Ahora el hombre se halla solo con su lengua, abstracta, abstraída del parlante y el interlocutor. Y empieza a cobrar conciencia de ella, de lo que encierra y vale, de sus potencias, de la arduidad de su uso, de lo que con ella podría decir, y quizá no sepa decir. Es, en suma, la actitud reflexiva frente al propio idioma, situación nueva. Hay que empuñar esa herramienta única, y desempeñarse con tal destreza y arte que con ella, no más, sin las preciosas colaboraciones de antes, se diga todo lo que en el interior está queriendo ser dicho. ¡Gran apuro y soberbio momento del *homo sapiens*! Reducido está al extremo de tener que luchar con el idioma escrito, venciendo sus resistencias para poder vivir en él, como el terrícola pelea con la tierra para extraer de ella sus medios de vivir. Ya se sabe que también opera en el habla familiar un esfuerzo selectivo, una busca de justos vocablos; pero o no se siente o es tan imperceptible que no paramos más mientes en él que en esos otros esfuerzos del respirar, del caminar; y se nos antoja tan espontáneo como el canto del pájaro. Al ir a escribir se percibe la doble faz del idioma, ser nuestro servidor y, a la vez, nuestro antagonista, obedecernos y oponérsenos. El que habla parece que goza de una especie de Edad de Oro de su lengua, en la que todo se le da sin fatiga; al escribir, desterrados de ese mítico edén, hemos de laborear el suelo, abrirle surco con nuestro pensamiento. Como si una voz procerosa nos hubiese sentenciado al inventar la escritura: "Ganarás la lengua con el sudor de tu frente".

Al cabo de ese esfuerzo se halla una forma de comunicación que por estar desvalida de todo concurso de nuestro ser carnal, por ser mero signo, se adelgaza, casi se inmaterializa, y toma apariencia de puro tráfico de espíritu. Digo que es casi inmaterial porque una vez vi con mis propios ojos, en un museíto de provincia, la materialidad de la palabra escrita. En un platillo de una balanza de precisión había una hoja de papel en blanco; en el otro, un papel idéntico de calidad y tamaño, con unos renglones manuscritos. Y aunque tan lógico, parecía milagro ver como esa escritura, no más de diez o doce líneas, acaso cincuenta o sesenta palabras, bastaba para inclinar el platillo, siquiera fuera levemente, hacia su lado. Ese peso, apenas perceptible, es todo lo que queda de físico en la comunicación por escrito; la única porción de corporeidad en que toma carne el pensar humano, como pagando inescapable tributo a su etimología.

Muy bien suele decir el pueblo del que está escribiendo que se saca las cosas de la cabeza. Quiere decirse que usa sus recursos espirituales, sin los valimientos con que pérfidamente se alía la conversación, las risas, los hoyuelos, etc., para encantar al conversado. ¿No se explica así el que tantos prójimos decidores, dados a la facundia o incursos en la garrulería, de esos que jamás se desconciertan ni se quedan cortos de palabras en los foros del mundo, mudan de color, se amedrentan, así que se ven frente a frente con una carilla de papel en blanco, que les espera? Es que las cosas han cambiado mucho: ahora lo que se dice hay que pensarlo antes, y decirlo bien. Por algo la gente humilde es reacia a escribir cartas, porque tienen miedo a no saber, a no hacerlo como es debido. La hoja en blanco desprende de su blancura el blanco espectro amenazador de una responsabilidad. Los tratos más graves, los negocios de más monta, han de quedar todos escritos y con palabras bien puestas. "Nada de cartas", dice el aventurero de amores fáciles; cobardemente enuncia así que escribir es comprometerse. Toda hoja en blanco es una exigencia, su alba mudez se dirige a nosotros, en reto a nuestra capacidad de expresarnos. El miedo que precede al escribir la primera palabra, al quebrar con ella ese tremendo sin sentido del papel inmáculo, lo sublimó Mallarmé a poesía insigne, pero casi todos lo vivimos, a lo vulgar. No es que el que vaya a empezar una carta íntima se vea al borde de una obra maestra o un fracaso abismal, no. Es que va a manifestar lo que siente o piensa, y se encuentra con que eso del lenguaje es más complicado de lo que parecía. Está allí el idioma, esperando en una equívoca actitud, como la del subordinado ante su dueño: le va a servir, a obedecer, es cierto, pero al propio tiempo aguarda a ver si sabe mandarle. Le cae bien a toda lengua literaria la famosa exclamación del juglar de Medinaceli:

Dios que buen vassallo si oviese buen señor.

Y esa súbita conciencia de que se es usuario de los bienes incalculables de un idioma le infunde un desasosiego, hijo del temor a emplear malamente los caudales que maneja.

Ya se ve, pues, todo lo que lleva aprendido el buen escritor de cartas: la conciencia de la valía de una lengua, y con ella, el hermoso sentido moral del comprometerse, de asumir la responsabilidad del recto uso de las riquezas que se le fían.

VEJAMEN DE LA CHAPUZA

Otra ganancia, y no menor: hacer una cosa despacio, escaparse del más cómico de los *idola fori* de nuestro mundo, la velocidad santificada, la beatificación de la prisa. No es dudoso que el apresurarse está muy puesto en razón en muchas ocasiones; esta concesión se la hago gustoso a los idólatras de la prisa. Pero —aunque esto no me lo concedan ellos— menudean los casos en que darse prisa es peligrosa sinrazón, como podrían alegar en mi abono los cuarenta mil muertos que hay al año en Estados Unidos por estropicios de automóviles. No se sabe de deidad india ni azteca que exigiera tal copia de sacrificios humanos en doce meses. Pero el sacrificado no es sólo el muerto en estos lances; sino el que queda vivo. Ese infeliz papanatas a quien se le hace tragar, como un axioma, que el toque está en hacer las cosas pronto, en acabarlas lo antes posible, y que tiene por único credo en sus días que cuanto menos tiempo se tarde en hacer algo, tanto mejor para él y para la cosa hecha. De ahí las infinitas víctimas mudas e inermes, todos los productos de la mente y de la mano humanas, feos, equivocados, imperfectos, dañinos, y que son así no porque no se podía hacerlos mejor, sino porque se empeñaron sus autores en que lo primero y principal era hacerlos de prisa. Hay que arrancar horas al tiempo, como se arrancan margaritas del prado; y para lo peor, para echárselas a los cerdos. Si algún mote se ha ganado este siglo, en lo que lleva consumido de años, es el de siglo chapucero, porque todas las cosas que había que hacer bien las ha hecho de mala manera, chapuceramente; y en cambio ha realizado a la perfección las cosas que no había que hacer, ni bien ni mal. Y ahí está la chapuza mayor de todas, de la que salen las demás: el empezar por no distinguir lo que había que hacer de lo que no. ¡Perfección resplandeciente de la bomba atómica, la tan bien hecha, la tan amorosamente cuidada, la que se atrae todas las envidias, la archichapuza moral y humana, la única —sarcástica paradoja— en que no se admitió trabajo chapucero!

LA "ÉTICA DEL EBANISTA HISPALENSE"

Frente a esa moral de la chapuza, hija mestiza de la prisa y el dinero, me atrevo yo a erigir una ética muy modesta, tanto por su origen como en su formulación. Es la "Ética del ebanista hispalense". La aprendí cuando y donde menos la esperaba, en la sin igual Sevilla, y de boca de un artista en muebles. En buena hora le confié el encargo de alhajar un cuarto de mi entonces incipiente hogar sevillano con algunos primores mobiliarios salidos de su taller. Quedó cerrado el trato, convenida la fecha, y mi esperanza latente, día por día. Llega el plazo: los muebles no llegan. Cebo mi paciencia con toda clase de argumentos, *sotto voce;* aguardo, quince días, un mes. Al cabo me persono en su taller y presento mi queja. El artista se enreda en excusas y se enmaraña en mentiras veniales. Que si el mal tiempo ("¿Cómo se van a secar las pinturas con estas aguas?"), que si la muerte inexorable ("Misté, ar primé oficiá se le murió su pobresita madre"). Pero yo, con crueldad fría de intelectual, le acoso a raciocinios, le acorralo entre fechas. Y ya, por fin, como alumbrado desde la altura, él pronuncia su inmortal apotegma: "Misté, Don Pedro, a los muebles hay que darles lo suyo". Se me vino al suelo todo mi pobre arsenal raciocinante, tocado por el rayo de otra suprema razón. Me callé la boca y, vencido, me volvía a mi casa desamueblada de trastos, sí, pero desde entonces enriquecida con esa joya de la humana sabiduría: "A los muebles hay que darles lo suyo".

Tenía razón el ebanista sevillano, tiene razón, la tendrá siempre el que así diga. Porque dice que cualquier obra delicada y fina del hombre —las que valen la pena de ser hombre— tiene su tiempo natural de ejecución, y no se le puede hacer fuerza. Pide un cariño, un amor a hacer, un cuidado, que se proyectan en tiempo; pero un tiempo no sujeto a la medida de patrones fijos y abstractos, sino tan sólo a las demandas que vaya haciendo la obra misma para cumplirse, para salir bien. La cuantía de ese tiempo la impone la obra misma, desde dentro, no se marca desde fuera. Él quería decir que a los muebles en cuestión había que concederles, para que saliesen a existir y entraran en mi casa, no un mes, ni dos, ni el plazo aquel a que él se comprometió como comerciante, y no como artista, sino un lapso de tiempo misterioso e indefinido que empezaba a contarse al dibujarlos y sólo se daría por expirado cuando los muebles se ofrecieran a su vista, algún día, satisfactorios, perfectos, acabados. Y así pasa con todos los muebles, también con los de los aposentos del espíritu; que cada cual pide un tiempo. Uno pedía la comedia de Lope, otro el poema de Mallarmé. El que no se lo otorgue se somete a la misma pena: malogro e imperfección. El artesano de Sevilla dijo en su estilo macareno, él, pintor modesto de muebles de palo, lo que con elegancia de dicción insuperable tenía dicho un colega suyo en lo de pintar (si bien éste se dedicaba a la pintura, en lienzo, de nostálgicas bacanales y divinas aventuras al desnudo), Nicolás Poussin: *Les temps ne pardonne pas ce que l'on fait sans lui.* Para que lo entienda el sevillano: El tiempo no perdona lo que se hace sin contar con él.

LA CARTA Y EL TIEMPO

Las cartas, las de verdad, se gobiernan por la moral del ebanista. Nada de chalanear con las horas, de regateo con los minutos. El dar tiempo a las cartas es cosa preceptiva, en su mejor época. El segundo conde de Chesterfield como si estuviera ya dando consejos a un célebre epistológrafo, nieto suyo, decía en unas "Breves observaciones sobre el modo de escribir cartas ordinarias, dedicadas a Lady Mary Stanhope" cosas que nos revelan la sensibilidad de entonces para el *tempo* de la carta: "Cuando queramos contestar una carta hay que leerla bien primero, luego piénsese lo que uno diría a esa persona, si se estuviera con ella, tratando de decir lo mejor que se habría dicho, oralmente, de súbito". También aconseja se tomen notas, se haga un borrador, y que se ex-

treme el cuidado en ortografía, en la evitación de choques cacofó-
nicos y en la armonía. Aunque nada se diga del tiempo, se está
sintiendo en los consejos de conde el que a todos los presupone:
ser liberal, generosísimo de él.

Hay que entregarse al fluir de los renglones; que nos lleve, a su
andadura, como quiera, hasta donde ella lo necesite. De esta
suerte la carta nos acostumbra a ser generosos del mejor de los
bienes otorgados al hombre, la disposición del tiempo. Cuando se
acuñó ese aforismo tan rodado –estribillo favorito del pragma-
tismo barato– *time is money,* el de "el tiempo es oro", se alcanzó
en él una de las marcas más bajas en la moral del hombre. Poner a
par la dimensión misma del existir con la moneda, es degrada-
ción monstruosa de la conciencia del mundo, ceguera total del re-
conocimiento de su hermosura. Si se mira el tiempo de la vida
como concesión que se nos hace para que en su transcurso poda-
mos salvarnos, bien podría llamarse al tiempo nuestro salvador,
y emparejarlo con el dinero, como hace la paremia, es repetición
del acto de Judas que vendió a su Salvador, por monedas también.

Hombre moderno que acepte en el fondo de su corazón ese
precepto, como norma inquebrantable, se alista con Judas. De tal
idea deriva un modo de conducta predominante en la vida mo-
derna, y de los más deprimentes, la cicatería con el tiempo, la sen-
sación que nos dan los demás –y nosotros a ellos, por supuesto,
ya que todos andamos metidos en la danza– de roñosería y mez-
quindad en cuanto concierne a horas, minutos o días. De pocas
cosas somos tan escatimosos como del tiempo. Las fórmulas de
cortesía, donde alternan las convenciones vacuas y las sabidu-
rías profundas, prohiben terminantemente que estando con ami-
gos miremos descaradamente al reló. Es un buen indicio de que
el hombre no ha perdido aún la vergüenza, y la siente todavía al
desatender a un semejante con quien se conversa amigablemente
y estar pendiente del reló.

Se presume ostentosamente de no tener tiempo. De tal manera que los haraganes, que nada hacen y nada tienen que hacer, se dan tono de no disponer de un minuto. Declararse frecuente y querulosamente sin una hora libre, año tras año, confiere respetabilidad, inspira confianza a los conciudadanos y eleva poco a poco hacia el patriciado. Nadie sabe adónde puede llevar, hábilmente administrada, la fama de hombre ocupadísimo; muchas veces aúpa más que el verdadero trabajo. El Tartuffe contemporáneo no se jacta de virtudes; sí de quehaceres. Y si consagra unas horas al ocio es porque en ellas se fortalecen y renuevan sus energías para el negocio. Muchos casos hay en que ni la blanca bolita de golf es inocente; se usa como tónico, va disparada al mejor desempeño de la empresa comercial y al subsecuente aumento de los beneficios.

El fantasma que más atemoriza a los jóvenes que prometen, y a los maduros que ya han cumplido, es el de "perder el tiempo". Por miedo a no perder el tiempo sin hacer nada se malgasta, se derrocha el tiempo precioso, en numerosas simulaciones de hacer algo, y que son auténticas nadas. Descuella la sociedad contemporánea, acaso inspirada por el Príncipe de las Tinieblas, en el ingenio y las fatigas con que se emplea en organizar la nada y, dorando casi siempre la píldora con el cómodo título de distracciones, en ponérsela al alcance ya al individuo solitario, ya a la muchedumbre.

La carta, como exige de su escribiente el tiempo del ebanista y no el tiempo de Judas, todo el que requiera su cumplimiento cabal, lo mismo si es diez minutos que dos horas, nos devuelve al uso generoso y noble del tiempo. Se limpia éste de las miserias y las bajezas con que le hemos maculado al convertirle en monedas, y que le tiene ya tan sucio como a ellas. Y otra vez vuelve a correr, no como el agua de las nuestras casas, forzada a pasar gota a gota por el contador, traduciéndose a céntimos, desdichada hermosa cautiva del interés, sino como la del arroyo, o la de Garcilaso, alegre, virginal y sin cuentas.

EL GRAN IMPERIO DE LA PUBLICIDAD

En él vivimos. La vida del siglo XX es una serie de acciones de retaguardia, que va dando la intimidad, siempre derrotada, a su gran enemiga. El hecho lo acusan muchos sociólogos, y en español nos dejó excelentes páginas sobre el tema Manuel García Morente. Antes la suprema elegancia consistía en no ser visto más que por los pocos, y exponerse a la curiosidad de la multitud se tenía por afrentoso. Entre los profesionales hodiernos de la aristocracia social, nobles añejos o ricos agraces, me he permitido observar un doble juego, de mucho entretenimiento. Se cierran los tales elegantes en recintos –hoteles, restaurantes, cabaretes– protegidos de la intrusión de las mayorías por guardias mucho más seguros que los del Miramamolín: los precios fabulosos. Con eso se inclinaría uno a creer que rehuyen de la impertinente inspección del vulgo de fuera. Pero funcionando paralelamente está toda una maquinaria, cronistas de sociedad, correveidiles de salones, fotógrafos de *night-club,* que captan sus figuras y repiten, para que todos los sepan, sus salidas ingeniosas o sus intenciones matrimoniales, apenas esbozadas. A los dos minutos de haberse desposado Mr. Mengano con Miss Fulana, esta decisión que antes solía acompañarse de pudorosas reservas, se la comunica por las ondas del aire a una nación entera un diligente trujimán que la averiguó por arte de birlibirloque y que, dicho sea de paso, se ve recompensado por la sociedad de estas nobles y ponderosas faenas mucho más que un obispo o un sabio por las suyas. He aquí un modesto ejemplo de cómo un suceso tan privado, gracias a la técnica moderna, se torna no menos público que una cotización de bolsa o un incendio con doscientas víctimas. Por supuesto, si lo acaecido tiene signo inverso, y el acuerdo de esas dos ilustres personas versa sobre su discordia, esto es, si lo que se prometen no es juntarse, sino separarse, la tal determinación, acaso más delicada moralmente que la otra, se difunde con prisa no menor, suponiéndose que despertará en los pechos de millones de humanos consternación y duelo equivalentes al gozo que provocara la noticia de los esponsales. ¡Estupendas ventajas de la comunicación moderna, bien claro está, puesto que lo que no importaba antes más que a dos, o poco más, ya es materia de importancia para millonadas de gentes!

Asimismo, en las revistas ilustradas se multiplican las efigies de damas y galanes de la principalía dineraria y social; se compran por unos centavos, se ceban en sus hermosuras innumerables ojos, que escrutan las tendencias de su nariz o el corte de su traje; y hasta ocurren cosas tan de lamentar que los dobles gráficos de tan encumbrados personajes quedan —a merced de ser hollados— por los suelos, cuando alguien deja caer cansado la revista, abierta por la página de sociedad.

El cuerpo humano, muy particularmente —y por fortuna— el femenino, se revela tan fervoroso en el empeño de publicarse, que servido en esta empresa de dadivosidad sin par por innúmeras huestes de dibujantes, modistas y costureras, ya apenas si se reserva dos o tres secretos. Cada nuevo modelo de traje de baño parece prodigio en cuando que reduce lo que ya parecía absolutamente irreductible; y como las novelas de aventuras de antaño, nos deja anhelantes y en suspenso, pensando en lo que va a ocurrir en la próxima entrega, esto es, en el modelo que viene. Gracias a que el arte de la sastrería, asimilándose las artimañas del de la novela, se las compone para que el capítulo siguiente, como el nuevo traje, siendo distintos, siga aún reservándonos el secreto del desenlace. Fuera del baño y lejos de la playa se adoptan otras formas de publicidad, y las distinciones aquellas, tan arbitrarias, entre ropa interior y exterior, están ya borradas; lo que no se sabe bien es cuál es la desaparecida. Dicho de otro modo, hemos perdido la cabeza de tal manera, que ya no sabemos la que queda, si la de fuera o la de dentro; en cuanto que la de fuera parece la de dentro, y es de suponer que la de dentro parezca la de fuera, caso de existir. De conocerse la índole y peculiaridades de las personas por las extensiones de epidermis ofrecidas a la observación de los demás, un La Bruyère moderno no tendría más faena, y nada difícil, que ambular por una playa de la Riviera, ni necesitaría más perspicuidad psicológica que una cámara fotográfica de tres pesetas y media.

EL ESCRIBIR RECATADO

Pero también en este frenesí publicitario la correspondencia actúa como lenitivo y, a ratos, remedio del mal. Entrémonos, por ejemplo, en uno de esos microcosmos que son los hoteles modernos, los cuales compendian en sus confines la variedad de las actitudes humanas. En un salón se baila; la mejilla de la damisela se apoya en la del garzón, y este ademán de graciosa languidez, propio antes de un momento de soledad a la orilla del lago lamartiniano, se produce automáticamente a las primeras vueltas del baile, ante la espectación de todos los presentes. Las espaldas femeninas prescinden de cobertura, en su plena latitud y longitud. Se oye lo que dicen en todas las mesas fronteras, a la disposición de los oídos de todos.

El vestíbulo es tan público como un pasaje. Nadie para. Entran gentes con maletas y maletas con gentes. Sitio de paso, tejido todo de idas y venidas, hecho y deshecho donde nada queda quieto más de unos segundos y todos se cruzan y entremezclan.

Pero de pronto nos tienta la curiosidad de empujar una puertecilla que hay en un rincón. Se resiste un poco por el mecanismo de aire comprimido que la mantiene cerrada, y cuando cede da acceso a otro mundo. Es el mundo de la correspondencia. La alfombra acalla los pasos en esta saleta, y unas cortinas melifican la cruda luz exterior, casi la anulan, para que no hiera con sus filos. Ningún mueble en el centro, y adosadas a las paredes, una docena de escritorios, bien aparte unos de otros. Cada cual tiene su lámpara propia, de modo que se ve como un archipiélago de lucecitas, indicadora cada una de una personal zona de intimidad. Cinco o seis personas escriben inclinadas sobre las carpetas, ajenas a todo lo que está detrás, es decir, al mundo. No se les ve el rostro; lo vuelven hacia los ausentes. Todos los ruidos se rinden al señorío suave de tanta paz, y nos salimos del lugar, de puntillas, dejándola intacta. Es el santuario del hotel, y lo que en él se nos impone no es otra cosa que las condiciones de recato y apartamiento que demanda la correspondencia.

¿Por qué será que en cuanto alguien se pone a escribir, siquiera sea en un sitio público, cubierta de barco, terraza de café, se queda solo? Todos le respetan. El compañero de camarote que se acercaba a hablar con él, se detiene y echa atrás. Es que le circunda un aura de aislamiento que nos impide el paso. Nuestro mundo, desde el que le miramos, mundo común de los espectadores, deja de ser el suyo, salvo para el alentar de su ser físico. Él se ha ido ya a otro, y allí dialoga con una persona que no vemos, le está hablando con palabras que no encarnan en materia sonora. Nos ocurre lo que al descubrir a dos enamorados que platican en el banco de un parque, cuando echamos por otro sendero para no distraerles su soledad.

Y si algún impertinente dirige la palabra al que escribe con los ojos sujetos a su papel, absorbido en *su papel,* suele suceder que éste alce la cabeza con expresión de asombro, guiñando los ojos como si le molestara nuestra luz, despertando, sin reconocer aún bien dónde se halla. Extraña la mirada que le mira, la voz que le interpela, porque no son de su mundo, al de la carta, al que se hallaba trasladado por el mero hecho de escribirla.

Solicita la carta recogimiento y concentración; el que la emprende tiene que llamar a capítulo sus atenciones dispersas, enfocarlas todas sobre la hoja blanca. Tiene que retirarse a los adentros de su ser, es decir, recobrarse a sí mismo, reconquistar lo que pueda de su desparramada persona para que el otro, el destinatario, le vea bien y le reconozca cabalmente. Es un regreso exquisito a la intimidad; y nada egoísta, además, porque se la dedicamos a un semejante.

He aquí, pues, dos virtudes preciosas de la epistolografía. En este siglo entremetido, en que se nos entromete en casa, por teléfono, una voz poco deseada, o por la radio del vecino otra aborrecible, o por la prisa del transeúnte el bocinazo del automóvil; en estos días en que se considera insoportable fastidio estarse quieto diez minutos seguidos, cuando el coche a la puerta nos tienta a toda clase de traslaciones sin objeto, he aquí algo que nos alecciona a dos viejas formas de noble sabiduría: estar solos, recogidos en la reflexión, y adelantar espiritualmente por caminos que la pluma va abriendo, hacia una meta perfectamente clara; la persona que aguarda nuestra atención, o nuestro amor, por escrito, allá, a la otra orilla de la carta.

LO ANIMAL Y LO MINERAL, O LA PLUMA Y LA MÁQUINA

Decía Carlyle que con el arte de escribir, y no con la invención de la imprenta, como suele afirmarse, empieza para la humanidad el reino de los milagros. Milagro es, en efecto, ese poder de la escritura de hacer al hombre ubicuo, de modo que sin moverse de sitio, su sentimiento, sus ideas, estén ejerciendo su acción sobre alguien que ni le ve ni le oye. Por muchos siglos los instrumentos con que se realizaba materialmente el milagro se los debía el hombre a sus hermanos inferiores, a las bestias: "Anser, apie, vittellus, populas et regna gubernant", cita Howell en una de sus cartas. "Los gansos, las abejas, la ternera, gobiernan a los pueblos y a los reinos". Esta frase, a primera vista un tanto enigmática, se refiere a que el hombre escribía con una pluma arrancada, por lo general, a un ganso, sobre una lámina de pergamino, que no era otra cosa sino piel trabajada de ternera, y autorizaba los documentos con sellos de cera, proporcionada por las abejas. El siglo

XIX, el gran siglo de la mecánica, arrincona la pluma de ave; ya antes se había acabado con el pergamino. Ahora son los metales los puestos a contribución para que el hombre escriba, la pluma de acero, desde 1820. Y al final de este siglo el maquinismo, ya apoderado de tantas cosas, se lanza también a la conquista de la escritura con el invento de la máquina de escribir.

¿Será el siglo XX la palestra histórica donde se ventile decisivamente la lid entre la pluma y la máquina? Hasta ahora se reparten el campo, y todo cabal ciudadano de Estados Unidos que debe ejercitar, por uno u otro menester, la escritura, no soñaría en echarse a viajar por esos mundos ni desasistido de su maquinilla ni sin un bolsillo bien lleno de su batería de plumas estilográficas. La pluma se ha preparado gentilmente para el encuentro, y esa última invención de una que no necesita llenarse de tinta sino de San Juan a San Juan, o aún menos, abona lo que decía Carlyle del milagro que significa la escritura. Allá el porvenir, que decida; lo que a nosotros nos toca es la medida en que pueda resonar sobre la carta y el arte epistolar esa latente guerra entre la punta de acero y el teclado de las hijas de Cadmo.

El primer argumento que se alega en pro de la máquina proviene del connubio de dos poderosos amores del hombre moderno: amor a la facilidad y amor a la prisa. Carta escrita a máquina se lee en menos tiempo y sin ninguna pena. Si el propósito del que escribe es que su destinatario no gaste minutos ni atención en leerle, la máquina tiene ganada la partida. De ahí sale ya algo evidente: el justo título de la máquina al dominio de todo un enorme campo de la correspondencia, el comercial y la afín, o sea la que tiene objetivo puramente práctico. Concédasele sin disputa, por aquello de "A Dios lo que es de Dios y al César lo que es del César". En esa clase de escritura cuanto antes se acabe, de escribir y de leer, mejor.

Pero a Dios hay que reservarle su parte, la mejor. ¿Qué ocurrirá cuando se intente usar la máquina para una carta originada en el puro deseo de comunicación personal, intelectual y afectiva con otro ser? ¿Esa ganancia evidente, prontitud, así para el lector como para el autor, ahorro de tiempo, es aquí de igual validez? ¿No trata la carta de regalar tiempo, una parcela de nuestro tiempo a un amigo, por puro afecto y deseo de su placer? ¿No aspira a que su lectura llene gustosamente un trecho del tiempo del destinatario? Es decir, ¿cumple apresurarse en actividad tan grata para el uno como para el otro, amenguar el goce que los dos personajes de la carta encuentran en ella? Y, ¿no va esa consideración de economía, de ahorro, que abonaría el uso de la máquina, en contra de esa virtud de generosidad sin cálculo que en la carta se ejercita?

LA LETRA Y LA PERSONA

Tanto máquina como pluma trazan letras; las dos llenan el papel de signos incluidos en un alfabeto idéntico. Y sin embargo la distancia entre la persona y los caracteres trazados es inconmensurablemente mayor en la escritura a máquina. Lo escrito mecánicamente se presenta como algo imposible, o extremadamente difícil, de relacionar con el modo de ser del que escribe, ajeno a su idiosincrasia. Cada cual tiene su letra, la suya, cuando escribe a mano; en la mecanografía ninguno la tiene, todas son de prestado.

Esas diferencias entre letra y letra no son insignificantes: significan a las respectivas personas, están en misteriosa y honda relación con sus personales rasgos de carácter. Los psicólogos encuentran en el tipo gráfico del movimiento la quinta esencia de lo expresivo. La letra, dicen, es una forma "cristalizada" de ademán, un prisma que refleja muchas luces interiores de la persona. Saudek, psicólogo de la escritura, llega a distinciones tan finas como la oriundez del escribiente, descubriendo variaciones por razón de nacionalidad. Binet ha hablado de una "grafología de la bondad" y otra, según prueba experimental perfectamente discernible, de la criminalidad. Pero a mí me ilumina más para el caso que este arsenal de hechos coleccionado por psicólogos, la evocación de una doncella en amores, cuando se hace cargo del paquete de cartas que le trae el correo, y entre las cuales viene una de su novio. Ojeará las demás sin muestra exterior de emoción alguna, con equitativa indiferencia. Pero al llegar a un cierto sobre, el color se le sube al rostro, y con él la expresión del contento. Aún no ha leído nada más que su propio nombre, la carta sigue sin abrir. Pero ha visto; ha visto una letra, un estilo de escribir, que se distingue de los demás por una serie de peculiaridades, para ella perceptibles en el acto. Puede ser la costumbre de no cerrar la *o* del todo, de rematar o no un trazo final, de olvidarse la tilde de la *t,* de dejar caer los puntos no sobre las *íes,* sino un poco más a la derecha. Cien posibles detalles, que a su vez son susceptibles de infinitas variaciones. En eso la escritura se parece a la vida, que opera con un número limitado de elementos y con ellos logra un fabuloso número de sorprendentes resultados. Quien piense un momento en esta escena de la doncella ruborizada tendrá que pronunciarse en seguida en el pleito de la pluma y la máquina. Y sin vacilar. Y es porque en ese modo exquisito de tratarse, la correspondencia, en que la persona se entrega, no como el artista, por el rodeo de la objetivación, sino con simple derechura humana, en la letra manuscrita, esa persona aún logra salvarse agarrada a la última tabla, y arribar cognoscible a los ojos del destinatario, mientras que la máquina, golpeándole tecla tras tecla, no para hasta dejarle bien sumido en ese mar liso de la anónima impersonalidad. Esa enamorada ve en el sobre, antes de abrirlo, algo que pertenece a un individuo particular e inconfundible, casi tan suyo como su color de ojos o el timbre de su risa. Aún queda allí, aunque sólo esbozada, una sombra inequívoca de la persona. Y también puede el corazón distinguir de sombras. Por algo en español se habla del "carácter" de letra. La letra es un carácter —marca, señal, en griego— y por lo tal distingue a un ser, le diferencia de los otros. En la máquina queda abolida esa maravilla de la humanidad: que siendo todos iguales todos nos distingamos, y de ese distinguirse nazcan hermosas formas de relación con nuestros prójimos.

Y aquí nos hallamos tocando a otra esencialidad de la carta. Ya aludimos a cómo en el trato epistolar los dos interlocutores están descarnados, por decirlo así, desmaterializados. Sus cuerpos, distantes, no ejercen ninguna de esas variadas, delicadísimas, acciones que tanto abundan en la presencia, y que rodean el lenguaje de numerosas apoyaturas y complementos expresivos. La carta, paradójicamente, con ser tan subjetiva, es una abstracción de la persona; ésta no se vive en lo que es, como ser humano entero, sino en lo que dice. ¿No se nos alumbra ahora la belleza que puede tener lo escrito a mano? Porque la mano, cuando escribimos, comunica lo que se es con lo que se dice. Se utiliza como lo que siempre fue, como instrumento, el primero y el más permanente del hombre, como herramienta técnica. En este sentido, la mano sostiene la pluma, la trae y la lleva, es pieza motriz. Pero el motor está más allá; esa mano, regida misteriosamente por el ir y venir de la sangre en los pulsos, escribirá más o menos claro, con regularidad o sin ella, según el estado de reposo o fatiga de la persona entera, su situación emocional, su serenidad o arrebato. Gracias a la mano, el punto de acero de la plumilla asciende al honor insigne de estar gobernado por un corazón, de sumarse momentáneamente como un órgano más, dócil, sensible, a esa función augusta que el cuerpo humano tiene de —siendo materia— expresar estados espirituales, con su acento y rasgo propio. Y por eso la gracia que nos hace el mohín que suele asomar al rostro de una damisela conocida nuestra es gemela —en distinguirla— del garbo especial de sus eses —reminiscencia del "déhanchement" de las vírgenes góticas— que nunca falta en su escritura. El papel insigne de la pluma es personalizar la carta, es re-presentar al que la escribe, inventarle algo como un rostro, en el cual las facciones fisonómicas son transportadas a rasgos caligráficos; en suma, procurar que, además de leérsele, de entendérsele, se le vea un poco, y se le vea como es él.

Tan claro se reconoce ese papel de rigurosa inhumanidad de la máquina, que para evitar el último caso de influencia personal —las desigualdades en el entintado de ciertos escritos como en las matrices de los multicopistas— se han creado máquinas que eliminan todo resto de pulsación personal al escribir: sea mayor o menor la fuerza de la mecanógrafa, la letra golpea siempre con la misma fuerza de presión. Aquí se ha logrado ya la absoluta separación del instrumento y la persona.

¿Que cuesta un cierto trabajo el desenredar algunas escrituras enredadas, el descifrar renglones que parecen cifrados? ¿Y qué? Se camina por una mala letra con la misma alegría que por una vereda retorcida y cuesta arriba, si se sabe que al final hay una vista hermosa, y tenemos ansia de verla. La letra difícil hasta puede traer, a veces, ese encanto de la resistencia a la fácil posesión, el encanto gongorino o mallarmeano, la demanda de un cierto esfuerzo de nuestra parte, para así sentirnos más dignos del premio final, menos pasivos ante la carta, a la que vamos arrancando sus secretos, como el novelista se los saca, poco a poco a sus personajes, un James o un Proust. ¿Con qué menos se va a corresponder al arte de escribir cartas que con un cierto arte de leerlas? La mala letra coincide, además, por aquello que tiene de defensa contra la comprensión por cualquiera a primera vista, con ese carácter de intimidad, de privada, un poco tangente ya con el secreto de la carta. Es la última forma del sigilo, es lo que la envuelve, por debajo del sobre, protegiéndola contra la intrusión del que no la merece: "Yo entiendo bien su letra", solemos decir. ¿Y no es eso suprema seña de amistad de almas, de intimidad de personas?

Añádase, por lo menos, otra particularidad que a mí siempre me ha llamado la atención; la diferencia en la postura del que plumea y del que usa la máquina. Empiezan en la Edad Media las representaciones clásicas, miniaturas, relieves, del hombre escribiente; casi siempre son los evangelistas; se les ve sentados a su escritorio, el cuerpo inclinado sobre la labor y la mirada inmersa en los rasgos que van trazando sobre el pergamino. Se traduce en esta postura algo como la aplicación completa de nuestro ser corporal a la faena escritora. Es todo el cuerpo el que está atento, el que se dobla como para ir viéndose, reconociéndose, en su obra, conforme las letras van revelándose sobre la página. Sobre todo, la vista participa en la faena con todo su poder. El escribir y el leer lo recién escrito son acciones casi simultáneas. Y el hombre sigue la carrera de su pensamiento como el curso de un arroyo, del que él fuera manantial, onda por onda. Este escribiente es el hombre entero, y no resta ni distrae de lo que hace ninguna energía de su persona; es tan sólo la pluma la que corre sobre el papel, pero a esa acción final concurren, enfocadas, todas sus fuerzas.

Pensemos ahora en cómo se ve al mecanógrafo. Lo primero que nos sorprende es que las dos manos participan en el mismo grado en su faena. Se ha abolido la diferencia jerárquica que está ya integrada en la lengua en los dos nombres, diestra y siniestra, derecha e izquierda. De remotos y oscuros orígenes viene esa distinción que atribuye nobleza mayor a la mano derecha, llamada a ser la autora de las obras rectas. En cambio, ese apelativo de siniestra lleva consigo un desmerecimiento, una desvalorización, indicadores de que queda relegada a oficios segundos y de menor cuantía; ante la máquina las dos tienen igual valor. Pero lo más sospechoso, lo más grave en la actitud del mecanógrafo está en la mirada: el mecanógrafo no mira lo que hace. Los ojos se desentienden, se despegan de la escritura y vagan como quiera. Ya la vista ha desertado de aquella estrecha, preciosa, participación en el escrito. Se escribe al tacto mediante un ingenioso sistema de mecanización de los movimientos musculares. El sentido instrumental ahora es el del tocar, un sentido inferior con respecto al de la vista. Al inhibirse los ojos de la operación, el escribir se materializa y el escribiente se divide. La virtud de la escritura que antes señalamos, la concentración de todo el ser en su obra, desaparece. Y el mecanógrafo da muchas veces la impresión de estar distraído de lo que escribe, de ser infiel a lo mismo que hace.

No significa todo esto reniego de la máquina ni petición para ella de condena de muerte. Que viva muchos años, y que siga prestándonos su servicio, tan desinteresadamente, tan dócil, que se presta a que yo esté escribiendo ahora algunas malicias contra ella sin que se me subleve ni una letra. La conclusión a que llego tiene justo símbolo en unos escritorios que ahora se hallan en muchas oficinas. Son, a voluntad del consumidor, a ratos mesa de máquina, la cual está sujeta a una tabla central; pero basta con apretar un botón, el centro de la tabla gira suavemente, da la vuelta, y la maquina desaparece en el hueco de la mesa, dejando ante nosotros libre y prometedora la superficie entera del escritorio, libre campo a los deportes de la pluma. Bufete ideal en cuanto a mueble y en cuanto a signo. Nos dice que la máquina se necesita, a sus horas, para ciertas finalidades de la escritura; pero que cuando llegan otras exigencias, y

> otro instrumento es quien tira
> de los sentidos mejores

el artefacto ha de desaparecer de nuestra vista, desciende, él solo, a un lugar inferior, como si aceptara resignadamente el puesto que le cumple en la escala de las cosas, en acto de sumisión, no menos simbólico, del artilugio mecánico, a la mano que mueve la pluma y al alma que la guía.

LA MUJER Y LA CARTA

Mientras que en la historia de la literatura el número de varones eminentes es abrumadoramente superior al de mujeres, en cambio si se mira a la epistolografía pura, a la carta sin más propósito que la comunicación humana, el trato de almas, veremos resplandecer los nombres femeninos, más numerosamente y con más fulgor que los de hombres. ¿Cómo podría formarse una antología de cartas masculinas —de personas privadas, por supuesto, no de genios literarios— comparable a una que recogiese las epístolas de Eloísa, de Madame Sevigné, de la monja portuguesa, de Mademoiselle de Lespinasse, de Lady Montagu, de Jane Carlyle, en primer plano de excelencia, seguidas de docenas de otras personalidades exquisitas de mujer que se han revelado en ese arte de la carta? No se mire esto como simple capricho de la casualidad. La aptitud especial de la mujer para la epistolografía íntima, tan reiteradamente probada, desde la Edad Media hasta hoy, sin duda ha de responder a algún rasgo psicológico particularmente femenino.

Gustave Lanson lo encuentra en el natural deseo de agradar, que, según él, distingue al sexo femenino. Las cartas son una forma de coquetería, una de sus variantes escritas, diríamos. Por eso el sabio francés supone que si hombres como Fénelon y Voltaire escribieron epístolas tan deliciosas es porque, no obstante ser cumplidos varones, tenían una distinta veta, en su carácter, de coquetería femenina. Ya se volverá sobre esta interpretación más adelante.

NATURALIDAD Y LIBERTAD

Señala asimismo Lanson que las mujeres, por menos dotadas o inclinadas al ejercicio del pensar abstracto y de la facultad analítica, y por más propensas al abandono y la espontaneidad en sus modos de expresarse, encuentran en la carta desembarazado campo para explayar esas cualidades. Me parece que podría añadirse que en su conversar son las mujeres amicísimas de variar de tema, y prefieren una cierta volubilidad en sus pláticas, que las lleva a deliciosos mariposeos, de idea en idea, en lugar de insistir sobre una, hasta el fondo, como suele suceder en los coloquios entre hombres. La carta sirve con docilidad a ese tipo de discurso. Lope de Vega, excelente epistológrafo en verso, y fecundísimo —hasta lo desvergonzado— en prosa, lo dijo así:

> Las cartas ya sabéis que son centones,
> capítulos de cosas diferentes,
> donde apenas se engarzan las razones.

y en ellas, en vez de mantenerse al ánimo sujeto a un pensamiento central, se le secunda en sus vaivenes y retozos:

> y la pluma siguió los accidentes

dice el mismo Lope. En tantas cartas de mujer seguimos nosotros a la pluma, y a la persona por lo que nos encanta y descansa de más rigurosos ejercicios intelectuales su modo de *seguir accidentes.*

Procuremos ver un poco más allá, iluminados por los estudios de Georg Simmel sobre lo femenino. Se presenta la mujer al psicólogo con un carácter de reclusa dentro de su propia intimidad, de encerrada en sí misma. Cerrazón orgánica. Si la hembra escritora, cree Simmel, se inclina a la novela es porque semejante género es más maleable y sus formas menos rígidas que en otros. La rigidez de la forma en literatura es creación de los hombres, condición previa de masculinidad. El espíritu femenino la siente como cosa ajena, y se va hacia ese otro tipo literario que aún no ha alcanzado el mismo grado de fijación.

Volvamos ahora a recordar qué es una carta: es una exteriorización de un estado subjetivo del momento, de un modo de sentir o pensar aislado de los demás, y comunicado a otra persona libremente, tal como se nos ocurre. A pesar de todos los intentos de regulación, de las veinte clases de cartas —otras tantas solidificaciones académicas de esta espontánea forma— que distinguía Demetrio de Falera, a pesar de todos los *Dictámenes* medievales, la carta permanece a través de los siglos como tipo insuperable de libertad expresiva. Se ofrece sin condiciones, ni se duele si se la estira demasiado, ni se queja si se la reduce a unas líneas; lo mismo se presta a lo epigramático que a lo épico, al relato abundante de pormenor que al aforismo lapidario. Para el que quiere quejarse es paño de lágrimas, generoso; para el que esté de risas, eco fiel que se las reproduce y devuelve. Vecinos, pueden vivir en sus hojas Heráclito y Demócrito, sin estorbarse ni reñir. Sus proporciones se las señala cada caso, cada particularidad humana; sus leyes derivan de una inmediata y propia razón de ser, en el momento, sin que sirvan de precedente para las retóricas ni sienten jurisprudencia literaria. Entre el que escribe y lo que va a escribir no se interpone esa tupida red de objetivaciones ejemplares, de forzosos modelos y normas que tiene delante el escritor, el poeta, y a las que no puede, moralmente, dar de barato. "Ancha es Castilla" es lo que parece susurrar la hoja en blanco al epistológrafo que la mira. Esa proximidad del ser humano al lenguaje en su uso más directo y elemental, esa *originalidad* de toda carta, que prescinde de reglas y de clásicos, se ofrece por amiga pintiparada al modo de ser femenino, a su pura naturalidad.

INTIMIDAD DE LA MUJER, INTIMIDAD DE LA CARTA

La mujer, a causa precisamente de esa complacida reclusión psicológica, es más negada, o más resistente, a la exhibición por escrito de su intimidad psicológica. Poner en palabras los sentimientos más entrañados, mandárselos luego en un mazo de papel a los cajistas, al corrector de imprenta, para que por último se le brinden desde un escaparate —y a menudo con escandalosa cubierta— por unas cuantas pesetas al primero que pase —y a cuantos más mejor— es el proceso normal de la obra literaria; todos, hasta el más exquisito, lo aceptan, y sin duda sorprendería que nos sorprendiera. Sin embargo, si lo miramos desde fuera de la costumbre y la obligación, ¿cómo se va a ocultar que representa cierta dosis de impudor, una proporción de inverecundia, que en algunos libros de memorias y confesiones llega al cinismo?

Convenimos en que en eso del pudor, si no el monopolio, por lo menos la mayor parte, corresponde a las mujeres. Pudor es virtud capitalmente femenina. Aquí un escéptico diría, para conturbación de nuestra conciencia: "¿Es o era?" Y si movido por esa duda un pesimista se decidiese a salir en busca de respuesta por las playas de moda, acaso se inclinara al tiempo pasado del verbo; y se divirtiera en tatuar su conclusión sobre la espléndida lámina bronceada de un dorso femenino desnudo, con un epitafio de esta suerte: *Hic pudor fuit.* Pero aunque a un sociólogo positivista se le permita equiparar la disminución del pudor femenino en proporción rigurosa con la de los centímetros de ropa que antes lo defendían, y creer, en consecuencia, que ya no le quedan a la mujer más que dos retalillos de tela y dos pizcas de pudor, yo prefiero pensar que ese exhibicionismo playero y por millares ya habitual en la grey femenina, se limita —por muy ilimitado que parezca— a lo somático y estival. Y que la mujer preserva el otro pudor, el más valioso, espiritual, el cual, aunque tenga abiertas ciertas brechas y portillos por los atentados del freudismo de similor, no está en las últimas, como el cuerpo, y defiende todavía el mismísimo centro de la auténtica personalidad femenina. Así la novela y la poesía de mujeres contemporáneas dan pruebas de finísima pudicia en sus mejores momentos.

FERNÁN CABALLERO Y LOS "CUADROS VIVOS"

Mujer que se dedique al escribir literario se hallará en él, latente, con un conflicto entre el reparo femenino a publicarse y la intención de publicidad que supone la literatura. Una escritora española, Cecilia Bohl de Faber, nos da ocasión de alegar un curioso ejemplo. Ya hacía tiempo que tenía escrita su novela *La gaviota,* que modestia, pudor y desconfianza en sus méritos mantenían encerrada en una gaveta. Conspira su marido, con otros amigos, para que la obra salga al público. Tanto se amedrenta Cecilia del encuentro que se reviste para afrontarlo del seudónimo de Fernán Caballero; al que puede mirarse como la primer oleada de rubor que se le sube al rostro. Así registra el resultado, en su sensibilidad, del choque:

> [...] si tiene usted curiosidad en saber el efecto que ha hecho en mí el verme en la pública palestra, como observación fisiológica le diré a usted que el hecho, lejos de ser agradable, ha sido una imponderable angustia. Sentí en mí el sentimiento análogo al que deberían sentir esas mujeres que en los *cuadros vivos* se ponen descubiertas ante el público. Sentí como una especie de profanación de mis sentimientos íntimos que no quisiera partir sino con mis amigos.

¿Y por qué medio se parten, se comparten, los sentimientos de una persona, con el amigo y los amigos, no más, si no es la carta? Fernán Caballero atina aquí con la distinción entre literatura y correspondencia epistolar. Literatura, los sentimientos exhibidos, indiferentemente, delante de todos. Correspondencia, un sentir íntimo, participado por uno o unos pocos, los que quiera el autor. Aquélla, lo impúdico; ésta, lo pudoroso. Y, en efecto, aunque desde hace no mucho tiempo haya quien publique cartas muy privadas, poniendo sus intimidades al alcance de todos, siempre alienta en ese género —y ése es su encanto específico y su razón de lectura— la voluntad de estar dirigiéndose a una persona, o a unos cuantos espíritus hermanados, a lo sumo.

Hasta en el proceso material de la carta resalta ese dualismo. En cuanto los pensamientos salen del recinto de puro pensarlos el autor y, puestos en palabras, se objetivan, ya existen fuera de él, son accesibles, por el simple hecho de ser legibles, a todos los que sepan leer. Se ha dado un paso en una dirección: comunicar nuestra intimidad, abandonarla generosamente: una entrega. Pero apenas dado, entra en acción la reserva, se rodea a la carta de precauciones, el sobre cerrado, el lacre, y se la consigna a una sola persona. Por un movimiento complementario del anterior, pero nacido de un impulso opuesto, lo recién exteriorizado se hurta a la publicidad, a la lectura general; afirmada su condición privada, se hace secreto entre dos personas. Todos podrían leerlo. Podrían; es, potencialmente, público. Pero su autor no quiere que lo lea más que tal persona; y lo convierte en deliberada y actualmente privado.

Aquí es donde cuadra la carta con varias particularidades de lo femenino. Aquí se hallaría justificante para lo de la coquetería, que ya se alegó. Es la coquetería un simulacro del amor; y según Platón el amor es un estado intermedio entre poseer y no poseer. La carta se halla también en intermedio: hace exterior, manifiesta, una intimidad, pero no llega a publicarla para todos; lo íntimo ya no lo es puramente, porque salió de sí, se dio afuera, pero la carta sigue viviendo en la intimidad de dos personas, crea una intimidad bipersonal, nueva. La coquetería, según Simmel, expresa un dualismo, combina abandono y reserva, da y niega. No sería, pues, la carta expresión de coquetería, por lo que decía Lanson, ganas de agradar, sino por esta nueva explicación de Simmel: por dar algo y negarlo, por ofrecer y reservar, en un solo acto.

LA CARA, SOLUCIÓN FEMENINA

Pero acaso toque a mayores profundidades de lo femenino que la coquetería, a un rasgo más esencial de la mujer. Quiere ésta, como ser humano que es, salir fuera de sí, expresarse, en muchos momentos hacerse pública; y simultáneamente percibe la fuerza de contención del pudor, del fiel apego a su intimidad, arrendando siempre todo prurito de escape hacia lo totalmente público. Y así carta y mujer tienen de común darse a conocer por sus rasgos, y a la vez mantenerse secretas. La popularidad de la *Gioconda,* su conversión en símbolo de la feminidad, consiste acaso en haber llegado audazmente a ese extremo de dar la cara a todos, presumiendo, al mismo tiempo, de que no hay quien traspase la envoltura de sus pensamientos, el semblante, ni quien sepa su secreto. Es como una carta, que muchos presumen entender, a través del delicado sobre que la contiene, y que ninguno ha leído todavía.

Por eso sobresalen en tal grado las cartas femeninas, por satisfacer parejamente el afán de hacer comunicable a otro un estado de su ánimo, sin quebranto de la fidelidad que la naturaleza la manda guardar a su ser más íntimo. Por servir tan bien a la timidez y a la efusión, prendas femeninas. Escribe, se enajena, se despega de su yo callado en unas palabras, pero el modo –la carta– no compromete el recato de su alma, ni autoriza la intrusión en su intimidad.

Por muchos siglos las cartas han sido áncora de salvación de tantas y tantas hermosas almas femeninas. Condenaba a las mujeres un dilema: o vivir soterradas, sofocadas, en incomunicación, en angustiosa soledad, o rebelarse contra los más profundos e imperativos mandamientos de su ser natural, timidez, delicadeza, recato pudoroso. O quedar anónimas, sin dar señas de su existencia o andar en lenguas. La carta se les propuso, se descubrió, con la belleza de la voz queda, tan distante de la mudez como de la albórbola. Y sus voces delicadas fueron y van –por las cartas– en busca de otros espíritus gemelos, formuladas y medio secretas, sin más oídos que los del deseado; mientras que las voces de los hombres se alzan, se desgarran, por los libros, en las lonjas y en el ágora.

VERMEER DER DELFT, POETA DE LA CARTA

No con la pluma, sino con los pinceles, los tan delicadísimos de Vermeer, se ha expresado nunca mejor esta relación sutil de la mujer y la carta. Empiécese por recordar que aquel pintor sin igual de obras máximas en lienzos mínimos, aquel especialista en esmeros de la sensibilidad y primores del pincel, descubierto para el público por otro genio de las finuras psicológicas, Marcel Proust, dedica lo mejor de sus colores y sus amores a figuras femeninas. Como si quisiera, él, pagar los pecados de Rubens, hacer penitencia por su genial compatriota, por sus orgías espléndidas de movimiento, de deslumbres, de carnes desnudas, de hembras en tropel, que ofrece al mundo en centenares de lienzos, como otras tantas banderas desplegadas de la sensualidad, Vermeer devuelve a las mujeres al gineceo. Rubens amotina los cuerpos femeninos, los convulsiona, condenándolos a esguince y quiebro perpetuos, los arroja a la pasión; Vermeer los para, se los ofrece a la serenidad. Rubens las saca al aire libre, entrega sus cabelleras a los vientos, sus desnudeces a los castigos de los soles; las mujeres de Vermeer viven en aposentos suavemente iluminados por una luz de entre dos luces, que es pura caricia en todo lo que se posa. La pintura de Rubens escoge como su campo de liza y sede de sus fiestas la epidermis femenina, y en ella triunfa, canta y se eterniza; Vermeer arranca deliciosas melodías cromáticas asordinadas, suavísimas, de las aguas del raso y del saetín, de los visos de las pieles, que visten sus damas, casi siempre cubiertas hasta el cuello, y no desaprovecha arruga ni plieguecillo de la tela para remansar en ellos gráciles matices de luz. Rubens propaga con sus enormes cartelones los ejercicios carnales; Vermeer invita, desde sus breves lienzos, a los ejercicios espirituales. Y por eso, mientras las bravías de Rubens se desalan por los bosques, tras de las fieras ilusorias, o pugnan, convulsivamente, por desprenderse de las garras del sátiro, las plácidas damiselas de Vermeer leen cartas, escriben cartas, en un camarín abrigado.

INTIMIDAD, AUSENCIA

Nos encontramos, así, que el pintor ha entendido a maravilla ese aspecto de la psique femenina, su recogimiento, su clausura en su propio recinto interior. Es pintor de interiores, y no en el sentido elemental en que lo son otros, como Peter de Hooch, cuyo tema es el cuarto, la casa; el de Vermeer es una mujer en un cuarto. Y una mujer que entrega ese minuto de su vida a una ocupación exquisita, servidora de un placer espiritual: arrancar música de un clavicordio, pesar perlas en una balanza, corresponder, escribiendo o leyendo, con una persona ausente: el tema de Vermeer es un interior, dentro de otro interior; un alma recatada en una estancia retraída.

¿Y cómo sale de sí, sin soltarse de sí misma, ese personaje femenino, adorable entre todos los de Vermeer, cómo toca con el mundo? Por la carta. Es notable que de la numéricamente reducida obra de Vermeer, unos cuarenta cuadros, seis traten el tema de la carta. No falta ninguna de sus fases: la mujer que escribe, ya inclinada sobre su bufete, absorta en su escritura, ya con la pluma parada sobre el papel, y la mirada perdida en el aire, buscándose una palabra o un pensamiento mejores. La llegada del pliego, entregado por una camarera, que sorprende a la señora en su música. Y, sobre todo, porque aquí alcanza Vermeer su ápice, la lectura; no se sabe cuál la más admirable, si la del museo de Dresde o la del de Amsterdam. Las dos, de perfil, como apuntando que están presentes, pero no con nosotros. Las dos en pie, tan afanosas por leer la recién librada carta, que no les quedó tiempo de sentarse, sosteniendo el papel con las dos manos y dejando caer en él, entregándole, no ya el mirar de sus ojos –que los tienen bajos y no los vemos–, sino todo su ser, entero. Son estos dos cuadros dos monumentos a la atención, dos poemas magistrales a la ausencia. Solas, las dos mujeres, en un ámbito sin más persona que ellas, pero rebosado de sensación de compañía invisible, que emana como callado canto de la carta, y las envuelve, mejor que presencia alguna, en purísimo goce de estar amorosamente asistidas, desde lejos. Y ese lejos, en el cuadro de Dresde, está allí, al fondo del cuarto —nuevo y delicado paralelo entre los dos interiores, el especial y el psicológico— representado en un mapa; siempre visible, como lo están, de seguro, las visiones, la figura de los mundos —"Where the remote Bermuda ride"– por donde él anda, en el alma de la separada.

¿Quién ha ido tan hondo en la interpretación pulquérrima de lo que significa una carta como el pintor? Estos cuadros no tienen pareja ni rival en páginas escritas, literarias. Todos los creyentes en la carta, en su culto, habríamos de ponernos humildemente bajo la guía de este patrono: que él nos dirija la mano que escribe, los ojos que leen, el alma que quiere, cuando deseemos vencer ausencias.

APÉNDICE SOBRE LA TERCERÍA, LOS SECRETARIOS Y LAS SEUDO CARTAS

Alguna vez penetré en la sala de correspondencia de un gran negocio neoyorquino. Entré allí como si nada, bien lejos de pensar lo que estaba aguardándome. Ringlas de mesas y mesas, cuatro, cinco hileras, a lo largo de la enorme cámara. Filas de mujeres, de ellas jóvenes, de ellas añosas, todas erectas, haciendo correr los dedos, de admirable agilidad, sobre los teclados. Me acordé del romance de Doña Alda, de las trescientas damas de Doña Alda.

> Todas visten un vestido,
> todas calzan un calzar

Me acordé de los coros de ángeles, en los fondos de los cuadros del Angélico. Y, tranco irreverente, de las gallardísimas mozas que en el Music Hall de Radio City se empeñan a diario en parecer una sola, al hacer sus coreografías y echar las piernas por alto. Volaban los dedos, como mariposas sin fatiga, libando de la misma flor, a la que vuelven y vuelven, como encadenadas. Y el aire estaba lleno de metal deshecho vaporizado, de metal vuelto gotas de su ruido, niebla de alfabeto, partículas de idioma y de acero, confundidas, que velaban cualquier posible palabra humana clara. Todas escribiendo cartas.

Y se me propuso en el acto la gran paradoja de que todas estas escribientes no se comunicaban con nadie, no decían nada. Y lo legítimo de una proposición, así formulada: las personas que más cartas escriben, hoy día, son las que no tienen nada que escribir. Porque el personaje que lo dictaba todo era la Casa H más B, la gran princesa mercantil, con sus trescientas damas "para la acompañar".

Y si se me encuentra harto teatral y exagerado en este cuadro trasladémonos a la antesala de un negociante o industrial ilustre, y allí nos hallaremos siempre con una damisela, bella probablemente, atildadísima, de seguro, que escribe con gravedad, pero que tampoco dice nada por su cuenta. Es la que luego taconea por Fifth Avenue, a las cinco de la tarde, con garbo regio e indisputable señorío, como por su propio solar. Este admirable tipo humano –admirable no sólo en lo somático, por supuesto– es la última metamorfosis del tipo, antiquísimo, de medianero en la correspondencia, del secretario. Bien puede alardear, si bien en la mayoría de los casos lo ignore, de un linaje tan ilustre como el de las mejores casas nobles de la Inglaterra, o de las Galias.

PROSAPIA DEL SECRETARIO

No hace mucho tuvo tristísima y efímera celebridad mundial un nombre, Monte Cassino, que salió a la atención pública –trágica burla– para desaparecer pronto de la realidad, apenas afamado, entre sus propias ruinas: Monte Cassino. El nombre de este cenobio, antes de ser pasto de la horrorizada curiosidad de los muchos, había sido objeto de veneración de unos pocos, letrados y eruditos. Los teutones, raza tan ducha para lo bélico como para lo sabio, primero lo estudiaron, por diligencia de sus filólogos, y luego lo destruyeron, por industria de sus zapadores. Allí en Cassino, Alberico fue autor del primer *Ars Dictaminis,* y maestro de Juan de Gaeta, de tantas prendas en las artes secretariales que luego accede a la categoría de Canciller de Urbano II, y por fin a la misma silla de San Pedro. De la escuela de secretarios de Orleans, rival condigna de la de Bolonia, salen tres secretarios papales. Helen Waddell cita un manuscrito de la Biblioteca Nacional de París, en el cual un estudiante orleanense incita a un su amigo a que deje de lado el arte meretricio del verso y emprenda el oficio de secretario. Un empleo secretarial era seguro camino a los honores, según Miss Waddell. En la más ilustre secretaría de la tierra, la de los Pontífices, se crea una altanera erudición de secretarios letrados, por cuyas manos, nos dice Burckhardt, pasan los graves asuntos de la Cristiandad. Culmina en la figura de Pietro Bembo, cardenal −su efigie nos queda en Roma, de mano de Tiziano−, que estuvo amistado con damas de tan distinta excelencia como Lucrezia Borgia y Vittoria Colonna, y disertó sobre el amor, emparejando saber y elegancia, en sus *Asolani.* En contacto con esta escuela de letras sabias y oficiales, irá formándose la de cartas en vulgar.

En España se asocian con los cargos de secretaría nombres preclaros en las letras. Alonso de Valdés sirve a Carlos V, para sus cartas latinas. Los poetas, Montemayor que escribía para la Infanta Juana de Portugal, Francisco de Figueroa, que lo hacía para el Duque de Terranova, Quevedo, plumífero de Osuna, Lupercio Argensola, que tuvo por señor de escrituras al Conde Lemos, alternan las libres efusiones de su sentimiento en verso con la asalariada sujeción a las fórmulas férreas de la prosa epistolar oficiosa. En su valiosa introducción al epistolario de Lope, el señor González de Amezúa cita la "Dirección de Secretarios de Señores, y las materias, cuidados y obligaciones que les tocan, con las virtudes con que se han de preciar, estilo y orden del despacho y expediente, manejo de papeles de ministros, formularios de cartas... y otras curiosidades". El libro salió en 1613, y su autor es Gabriel Pérez del Barrio. Amezúa aporta atinadamente pasajes de gusto, a través de los cuales se delinea la figura platónica y dechado perfecto del cabal secretario. Ha de tener mucho de sabio, en letras sagradas y profanas, en lengua latina y modernas. Lindará en el ascetismo rehuyendo amenidades y fiestas, donde pueda correr riesgo su virtud. Condúzcase siempre "de forma que no tenga voluntad propia, sino renunciada en la de su dueño, con entrañable intención y deseo de obedecerle y servirle con toda puntualidad... como templado a su gusto... y transformado en todo a su querer". Sólo puede sentirse eximido de obediencia en los casos en que pueda ofender a Dios. No nos extrañará, ya dentro de esta tonalidad, que los papeles del señor se merezcan esmeros como el tenerlos "en la estima que un muy enamorado las prendas de su dama... celándolos y guardándolos siempre más cuidadosamente que si fueran joyas de infinito valor". También caben entre esas reglas, casi monásticas o caballerescas, otras de menos cuenta, como las dadas por el tratadista Yelgo: fabricar tinta de tal calidad que "la letra reluzca como la espada"; y ser artista en el corte de la pluma. Si se cree que estos autores van muy allá en su celo de especialistas de lo espistolar téngase en cuenta que era dicho popular ya, refrán corriente, el de "en tres cosas se prueba el hombre, en gobernar su casa, en refrenar la ira y en saber escribir una carta".

EL MONSTRUO DE LA CARTA Y FÉNIX DE LOS SECRETOS

El que encerró los preceptos dramáticos con tres llaves, Lope de Vega, el Gran Secretario de las Españas, se dejó dentro del encierro, también, todos los preceptos de Pérez del Barrio sobre la rigurosa honestidad de costumbres, sobre la rectitud de conducta que cumplían a tal empleo; él llevó el cargo, sirviendo al Duque de Sessa, a la altura máxima, en cuanto que le dio su nombre, que todo lo encumbra, y al mayor rebajamiento, por el modo de su desempeño. ¡Qué distancia infranqueable entre los secretos que se confiaban a la guarda discreta de los secretarios papales, o regios, y éstos que el Duque de Sessa prodiga a su secretario íntimo!

El empleo de Lope fue en verdad secretario de amores, escribiente y respondiente de liviandades, del bastantemente liviano duquecito madrileño. Y de guardarle los secretos se pasaba a colmarle de consejos, a allanarle los pasos para sus conquistas, hasta ser —por increíble que parezca en su estado sacerdotal— asiduo y entusiasta "ayudador del pecado", como lo dijo Alfonso el Sabio. Lope, que escribía tan de prisa sus comedias geniales, se tomaba especiales atenciones para redactar los *papeles* destinados a rendir la fortaleza de una amante del Duque, Flora.

> Que era de amor un papel
> La mejor artillería

lo dicen en *El labrador del Tormes*. Y por eso, cuando el Duque le pide que redacte sus respuestas a cartas de la dudosa dama Flora, solicita tiempo para aprestar debidamente su arsenal de ataque a la virtud sitiada: "Los papeles de Flora no quieren prisa porque se ha de responder a ellos galantemente, y eso requiere espacio". Escribe billetes y billetes, se los manda al Duque para que éste los remita como cosa suya a la mujer requerida de turno; y así las palabras del altísimo poeta se convierten en mester de tercería, y ofician en la preparación de los gatuperios eróticos del señorito madrileño con tal o cual pelandusca de la Corte. En sus cartas al Duque prodiga el secretario consejos, admoniciones, comentarios, todos los elementos de un *Ars Amandi,* puesto al día de los Felipes de Austria, y considerablemente aumentado y corregido por las enseñanzas que el poeta aprendió en su copiosa carrera erótica, y de las que no se reserva ninguna en el servicio de su señor.

Aplica su agudeza psicológica, no sólo a la lección de las intenciones de su amo, de los corazones femeninos a cuyas puertas va a llamar el Duque, sino hasta a la letra cursiva de la moza del caso; al mandar al de Sessa un borrador de contestación a cierta recuestada del Duque escribe: "Este papel no sé si está a propósito porque no entendí la voluntad de Vuecencia... La persona debe de ser notable; la letra es insigne y escribe con ortografía, cosa no vista en mujer y que arguye arrogancia..." Si ganarse favores el señor por las habilidades de pluma del secretario es amar por *interposita persona,* como dice el lenguaje de la curia, ya sabemos hacia donde se despeñan las artes de Lope: hacia las de Celestina. Por supuesto que él, al igual que Cervantes, pensaba, y así lo expresó:

> Que es oficio de discretos
> El ser alcagüete...

Estos papeles de amor escritos para el Duque, y las cartas con que los acompañaba, son la más monstruosa prueba de lo monstruoso del Monstruo de los Ingenios. Jamás secretario alguno rindió a su señor servicio como éste: humillar un espíritu capaz de lo más noble y luminoso hasta las bajezas de un alma vulgar, y emplearse, complacidamente, en sus libidinosos antojos. Ni lo celestinesco podía llegar a más, a aposentarse a ratos en las moradas interiores del poeta "de espíritus celestes habitadas" en ocasiones, ni el Fénix a menos que a renacer de sus altanerías místicas en forma de ave de torpe vuelo. Cumplió Lope a la letra el mote de Gracián: "No ser nunca ejemplar", precisamente por ser tan fiel ejemplo de la condición humana y vivirla tan de arriba abajo. Él, el primero en todo, así lo malo como lo bueno, tuvo la humildad monstruosa de actuar año tras año de tercero.

DECADENCIA Y FINAL
GRANDEZA DEL SECRETARIO

Son todos éstos que he venido recordando secretarios de los poderosos, Papas, Príncipes, Magnates; secretarios de personas cultas y letradas, muchas veces, que los tenían por lujo y comodidad, como un oficial más de sus casas opulentas, en mejor estima que al despensero o al paje, pero no muy por arriba del mayordomo o camarero. Es decir, que se daban el lustre de descansar de los trabajos de escribir cartas las gentes que en la mayoría de los casos eran capaces de escribirlas. Pero hay otro tipo de secretario que se lleva detrás todas mis simpatías, ruín en el rango social, deslucido en la historia, y no obstante admirable entre todos: es el secretario de los humildes, el secretario de los analfabetos, el memorialista.

De entre los muchos pecados de suficiencia de que tiene uno que arrepentirse en esta vida, confieso ahora el desdén y la risita con que miraba yo, en mis mocedades y en el Madrid de principios de siglo, a esos cuitados que ejercían su oficio en pobres covachas, raídamente vestidos, a veces con gorro de borla, disimulo y protección de la calva. Todo su establecimiento era un cuchitril desacomodado y parvo de espacio, con su escritorio y alto taburete, una silla de dudosa estabilidad, y su brasero en invierno. Único realce de la parvificencia de esta oficina eran, en las paredes, una serie de planas caligráficas, y muestras de letra, supuestamente salidas de la mano del escribiente, y un retrato en cromolitografía de Don Emilio Castelar, a modo de numen de la palabra y sus artes. Apuntaban estas planillas a impresionar con pavorosa admiración, a fuerza de rasgos y volteos de pluma, de finuras de trazo inverosímiles, a los ojos sencillos de las mozas de servicio, ya fuesen de cámara o de cántaro, niñeras, fregatrices, mandaderas o nodrizas, que acudían a la covachuela en demanda de socorro escriptorio, y para la que estaba siempre ofrecido el asiento a modo de lugar de espera, o silla de tortura. Porque allí la muchacha confesaba, entre rubores y tropezones con los vocablos, las ansias de su corazón, de las que se haría cargo por escrito el oficiante del lugar, con caracteres de seguro tan preciosos como aquellos que se ostentaban en los marcos. Cobraba entonces el memorialista, ante la suplicante, estatura magna, la de un ser instituido de poderes tales que lo que la fámula quería decir, y que a ella se le representaba tan insignificante, tomaría cuerpo en letras perfectas, que sólo el verlas daba gusto a la vista; y aún más, en palabras nuevas, que aportadas con suave autoridad por el memorialista asombraban a la interesada, por decir tan bien lo que ella sentía tan mal. Algunas de las tales dicciones, nunca oídas, no llegaban ciertamente a la total comprensión de la interesada, pero las aceptaba a pie juntillas, gozosa, arrebatada, de que hubiese maneras tan lindas de decir las cosas, y estuvieran todas, a disposición suya, dispuestas a embellecer con prestigios sorprendentes lo que a ella le rondaba humildemente por los adentros, sin saber el cómo exteriorizarlo. El anciano, con su bonete, se transformaba, por lo grande de su menester, en símbolo del Verbo, y ministro y dispensador de sus grandezas. Él prestaba voz a lo inefable, él iba modelando lo informe, y cuando la carta era leída con voz solemne a la enamorada, ésta se sentía en estado de reverencia y gratitud, se reconocía en los vocablos ya suyos, sin serlo, por mucho mejor de lo que era, y su amor se le volvía cántico en las palabras formularias y prestadas. El memorialista adquiría traza de sacerdote, que paternalmente nos inicia en misterios del mundo y de nuestro mismo ser, y nos pone en camino de salvación. Yo me atrevería a pensar que las palabras profesionales de estos memorialistas han sido para tantas almas simples de serviciarias, tan reveladoras de las pulcritudes del amor, al oír lo dicho en dichos nuevos, como las de Petrarca o Ronsard, o Garcilaso, para las palaciegas del Renacimiento.

La mayor tacha de una conocida poesía campoamorina es haber rebajado una situación humana tan trágica y profunda como la que expresa el título "¡Quién supiera escribir!", el clamor del analfabeto en ansia de palabras, que le faltan, ardido como el del sediento, a un cuadrito de género burgués en que el sacerdote, con risita de suficiencia, se las echa de sabihondo en amor y presume de saber querer mejor que la mismísima enamorada, para alzarse con el papel principal del poema. Ante esa tremenda queja del "quién supiera escribir" ha brindado años y años su remedio el seráfico memorialista, verdadero ángel de analfabetos, si caído por la desestima de la sociedad en ínfimo rango, como última y degenerada forma del secretario, llegado en cambio, por el ejercicio de su misión de caridad con los humildes y desvalidos de palabra, a lo más alto en la escala de los respetos y la admiración.

No sé si quedarán muchos por el mundo, aquéllos de Madrid, los de Barcelona, establecidos en unas casillas que se amparaban en el entrante que forma en las Ramblas el Palacio de la Virreina, cual si quisieran hurtarse al caudal de modernidad que no cesa de correr por la gran calle, acogiéndose a la sombra del nombre augusto de otros días. Y los de México. Estos los recuerdo en unos tenduchos, resguardados por unos viejos soportales; suelen salir de su oficina, y plantar su mesa en el soportal, como sitio intermedio entre lo público y lo privado. Observé dolidamente que alguno, por colocarse a par de los tiempos, tenía ya su máquina de escribir, notoria decadencia puesto que se renuncia ya a todo pretenso de artista caligráfico, y se desciende el oficio a mera técnica mecánica. Allá los llama la gente con un admirable sinónimo: los evangelistas. Está registrado en nuestro léxico oficial, pero confieso que lo oí usado por vez primera en México.

Pasmo me causó el acierto de la denominación, popular de origen irónico, y con su tanto de zumba, sin duda. En las portadas catedralicias, en los manuscritos bizantinos, en los capiteles claustrales, en las tablas de los primitivos, había yo buscado siempre estas figuras de los cuatro sagrados escribientes, continuamente repetidas, constantemente variadas, y me complacía ver en ellos la representación del más enaltecido linaje de que puede gloriarse todo el que ande metido en escritura; una nobleza de la pluma con que puede reclamar entronque todo el que se incline sobre un tablero pluma en mano, hasta el poeta surrealista. Sí, estos escribanos públicos, estos servidores de la santa grey analfabeta, al ser designados por el pueblo con tan preclaro nombre, es que habían sido reconocidos por el certero sentir popular como pertenecientes a la más ilustre prosapia del que escribe. Ese nombre era puro tributo, simplicísima consagración de excelencia de sus oficios. No pude resistir al antojo, y acercándome a uno que me miró recelosamente porque no me vio los rasgos de inocencia propios del analfabeto y sí, en cambio, todas las sospechosas trazas de un hombre leído, ajusté sus servicios, y fijado el estipendio, empecé a dictarle, yo, de este modo: "En el principio era el Verbo y el Verbo era con Dios, y el Verbo era Dios... Todas las cosas por él fueron hechas..." El escriba tomó mi dictado sin seña alguna de sorpresa, como si le sonara aquello a cosa sabida y archisabida; hasta alzó un momento la cabeza y me miró sonriente, con una sonrisa de inteligencia, de secreto muy viejo compartido, conocido no más que de los dos y que florecía de pronto allí, en el aire de la plazuela mexicana. Luego, afilando los perfiles de su hermosa letra española antigua, prosiguió, anticipándose a mi voz que se lo iba a dictar: "En él estaba la vida, y la vida era la luz de los hombres".

ARTE DE LAS CARTAS Y MANUALES EPISTOLARES

He de volver a acusarme, entre mis pecados de desvanecimiento y propia satisfacción de mi juventud, de otro que aquí viene a punto recordar: es hermano gemelo del que consistía en desdeñar a los santos varones empleados en el oficio de escribanos públicos. Pecaba yo, parejamente, por ignorante menosprecio de esos librillos, en rústica, que con cubiertas de bárbaros colorines se ofrecían en los kioscos de prensa a cambio de uno o dos reales, con el título de *Manual de correspondencia, Secretario de los enamorados,* o cosa por el estilo. Solían verse en manos de mozos del pueblo, que servían al rey en la corte y que sentados en un banco de jardín público —la Plaza Mayor, inolvidable— lo leían absortos, moviendo los labios, en deletreo inconsciente de palabra a palabra, avanzando con pena, cuesta arriba, por los vericuetos de la letra impresa. Quizá no se andaba muy lejos, sin que ni él ni ella lo supieran aún, la futura destinataria de una de aquellas ejemplares epístolas, la cual en este momento velaba celosamente sobre los lúdicos retozos de unos infantes de la burguesía madrileña, por deber de su cargo, chacha o doncella niñera.

Y erraba yo en malmirar a tales librejos, porque crecido en saber y razón, vine a darme cuenta de que corresponden en la república de los libros a esos que en la de los hombres llamamos grandes tronados, aristócratas venidos a menos —a lo mínimo de lo menos—, tan arruinados y desastrosos, tan rodados por el arroyo, que no hay ya quién les reconozca su nobleza. En verdad el rastreo histórico de esos miserables libracos de pésima impresión, en papel casi de estraza, incluseros de imprenta y sin autor declarado, nos conducirá, nada menos, que al pergamino de vitela, a primorosas caligrafías monacales, al códice precioso, a las oficinas de Aldo Manucio o de Plantino, a Erasmo de Rotterdam o Luis Vives.

REGLAS Y CARTAS

Es consenso de los modernos críticos, Lansón, por ejemplo, que la carta no es arte, y no admite reglas para escribirla. Sin duda, al afirmar esto, el erudito historiador francés pensaba en términos preceptivos y mirando a nuestros días, no hacia el retrospecto. Porque desde el siglo XI no han dejado componerse Arte tras Arte de escribir cartas, y la epístola, que hoy reivindica, y muy de derecho, su perfecta libertad, ha vivido mancipada a toda una minuciosa disciplina por centurias. Lo nuevo, lo reciente, lo revolucionario, es esa afirmación de su privilegio a escapar de cualquier férula y pedagogo. No hay que olvidarse aquí de la distinción entre carta íntima y carta oficial o literaria. Las regulaciones y preceptos se han enfocado de preferencia sobre las segundas. Pero también las familiares caen en la red, y por ellas se libra esa lucha entre lo espontáneo y lo preceptuado, lo libre y lo reglamentado, que abarca a todo lo que sale de pluma humana.

LA DIDÁCTICA DE LA CARTA

Ya los antiguos, como Demetrio de Falera y Proclo, habían estudiado la carta, en cuanto género. Pero la Edad Media es la que instaura el género epistolar como materia de enseñanza. En ese gran monasterio de Monte Cassino se escribe por Alberico el *Breviarum de dictamine,* en el siglo XI, *Dictare,* nuestro dictar, *dictamen,* son términos que vienen a significar composición o redacción de la epístola, por supuesto. El *dictador* de los siglos Medios, como se denominaba al perito en epistolografía, es tipo opuesto al dictador de nuestros días: aquél enseñaba letras, éste las persigue y destruye. Alberico, dictador de los buenos, entra ya a fondo en la epistolar materia, de las *rationes dictandi,* y prescribe las cinco partes constitutivas de toda carta decente. Son la *salutatio,* en que se hace cortesía al corresponsal; la *benevolentiae captatio,* o arte de hacerse bien quisto a la dicha persona; la *narratio* y *petitio,* en donde se expone el asunto de la carta y se llega, por fin, al grano, es decir, a la demanda o al deseo que origina el escrito, y la *conclusio.*

Esta pedagogía de la carta ha de mirarse como una rama de la enseñanza general de la retórica, favorita de la Edad Media, que tenía por modelos a Plinio, a Cicerón, a Séneca y otros ilustres antiguos; por eso se enseñaba en las escuelas, como Watson ha indicado de la inglesa. Pero poco a poco va distinguiéndose, y el *Ars dictandi,* o arte de componer cartas, que era en realidad algo que hoy llamaríamos uno de los libros de texto en que se estudiaba la asignatura de la retórica, cobra cierta independencia, se especializa para convertirse en la Biblia de los que aspiran al oficio de secretario. *Boncompagnus, Candelabrum,* son dos curiosos nombres de sendos manuales, muy populares en la Edad Media. Los medievalistas modernos han desenterrado no poca documentación a este respecto, referente ya a *Artes de dictar,* en Italia, Francia, Inglaterra, en Alemania; ya formularios de cartas, como los editados por Langlois; ya epistolarios, propiamente dichos, así el de cartas catalanas del siglo XV, publicados por Martorell. A Haskins le han servido los modelos de cartas de los estudiantes medievales para estudiar las costumbres escolares. (Por cierto, que en algunas de las cartas que publica se da nueva prueba de la constancia en las actitudes humanas que corresponden a cada estado, porque aquellos estudiantes de París o de Bolonia pedían a sus familias dinero, alegando la carestía de abastecimientos de mente y boca, libros y comida, de modo sorprendentemente análogo al del escolar de nuestra feliz era.)

El Renacimiento, enamorado universal, también consagra sus amores intelectuales a la carta, y por obra de algunos de sus más insignes protagonistas. Erasmo, como es bien sabido, fue epistológrafo eminente y practicó la correspondencia con numerosos corresponsales de toda la Europa sabia. Deseando juntar el precepto con la acción, escribió, para un discípulo suyo inglés, el *Libellus de conscribendis epistolis,* hacia 1520. El que se haya figurado que eso de la carta es nonada, que el escribirlas está al alcance de cualquier simplón, y que no encierra su ejercicio involucraciones ni complejidades, que se dé una vuelta por la división erasmiana, el *Typus generum epistolarum.* Allí descubrirá las cinco categorías fundamentales, cartas didascálicas, deliberativas, demostrativas, judiciales y familiares, y dentro de cada cual, sutiles subdivisiones como las de la tercera clase: gratulatorias, laudatorias, reprensorias, de acción de gracias, y nuncupatorias o de dedicación. Y se dará cuenta de que al escribir una carta no sabe dónde se ha metido, ni lo que está haciendo, como no se deje llevar de la mano del de Rotterdam, o de alguno de los otros muchos preceptistas que copian e imitan su división incansablemente. Detrás de Erasmo componen tratados semejantes Luis Vives, Justo Lipsio y más número de humanistas. Claro es que la mayoría de ellos confinan las severidades más estrictas de sus reglas para las cartas de tipo oficial, o erudito, y ofrecen cierto margen de libertad a las familiares.

De él se aprovecha en España un gran estilista, Antonio de Guevara, en sus *Epístolas familiares,* que en verdad ni lo son ni dejan de serlo, puesto que unas suenan a ensayo moral, y otras a cotorreo de palacio, y el obispo igual habla con altanera retórica ciceroniana que con sabrosos modismos de plazuela.

DE LA SABIA TEORÍA A LA PRÁCTICA COMÚN

Todavía nos andamos a gran distancia de estos vulgares manuales de nuestro tiempo. Pero ya, desde el siglo XVI, va a acentuarse la tendencia a disminuir la parte teórica, el aspecto de enseñanza retórica, del arte epistolográfico. Aún los manuales como *The English Secretarie,* de 1586 –su autor Angel Day–, llevan, al margen de las cartas dadas como modelos, puntuales indicaciones sobre las figuras de dicción y tropos que se usan en cada una. Considera el autor que no hay lenguaje "valioso ni de peso" que no esté agraciado con los ornamentos del estilo; el de las cartas debe servirse de ellos, y por eso añade a su libro una lista de "Tropos, Figuras y Esquemas". Estas obras conservan por algún tiempo su tono de decoro docente, su aspiración a enseñar un noble arte literario. Son, en ese sentido, obras para cultos, libros para instruidos.

Pero ocurre que las cartas que en ellas se insertan como modelos, o ejemplos, van ganándose la atención mayor. Hay gentes que prefieren a aprenderse las reglas y aplicarlas por su cuenta el copiar, con más o menos variantes, la carta ofrecida como dechado en el libro. Se le va cayendo a este especial género de libros de retórica todo el aparato de preceptos, la complicada edificación teórica. Y quedan, únicamente, las colecciones de cartas que servían de ejemplos; procuran ajustarse a todas las situaciones posibles de la vida social y sentimental, y a ellas vendrán a abrevar, en aquellos siglos pasados, damas y caballeros de alta situación en el mundo, y luego, en el nuestro, soldados, criadas y gente rústica. Ya estamos en el camino hacia el infame librillo de los kioskos, hacia el gran remedio del semi analfabeto. Triunfa el sentido práctico, poco a poco. Y se pasa, aunque no de un salto, por los siglos XVII y XIX, del doctrinal al formulario, de la teoría a la técnica.

LOS MANUALES

Esos manuales se dirigían unas veces a secretarios, otras al público general. Tienen representación en la más linajuda casta tipográfica de libros, los incunables.

En 1483 se imprime uno en alemán, en Ausburgo; y de Venecia, en 1487, sale un *Formulario de epistole vulgare missive et responsive altri fioni de ornati parlamenti,* de mano de Bartolommeo Miniatore. Irrumpen en todos los países de Europa en el siglo XVI, para irse repitiendo, de uno a otro autor, de esta a aquella nación. En Zaragoza se publica, el año 1547, el *Estilo de escribir cartas mensajeras,* de Gaspar de Texeda, que pocos años después, en 1553, imprime el *Primero libro de cartas mensajeras en estilo cortesano para diversos fines y propósitos con los títulos y cortesías que se usan en todos los estados.* Hay aquí cerca de cuatrocientas fórmulas de cartas, que recorren toda la escala tonal de lo epistolar, las primeras dirigidas al Papa y a los Cardenales, y las últimas "algunas cartas graciosas, amorosas y de burlas para descansar el trabajo de las de veras que dejamos atrás". Quizá deba entenderse por las "de veras" las escritas a personajes de más empaque, las más oficiales, esto es, las que son menos de veras, en punto a naturalidad y expresión de lo íntimo. El señor Amezúa menciona varios de los recetarios más famosos en el siglo XVII. Logró uno de ellos, el de Gabriel Pérez del Barrio, de quien ya se habló antes, nada menos que este encomio en verso:

Tal secretario formáis,
Gabriel, en vuestros escritos,
Que por siglos infinitos
En él os eternizáis.

La desaforada cuarteta es de Cervantes. También lo piropeó en verso Lope de Vega. Y en cuanto a público común asegura el autor "que fue tan bien recibido que a pocos días se desapareció y se traía de Nápoles, Sicilia y Valencia, donde fue impreso".

En Lyon sale en 1566 *Le Style et manière de composer, dicter et écrire toute sorte d'épîtres...* Y dos años más tarde, en 1568, Londres da a la luz otro manual, traducido casi entero del lionés, y que se titula curiosamente *The Ennemy of Idleness,* el enemigo de la ociosidad. Desde entonces, Europa comparte este tesoro de formularios, que se presenta con los caracteres de una literatura universal, propulsora y modelo de un común estilo de cortesanía para todos los países, conforme a una tendencia renacentista. Por lo visto se entendía que llegado el instante de empuñar la pluma todos los humanos son iguales, sin distingo de fronteras, y para todos sirven las mismas fórmulas, así para el escocés como para el navarro. Cita Miss K. G. Hornbeak en sus estudios sobre los manuales epistolares ingleses un catálogo de librero londinense de 1657, llamado *Catálogo de los libros de mayor venta en Inglaterra,* verdadera anticipación, como se ve, de las listas de los *best sellers* de hoy. Los formularios de correspondencia figuran entre los favorecidos. Y otra muestra de favor, si bien poco laudable más expresiva, la encontró Miss Hornbeak en la merma que tenía uno de esos libros, consultado en la Biblioteca de la *Connecticut Historical Society*, de más de cien páginas de modelos de cartas amorosas arrancadas quién sabe si por uno o una, o unos o unas, necesitados y menesterosos de voces declarativas. Lo sucedido a esta estudiosa creo que le ocurrirá a cualquiera que consulte esos secretarios de cartas, sobre todo si los busca en bibliotecas populares. Yo puedo alegar modestamente que de un libro de los consultados con motivo de este ensayo —coetáneo, dedicado a las declaraciones amorosas— y que se llama *Will you marry me?*, ¿Quiere usted casarse conmigo?, falta una, precisamente de la sección que la autora denomina *Directorio e imperio*. Cito el hecho no por la falta, sino por su poquedad, atribuible, o bien a una confianza excesiva en las propias dotes de expresión, muy posible en esta época presumida e individualista, o a un respeto a la propiedad pública que puede más que todos los apuros de un enamorado corto de imaginación, en trance de declararse.

TITULARES

En demanda de la atención de lectores, el ingenio se encapricha en buscar títulos novedosos para esos manuales. En pocas bibliografías se espigan nombres tan graciosos. *El aviso de mercaderes; Panoplia de epístolas; El secretario a la moda; La Academia de los cumplidos; Espejo de incultos; Delicia de las Musas; Presidente de cartas para jóvenes; La posta volante; El mensajero de Cupido; La Academia de los Ingenios; El postillón robado; El secretario perfecto o campañero del ciudadano y del caballero de campo; La lengua del galante enamorado guarnecida de áureas frases; Misterios del amor y de la elocuencia; Arte de cortejar, para los cuáqueros; Academia de galantes; El corresponsal en-*

tretenido; *La correspondencia epistolar al modo agradable y familiar; Secretario de las damas; Arte completo de escribir cartas de amor; Secretario epistolar completo; El tutor o guía epistolar.* Y, por último, *El secretario universal,* que es de suponer que los abarca a todos. Cuando después de haber leído esta nómina, muy incompleta, de títulos, volvamos a echar la vista encima a ese pobre libro contemporáneo, cuyo título reza, encima de un corazón sangrante pasado por una saeta: *El verdadero secretario de las amantes,* ese nombre ya no nos parecerá, como solía, hechizo rótulo, pretencioso y sentimental, sino la modestia, la sencillez mismas. ¿Qué es el pobre, sino la parva reliquia, la ruina trunca, de aquel barroco mundo epistolar, con sus títulos recargados de aliños y arrequives retóricos? Este desmedro del título es trasunto justo del decaecimiento del género. También él marca la distancia entre la aristocrática retórica de noble fuente latina, ayer, y la vulgar y aplebeyada sentimentalidad de munición, hoy día.

LAS COYUNTURAS DE LA VIDA

Un filógrafo hispano del siglo XVII, Peliger o Peligero, se gloriaba de que en su libro formulario se tratase "cualquier clase de conceptos, negocios y coyunturas". Es, en efecto, visible deseo de los autores de libros-secretarios el brindar al lector con fórmulas adecuadas para todas las situaciones en que la vida pueda colocarle. El autor aspira a prever todas las incidencias, magnas y minutas de la existencia del hombre en este planeta, y a tener ya lista para copia y despacho la correspondiente fórmula epistolar.

Como algunos de los tratadistas eran gente de imaginación, inventaban lances de rara ocurrencia en la vida real, lo que presta a ciertos de estos libros un airecillo de novelería, que se cuela por entre las fórmulas. Sobre todo en la sección de lo amoroso frecuentemente el autor se desbrida, y de sus cartas sale como un esbozo de novelilla sentimental, cosa nada de extrañar puesto que cierto género del novelar los sentimientos empleó desde sus principios la epístola como artificio literario. A veces, las mudanzas de los años y los usos nos hacen aparecer ciertas necesidades de aquellos siglos como inverosímiles o risibles. Así en el siglo XVI estaba muy en su punto que se ofreciera un modelo de carta de padre a hijo, previniendo a éste contra los peligros de la alquimia, "que a tantos perjudica y a ninguno aprovecha", como se hace por Breton; suponemos que este tipo de carta se ha hecho escasamente necesario en el siglo XX, como no se trate de las formas superiores y científicas del alquimismo, de las que hay no poco que temer para padres e hijos, por igual.

Es notable que, siendo el objeto de estos manuales práctico e instrumental, no puedan sus autores escapar a ciertos caprichos de su fantasía, a la fatalidad inventiva que se le impone a todo el que toma una pluma en la mano, ni a la urgencia de moralizar a que empuja el constante uso moralizante de la literatura a través del tiempo. Por eso, en los secretarios se encuentran temas de conducta y de ética, que los convierten en tratados de educación moral, en orden disperso; anécdotas y cuadros de la vida humana, por donde se acercan a lo novelesco y, sobre todo, al costumbrismo.

Teníamos que llegar a estos tiempos de bárbaro funcionalismo, para que los libros-secretarios se limitaran a fórmulas escuetas y ejemplos mecanizados, haciéndose de insoportable lectura, a diferencia de ciertos manuales antiguos, donde la cristalización formularia de las cartas modelos alternaba con hilillos de humanidad viva y corriente.

Se podría esto comparar con la diferencia existente entre el servicio antiguo y el moderno; entre la camarera o el mozo que, al traernos la bebida, nos la ofrecían con rasgos tan humanos como la sonrisa o el gruñido, la mano blanca o la garra peluda, señas todas de individualidad vital, a las cuales se correspondía con la largueza, o la miseria, de la tan humana propina, y el actual modo

de despacho de ciertas bebidas —suelen ser las más abominables
y de procedencia química pura— en unos cajones metálicos, que
las expelen automáticamente mediante la introducción de una
moneda en una ranura, haciendo imposible el acompañar el regalo
del beber con el del chicoleo o la conversación sobre el tiempo.

ANÉCDOTA Y CATEGORÍA:
MUERTE DE LA PERRILLA

Suele sorprender al que recorre manuales de los siglos XVI al XVIII
la aparición repetida de una carta, dirigida a una dama de socie-
dad con motivo de la muerte de una perrita de estrado. ¿Es posi-
ble, se pregunta uno, que el uso de tener esos animalillos de re-
creo en casa, y la natural, inevitable, fatalidad de su pasar, algún
día, hiciera necesario el pésame de los amigos, y la oportuna fór-
mula epistolar? ¿Respondía ese modelo a una realidad social, o a
la pura invención?

Resulta que todas esas cartas provienen de una de Antonio de
Guevara, la XVII de la segunda parte de sus *Epístolas familiares,*
titulada: "Letra para una señora y sobrina del autor que cayó mala
de pesar que hubo porque se le murió una perrilla. Es letra corte-
sana y con palabras muy graciosas escrita". No desmiente el texto
lo anunciado. Guevara se mofa de la sobrina y de su llanto ("tengo
por imposible hayáis vos allá tanto llorado, como acá todos vues-
tros deudos hemos reído"); le dice, en zumba, si no se le vino a las
mientes poner al animalillo el milagroso cordón de Santa Quite-
ria, ni ir, en rogativa de su salud, en romería, a San Cristóbal.
Pero lo más de la epístola es una lección de moral. Se recurre a
Platón, no menos ("dice el divino Platón tal es el que ama cual es
aquello que ama"); se cita a Alejandro Magno, por su corcel, a Au-
gusto, por su papagayo, a Virgilio, por el mosquito; y se acuñan
máximas como "la mejor pieza del cuerpo es el corazón y la mejor
alhaja del corazón es el amor", para deducir que hay que acertar a

bien emplearlo y "que no sabe bien vivir el que no sabe bien amar". Esta, y casi todas las de Guevara, son tan lecciones de escritura como de sabia vida. Se empeñan en enseñar formas de conducta ética, y no fórmulas de estilo cortesano. Guevara es el mejor modelo de esta carta ensayo, y por eso fue tan imitado en toda Europa. La novedad está en que el discurso de propósito moralizador se retiñe de tonos familiares, resuena con risas y burlerías, mana de la vida misma, de casos sucedidos a gentes conocidas, de la defunción de la perrilla o de las intenciones de casorio que tiene a mala hora un viejo, al que castiga graciosamente Guevara en otra carta.

OTRAS *CARTAS FAMILIARES:*
SAMUEL RICHARDSON

Había en el Londres de principios del XVIII un impresor, tímido y taciturno, y bien avanzado en su oficio. Su condición de hombre de pocas palabras le movía a entenderse, hasta con las personas que tenía más cerca, por medio de notas y apuntes. Tres doncellas entregaron su confianza al mozo, le participaron sus secretos amorosos, para que él las escribiera borradores y minutas de contestación a sus enamorados. Estas mozas fueron, sin duda, las primeras que reconocieron en Samuel Richardson su estrella de epistológrafo, por inexplicable perspicuidad femenina. Más tarde dos compañeros de negocio le "incitaron a escribir un tomito de cartas, en estilo corriente, sobre temas de los que suelen ser de uso entre la gente provinciana que no sabe componer cartas". Emprende el buen tipógrafo la confección de sus *Familiar Letters,* con pretensiones y horizontes tan módicos como lo deja dicho. Pero, cuando se haya empeñado en esta humilde hacienda, se le revela, de pronto, una vocación superior. Interrumpe su manual y en breve tiempo acaba *Pamela, o la virtud recompensada,* novela que da la vuelta a la Europa culta, arrancando lágrimas así de los ojos negros de las españolas, como de los azules de las germanas o los verdes de las francesas, y suscitando sin quererlo una especie de Internacional femenina del sentimiento, o Confederación europea de corazones sentidos. Secunda con no menor éxito con la *Clarissa*. Ya se sabe lo que las dos novelas valen en preparar el clima romántico y la novela sentimental. Es rasgo curioso que al modesto epistológrafo, después de descubierta como novelista la gloria literaria, se le hizo poco ser un mero autor del formulario epistolar; y aunque volvió a esa secundaria tarea y puso remate al libro, se negó a darle su nombre, acción un poco fea, como de padre que no reconoce al hijo habido con muchacha de bajo estado porque, antes de que nazca, hace un matrimonio de intereses con una dama de alto copete.

También Richardson piensa en usar su pluma, allende el propósito de enseñar a componer cartas, para indoctrinar a las gentes en las buenas costumbres y el recto proceder, como Guevara. Pero este artesano londinense se distancia enormemente por su corte de ánimo burgués, por su moderado saber, por su estilo terrero, de los muchos saberes greco latinos, de la pompa de dicción y el señorío pensante del obispo español. Las cartas de Richardson se nos recomiendan mucho más que por su moral a ras mediocre, que como pasajes de ensayo moral, por lo que tienen de fragmentos costumbristas, atisbos de escenas, tipos y modos de vida de las gentes medianas de la sociedad inglesa.

He aquí a un noble joven de treinta años de edad, que se dirige a su hermano, diez años más joven que él, para hablarle, desde la eminencia que le concede esa década de vida, en prevención de una cierta criatura que le trae vuelta la cabeza, y que es sobremanera alegre, dicharachera y animada, las cuales virtudes, resplandecientes en un salón, acaso se amortigüen o extingan en un honrado hogar. Otro caballerito, tras reconocer en su epístola que ha usado demasiadamente de la bolsa de su padre, le comunica que su buena suerte le hizo cenar en compañía de un empresario de teatro, y que, dadas por él algunas muestras de su habilidad histriónica, le fue ofrecida ocasión de publicarlas en las tablas, para lo cual solicita el permiso de su señor padre; añade que la profesión de actor le dará con qué mantenerse como cumple a un caballero.

No sabemos si muchos lectores tendrían ocasión de aprovecharse de semejantes modelos, aunque, de creer a Oscar Wilde y a los no pocos que con él opinan que la vida imita a la literatura, puede que hubiese mozo que se metiera a cómico para poder usar la cartita, y mayorazgo que reprendiera al segundón por las alegrías y deportes de una novia más seria que un huso, sólo por darse el gusto de *vivir* la fórmula. Pero en cambio serían de suma utilidad, y copiadas centenares de veces, otras breves y pulidas minutas de cartas recomendando a una joven para el empleo de doncella: "es muy entendida en labores de aguja, limpísima, casera y enemiga de comadreo y hablillas"; a una cocinera "la cual estuvo tres años en una casa, hasta que hubo de abandonarla por quebranto de salud, y ahora ya del todo repuesta desea colocarse"; y a un ama de cría: "esposa de un honrado e industrioso marido, muy aficionada a los niños, de salubérrima presencia y que reside en lugar muy airoso".

Variados casos de acción humana provenientes de los dos grandes y eternos móviles, el amor a la fémina y el dinero, es justo que estén previstos en este manual. Inquilinos que se excusan de no poder pagar a su casero, mayordomos de pétreo corazón que en nombre de su señor amenazan al menesteroso con ponerle en la calle si se retrasa más en el pago; demandas, postulaciones de préstamos, con dos alternas fórmulas de respuesta, la que lleva la alegría, concesiva, con el dinero, y la que trae el pesar, negándolo. Y para el más triste remate de estas miserias y estrecheces monetarias, la prisión por deudas, tampoco falta la pauta necesaria en la que el amigo libre consuela al amigo inope, encarcelado por insolvencia, con los más preciados bálsamos de la filosofía, recordándole que "la escuela de la aflicción es la de la sabiduría..., y que ya dijo el profeta que el verse afligido le sirvió de beneficio".

De la otra aflicción, la amorosa, se ve que era Richardson no poco competente, y muy inclinado a ella. En más de treinta fórmulas, se anticipa a eventualidades y contingencias que pueden suceder a cada quién en estado amoroso, matrimonial o prematrimonial. Todos los familiares empuñan la pluma: las hijas se confían a sus progenitores, los sobrinos consultan con sus tías, los hermanos aconsejan a los hermanos, un amor o un amorío se ve pintado con mil colores, según lo van iluminando los rayos de los distintos vínculos familiares. Tan lejos va la delicada antevisión de aquel corazón tiernísimo del autor de *Clarissa*, hasta a pensar en las desafortunadas doncellas sin parentela, privadas de las admoniciones afectuosas de tíos, primos u otros parientes. Y la romántica figura de la huérfana ocupa lugar en el formulario, el cual, oficiando en función del padre ausente, la prepara ante los riesgos de las matrimoniales propuestas. La amenaza más torpe de todas, la del amor venal, atravesada en el camino de una inocente joven provinciana, recién desembarcada en la corte, por las sutiles astucias de una proxeneta de alto bordo, que la atrae al disimulado lupanar e intenta ablandar su virtud por el acreditado y repetido uso de un brebaje alcohólico, intitulado *negus*, da asunto a una carta, que es gracioso cuadro de costumbres, o historieta sentimental.

Es curioso que una ocurrencia tan sólita y recurrente como la muerte natural apenas asome en el manual, y lo hace allá a última hora y en tres únicos ejemplos de cartas de pésame. Pero antes, se nos había ofrecido una fórmula para un hermano deseoso de relatar por menudo una muerte por justicia, que ha presenciado en Londres, en la carta "describiendo una ejecución pública".

El libro de Samuel Richardson es un formulario empapado todavía de humanidad. No propone rígidas plantillas, hormas rigu-

rosas, que hayan de aceptarse tal cual, es decir, modelos para co-
pias como los libros de hoy. Es una especie de manual para la ex-
presión epistolar, en distintos trances de la vida, donde el lector,
colocándose en las situaciones respectivas, puede ir enseñán-
dose con entretenida tutela, para cuando llegue el caso, a comuni-
car por escrito sus sentimientos; como las fórmulas no aherro-
jan, le queda siempre cierta soltura para las variantes personales.

LOS SECRETARIOS MODERNOS, O MODELOS DE LA ANTI-CARTA

Richardson, y la mayoría de los autores de libros de cartas, no
perdían nunca de vista, al dar sus directivas epistolares, el refe-
rirlas a la recta conducta en los negocios de este mundo, de modo
que sus obras resultaran tan provechosas a la claridad comunica-
tiva como a la moral. Y excepto en algunos casos, en que el trata-
miento, fraseología y composición de la carta están rigurosa-
mente prescritos, que es cuando se dirigen a gente patricia de la
Iglesia o del Estado, no proponen sus borradores para que se
tomen al pie de la letra.

La novedad en los modernos consiste en que se elimina por
completo aquellas esencias morales, emanadas de entre los ren-
glones de la epístola, y se sustituyen esos imperativos por los de
la cortesía y corrección social. Correspondencia entre gentes co-
rrectas, de buena crianza mundana, ni más ni menos; no se pasa
de la superficie, de la etiqueta. Y así cobra la fórmula mayor auto-
ridad y fijeza, y se crea una rutina formularia a la que hay que
ajustar los sentimientos sin que se salgan de molde. Para las en-
horabuenas de boda, tales y tales sentencias; para los pésames,
tales otras.

La consecuencia es que la carta dictada por estos librejos se
opone, como los antípodas, a la carta auténtica y verdadera, es su
peor enemiga, y sólo en el nombre se parecen. Si la virtud y origi-

nalidad de la correspondencia epistolar surten de lo espontáneo del ser, de su pura intimidad, si reflejan a la persona con naturalidad que no se halla en otro género escrito ¿qué tendrá que ver esa carta íntima con estas almidonadas pecheras de palabras, todas iguales, que lo que reflejan es algo de afuera y se proponen precisamente la eliminación u ocultación del movimiento auténtico del alma, sustituyéndolo por las simulaciones de la etiqueta?

Estas cartas son la negación misma de la carta, su revés abominable. Falsifican la vida, e inducen a fingimientos que conoce bien todo el que haya recibido veinte cartas de parabién o de condolencia, que, aunque firmadas por veinte personas, no están escritas por nadie en particular. Se remeda lo natural, y, ese es el extremo de lo diabólico, se inventa la naturalidad en fórmula. Aunque no se lean los manuales, ellos, misteriosamente, imponen a la mediocracia social un estilo de época para las cartas, que viene de ellos, inconscientemente, y se hace pasar por el lenguaje epistolar obligado de la buena sociedad.

LA VENGANZA DE LA ESPONTANEIDAD

Un humorista de ingenio, el inglés Max Beerbohm, se ha tomado graciosamente la revancha de tanto embeleco formulario, fingiéndose, él también, consejero epistolar y componiendo un modelo de carta para agradecer un regalo de boda. La favorecida por el presente, de atender al secretario mundano, habría redactado una esquelita, deshaciéndose en cumplidos, y asegurando a la donadora que su obsequio casaba por completo con su más íntimo anhelo, y lo conservaría preciosamente en su hogar. Pero la pauta que Max Beerbohm brinda es un tanto diferente, y copio sus frases centrales:

> De haber sido usted una pobretona, ese cacharro de porcelana de Dresde falsificada no indicaría más que su falta de gusto; de haber sido ciega,

delataría su odiosa mezquindad. Pero como su vista es normal y su fortuna pasa de lo normal, su regalo proclama que es usted una Filistea y una avara (mejor dicho, proclamó hasta diez segundos después de haberlo sacado de su envoltorio de papel de seda, porque lo llevé a la ventana y me di el gusto de verlo hecho añicos en el arroyo).

El humorista inglés hace en esta minuta suya, y en otras no menos graciosas, algo más que obra de diversión y agudeza. Está defendiendo, si bien parabólicamente y con la deformación entrañada en el humorismo, lo mejor de la carta, su autenticidad humana, su misión más noble, de manifestar íntimas verdades del corazón, sentires espontáneos, en vez de obligarla a servir a los disimulos y a los embustes, so pretexto de inevitable convención social. El salvajismo de esta ficticia corresponsal —que nosotros no aconsejaríamos, sin más, en casos análogos— su bárbara sinceridad, es el extremo provocado por aquel otro extremo de la afectación y la doblez de la fórmula corriente. Es algo así como el retorno a la Naturaleza, que de pronto estalla en el mismo centro de las amenidades sociales más refinadas, el que hizo escribir a Charles Louis Philippe, su famoso "Il nous faut des barbares".

LA ÚLTIMA IGNOMINIA
O LA CARTA ENLATADA

Va sufriendo la carta, desde su tipo puro, de virginal espontaneidad con que se produce el alma de una persona, menoscabo tras menoscabo. Declina, primero, a unas fórmulas que si bien conservan ciertos rasgos de decoro moral y literario invierten el orden de procedencia de lo epistolar, puesto que en vez de ser dictada desde el interior del que la escribe, por lo más sincero de la persona, la dicta desde fuera un desconocido, a quien en verdad nada le importa el escribiente, al que ayuda por razón de *pane lu-*

crando. Se rebaja después a un empobrecimiento del, ya por si pobre, formulismo; la dignidad literaria, al dirigirse estos manuales por lo general a gente de clase baja, se hace innecesaria o nociva y se sustituye por groseros clichés y frases hechas. Y los sentimientos, o se esconden por considerar que el expresarlos es impropio de gente elegante, curada ya de ingenuidades –caso del manual chic–, o se sustituyen por vulgares confecciones de amanerada sentimentalidad, que agradan al apetito afectivo de la mayoría, caso del secretario para reclutas y niñeras. Y con eso todavía no le ha llegado a este género su hora más menguada. Queda por registrar, deber tristísimo, y que se cumple con harta tribulación, la última malaventura y total ruina de la carta: la epístola en conserva, bote o lata.

LA EDAD DE LATA

Antiguamente –lo cual quiere decir, conforme al concepto de la mocedad de hoy, hasta hace unos cincuenta años– el hombre no sabía valerse, para la conservación de sus alimentos de boca, más que de prácticas primitivas, como la salazón y el encurtido. A lo más que llegaba era a curar ciertas frutas, y a desecarlas al sol, o a cuelga; así hacía con los melones, las uvas pasas y las ciruelas pasas. Pero nuestro siglo, testigo del apogeo de las técnicas, difundió en hora buena las conservas en bote. Y si se le puede disputar la simbólica designación de siglo de oro, o edad argéntea, nadie con fundamento se atrevería a denegarle el título de centuria de la hojalatería o siglo de la lata. No más empinarse a alcanzar naranjas en el naranjal, para saciar la sed con su zumo; la industria se encarga ella solita de la colecta, del estrujado, del colado y, por fin, del envase de los jugos, en la célebre vasija de lata, epónima de nuestros días. Tanto imperio ha logrado ese dudoso metal que ha sobrevasado el envase, y el sentirse tocado por afecciones del ánimo, que antes se llamaban el *tedium vitae,* el *spleen,* el *mal du siècle,* el *Weltschmerz,* se suele declarar sencillamente con: "¡Qué lata!" Tampoco el enjuiciamiento de la obra de arte requiere ya consulta ni empleo de facultades críticas, ni de Longinos, y se formula concisamente la condena de la *Divina Comedia* o de *Don Quijote* sin más decir que: "¡Es una lata!" La vida entera, tal como la ven algunos autores naturalistas, por ejemplo Don Pío Baroja, no podría aspirar a tragedia, ni a doloroso afanarse por la tierra, y se reduce no más que a una lata.

Todavía el apego de los humanos a usos primitivos, su terquedad en la resistencia al empleo de todas las ventajas que le pone la técnica a la puerta todas las mañanas, como quien dice, es causa de que nos obstinemos en criar peras, limones, melocotones y consumirlos en su rústica condición natural antes de que se pudran; de ese modo se somete a millones de labradores a las enojosas fatigas del cultivo y la recolección, sustrayendo sus brazos a la industria fabril y teniéndolos expuestos a las inclemencias de los campos. Por suerte se va desterrando poco a poco ese resabio de la Edad Media, o quién sabe si todavía más antiguo, de saborear frutas y zumos, frescos y en su natural estado, y las personas civilizadas van aleccionando a los contumaces y a los retrasados, con su ejemplo de vivir del bote, es decir, de disfrutar los frutos como es debido, en sus latas. Los cortaplumas más completos se venden ya con una nueva hojita, que actúa de abridora, indicando así que el hombre no debe arriesgarse por el mundo sin tal adminículo, so pena de tránsito por inanición.

Una de esas cabezas que se adelantan a su tiempo –por lo cual, y dada la rutina y pereza que todavía nos señorean, me temo que no prospere su idea– ha propuesto un plan grandioso, que tiene por primer paso la tala sistemática de todos los plantíos de árboles frutales, limoneros, toronjales, manzanares y demás. En su lugar se erigirían plantaciones de postes de cemento con numerosos brazos a modo de ramas, conservando así por generosa concesión al gusto arcaico la forma arbórea estilizada. De los vástagos más bajos del ramaje penderían centenares de botes —todos rotulados y pintados de color—, ya de frutas, ya de zumos. El mismo tronco nos daría las suculencias del albérchigo y la naranja, de la pera, manzana y el higo de pala o tuna. Por supuesto nos las daría como se da casi todo en una sociedad sabiamente fundada en el toma y daca, y si es posible en el daca más que en el toma; el tronco estaría provisto de ranuras, tantas como frutos disponibles, y con echar en la que llevara el nombre de la fruta de nuestro deseo la moneda de rigor, se desprendería de la rama el bote correspondiente. Hermoso acto de madurez mecánica, automática, que no requiere las largas esperas del árbol natural hasta que el fruto caiga por su peso. Todas las ramas se hallarían a media altura, lo que evita esos esfuerzos y divagaciones, como la poesía gongorina, de andarse por las ramas.

Si alguna mente arrebatada se apresura a observar ligeramente que con el nuevo plantío se priva al paisaje terrenal de gracias viridentes, follajes y florales, es porque no ha sabido esperar que se termine la puntual explicación del proyecto y se le diga el destino de las ramas superiores. Llevarían estas frondas de artificio, innumerables hojillas de material plástico, y flores de celuloide, en la proporción que requiriese el agrado de la vista. ¡Y qué gran paso representa esto, ya que se suprimen de pasada los trenos, las melancolías, los plantos, de poetas y filósofos, que miraron siempre en la fugacidad de la hoja y la flor el símbolo de la vida humana! No más agostos, *et rose, elle a durée —ce que durent les roses—*; no más desgarrador murmullo de hojas secas por el suelo *—If I were a dead leaf thou mightest bear—*; no más sentenciosos desengaños sobre la existencia, cuyas dichas "... al soplo menos ligero —del aura han de desahcerse— bien como el florido almendro". Porque, por supuesto, tanto estas flores como este follaje, por ser hijas de la ciencia, estarían sujetos a sus ramas con tal poder adhesivo que la garantice contra todos los vientos del cuadrante y los vendavales del corazón más exaltado. Piénsese en lo mucho que eso contribuiría a acostumbrar a los hombres a una visión menos sombría de sus vidas y a un acrecimiento del optimismo vital. Lo cual, aunque no sea más que un subproducto del beneficio esencial de la industria de las conservas, es para tenido en cuenta.

¿Es eso todo? No. La misma casta que no se ha dado paz en eso de desazonar a la gente desde que empezaron con la lira, ha exaltado en demasía los perfumes de las flores, la magia de las aves, de sus vuelos y sobre todo de su canto. ¿Qué iba a ser del trino del ruiseñor, sin horquilla en que anidar, ni rama donde tenerse? ¿Qué del aire, sin sus imponderables cargas odoríferas? También nuestro inventor lo tiene previsto, en su deseo de complacer hasta las más pueriles demandas. Pomos de perfume procedentes, claro, de los laboratorios, colgarían de las ramillas e irían embalsamando la atmósfera por consunción lenta de sus esencias, no en las mañanas de abril y mayo únicamente, sino en los trescientos sesenta y cinco días del año, y hasta en el otro —el sesenta y seis— de los bisiestos. Ahí estaría ya, para los que tanto la piden, la primavera, perpetua y sintética. Los *postedales* darían efluvios variados, aromas ecuménicos, y así se disfrutarían de un golpe las sensaciones de la apretada flor del naranjo y la frágil del manzano, sin necesidad de viajar de la Grecia a la Normandía. Por lo que toca al averío y sus voces, ¿hay cosa más factible que insertar en el tronco de cemento unos discos variados, que automáticamente conviertan el espacio en una verdadera ópera pajarera, lanzando al aire sucesiva o simultáneamente toda clase de cantos, de calandria o ruiseñor o, si se deseaese, de lechuzo?

Algún idólatra del pasado, algún amante de lo histórico, saldrá todavía a oponer al grandioso proyecto un reparito: que de dónde se van a sacar las frutas y los zumos naturales, para envasarlos, si se arrasan las arboledas. Pero ¿quién ha dicho que por siempre jamás amén los frutos naturales han de ser forzosamente naturales? Ahí está la química, señores, ahí está la química, la aplicada

—y tan aplicada, por cierto— a sus aplicaciones. Demostrado tiene que sabe sacarse de sus retortas unas bebidas refrescantes y tónicas, que compiten con los zumos más plantados de los frutales mejor plantados, y de cuyo nombre es aconsejable no querer acordarse, *more cervantino*. Confiemos en la química, que nos hará melocotones sin hueso, membrillos sin asperezas, vino sin alcohol de uva y títeres sin cabeza. Y si algún empecinado pone en tela de juicio que esas ya existentes bebidas artificiales superan con mucho a las de verdad, y que la botellita novecentista encierra más delicias que la manzana del Edén, se le aplastará con tal argumento que de su fuerza no pueda reponerse: y es que tales brebajes se están llevando de calle, en el favor público y en las cifras de consumo, a las bebidas naturales. El hombre moderno ha votado: esa preferencia es un sufragio. Y como es el nuestro un régimen de mayorías, inclinemos la cerviz y bebamos, como vivimos, con la sabia mayoría, también.

LA CARTA ENLATADA

Felizmente no goza aún de la difusión de los productos alimenticios en conserva. Pero existe. Yo la he visto en varios hoteles, bien ofrecida gratuitamente a los huéspedes, bien despachada por pocos céntimos. Es una hoja plegable; la dirección se escribe en un lado, y en el otro tiene el texto de la carta. Porque lo portentoso de esta carta es que no hay que escribirla. Se ofrecen, impresas, unas cuantas frases, con finales optativos para el que escriba. "He llegado después de un viaje..."; el resto se trifurca en tres posibles vías, representadas por sendos adjetivos: "excelente, bueno, cansado". Se da luego noticia del tiempo reinante, en idéntica forma. "Aquí el tiempo es espléndido, agradable, regular." Y así siguen dos o tres cláusulas lo suficientemente generales y comunes para que sirvan a todo bicho viviente, y con terminaciones electivas. El que escribe no tiene más que hacer que subrayar el calificativo deseado, o tachar los que no le sirven. Y hasta en la despedida un "Te recuerda con toda su alma, con mucho afecto o con cariño" ofrece gradaciones delicadas a las reservas sentimentales que cada cual lleva en su equipaje. Como nada hay perfecto, la abundancia de nombres propios de persona impide el insertar su lista completa después de la valedicción, lo cual permitiría buscar alfabéticamente nuestro nombre y poner una rayita debajo, sin la cargante necesidad de firmar. Todavía hay que transigir con las letras y el alfabeto; si bien puede apelarse a abreviar en graciosas formas, como Fefé, Lilí o Chuchú, nuestro cristiano nombre de pila.

Este tipo de carta sustituye, como se ve, el jugo del espíritu humano, la expresión directa de su sentir, por una preparación artificial, pero tomada de los tipos más vulgares, de las necesidades comunicativas que debe de sentir el que viaja. Se da por supuesto que el ausente de este lado no tiene más que decir, y el del otro no espera más que leer. No necesito insistir en todo lo que con ese sistema se gana de tiempo, de tinta, de energía del órgano visual y los músculos motores de los dedos, de papel, y se le ahorra carga al servicio postal.

Es la carta *básica,* propia de un ambiente en que se propugnan los lenguajes básicos, la sensibilidad básica y la simpleza básica, como panacea de nuestros apuros. Para el filósofo de la historia es una muestra de que nada se innova; tan desvanecido anda el hombre desde que se cree un animal de progreso, que no percibe lo mucho que se regresa con el progreso. Porque si no andamos equivocados, este hombre del siglo xx, como se comunica con sus semejantes por el simple trazado de rayas o palotes, viene a darse un abrazo con su prójimo de las más remotas edades. Aquél, el de las cavernas, comenzó por dejar huella de su pensamiento por medio de unas líneas incisas en la piedra. La escritura empezó siendo rayas. Vendrán luego complicaciones, refinamientos, caligrafías, retórica, primores de lenguaje, monjas Eloísas y Madamas de Sevigné, clásicos de la epistolografía, máquinas de escribir, es decir, el progreso en la expresión y en la escritura. Hasta que, por fin, nuevo fenómeno del cansancio cultural, o fatiga de la civilización, el *homo sapiens* eche por la borda todos esos enredos, y, al mirarse en el espejo de su siglo XX, vea que le responde, idéntica a la suya, la fisonomía del troglodita. Por todas partes se va a Roma, y es de suponer que a su Capilla Sixtina. Como alguien llamó a la gran cámara pintada de Altamira la capilla sixtina del arte troglodítico, permítaseme la paráfrasis: por todos los caminos se va a la caverna. Y también por éste, que venimos reseñando hasta su último y más desastroso paso, de la carta.

LA CARTA DEL ANALFABETO
Y SU HERMOSURA

¡Qué desconsolador sería despedirse del tema de la correspondencia, en su modo más bajo de realización, en esta carta enlatada! En ella se ha descendido a la más bárbara mecanización del noble género epistolar; en ella dimite el hombre de la insigne honra de su herencia, la cultura espiritual, atesorada en miles y miles de años. El usuario de esas fórmulas pasa por saber leer y escribir, es letrado. Pero por su renuncia vilipendiosa al humano arte de escribir se hace indigno de poseerlo. Es un desertor del alfabetismo, un tránsfuga hacia la barbarie; que tiene en su mano los modos de alzarse sobre la condición de la bestia, y por torpeza de alma recae en ella. Personaje el más peligroso de nuestro tiempo es el que se las compone para convertir la vía del progreso en camino de regreso, porque anda él hacia atrás. Es el seudo alfabeto, o neo-analfabeto, que ya me ha preocupado en otras ocasiones.

Acostumbra a mirar por encima del hombro al puro ignorante, al analfabeto de verdad, de la hermosa verdad analfabética. Puede y sabe, pero no hace ni quiere; mientras que el otro querría hacer con toda su alma, de la que arranca ese grito de queja —tan perjudicado por la dolora campoamorina— de "¡Quién supiera escribir!" Para éste, el iletrado total, se inventó la última fórmula de la carta, la carta impresa. Ya se ha visto lo que vale el memorialista para el que no entiende de letras: es su áncora de salvación, que le ayuda a no zahondarse sin remedio en lo incomunicable. Otro alivio le queda, inferior, sin duda, porque, como es mecánico y no humano, no admite variantes individuales, expresiones particulares de la voluntad de la persona.

Esas cartas impresas no se usan más que para ocasiones excepcionales, casi siempre jubilares: nupcias, bautizos, cumpleaños. O para la antesala y preludio a todas ellas, la declaración amorosa. Compradas tengo yo en México varias cartitas, en tamaño de octavilla, impresas con deslumbrantes letras de purpurina, en papeles de color, dos colores sólo, o rosa pálido o azul celeste. Lleva la hoja un recuadro, también en líneas doradas, y un sellito cromolitográfico pegado a la cabecera, con representación multicolor de una paloma, mensajera de amor —el mensaje en el pico—, o un ramillete de flores variadas, que ofrece una mano, la cual por ignoto desdichado accidente se ve truncada de su muñeca.

El texto se esfuerza por adunar la pasión ardiente y la cortesanía caballeresca. Se inicia, como en Petrarca, "desde el día...". Obediente al lenguaje primero de la efusión amorosa, el creado en la Edad Media, que acude al fuego y todo el vocabulario con él relacionado, para expresarse figurativamente, se habla de "las agonías de mi corazón, cuyo fuego amoroso hace hervir mi sangre". Y de acuerdo con la simplificación de la existencia, carísima a los poetas románticos, de que la vida del hombre pende toda de un cabello, el de la amada, de sí o de su no, se repite: "De usted depende mi porvenir, mi dicha o mi ventura". La despedida no se aleja mucho de estas palabras: "El que está en pena mortal esperando vuestra respuesta. Del apasionado y muerto si dos ojos no le socorren". (Pero me apresuro a decir que estas últimas frases, si bien son tan estrechamente parecidas a las de nuestra carta impresa de hoy, las saqué de una epístola de declaración amorosa del siglo xv, escrita en Cataluña. ¡Admirable constancia en la cristalización lingüística del sentimiento!)

Resultado que inspira sorpresa y reverencia. Porque el texto de esta carta, redactado por mano anónima, puede mirarse como vestigio modesto, pero no por eso menos venerable, de la tradición más refinada de la cultura de la sensibilidad, y en él han colaborado, sin saberlo, los trovadores, Dante, Lamartine, la Browning y Bécquer, que gastaron vigilias en busca de modos perfectos con qué decir lo que a este analfabeto le ha llegado su hora de decir también. Todos somos unos, se concluiría, con el dicho corriente, con tal de añadir, por mi cuenta: porque todos somos otros. Razón hay para advertir a los intelectuales mirlados y a los fatuos de la exquisitez que cuando se ríen desdeñosamente de estas cartas y de sus fórmulas, tomándolas por bajas y plebeyas inanidades, se están burlando de esa bellísima forma de la fraternidad humana, que autoriza a una serviciaria del siglo xx a tomar prestada una metáfora creada por un Dante.

Además de estas fórmulas especialmente destinadas al magno trance de la confesión amorosa, tenía en mi colección otras, adquiridas en Barcelona, en una estupenda covacha sin luz natural, alumbrada siempre con gas, cuyas paredes exhibían docenas y docenas de modelos de cartas impresas. El papel era ordinario, de colores más variados, y en vez de la paloma venusina o el ramito ofertorio, tenían todas pegada en lo alto una sirena recortada en papel dorado. Y el texto estaba escrito en verso, romance o décimas. Allí se daba parabién a los recién casados, allí se despedía el viajero en vísperas de azaroso viaje de sus familiares, allí se traían votos de felicidad sin cuento al que cumplía años, allí se recordaba el ausente a la memoria del amigo o amiga, con palabras nostálgicas, redolentes de mal de amores. Esta "edición de la Sirena barcinonense" tenía liberalmente en cuenta casi todas las relaciones familiares y sociales en los encabezamientos, y un mismo texto; por ejemplo, el de cumpleaños podía adquirirse comenzando por: "Querido padre, o madre, o hermano", y así hasta el parentesco más alejado, en sus dos formas masculina y femenina. El mal papel, el entintado detestable, dificultaban la lectura en algunos pasajes; pero más la entorpecían aún las erratas, que en algunos trechos del romance superaban a las palabras correctas. Recuerdo que, extrañado por su profusión, pregunté su causa al comerciante, el cual, con tono dignísimo y final, me dijo: "¡Ah!, yo no sé nada de eso, caballero. Yo nunca las leo. Ya estaban así cuando yo adquirí este negocio". Se afirmaba con eso lo respetable de la tradición de la errata.

Y además me hizo pensar que esas cartas, más que para leídas *pe a pa,* cabalmente entendidas, eran para dar qué admirar y sentir al destinatario y sus deudos. No importaba, probablemente, la significación precisa y literal de cada vocablo, sino el mensaje, la voluntad de amor, significada en la totalidad del papel, en su color, en la sirena, en la forma versificada. ¡Cómo relumbra esta carta del analfabeto puro, con tantas chispas de antigua y eterna delicadeza espiritual, junto a la enlatada epístola, la de la raya, la del cavernícola! Estas fórmulas *de la sirena* son, ante todo, signo, símbolo de amor y recuerdo. Poco cuentan las erratas, lo que lógicamente se desprenda del texto; el estar en verso ya dice que busca un ser entendido más allá, en el corazón. Los inventores de estas cartas saben, por certero instinto, lo que averiguaron los filósofos, con mucho cogitar, que el lenguaje en su base es simbólica seña del espíritu, querencia de un alma. Y aparece el analfabeto que emplea esas hojas en décimas o romances, hermanado al poeta, en la común creencia de que la lengua cuando más importa no es cuando portea noticias triviales, sino cuando se vuelve trajinanta de amor, cargada de poesía.

El menosprecio que inspira la carta en bote —noticia común y lenguaje pedestre— se me vuelve respeto y afección por las cartas sirenaicas y sus afines. Aquéllas son letras; éstas, espíritu. Aquélla representa la tradición del salvajismo, de la incultura, la cual se recibe también, hoy día, bajo apariencias de cultura, alfabéticamente; ésta, la herencia de un esfuerzo secular por el afinamiento de nuestra condición. Hasta la figura escogida para exorno de las cartas barcelonesas, es portentoso acierto: porque ¿qué otro símbolo puede corporeizar con su cuerpo de papel de estaño, verde, azul, colorado, la idea de que el lenguaje cuando vaca de sus menesteres más serviles es palabras de sirenas, voces, eternas voces, que nos llaman misteriosamente a las empresas del fantasear, del soñar y del amar?

ENVÍO

Ciérrese este ensayo con una doble reverencia de su autor: la primera a las mujeres, las princesas de la epistolografía culta, las famosas por su nombre, o anónimas en los lienzos de Vermeer; la segunda, a los miles de almas sencillas, que movidas por el afán de comunicar un afecto, e incapaces de letras, hayan descendido a aquel tenducho de Barcelona, para trocar unas monedas de cobre por una voz de sirena que les cante su canto.

Defensa del lenguaje

MOTIVOS

POR QUÉ HE ESCOGIDO ESTE TEMA? Si nos atenemos a esa propensión, tan frecuente hoy día, de considerar la especialización en una rama de estudios como requisito indispensable para poder hablar de cosa alguna, yo no debía hablar del lenguaje. No soy filólogo ni lingüista. Nunca he mirado el idioma desde la vertiente científica. Pero tres motivos coincidentes me llevaron a escoger este tema. Uno, el primero, la emoción sentida, después de varios años de residencia en país de habla inglesa, al encontrarme en un aire, digámoslo así, en un aire lingüístico español. Cuando se siente uno rodeado de su mismo aire lingüístico, de nuestra misma manera de hablar, ocurre en nuestro ánimo un cambio análogo al de la respiración pulmonar; tomamos de la atmósfera algo, impalpable, invisible, que adentramos en nuestro ser, que se nos entra en nuestra persona y cumple en ella una función vivificadora, que nos ayuda a seguir viviendo. Sí, he vuelto a respirar español en las calles de San Juan, en los pueblos de la isla. Y he sentido una gratitud, no sé a quién, al pasado, al presente, a todos y a ninguno en particular, gratitud a los que me dieron mi idioma al nacer yo, a los que siguen hablándolo a mi lado. El segundo motivo no nace como el anterior de la intimidad de mi ser: procede de la observación, repetida en estos años últimos innúmeras veces, de un fenómeno que se me representa como universal dentro de los pueblos cultos, y es la intensificación de la atención concedida a la reflexión sobre la lengua. No ya en el aspecto científico, no; no aludo a los progresos de la filología y la lingüística, a los esfuerzos cada día más fecundos de los especialistas, que han hecho objeto principal de su vida el estudio del idioma; me refiero al creciente movimiento de la atención del público medio, en general del hombre no especializado, hacia el idioma. Excelente síntoma de nuestros días. Al hombre le preocupa su lengua. ¿Por qué será? ¿Por pura curiosidad intelectual, por urgencia desinteresada de su mente? No lo creo.

PODER DE LA PALABRA

Le preocupa por una motivación profundamente vital. Le preocupa porque se ha dado cuenta del poder fabuloso, y en cierto modo misterioso, contenido en esas leves celdillas sonoras de la palabra. Porque las palabras, las más grandes y significativas, encierran en sí una fuerza de expansión, una potencia irradiadora, de mayor alcance que la fuerza física inclusa en la bomba, en la granada. Por ejemplo, cuando los revolucionarios franceses lanzaron desde lo alto de las ruinas de la Bastilla al mundo entero su lema trino, "libertad, igualdad, fraternidad", estos tres vocablos provocaron, no en París, no en Francia, no en Europa, sino en el mundo entero, una deflagración tal en las capas de aire de la historia, que desde entonces millones de hombres vivieron o murieron, por ellos o contra ellos; y ellos siguen haciendo vivir o morir hoy día. Ha percibido el hombre moderno, quizá un poco tarde, acaso todavía a tiempo, que las palabras poseen doble potencia: una letal y otra vivificante. Un secreto poder de muerte, parejo con otro poder de vida; que contienen, inseparables, dos realidades contrarias: la verdad y la mentira, y por eso ofrecen a los hombres lo mismo la ocasión de engañar que la de aclarar, igual la capacidad de confundir y extraviar que la de iluminar y encaminar. En la materia amorfa de los vocablos se libra, como en todo el vasto campo de la naturaleza humana, la lucha entre los dos principios, de Ormuz y Arimán, el del bien y el mal. Acaso sienten hoy muchos hombres que se les ha empujado al margen del derrumbadero en que hoy está el mundo por el uso vicioso de las palabras, por las falacias deliberadas de políticos que envolvían designios viles en palabras nobles. La palabra es luz, sí. Luz que alguien en el aire oscuro lleva. El hombre conoce la facultad guiadora de la luz, se va tras ella. ¿Adónde llega? Adonde quiera la voluntad del hombre que empuña el farol. Porque siguiendo esa luz, igualmente podemos arribar a lugar salvo que a la muerte. Todo depende de la recta o torcida intención del que la maneja. Ojalá sea cierto que las gentes han descubierto ya, ¡y a qué costa!, que con las palabras, oídas sin discernimiento, comprendidas a medias, vistas sólo por un lado, se les atrae a la muerte, como atrae al pájaro, por el diestro manejo del espejuelo, el cazador. Porque si así fuera, el hombre contemporáneo se decidiría ya de una vez a cobrar plena conciencia de su idioma, a conocerle en sus fondos y delicadezas, para, de ese modo, prevenirse contra todos los embaucadores de mayor o menor cuantía que deseen prevalerse de su inconsciencia idiomática para empujarle a la acción errónea. ¡Cuánta desgracia ha caído sobre los humanos por ese tristemente célebre lema de Hitler: el "nuevo orden"! ¿Quién puede negarse a la seducción de esas dos palabras? Todos ansiamos superponer a las formas de vida que heredamos otras, originales, nuestras, afán al que apunta ese vocablo: nuevo. Y todos deseamos, a la par, que nuestras adiciones al pasado se ajusten a él armoniosamente, en una ordenación humana noble e inteligente. Pero he aquí que esas dos palabras, tan henchidas de valor positivo, las unció el canciller teutón al servicio de la causa más siniestra que puede concebirse: de una guerra por cosas tan viejas como la tiranía, la brutalidad, la opresión de muchos por unos pocos, el cainismo; y no de un orden, sino de un desorden, ya que sólo cabe orden en la aceptación voluntaria, en la concordia de los espíritus, nunca en la imposición violenta de un conjunto de abstenciones de las facultades del hombre. ¿Qué ha sucedido en este caso, tan trágicamente mundial? Que unos, muchos, han aceptado el sonido de las palabras o, poco más, su significación vaga y aproximada, dando por buena la causa que las echa al aire programáticamente, sin pensar un momento en si corresponden ceñidamente o no a lo que presumen de representar. Es decir, se han dejado engañar por insuficiencia de sentido crítico ante esas dos palabras. Porque no saben en verdad lo que significan. Porque las conocen remotamente en su más leve apariencia, en su resón, no en su verdad. Esto es, porque no supieron distinguir el poder de engaño, la subversión de valores, implícita en esa jugada política, basada en una sucia jugada verbal. Por eso quiero creer que ese notorio aumento en el interés por la lengua va más o menos oscuramente impelido por el deseo del hombre de no dejarse engañar, de morir por lo que quiere y no por aquello que le hacen creer que quiere a través de esas tropelías del lenguaje.

MARAVILLAS DE LA LENGUA

Y el tercer motivo está en una experiencia personal. Yo, sin ser filólogo, llevo cerca de treinta años en diaria y estrecha convivencia con mi lengua. Soy profesor de literatura. Entiendo que enseñar literatura es otra cosa que exponer la sucesión histórica y las circunstancias exteriores de las obras literarias: enseñar literatura ha sido siempre, para mí, buscar en las palabras de un autor la palpitación psíquica que me las entrega encendidas a través de los siglos: el espíritu en su letra. Algunos ratos he dado también a la tentativa poética, a escribir poesías. Y esos ensayos, si no a otra cosa, me han llevado a la convicción de los prodigios que para el hombre guarda el conocimiento hondo, el cultivo delicado de su lengua. Está el hombre junto a su lengua como en la margen de un agua en estanque que tiene en el fondo joyas y pedrerías, misterioso tesoro celado. La mirada no suele pasar del haz del agua, donde se reflejan las apariencias de la vida, con belleza suficiente. Pero el que hunda la mano, más allá, más adentro, nunca la sacará sin premio. Y por eso, por esa persuasión, así ganada en treinta años de práctica gustosa, más, enamorada, del idioma, quisiera hacer sentir a otros lo que yo sentí, invitarles a ese trato, atento, delicado y sin prisa con las aguas hondas de su lengua materna. Así quizá me justifico por haber elegido este tema, sin más títulos de especialista. En todo caso, mis títulos no son de sabio, son de enamorado.

Y entremos ya en la exposición de los valores del lenguaje por lo que toca al hombre.

INDIVIDUO Y LENGUAJE

Pensemos primero en lo que el lenguaje representa para el individuo solo, para el ser humano, en sí mismo, antes de atender a lo que significa para ese mismo hombre en sus actos de relación con sus semejantes. Por tener el lenguaje misión primordial comunicativa, y servir de enlace entre persona y persona, solemos fijarnos únicamente en este su valor social. ¿Pero no es, antes, algo más que eso? Imaginémonos un niño chico, en un jardín. Hace muy poco que aprendió a andar: le llama la atención una rosa en lo alto de su tallo, llega delante de ella y, mirándola con los ojillos nuevos, que se le encienden en alegría, dice: "¡Flor, flor!" Nada más que esto. ¿A quién se lo dice? Pronuncia la palabra sin mirar a nadie, como si estuviera solo con la flor misma. Se lo dice a la rosa. Y a sí mismo. El modular esa sílaba es para él, para su ternura, gran hazaña. Y ese vocablo, ese leve sonido, flor, es en realidad un acto de reconocimiento, indicador de que el alma incipiente del infante ha aprendido a distinguir de entre las numerosas formas que el jardín le ofrece, una, la forma de la flor. Y desde entonces, cada vez que aperciba la dalia o el clavel, la rosa misma, repetirá con aire triunfal su clave recién adquirida. Significa mucho: "Os conozco, sé que sois las flores". El niño asienta su conocer en esa palabra.

LENGUAJE, MUNDO Y PERSONALIDAD

El mundo exterior se extiende ante él, todo confuso, como amontonamiento de heterogeneidades, de formas variadas, indistinto, misterioso, indiscernible. Empieza a andar el niño por la vida como andaríamos nosotros por una vasta estancia a oscuras, en la que se guarda una gran copia de objetos, muebles, libros, estatuas. La vista no llega a percibir con exactitud ninguna cosa, yerra sobre el conjunto, desvalida; pero si enfocamos una linternilla eléctrica sobre el montón, de su abigarrada mescolanza saldrá, preciso, exacto, definido, el objeto que el rayo de luz aprehenda en su haz. El niño, cuando dice "flor", mirando a la rosa o al clavel, emplea la palabra denominadora, como un maravilloso rayo delimitador que capta en el desconcierto del mundo material una forma precisa, una realidad. ¡Gran momento éste! El momento en que el ser humano empieza a gozar, en perfecta inocencia, de la facultad esencial de la inteligencia: la capacidad de distinguir, de diferenciar unas cosas de otras, de diferenciarse él del mundo. El niño, al nombrar al perro, a la casa, a la flor, convierte lo nebuloso en claro, lo indeciso en concreto. Y el instrumento de esa conversión es el lenguaje. Lo cual significa que el lenguaje es el primero, y yo diría que el último modo que se le da al hombre de tomar posesión de la realidad, de adueñarse del mundo. Cuenta el poeta catalán Juan Maragall que en cierta ocasión llevó a una niña de algunos años, que no conocía el mar, a la orilla del Mediterráneo, deseoso de ver el efecto que causaba en ella esa primera visión. La niña se quedó con los ojos muy abiertos y, como si el propio mar la enviara, dictado por el aire, su nombre, dijo solamente: "¡Mar, el mar!" La voz es pura defensa. La criatura ve ante sí algo que por sus proporciones, su grandeza, su extrañeza, la asusta, casi la amenaza. Y entonces pronuncia, como un conjuro, estos tres sonidos: "mar". Y con ellos, en ellos, sujeta a la inmensa criatura indómita del agua, encierra la vastedad del agua, de sus olas, del horizonte, en un vocablo. En suma, se explica el mar nombrándolo, y al nombrarlo pierde el miedo, se devuelve a su serenidad. Es eso, el mar, no es monstruo ni pesadilla; es, no puede decirse de otro modo más sencillamente grandioso, *el mar*. Esta niña de Maragall está afirmando su persona, su personilla principiante, frente al paisaje marino, por virtud de la palabra. Está plantándose frente al mar, y diciéndole: "Tú eres el mar, yo soy una niña que te lo llamo". Está, pues, cobrando conciencia de su ser en el mundo frente a las demás cosas. El psicólogo francés Henri Delacroix ha escrito lo siguiente sobre el valor del lenguaje para la formación de la conciencia humana: "Al hablar, el hombre deja de ser una cosa entre las cosas, se coloca fuera de ellas, para percibirlas como tales cosas y operar por medios que él inventa: esto supone la constitución de un mundo de objetos y la percepción de sus relaciones, supone un acto mental, un juicio creador de los objetos". El lenguaje es necesario al pensamiento. Le permite cobrar conciencia de sí mismo. Y así se construye el objeto, en respuesta a la expectación del espíritu. El pensamiento hace el lenguaje, y al mismo tiempo se hace por medio del lenguaje. Este es el papel valiosísimo del idioma como un momento de constituirse las cosas por el espíritu. "Una lengua, dice Delacroix, es uno de los instrumentos espirituales que transforman el mundo caótico de las sensaciones en un mundo de objetos y de representaciones". El pensamiento se orienta hacia el lenguaje como hacia el instrumento universal de la inteligencia. La afortunada metáfora de Delacroix nos dice que el lenguaje está delante del pensar humano que quiere expresarse como un teclado verbal. Todo el mecanismo del lenguaje se le brinda, como al músico el teclado del piano, para exteriorizar lo que siente su alma. Permítanme ustedes que me sirva de esta imagen para insistir en la importancia incalculable de conocer el propio lenguaje. ¿Qué haría frente al teclado de un piano una persona que conociese sólo los rudimentos de la música? Sacarle algunos sonidos mecánicamente, sin personalizarse en ello, la tocata de todos; en cambio, el buen conocedor de las teclas, de sus recursos inagotables, las hará cantar músicas nuevas, con acento propio. Así el hombre frente al lenguaje: todos lo usamos, sí, todos tenemos un cierto saber de este prodigioso teclado verbal. Pero sentiremos mejor lo que sentimos, pensaremos mejor lo que pensamos, cuanto más profundo y delicadamente conozcamos sus fuerzas, sus primores, sus infinitas aptitudes para expresarnos. La idea esencial, para lo que solicito la atención de ustedes con todas las palabras anteriores, la formuló ya el filólogo alemán Von der Gabelentz de este modo: "La lengua no sirve solamente al hombre para expresar alguna cosa, sino también para expresarse a sí mismo".

EL HOMBRE SE POSEE
EN LA MEDIDA QUE POSEE SU LENGUA

No habrá ser humano completo, es decir, que se conozca y se dé a conocer, sin un grado avanzado de posesión de su lengua. Porque el individuo se posee a sí mismo, se conoce, expresando lo que lleva dentro, y esa expresión sólo se cumple por el medio del lenguaje. Ya Lazarus y Steinthal, filólogos germanos, vieron que el espíritu es lenguaje y se hace por el lenguaje. Hablar es comprender, y comprenderse es construirse a sí mismo y construir el mundo. A medida que se desenvuelve este razonamiento y se advierte esa fuerza extraordinaria del lenguaje en modelar nuestra misma persona, en formarnos, se aprecia la enorme responsabilidad de una sociedad humana que deja al individuo en estado de incultura lingüística. En realidad, el hombre que no conoce su lengua vive pobremente, vive a medias, aun menos. ¿No nos causa pena, a veces, oír hablar a alguien que pugna, en vano, por dar con las palabras, que al querer explicarse, es decir, expresarse, vivirse, ante nosotros, avanza a trompicones, dándose golpazos, de impropiedad en impropiedad, y sólo entrega al final una deforme semejanza de lo que hubiese querido decirnos? Esa persona sufre como de una rebaja de su dignidad humana. No nos hiere su deficiencia por vanas razones de bien hablar, por ausencia de formas bellas, por torpeza técnica, no. Nos duele mucho más adentro, nos duele en lo humano; porque ese hombre denota con sus tanteos, sus empujones a ciegas por las nieblas de su oscura conciencia de la lengua, que no llega a ser completamente, que no sabremos nosotros encontrarlo. Hay muchos, muchísimos inválidos del habla, hay muchos cojos, mancos, tullidos de la expresión. Una de las mayores penas que conozco es la de encontrarme con un mozo joven, fuerte, ágil, curtido en los ejercicios gimnásticos, dueño de su cuerpo, pero que cuando llega al instante de contar algo, de explicar algo, se transforma de pronto en un baldado espiritual, incapaz casi de moverse entre sus pensamientos; ser precisamente contrario, en el ejercicio de las potencias de su alma, a lo que es en el uso de las fuerzas de su cuerpo. Podrán aquí salirme al camino los defensores de lo inefable, con su cuento de que lo más hermoso del alma se expresa sin palabras. No lo sé. Me aconsejo a mí mismo una cierta precaución ante eso de lo inefable. Puede existir lo más hermoso de un alma sin palabras, acaso. Pero no llegará a tomar forma humana completa, es decir, convivida, consentida, comprendida por los demás. Recuerdo unos versos de Shakespeare, en *The Merchant of Venice,* que ilustran esa paradoja de lo inefable:

> Madam, you have bereft me of all words,
> Only my blood speaks to you in my veins.

Es decir, la visión de la hermosura le ha hecho perder el habla, lo que en él habla desde dentro es el ardor de su sangre en las venas. Todo está muy bien, pero hay una circunstancia que no debemos olvidar, y es que el personaje nos cuenta que no tiene palabras, por medio de las palabras, y que sólo porque las tiene sabemos que no las tiene. Hasta lo inefable lleva nombre: necesita llamarse lo inefable. No. El ser humano es inseparable de su lenguaje. El viejo consejo de Píndaro: "Sé lo que eres", el más reciente de Goethe: "Sepamos descubrir, aprovechar lo que la naturaleza ha querido hacer de nosotros, lo que ha puesto de mejor en nosotros", pueden cumplirse tan sólo por la posesión del lenguaje. El alma humana es misteriosa y en todos nosotros una parte de ella, es decir, parte de nosotros, se recata entre sombras. Es lo que Unamuno ha llamado el secreto de la vida, de nuestra propia vida. Y el lenguaje nos sirve de método de exploración interior, ya hablemos con nosotros mismos o con los demás, de luz, con la que vamos iluminando nuestros senos oscuros, aclarándonos más y más, esto es, cumpliendo ese deber de nuestro destino de conocer lo mejor que somos, tantas veces callado en escondrijos aún sin habla de la persona. La palabra es espíritu, no materia, y el lenguaje, en su función más trascendental, no es técnica de comunicación, hablar de lonja: es liberación del hombre, es reconocimiento y posesión de su alma, de su ser. "¡Pobrecito!", dicen los mayores cuando ven a un niño que llora y se queja de un dolor sin poder precisarlo. "No sabe dónde le duele". Esto no es rigurosamente exacto. Pero ¡qué hermoso! Hombre que malconozca su idioma no sabrá, cuando sea mayor, dónde le duele, ni dónde se alegra. Los supremos conocedores del lenguaje, los que lo recrean, los poetas, pueden definirse como los seres que saben decir mejor que nadie dónde les duele.

EL DIÁLOGO

Este valor formativo del hombre por su lengua se percibe asimismo en el diálogo, cuando el idioma entra ya en su fase social de participación de nuestro yo con nuestros semejantes. Debo confesar que numerosas veces, hablando, o con un amigo o en mi cátedra, conforme modulaba las palabras y las echaba al aire, veía yo mismo mi pensamiento pasar de una especie de pre-conciencia, de estado pre-existente en que aún no había revestido forma satisfactoria, a un estado de plena existencia, y lo que yo quise decir se alojaba, cabalmente, en las palabras emitidas. Percibía yo el misterioso tránsito de una realidad de mi mundo interior al mundo de todos; esa realidad latía en mí como pura querencia, entre un ser y un no ser. Pero según iba encontrando los símbolos verbales que la expresaban justamente, según daba forma sonora a esos símbolos, es decir, según iba hablando, la querencia se tornaba en realización, mi idea, vagamente definida ante mí mismo, cobraba contornos ciertos, y en el acto de lenguaje sentía yo la honda voluntad de mi pensamiento por completarse, por ser, asistía al nacimiento de algo mío. Y apenas nacido de mí, dejaba de ser mío sólo, se hacía participable para los demás. Porque el lenguaje es un leve puente de sonidos que el hombre echa por el aire para pasar de su orilla de individuo irreductible a la otra orilla del semejante, para transitar de su soledad a la compañía. Un filósofo alemán del lenguaje, Stenzel, ha descrito técnicamente esta operación al decir cómo experimentamos, en el prójimo a quien hablamos y que comprende nuestras palabras, la realidad de lo que hemos querido decir. Hay un ir y venir de la comprensión entre dos interlocutores. En la reacción de mi amigo ante lo que he dicho reconozco lo que he dicho, me reconozco; es decir, las mismas palabras me expresan a mí, y me comunican con él. Únicamente lo que para otro también tiene significación, o pudiera tenerla, la tiene para mí mismo. "Sólo su mundo expresivo, confirmado en la comunidad con los demás, lleva al hombre a una verdadera certidumbre de su propio ser", dice Stenzel. De ahí la profunda nobleza del diálogo. Porque, en el diálogo, el hombre habla a su interlocutor y a sí mismo, se vive en la doble dimensión de su intimidad y del mundo, y las mismas palabras le sirven para adentrarse en su conciencia y para entregarla a los demás.

He sentido muchas veces que la forma literaria más hermosa es el diálogo. El diálogo literario, desde Platón, tal como lo escribieron Cicerón, Erasmo, Fray Luis de León, más tarde Berkeley, Landor, Renan y hoy Paul Valéry, es la proyección estética, la traslación a un plano supremo, del dialogar corriente de los hombres. ¿No es curioso que grandes pensadores, al tener que desarrollar su pensamiento, hayan solicitado, en lugar de una forma discursiva unipersonal, este artificio por el cual se inventan unos personajes, se simula una conversación, y el pensamiento, fluyendo con toda naturalidad, según se lo pasa un interlocutor a otro, va naciéndose ante nuestra mente, miembro a miembro, en pausada busca de su forma perfecta, que al fin se yergue ante nosotros, con espléndida entereza? No hay duda que algunos de estos diálogos pueden tomarse por las más maravillosas transcripciones del acto mismo del pensar, por un pensar en acción; las palabras de uno lo inician, las de otro lo recogen amorosamente, lo perfilan, y al cabo rompe la flor perfecta de su definitiva claridad. En un pasaje de "El Sofista", el extranjero de Elea pregunta a Teeteto si el pensar no es una silenciosa conversación del alma consigo misma. Según Hinks esta concepción de la vida mental como diálogo sirvió de fundamento a la representación de la musa. Poeta y musa no serían, conforme a eso, sino el hombre en habla con su alma, el diálogo interior. La vida intelectual es diálogo del hombre consigo mismo o con otros hombres, diálogo no siempre oído, sólo raras veces escrito. Por algo las dos épocas más ilustres de la inteligencia humana, la grecorromana y la renacentista, se han complacido en este género.

LENGUA Y COMUNIDAD

Sobre el valor del lenguaje para la vida del hombre en su comunidad, en el seno de lo social, casi no hay que hablar, por tan sabido. "En el grupo social... la lengua desempeña un papel de importancia capital. Es el lazo más fuerte que une a sus miembros, es a la vez el símbolo y salvaguardia de su comunidad. ¿Hay algún instrumento más eficaz que la lengua para asegurar la existencia del grupo?", escribe Vendryes. Si en una ciudad extranjera un español acaudalado oye, en la calle, en un lugar público, a otra persona, de traza modesta, hablar su lengua, aun cuando sea con acento distinto, chileno, o cubano, lo más probable es que sienta el deseo de acercarse a él y trabar conversación. Son dos personas de clase social muy dispar, de dos naciones distintas; pero los une algo superior al sentir de clase y nación, y es su conciencia de pertenecer a un mismo grupo lingüístico, la fraternidad misteriosa que crea el hecho de llamar desde niños las mismas cosas con los mismos nombres.

Ya afirmó De Saussure que la lengua es una institución. Es una obra social que viene a inscribirse en el espíritu de cada individuo. Existe en virtud de una especie de contrato. Una lengua, conforme a Delacroix, en un sistema fuertemente organizado que se impone a los parlantes como un conjunto de hábitos lingüísticos propios de una masa parlante. Lenguaje es comunicación, comunidad. Hay una poderosa corriente de filología moderna que acentúa tan exclusivamente lo social del lenguaje, que no ve en el hablar otra cosa que un fenómeno social. Así, en lo que tiene de exclusivo, me parece errónea. Pero es errónea por extensión desmesurada de una verdad: el aspecto social del lenguaje. Y un historiador, Henri Berr, ha caracterizado a la Humanidad en esta forma: la humanidad es mano y lenguaje. Técnica material, la mano, y lazo espiritual, lenguaje.

LENGUA Y NACIONALIDAD

También está generalmente reconocido el valor de la lengua para el sentimiento de la nacionalidad. Stenzel escribe a este respecto:

> Se dice que no hay que sobrestimar el lenguaje en su importancia por lo que se refiera a una nación, y que un pueblo se convierte en nación por su destino histórico, por su suerte y su infortunio, por el recuerdo común, por la acción y la voluntad. Mas todo esto se hace real para un pueblo sólo por medio del lenguaje; sólo en virtud de su lengua se convierte en patrimonio suyo su historia, en el mito-palabra —en la saga-fabla—, patrimonio que ha de conquistar siempre de nuevo por el cultivo de su lengua. Con la decadencia de ésta viene siempre de la mano la decadencia espiritual de un pueblo.

Y Karl Vossler registra el hecho de que cuando a los hombres se les despoja de su tierra, encuentran como un nuevo hogar en su lengua madre, que está a todas horas y en todas partes presente en sus sentidos, y por eso puede volver a convertirse en algo concreto, en algo con morada terrenal.

> Cuando el sentimiento nacional ha sido despojado de todos los refugios, el lenguaje se convierte en la fortaleza espiritual desde la que un día, cuando los tiempos sean propicios, saldrá a reconquistar su puesto. El hombre que rechaza o abandona este refugio final y punto de partida de sus sentimientos nacionales no tiene honor, es un muerto para la comunidad social en que recibió su primera experiencia del lenguaje humano.

LENGUA HABLADA Y ESCRITA

Pensemos ahora en otra cualidad del valor social del lenguaje. En la relación del lenguaje, el individuo y el tiempo. Ahora nos referimos especialmente a la lengua escrita. Es ésta muy diferente de la hablada. Porque la actitud del ser humano cuando escribe, su actitud psicológica, es distinta de cuando habla. Cuando escribimos se siente, con mayor o menor conciencia, lo que llamaría yo la responsabilidad ante la hoja en blanco; es porque percibimos que ahora, en el acto de escribir, vamos a elevar el lenguaje a un plano distinto del hablar, vamos a operar sobre él, con nuestra personalidad psíquica, más poderosamente que en el hablar. En suma, hablamos casi siempre con descuido, escribimos con cuidado. Casi todo el mundo pierde su confianza con el lenguaje, su familiaridad con él, apenas coge una pluma. El idioma se le aparece, más que como la herramienta dócil del hablar, como una realidad imponente, el conjunto de todas las posibles formas de decir una cosa, con la que el que escribe tendrá que luchar hasta que halle su modo. Igual sucede eso al poeta que al muchacho que empieza una carta a la novia. Sí, las lenguas hablada y escrita son diferentes, pero no viven alejadas una de otra, en distintas órbitas. Sería imposible, porque perteneciendo las dos al espíritu del hombre, han de reunirse siempre en la unidad del hombre. De lengua hablada se nutre, se fortifica, la lengua escrita, sin cesar, y de ella suben energías, fuerzas instintivas del pueblo, a sumarse a las bellezas acumuladas de la lengua escrita. Y de ésta, de la escritura, nacen continuamente novedades, aciertos que, en toda sociedad bien organizada culturalmente, deben poder difundirse en seguida entre todos, para aumento de su capacidad expresiva. Es el pueblo el que ha dicho: "Habla como un libro". Frase que evidencia cómo el habla popular admira y envidia al habla literaria, cómo las dos se necesitan; y es que según Vendryes ha dicho: "en la actividad lingüística de un hombre civilizado normal están en juego todas las formas del lenguaje a la vez". Y yo, por mi parte, no sé a veces distinguir si una frase feliz que está en mi memoria la aprendí de unos labios, en palabra dicha, o de un libro, de la palabra impresa. Sería insensatez oponer las dos formas del habla; y toda educación como es debido debe ponerse como finalidad una integración profunda del lenguaje hablado y el escrito. Si las dos lenguas se separan, dice Amado Alonso, la escrita acabaría en lengua muerta, la hablada en *patois*, en dialecto, sin valor general.

LENGUAJE Y TIEMPO

Y de lo imprescindible del lenguaje para la vida total del ser humano nos trae más prueba este tema del lenguaje y el tiempo que ahora tocamos. En efecto, en el lenguaje hablado, el hombre vive su vida sobre la tierra. Cada una de las medidas naturales de su existencia está inscrita entre cuatro palabras. Las dos primeras: "Buenos días". Al decirlo, ingresamos en un día más, nos aprestamos a consumir una más de estas unidades de tiempo, hechuras del cielo, del sol y de la luz. Y cuando, ya usado, se nos va de entre las manos ese trozo de nuestra existencia, lo despedimos con las otras dos palabras: "Buenas noches" o "Hasta mañana". Estas dos fórmulas verbales nos cuentan, sin número, el transcurrir de nuestros pasos sobre la tierra. "Buenos días", brevísima, modestísima oda salutatoria, celebración del advenimiento de una claridad más. "Buenas noches", reducida elegía en compendio con que se llora, sin aparentarlo, sin saberlo, por el más ignorante labrador, el mismo dolor de pasar que lloran desde la altura de sus conciencias los poetas de lo efímero. Nuestro lenguaje hablado nos sirve para vivir con nuestros contemporáneos, con las personas que andan alrededor de nosotros, para entenderlos, para quererlos. Mucho es. Ningún tiempo más precioso, inevitablemente, que el único relativamente nuestro, el de nuestra vida. Pero nuestra vida está limitada a un breve término. Una generación no pasa de ser un sumando en la constante operación secular de añadir días a días, vidas a muertes, hombres a hombres. El hombre medio, vulgar, moderno, un tanto infatuado, engreído por sus crecientes poderes sobre la materia, se ha hecho acaso demasiado *presentista*. Quiero decir que se niega a reconocerse fuera de él, de su limitada individualidad, fuera de su tiempo;

para ella vida es su vida. El cinismo del gran rey francés, "Después de mí, el diluvio", aún le está estrecho; si no dice, parece que siente la frase melliza de la anterior: "Antes de mí el diluvio". Sólo la intensificación de la conciencia histórica puede devolver al hombre de hoy su sentido y su orgullo de ser transitorio. Tránsito, el hombre, biológicamente, entre el padre que le dio vida y el hijo a quien él se la da. Históricamente, el ser individual, en su grupo, en su generación, una onda, empujada por miles de ondas que vinieron antes, y que a su vez impulsa a las que le van a seguir, todos en el caudal común de lo humano. De esa calidad de transitorio puede y debe sacar el hombre su dignidad, la seña de su grandeza; la eterna compañía que le hacen desde ayer sus antepasados y la que ya le preparan en el mañana sus descendientes. El deber vital más noble es asegurar esa trasmisión. Y el lenguaje es el mejor instrumento.

Ya el lenguaje hablado me enlaza a mí con todos los que usaron para sentirse vivir las mismas palabras que empleo. Y me unirá con los que den al aire su alegría o su pena, con los mismos sones con que las he dado yo. Pero es insuficiente hablar para que el hombre viva sobre su tiempo. La lengua escrita es la que nos tiende la mejor magia para superar lo temporal. En el lenguaje el hombre existe en su hoy, *se vive;* se siente vivo en su pasado, hacia atrás, *se retrovive;* y, más aún, se juega su carta hacia el futuro, aspira a perdurar; *se sobrevive.* Visto así, el lenguaje ya es mucho más que una actividad técnica, práctica, un medio de comunicación que termina en cuanto logra su cometido circunstancial; es una actividad trascendental, es un hacer de salvación. El alma humana se confía al lenguaje para traspasar su fatalidad temporal. Claro es que esta función, excelsa entre todas, del lenguaje para traspasar su fatalidad temporal no reside por igual en cualquier forma del lenguaje escrito, lo mismo en una noticia de periódico que en una carta o en un poema. La capacidad de perduración latente en el lenguaje escrito está en relación directa con la intensidad de vida psíquica que el hombre ponga en lo que escribe. Veamos un ejemplo: las cartas. Una carta corriente, escrita por una persona de rasgos comunes, en la que da forma a modos comunes de sentir, no pretenderá ir más allá de su lectura por otra persona, aquella a quien se dirige. Esta muestra de lenguaje escrito, muy probablemente, no traspasará los tiempos. Pero pensemos en una de las cartas escritas por Eloísa, la enamorada: nacida de un ardor de hace muchos siglos, su lumbre nos toca, hoy, sin merma, en el alma. Porque en sus palabras se adensó tanto y tan concentradamente un sentimiento humano, eterno, que ellas, las palabras, al expresarlo, se distinguieron de todas las demás, cobraron una vida propia. El que escribe la lengua en situación pasiva usa las maneras usuales de expresarse, no más. ¡Hasta hay manuales de correspondencia para los humildes! El otro se alza frente al idioma en actitud de busca y de lucha; en actitud activa, se afana por decir lo que siente, a su modo, no al modo general, esto es, con sed de creación.

LOS POETAS Y LA LENGUA

Por eso el señorío sobre la facultad perduradora del lenguaje lo posee muy especialmente el poeta, entendiendo por tal al autor de obras literarias, sea prosa o verso su vehículo, que evidencian una fuerza creadora superior. Los poetas son los que usan el lenguaje en su máxima altura, y para su fin de mayor alcance. Es curioso cómo esta opinión no procede de los interesados, en cuyo caso parecería recusable, sino de los filólogos mismos. Rumboldt, el genial cultivador de tantas ciencias, escribió que el estilo poético "abre de par en par las puertas de la receptividad del ánimo para que éste acoja de lleno el influjo de la peculiar materia del lenguaje". Stenzel, en su *Filosofía del lenguaje,* dice:

> El poeta acrece las posibilidades del lenguaje vivo... su misión es renovar el espíritu del lenguaje... muchas cosas de las que ni sospechamos que

nos han sido dictadas por el poeta son usadas por nosotros como lenguaje propio... Antes de que viniera el poeta con su obra, nadie sabía de lo que una lengua era capaz, es decir, lo que era cabalmente.

Y Vossler, identificador de lenguaje y poesía, considera que "reconocemos el genio poético por su capacidad de reconvertir la naturaleza del lenguaje en espíritu, sus formas exteriores en algo interior, y devolver al alma lo que se destruye en el lenguaje ordinario". Como se ve, atribuye al poeta una misión continuamente lustral del idioma: éste, en el hablar común se embastece y desciende, pierde espíritu; el poeta, infundiéndole su impulso creador, lo purifica, lo devuelve al pueblo, nuevamente esplendoroso y reciente. Así se interpretaría el verso famoso de Mallarmé: "Donner un sens plus pur aux mots de la tribu". La aptitud del lenguaje elevado a su función máxima, la creadora o poética, para salvar lo superior humano, el espíritu, de los daños del tiempo, está formulada, entre otros muchos, por Carlyle, con apasionada elocuencia, al hablar de la *Divina Comedia:*

No es extraño que se predijera que este poema habría de ser la cosa más duradera que nuestra Europa ha hecho. Porque nada perdura como la palabra rectamente dicha. Las catedrales, las pompas pontificias, la piedra y el bronce, las apariencias externas, nunca tan durables, son breves en comparación con un canto del corazón tan insondable como éste. Se tiene la sensación de que podría sobrevivir, siempre importante para los hombres, aun cuando éstos se hubiesen hundido en nuevas e inconocibles combinaciones, dejando de existir individualmente. Mucho ha hecho Europa: grandes ciudades, grandes imperios, enciclopedias, credos de fe, masas de opinión y de acción; pero ha hecho muy poco de la calidad del pensar del Dante. Existe Homero, sí, cara a cara con cada una de nuestras almas. ¿Pero dónde está Grecia? Miles de años lleva de desolación, ida, desvanecida, montón de piedras y escombros, acabados su vida, su existir. Como sueño, como el polvo del Rey Agamenón. Grecia fue. Fue, menos en las palabras que ha dejado.

Así, por virtud invencible y misteriosa de los signos escritos, de unos símbolos gráficos, que a su vez son símbolos de otros símbolos, las palabras, se cumple ese oficio de salvación. El espíritu apenas si se sirve de la materia para salvarse a través del tiempo, en el lenguaje. Un alfabeto es bien poca cosa, poco más de una veintena de signos que caben en un papel de una pulgada cuadrada. Nada más. Pero estos símbolos están dotados de tal riqueza combinatoria que de su breve número nacen las palabras innumerables. Palabras que son a su vez símbolos, puesto que no corresponden, si no es de un modo convencional, al objeto que designan. Maravilla ver cómo el pensar del hombre, en su fondo actividad simbólica, salta sobre los siglos, alado, ligerísimo e invulnerable sobre tan tenue apoyo material.

DEL PODER INMORTALIZADOR DE LA PALABRA POÉTICA

Ahora podemos comprender mejor esa idea, que ha plasmado en tema literario, de la fuerza inmortalizadora del poeta y de la poesía. Apenas comienza a existir la poesía el poeta percibe el poder que en ella late, para inmortalizar lo que canta, poder de que él dispone, transitoriamente. Desde Homero, se adelantan hacia el lector estas orgullosas afirmaciones de la potencia de la palabra poética contra el estrago de la muerte. Al final del libro tercero de sus Cármenes, Horacio exclama:

> Exegi monumentum aere perennius
> regalique situ pyramidum altius,
> quod non imber edax, non Aquilo impotens
> possit diruere, aut innumerabilis

annorum series et fuga temporum.
Non omnis moriar, multaque pars mei
vitabit Libitinam...[1]

El mismo tema reaparece con algunas variantes en las odas 8
y 9 del libro IV. Y Ovidio, el otro gran poeta latino, cuando ha dado
remate a su poema de las Metamorfosis, dice:

Iamque opus exegi, quod nec Iovis ira nec ignis
nec poterit ferrum, nec edax abolere vetustas.
Cum volet, illa dies, quae nil nisi corporis huius
ius habet, incerti spatium mihi finiat aevi:
Parte tamen meliore mei super alta perennis
astra ferar, nomenque erit indelebile nostrum,
quaque patet domitis Romana potentia terris,
ore legar populi, perque omnia saecula fama,
siquid habent veri vatum praesagia, vivam.[2]

El Renacimiento, en su lírica, reafirma la misma convicción
sobre la invencibilidad temporal de la poesía. El gran renacen-

1. "He dado cima a un monumento más duradero que el bronce / y que las reales
píramides más encumbrado / y el cual no el agua carcome, no el aquilón deshe-
cho / podrá desmoronar, o el sin número / encadenamiento de los años y el co-
rrer de los tiempos. / No todo moriré y mucha parte de mí / escapará a la
muerte..." (Traducción de J. Cejador.)   2. Tal obra he ya compuesto y publicado
/ que no podrá borrarla la tragona / vejez, ni el hierro, o Júpiter airado / el día,
que a ninguno no perdona / cuando quisiere venga, que no tiene derecho más
que en mi mortal persona. / A la porción mejor (de do proviene / lo digno de ala-
banza que aquí escribo), / vida inmortal y nombre la conviene. / Y en cuanto al
alma mía, seré vivo, / volando, levantado sobre el cielo, / con alas del renombre
que recibo. / Y a do el Romano Imperio en todo el suelo / sonare, volará mi dulce
verso, / durando para siempre el leve vuelo. / Si al espíritu el suceso no es di-
verso, / será mi poesía recibida / de todo el pueblo, en todo el universo, / y gozaré
de eterna fama y vida. (Traducción de Diego de Mexía.)

tista inglés Edmund Spencer, en su poema *The Ruines of Time*, recoge el hilo horaciano.

> For deeds doe die, how ever noblie donne,
> And thoughts of men do as themselves decay;
> But wise wordes taught in numbers for to runne,
> Recorded by the Muses, live for ay;
> Ne may with storming showers be washt away,
> Ne bitter-breathing windes with harmfull blast,
> Nor age, nor envie, shall them ever wast.

Su hermano en sensibilidad, al otro lado del Canal, Pierre de Ronsard, acentúa la aptitud del poeta, por su don creador, no ya para inmortalizarse él, sino para dispensar ese don de supervivencia en la memoria humana a la persona amada, en este caso su adorado tormento, Helena:

> A fin qu'à tout jamais de siècle en siècle vive
> la parfaite amitié que Ronsard vous portait
> [...]
> A fin que d'âge, en âge à nos neveuz arrive
> Que toute dans mon sang votre figure était
> [...]
> Je vous fais un présent de cette Sempervive.
> [...]
> Longtemps après la mort je vous ferai revivre
> [...]
> Vous vivrez et croistrez comme Laure en grandeur,
> Au moins tant que viront les plumes et le livre.

Ronsard, en los últimos versos de su soneto, al aludir a Laura, parece indicarnos que la poesía inmortalizadora tiene ya hechas sus pruebas y demostrada su suficiencia. Puesto que Petrarca

logró que él, Ronsard, se acuerde de Laura como de un ser vivo,
¿por qué él, Ronsard, no logrará asimismo que otros hombres,
más tarde, revivan el nombre y la figura de Helena?

Circula el mismo tema por los sonetos de Shakespeare, y sirve
de asunto a uno de los más grandes de la famosa secuencia lírica.

> Shell I compare thee to a summer's day?
> Thou art more lovely and more temperate:
> Rough winds do shake the darling buds of May,
> And summer's lease hatch all too short a date:
> Sometime too hot the eye of heaven shines,
> And often is his gold complexion dimm'd;
> And every fair from fair sometime declines,
> By chance, or nature's changing course untrimm'd;
> But thy eternal summer shall not fade,
> Nor lose possession of that fair thou ow'st;
> Nor shall Death brag thou wander'st in his shade,
> When in eternal lines to time thou grow'st;
>   So long as men can breathe, or eyes can see,
>   So long lives this, and this gives life to thee.

Afortunados son los que encuentran un cantor que les asegure
la perpetuidad. La idea, ya expresada en Horacio, asoma en un
texto que nos interesa particularmente por referirse a la lengua:
es la *Défense et Illustration de la langue française,* de Du Bellay,
el poeta y humanista.

Y a veces, estando cerca de la tumba de Aquiles, decía a gran voz:
"Feliz adolescente que encontraste tal voceador de tus méritos". Y en
verdad sin la divina musa de Homero la misma tumba que cubre el
cuerpo de Aquiles hubiese ocultado, también, su fama. Y esto ocurre a
todos los que ponen la seguridad de su inmortalidad en mármoles, en
cobre, en colosos, en pirámides, en trabajados edificios, y en otras

cosas no menos expuestas a las injurias del cielo, del tiempo, de la llama y del fuego...

¡Curiosa pugna entre las artes plásticas, la arquitectura, la escultura, y el arte de la palabra, la poesía, la que aquí se insinúa, y que vimos llevada a su extremo en el pasaje de Carlyle! Todo lo aducido en estos textos ilustres tiene como su coronación en un soneto de Quevedo. Lo escribió cuando, desengañado de corte y cortesanos, se refugia en su casa pueblerina; podemos muy bien imaginarnos el momento en que el dolorido poeta descansa de su lectura de Séneca o San Pablo, y tras un espacio de quietud, mirando, ni al libro ni a nada, sino a la poesía que empieza a romper en su alma, escribe:

> Retirado en la paz de estos desiertos,
> con pocos, pero doctos libros juntos,
> vivo en conversación con los difuntos
> y escucho con mis ojos a los muertos.
>
> Si no siempre entendidos, siempre abiertos,
> o enmiendan, o secundan mis asuntos;
> y en músicos callados contrapuntos
> al sueño de la vida hablan despiertos.
>
> Las grandes almas que la muerte ausenta,
> de injurias de los años vengadora,
> libra, ¡oh gran Don Josef!, docta la imprenta.

Tenían razón los poetas latinos. Un hombre de alma grande como ellos, muchos siglos después, en su aposento de un poblado manchego, oye su voz, atiende a su consejo, platica con sus almas. ¡Era verdad! Se han salvado. Las palabras que echaba al aire vasto de los siglos futuros un Horacio, recogidas están por este hombre, Quevedo. Sigue Horacio viviendo. Porque la verdad es que muchas de estas expresiones de confianza, de seguridad, de los poetas, en su virtud incontrastable para sobrevivir por arte de sus creaciones, nos parecen, al leerlas aisladas, un tanto jactanciosas y arriesgadas. Pero la realidad ha confirmado que no lo eran. Porque es una realidad que todos ellos, Homero y Shakespeare, Horacio y Ronsard, están aquí a nuestro lado, nos conmueven vivos y presentes; muertos no más que en su carne, alcanzaron el milagro a que flechaba su poesía: sobrevivirse, el don de la inmortalidad. Y ello por obra y gracia del idioma. Por obra, por operación de su parte mecánica, de su organismo material; y, sobre todo, por gracia, por el misterioso don concedido a ese organismo para servir de portador fidelísimo a las voluntades e invenciones del alma. Extraña es la doble aptitud del lenguaje para recoger así lo temporal como lo intemporal de los hombres. La lengua escrita registra los modos de pensamiento y sentimiento pasajeros, la característica actitud de cualquier generación histórica, en el preciso momento en que le corresponde vivir. Acusa, el lenguaje, el tiempo en que nació; se distingue el estilo del español de los Reyes Católicos del de Felipe III o Carlos II. Pero a más de servir a su época y ser manifestación de lo temporal, entrega lo registrado al futuro, lo prolonga, y entra en su segunda misión de sustentar lo intemporal, de ir venciendo a los tiempos que, sin embargo, lleva dentro. Este privilegio sintetizador de las diferencias de las épocas sirve de base a la concepción del poeta dentro de la tradición, que con tanta agudeza ha formulado T. S. Eliot. Creo que sólo merced a la integración de todos los lenguajes temporales de la poesía en la unidad del lenguaje poético actual que usa el poeta se alcanza ese estado en que (cito a Eliot)

el hombre escribe no sólo con su misma generación en los huesos, sino con el sentimiento de que toda la literatura de Europa, desde Homero, y, dentro de ella, la literatura de su mismo país, tiene una existencia simultánea y compone un orden simultáneo [...] Ningún poeta ni artista tiene significado completo él solo. Su significación, su apreciación, es la apreciación de su relación con los poetas y artistas pasados.

Por medio del sentido histórico llega el hombre a la percepción no sólo de lo pasado del pasado *(the pastness of the past),* sino de la presencia del pasado. Esa unión, y no confusión, de todos los tiempos de la poesía en el tiempo del poeta se realiza en el clima del lenguaje. Porque en el lenguaje actual del poeta se vive, se repite, renovado, es decir, se revive el lenguaje de todos los ayeres de la poesía, que se hace presente de nuevo.

Y si quisiéramos un ejemplo, tomado de la vida práctica, de una comunidad humana, imaginémonos que, de pronto, una generación que habita un cierto país renuncia totalmente al lenguaje escrito y, conservando todos los restantes adelantos técnicos de nuestros días, y la misma forma externa de vivir, elimina por un lado los libros, por otro el material escritorio, declarando artículos nocivos las plumas estilográficas, las máquinas de escribir y el papel. Las gentes vivirían, en la apariencia, casi como nosotros, y en el haz de los hechos diarios apenas se advertiría mudanza alguna. Y sin embargo, esa generación rompería casi totalmente su doble vínculo con el pasado y el porvenir. Prescindir de los libros sería obliterar en las almas la conciencia clara de la pertenencia a lo histórico. Olvidarse de la escritura, condenarse a la desaparición en la memoria del futuro, aceptar la simultaneidad de muerte material y muerte espiritual. Esa curiosa generación hipotética, al no dejar tras sí constancia escrita de lo que sentía, lo que quería, de lo que hizo, es decir, de su vivir peculiar, se hundiría, apenas acabada materialmente, en lo incógnito. Y sus afanes, sus acciones, quedarían por la mayor parte reducidos a un puro trazo de sus idas y venidas, sobre la arena, pronto borrado; a unos ademanes dibujados en el aire de unos años e idos con el aire mismo.

PODER DEL HOMBRE SOBRE LA LENGUA

Esta fantasía me lleva a la cuestión que considero más vital de todo este discurso. ¿Cuál es la relación consciente del hombre y su lenguaje? Me esforcé hasta ahora en sostener que la relación inconsciente, natural, entre lenguaje y hombre, es de rigurosa esencialidad. El hombre ha hecho el lenguaje. Pero luego el lenguaje, con su monumental conjunto de símbolos, contribuye a hacer al hombre, se le impone, desde que nace. Sus formulas, moldes expresivos, forman una organización aceptada por la sociedad, y a la que hay que obedecer, so pena de no ser entendido. Si un individuo rechaza la constitución lingüística normal de su país y adopta una sintaxis particular para su uso propio, ninguna ley hay que se lo vede, pero la sociedad lo dejará aislado, por la simple razón de que no sabe lo que dice. El lenguaje es el señorío de una realidad espiritual de símbolos, forjada durante siglos, sobre la anarquía individual. Pero admitido eso, ¿deberemos admitir también que el lenguaje funciona como una fatalidad, que nos arrastra en su caudal, como el arroyo a la brizna de hierba? Ha escrito Vossler que el hombre, por modesto que sea, al emplear el lenguaje nunca es un mero repetidor mecánico. "Aún en los seres más escasa y pobremente dotados vive la chispa de una lengua propia y libre. El más miserable esclavo, desde el punto de vista lingüístico, es autónomo siempre en un oculto rincón de su alma y nunca puede descender hasta el papagayo." Nos negamos a aceptar la actitud positiva ante el lenguaje, cuando afirma, basándose en el principio, idolatrado por el positivismo, de la evolución natural, que el lenguaje escapa casi por completo a toda acción voluntaria del hombre. Un brillante filólogo hispánico de la escuela idealista, Amado Alonso, afirma: "la lengua no es un organismo animal ni vegetal, no es ningún producto natural, ni tiene en sí leyes autónomas ni condiciones de existencia ajenas a la intervención de los hablantes. Una lengua ha sido lo que sus hablantes hicieron de ella, es lo que están haciendo, será lo que hagan de ella". ¡Qué profundo resonar dejan tras sí esas palabras del filólogo hispano-argentino! Porque nos llevan al centro mismo de nuestra responsabilidad, como hablantes de un idioma, hacia ese idioma. Nos lleva a la formulación de una pregunta gravísima: ¿Tiene o no tiene el hombre, como individuo, el hombre en comunidad, la sociedad, deberes inexcusables, mandatorios en todo momento, con su idioma? ¿Es lícito adoptar en ningún país, en ningún instante de su historia, una posición de indiferencia o de inhibición, ante su habla? ¿Quedarnos, como quien dice, a la orilla del vivir del idioma, mirándolo correr, claro o turbio, como si nos fuese ajeno? O, por el contrario, ¿se nos impone, por una razón de moral, una atención, una voluntad interventora del hombre hacia el habla? Tremenda frivolidad es no hacerse esa pregunta. Pueblo que no la haga vive en el olvido de su propia dignidad espiritual, en estado de deficiencia humana. Porque la contestación entraña consecuencias incalculables. Para mí la respuesta es muy clara: no es permisible a una comunidad civilizada dejar su lengua desarbolada, flotar a la deriva, al garete, sin velas, sin capitanes, sin rumbo.

LA MEJORA CONSCIENTE DEL ESPAÑOL EN EL SIGLO DE ORO

Si se buscan pruebas de la influencia benéfica de la intervención deliberada del hombre en el curso de su idioma, abundantes nos las extiende la época del Renacimiento. Entonces, todos los grandes países de Europa perciben que sus lenguas vernáculas, las lenguas de uso, el habla familiar, son valores propios, entidades unidas al ser mismo de la nación, y que pueden emplearse en menesteres de altura, como el literario, igual que el griego y el latín, hasta entonces los únicos habilitados para ese objeto. Y, en seguida, reconocen que, con el derecho a escribir en las lenguas vulgares de ilustres materias, viene un deber correlativo: mejorarlas, conferirlas mayor capacidad y hermosuras de expresión. Tocante a nuestra común lengua, el español, corre por los mejores autores, desde el año del descubrimiento de América, precisamente, cuando Antonio de Nebrija publica su primera gramática castellana, una doble corriente: una, estudiar el idioma, precisar sus reglas, la corriente de los científicos, de los filólogos; y otra, embellecerlo, sumando a la lengua nueva todas las artes y sabidurías de las lenguas clásicas y magistrales. Cristóbal de Villalón cree que nuestra lengua no sería en nada inferior a las clásicas "si nosotros la ensalzásemos y guardásemos y puliésemos..." Fray Luis de León, en el prólogo a los *Nombres de Cristo,* nos revela con qué delicadeza y tiento, con qué amor trata las palabras de su idioma al escribir: "... no hablo desatadamente y sin orden... y pongo las palabras en concierto y las escojo y les doy su lugar..." Camino nuevo nos dice que es ése de levantar la lengua del "decaimiento ordinario. El cual camino quise yo abrir, no por la presunción que tengo de mí, que sé bien la pequeñez de mis fuerzas, sino para que los que las tienen se arrimen a tratar de aquí en adelante su lengua como los sabios y elocuentes pasados". También Cervantes emplea el mismo vocablo, camino, en su prólogo a *La Galatea.* Hay que abrir camino, para que se vea cómo la lengua castellana ofrece campo fértil y espacioso para descubrir la diversidad de conceptos. Ambrosio de Morales termina su soberbio *Discurso sobre la lengua castellana* deseando que sea favorecida con el nacimiento de buenos autores "y con este aliento y socorro todos se animen a procurar su mejoría y perfección". Y Francisco de Medina, en palabras trémulas de emoción lírica por su lengua, dice: "... y todos encendidos en sus amores la sacaremos, como hicieron los príncipes griegos a Helena, del poder de los bárbaros". Diríase que los grandes escritores clásicos sentían todos que, a compás que daban salida en palabras a sus invenciones, empujaban el idioma a un punto mayor de excelencia, y que eran remeros, cada cual poniendo la fuerza de su escritura, de su remo, al ideal común de adelantar la galera. Hay una voluntad heroica y sostenida de perfeccionismo de la lengua en la mayoría de los escritores europeos del siglo XVI. ¿Se perdió su esfuerzo? Nadie que conozca la historia de la expresión literaria podrá dudar que su afán, productor de obras de arte admirables, tuvo como segundo beneficio el ir adiestrando el idioma, en todos los sentidos, haciéndolo, unos más numeroso, otros más conciso, éstos más complicado y sutil, aquéllos más limpio y traslúcido, para que hoy lo poseamos en alta riqueza de registros, instrumental comunicativo de nuestra intimidad muy superior en matices, en finura y en posibles variedades. Somos nosotros, herederos, los beneficiarios de su esfuerzo. ¿Y todavía habrá quien niegue este acrecimiento del idioma por obra de sucesivas voluntades y crea que el espíritu del hombre está inerte y sin recursos para esa tarea de mejorar su habla? El que desconoce a los clásicos de su lengua, el que por ignorancia presumida afecta no necesitarlos, se revela como dos veces obcecado, una porque reniega de sus antepasados, de toda esa parte de su ser anterior a su cuerpo mortal, y otra porque los usa sin saberlo, los lleva dentro, ya que el beneficio que ellos hicieron al idioma ha ido calando desde los libros a la lengua común y vive incorporado en el habla general. ¿Es que los románticos no facilitaron al hombre, con sus innovaciones en la transcripción del sentir, nuevas capacidades de expresión psicológica? En Puerto Rico tengo entendido que, hasta hace poco, un gran juglar del idioma español, Emilio Castelar, hacía sentir su magisterio en discursos buenos y malos, imprimiendo desde su ultratumba direcciones al habla de los oradores vivos. En estos momentos un plantel de escritores norteamericanos, S. Anderson, Hemingway, Dos Passos, Faulkner, Steinbeck, están elevando muchas maneras de habla popular y vulgar a alta tensión estética. Y lo hacen con tal fortuna al poner nueva energía y color en el lenguaje literario norteamericano que han merecido de André Gide alabanza entusiasta. No nos puede caber duda sobre la posibilidad de acción del hombre sobre su lengua. ¿Y qué decir de la necesidad?

DEBER DE INTERVENCIÓN DEL HOMBRE EN LA LENGUA

Dando por sentado que el hombre *puede* influir deliberadamente en su idioma, ¿*debe* hacerlo? Creo que desde el Renacimiento, cuando se afirmó la conciencia del lenguaje entre los hombres cultos, la humanidad civilizada no ha cesado en su misión interventora y lo ha hecho por un sentido de deber hacia el alma y el idioma de sus respectivos países. Lo que ocurre es que aquí damos con uno de los casos que más confusión han arrojado sobre este problema. Ciertas formas de intervención en la marcha del idioma, por su deficiente concepto de lo que es la lengua y por su aspiración a una autoridad exclusiva y policiaca en esta materia, han desacreditado la actitud intervencionista. Claro es que me refiero a las Academias. Labor la suya utilísima si se la mira en la perspectiva histórica. Es de justicia reconocer que su obra de compilación y de sistematización ha acarreado a la lengua mucho beneficio. Su error, que hay que juzgar al fin y al cabo con atenuantes, porque corresponde a la atmósfera general de su tiempo, es sólo el haber querido mantener hoy día el absolutismo que daba tono a la época en que nacieron. No es extraño que en un país y en un momento histórico, en que un empelucado monarca dice: "El Estado soy yo", la Academia se sienta tentada a proclamar, parecidamente: "La lengua soy yo". Equivocación redonda, porque la lengua ni es de las academias ni de los mesones, ni de los pobres ni de los poderosos, ni de los vivos ni de los muertos: constituye un patrimonio, a todos pertenece, en todos se vive y para todos es. Las Academias se arrogaron sobre la lengua autoridad e imperio, consecuentes con la doctrina del despotismo ilustrado. Pero conforme avanzó la ciencia filosófica, las pretensiones de las Academias pierden fundamento ante el nuevo concepto de las lenguas como formas, en continua vitalidad, del espíritu. El abuso de autoridad es pernicioso en cuanto que desacredita no al abuso, que sería lo propio, sino a la autoridad. Así, por desprestigio de las Academias y por el auge de la concepción positivista de las lenguas como organismos naturales, de evolución fatal e independiente del ánimo del hombre, se vino al otro extremo del péndulo: la reducción del trabajo del ser humano sobre el idioma a un simple registrar de fenómenos indominables, y el abandono de toda tentativa de influir en los destinos de la lengua por considerarlo como desmán contra una supuesta ley natural. De la autocracia se pasó a la anarquía. O algo peor, a lo que yo denominaría el *panglossismo*. Presente está en el recuerdo de todos esa figura, inventada por Voltaire, del optimista automático que lleva siempre en los labios su frase: "Tout est pour le mieux dans le meilleur des mondes". Todo inmejorable, en un mundo inmejorable. Hay panglossianos del lenguaje que, al ver su idioma conculcado, poluto y extraviado por las más groseras desviaciones de su sentido natural, contemplan estos atropellos con suave sonrisa proclamando: "Todo va inmejorablemente, en un estado inmejorable del idioma". Los unos gobernaban la lengua con exceso, los otros la dejan sin gobierno. Me parece una incongruencia mental, cuando la humanidad ha lanzado la facultad crítica a todos los rincones de la vida humana, aspirando a su mejoría, que renuncie a aplicar la inteligencia a la marcha y destinos de la lengua. La lengua, como el hombre, de la que es preciosa parte, se puede y se debe gobernar; gobernar, que no es violentar ni desnaturalizar, sino, muy al contrario, dar ocasión a las actividades de lo gobernado para su desarrollo armónico y pleno. Debe gobernarse la lengua desde dentro de cada hombre; para hacerlo no valen instituciones o cuerpos legislativos externos y son vanas las coacciones. El impulso al bien hablar es menester que brote de la convicción de la persona misma, de la sin par importancia

PASAJERO EN LAS AMÉRICAS

que para su vida total tiene el buen estado del idioma. Todo esto supone la educación del hombre en su lengua, que no consistirá en enseñanzas profundas de filología, en atiborramiento de preceptos gramaticales, no. Debe fundamentarse en hacerle vivir su lengua de manera consciente, descubriéndole todas las significaciones vitales que contiene y que él acaso no percibía. Lo que llamo educar lingüísticamente al hombre es despertarle la sensibilidad para su idioma, abrirle los ojos a las potencialidades que lleva dentro, persuadiéndole, por el estudio ejemplar, de que será más hombre y mejor hombre si usa con mayor exactitud y finura ese prodigioso instrumento de expresar su ser y convivir con sus prójimos.

NEOLOGISMOS Y BARBARISMOS

Pongamos por ejemplo el caso de la introducción de giros y voces extranjeras en un idioma. Fenómeno es este naturalísimo. Por él todos los idiomas han ganado en amplitud, en color y en gracia. Pero no conviene a una lengua adoptar en este punto una postura pasiva, tragándose todo lo que le echen encima los ignorantes o los desaprensivos; la postura de una comunidad lingüística consciente, ante este caso, debe ser capitalmente selectiva. Esto es, inteligente; tomar lo necesario, rechazar lo superfluo, distinguir. Mucho importa esto, porque si se distingue y, guiados por la inteligencia de la lengua y la sensibilidad para ella, aceptan las gentes de un país los neologismos útiles, los complementarios, los fecundos, la resultante será, como probarían tantos ejemplos históricos, una tonicidad mejor del idioma. Pero si se abandona esa corriente de la influencia extranjera al tuntún, al arbitrio de gentes que ni conocen ni quieren a su idioma y que, por pereza, lo plagan de expresiones torpes e innecesarias, se ve la lengua en mucho riesgo de llenarse de cuerpos extraños que deformen sus rasgos naturales y estorben la soltura y gracia de sus movimientos.

PUERTO RICO Y LA LENGUA INGLESA

No hay por qué evadir el tratar, al llegar a este punto, la especial situación de Puerto Rico, motivada por la convivencia del idioma español con el inglés. El conocimiento de la lengua inglesa por la generalidad de los ciudadanos de Puerto Rico es un beneficio incalculable hecho a la vida espiritual del país. Se viene diciendo, hasta haber dado en el lugar común, que ningún país puede vivir una vida intelectual desahogada, ágil y amplia, si no posee, para los fines de la cultura, otra lengua además de la suya. El inglés en Puerto Rico puede llenar ese papel. Lengua de cultura profunda, cultivada por el dramaturgo más grande de los siglos modernos, por poetas sin par en la historia de la lírica, por pensadores de profundo sentido humano, ha recogido en sus obras literarias y de pensamiento una serie de actitudes vitales, indispensables como ingredientes en la constitución espiritual de un hombre completo. ¿Qué mayor educación humana y literaria puede desearse que la lectura en profundidad de las obras de William Shakespeare? Quien no lea más que a Shakespeare ha leído mucho más que Shakespeare Su poderoso genio sintético dio a sus obras tal cantidad de experiencia humana, tal calidad de expresión, que proporcionan temas de pensamiento y vida espiritual bastantes para asentar en ellos toda una educación del alma. Ha sido verdadera fortuna para Puerto Rico el encontrarse, con relativa facilidad, en posesión de una vía de acceso, como lo es el idioma inglés, a algunas de las grandes cimas de la cultura humana. ¡Ojalá sus ciudadanos aprovechen esa ventaja de la convivencia de las dos lenguas, no tan sólo en sus tratos diarios de comercio y sociedad, sino en los más fecundos y productivos: comercio de las ideas! Sin duda es el inglés idioma de principalía para las transacciones comerciales; en eso se fundan muchas gentes para aconsejar su conocimiento y cultivo. Pero el provecho que de esto deriven los puertorriqueños, se limita al aspecto práctico. Todo lo que tienda a orientar la enseñanza del inglés en el sentido de lengua de cultura, de lengua literaria, donde se ha encontrado el hombre con revelaciones de sí mismo, a que no había llegado en otros idiomas, será hacer a los puertorriqueños servicio máximo, aunque no computable en moneda. Mucho me alegraría de tener alguna autoridad respecto a la lengua inglesa (sólo tengo por ella amor y gratitud por lo que me ha dado) para defenderla de esa restricción bárbara en que la confinan muchos de los que la aprenden: "aprenda inglés si quiere prosperar en sus negocios". Creo que Puerto Rico se beneficiará de la enseñanza y conocimiento del inglés en proporción directa a la mayor consideración que dé a esta lengua como instrumento de cultura y de enriquecimiento espiritual. Por la otra vía, la limitación del inglés a su utilidad negociante o administrativa, sólo se iría a parar a una forma un poco menos indigente, pero indigente al cabo, de ese desdichado engendro del "basic English". Naturalmente, entre estos beneficios alguna desventaja ha venido envuelta: una de ellas los calcos idiomáticos innecesarios, que no responden a una tendencia del español, que desfiguran su fisonomía y la apartan de la lengua española general de América y España. Se leen, con dolorosa frecuencia, dislates lingüísticos, que no atentan a una supuesta corrección del idioma, ni a ninguna regla académica, sino a la naturaleza misma, al genio del español. Eso no debe dejar indiferente al puertorriqueño culto, que en tal caso pecaría de insensibilidad respecto a su idioma, de falta de comprensión de su íntimo carácter y necesidades. Problema es y, a mi juicio, de importancia. Pero grave tan sólo hasta el extremo de gravedad a que lo quieran llevar los puertorriqueños responsables: si los síntomas de desnaturalización inútil de la lengua, tan perceptibles y en aumento, no mueven a la acción, y se deja suelta esa propensión al abandono de toda norma, considerando que no hay que hacer nada, adoptando la posición que yo llamo panglossista, es muy probable que a la lengua de Puerto Rico le esperen, en un futuro próximo, daños irremediables. Pero si educadores y sociedad, en general, deciden consagrar a este problema la atención merecida, con constancia y energía, esto es, hacer respetar la constitución natural de la lengua a los que la maltratan a diario por ignorancia o desidia, mi impresión es que se está muy a tiempo de devolver al idioma nacional su plena autenticidad, todas sus facilidades de expresión psicológica, librándole de tantas adherencias falsas que van contra el sentido, popular y culto a la vez, del español. No se puede suprimir el barbarismo por decreto: del barbarismo se defiende el idioma mismo cuando los que le usan tienen plena conciencia y fina sensibilidad de su naturaleza y sus valores. En suma, vamos a parar, por todas partes, a la misma idea, a idéntica palabra: educación. He pensado siempre que, en esta cuestión, ninguna o poca responsabilidad recae sobre los que hablan el idioma extranjero. El extranjero no suele imponer palabras sueltas a su idioma, a modo de incrustaciones en la lengua ajena, no. Son los mismos hablantes de esa lengua los cargados con la máxima responsabilidad. A ellos corresponde ese cernido de los vocablos, antes de darles carta de entrada, sólo ellos pueden hacerlo, ya que en ellos está depositado el genio de su lengua. No creo que haya una nación que desee perversamente echar a perder la lengua de otro país; si acaso, intentaría sustituir esa lengua por la suya. No; son los naturales mismos de ese país los agentes y los culpables de la adulteración de su lengua. Todo intento de confusión, de evasiva, sería aquí cobarde: tenemos que mirar las cosas como son, y son de tal manera que conducen a la regla siguiente: pueblo que desee mantener su lengua en un nivel de autenticidad y originalidad, debe cuidarla él, defenderla él; el porvenir de esa lengua dependerá de lo que el pueblo quiera hacer con ella. Pero sólo puede cuidarla y defenderla si tiene conciencia de lo que es y de lo que vale, si no la considera como un regalo que le hicieron al nacer y del que ya no tiene por qué preocuparse. Por la inconsciencia es por donde el hombre ha desembocado en sus mayores desastres.

EL SIGLO XX Y EL LENGUAJE.
LA PSICOSIS DE LA PRISA

No sé por qué se me figura que el siglo XX, el de los fabulosos avances técnicos del hombre, ese siglo que sustituye auroras con electricidad, y la música de las esferas por la de la radio, va a ser un siglo de prueba para la lengua. Tres gracias modernas han desalojado de su pedestal mitológico a las gracias antiguas: son la prisa, la eficacia, el éxito. Las tres hijas del mismo Dios, el dios Praktikos. Padecimiento general y que todos conllevan, sin saberlo, es la psicosis del tiempo. Lewis Mumford, en su *Technics and Civilization,* explica así los orígenes de esta psicosis, que él pone en el régimen industrial moderno, cuando comienza la regimentación del tiempo a influir en todo el mundo occidental:

> El tiempo se convierte en una mercancía, en un género, en el sentido en que se había convertido el dinero. El tiempo, como pura duración, el dedicado a la contemplación y al soñar, se considera como un despilfarro digno de odio... Todavía la gestación humana dura nueve meses, pero el *tempo* de todas las demás cosas de la vida se acelera, el espacio de tiempo se contrae, los límites se recortan arbitrariamente, no en vista de la función y de la actividad, sino en vista de un sistema mecánico de contar el tiempo. La periodicidad mecánica sustituye a la periodicidad orgánica funcional en todas los sectores de la vida en que puede realizarse la usurpación. El tiempo mecánico se convierte en una segunda naturaleza; la aceleración del *tempo* viene a ser un nuevo imperativo para la industria y el *progreso.* Acortar el tiempo de un trabajo determinado, lo mismo si el trabajo es grato que penoso, apresurar el movimiento por el espacio, igual si el viajero viaja por gusto que si viaja por negocio, se consideró como un fin en sí mismo.

Un poeta español de nuestros días, Antonio Machado, ha añadido a las designaciones latinas del hombre, en sus diversos tipos, una nueva: no basta con *homo sapiens,* con *homo loquens,* con *homo faber:* el hombre de hoy responde a un nuevo dictado: *homunculus mobilis,* el hombrecillo que se agita. Ahora bien, creo muy difícil que esa aceleración por el gusto de la aceleración, ese apresuramiento acéfalo, a pesar de tantas bibliotecas, y áptero, a pesar de tantos aviones, pueda ser beneficioso en modo alguno para esa simbólica de la vida del espíritu que es el lenguaje. No hay clima más favorable al crecimiento normal y completo de la obra del espíritu que el tiempo libre y sin tasa, el tiempo natural. ¿Qué hubiera salido de la mente de Goethe si le ponen plazo improrrogable para entregar a la humanidad su *Fausto*? ¿Qué veríamos hoy en las estancias del Vaticano si se espolea a Rafael Sanzio para que se dé prisa a terminar sus murales? ¿Y qué jefe de Negociado pondría a trabajar a Isaac Newton con la orden expresa de que le dé resuelto en tanto tiempo el problema de la gravedad? La gran obra, literaria, pictórica, entre otras lecciones nos aporta la evidencia misteriosa de haber nacido, crecido, llegado a su perfección, con paso y andadura acordes a su misma naturaleza, no a una exigencia extraña. Entre los renglones de la prosa del *Quijote,* de *Paradise Lost,* de *Gargantúa,* se siente transcurrir un tiempo sin prisa, generosamente ofrecido, a la vez que se ofrece el papel a la pluma, al pensamiento, para que sobre él trace sus rasgos decisivos. En la *Divina Comedia* avanzan los tercetos con insistente paciencia, olvidada del tiempo, pensativa sólo en el fruto. El lenguaje, como creación espiritual que es, también necesita su tiempo, en cuanto llega a sus funciones superiores. Imaginémonos, por ejemplo, un diálogo que tenga por interlocutores a dos personas de cierta calidad intelectual, un diálogo fecundo y activo, en que las palabras vayan alzando en el aire las estructuras harmoniosas e invisibles de un pensar bien pensado. Nada, ni nadie, les urge. Ante ellos el tiempo se extiende ilimitado y dócil como la superficie marina ante la vela henchida. Y en este sosiego las ideas se alumbrarán cabalmente, dando con su extrema forma de exteriorización lingüística, entregándosenos sin reserva. ¡Pero qué diferente sería la situación si los dos presuntos dialogantes conversan mirando al reló a cada paso, porque tienen un quehacer a las cuatro y media y son las cuatro menos diez! Es, pues, muy probable que en una sociedad que impone a sus individuos, como ley indiscutible, la concepción mecánica del tiempo, la libertad del lenguaje expresivo se vea coartada y se malogren sus frutos, por falta de paciencia para la madurez. Todos los idólatras del trabajo por el trabajo, todos los taylorianos, mirarán con recelo y sospecha a cualquier grupo de individuos que a la sombra de unos árboles, junto a una fábrica, conversan con calma. El veredicto instantáneo del burgués acude en seguida a los labios: "¡Qué vagos, qué manera de perder el tiempo! ¡Más valiera que estuvieran trabajando!"

LA DECADENCIA DE LA CONVERSACIÓN

Disminuyen, en proporción que debía alarmar a una sociedad consciente, las formas de una vida social consagradas al puro placer del diálogo inteligente. El numen de la charla elegante es la ligera vacuidad. Si se juntan bajo un mismo techo media docena de personas, pronto se les irán las manos a unos mazos de naipes, pronto se verán sentados alrededor de una mesa, tanto por el señuelo del juego como por huir de ese terrible espectro de la conversación, del tener que decir algo o pensar algo por su cuenta. Los famosos *salons,* las reuniones del siglo XVII y XVIII de la sociedad francesa eran, según consenso de los historiadores de la cultura y la lengua, oficinas libres donde el habla se pulía, se enjoyaba, buscando los aciertos y sutilezas de expresión. Expresarse graciosamente, con exactitud y con arte, era condición de pertenencia a esos grupos. En grado menos solemne y empaquetado, tenemos los españoles las famosas tertulias, escenas, a veces, de toda clase de excesos mentales y verbales, ejemplares en bien y en mal; pero siempre excelente campo de maniobras de la lengua, y gimnasio, aunque sea modesto, de la inteligencia. Nuestro siglo XX ha arrojado lejos de sí como insoportables ranciedades y antiguallas de vejestorio, salones y tertulias; cosa propia de gentes atrasadas y rústicas que no sabían vivir. Y sobre sus ruinas erige una ingente invención, el *cabaret,* el *night club;* allí no se pierde el tiempo en hablar, se aprovecha deleitosamente en ejercicios coreográficos, oscilantes entre el apechugamiento y la contorsión, y en repetidas prácticas potatorias, que, ni las unas ni las otras, requieren un léxico más allá de la docena de palabras, ni una actividad pensante superior a la del párvulo. Siempre me llamó la atención un detalle material, observable en casi todos los establecimientos modernos de bebidas: la desaparición de la mesa, reemplazada por la barra, el bar. La mesa, círculo mágico, o rectángulo bien medido, es figura geométrica perfecta y símbolo de una actividad social básica: la convivencia, la comunicación de los que se acomodan en torno suyo, los bien llamados comensales. Siéntese a una mesa a cuatro personas, provéaseles de sendos vasos de bebida y de una prudente porción de tiempo, y se habrá encendido la chispa de una conversación. Estos hombres viven con los demás, conviven. Pero sitúese en un taburete sin respaldo, en un mostrador, en la famosa barra, a un humano. No está de cara a ningún prójimo, nada le incita a hablar, y encerrado en sí, sin más horizonte que su vaso y la botella, bebe y calla en tristísima soledad.

LAS CARTAS

Otra forma de la presión del tiempo sobre la libertad del lenguaje se da en esa hermosísima creación del lenguaje escrito: la carta. ¡Cuántas gentes superiores han vivido una parte, a veces la totalidad de su persona espiritual, en sus cartas! Pocos recordarían a una gran dama de Francia, Madame de Sevigné, si no hubiese dejado sobre el papel tantas gracias y dones de su alma noble en sus cartas. También la carta es flor del tiempo sin apremio. Brinda un curiosísimo ejemplo de encuentro de dos tipos de lenguaje, el familiar y el literario. Sin la alteza de mira de la pura creación artística, lleva, sin embargo, en su propósito una aspiración a superar el nivel del simple lenguaje informativo y práctico. Por eso, la penetración de la cultura literaria de un país, la profundidad a que en él ha llegado su sentido de expresión lingüística escrita, no tiene mejor índice que su literatura epistolar. Porque el escritor de cartas no es, ni tiene por qué ser, un artista, es un hombre, una mujer de entre todos; si escribe, no obstante esta condición de ciudadano no excepcional, escribe con estilo propio, dice lo que dice a su manera, y si lo hace sentir al lector, no cabe duda que se lo debe a su educación en el lenguaje. En los escaparates de las oficinas telegráficas de Estados Unidos campean unos letreros donde, con letras voceadoras, se aconseja a todo el que pasa: "No escriba, telegrafíe". *Wire, don't write.* Y para mayor facilidad se ofrecen al deseoso de comunicarse con alguien a distancia unas fórmulas mágicas, ya confeccionadas para distintas ocasiones de la vida: luctuosas, pésames; jubilares, enlaces matrimoniales; entreveradas, concursos deportivos; de suerte que el cliente no tenga que poner en juego ninguna iniciativa pensante ni parlante y se limite a abonar el importe y a dar por suyas las palabras mostrencas de la fórmula celestina. Todo eso son atentados, aunque de menor cuantía, contra la nobleza del lenguaje, en nombre de la economía del tiempo. Sería síntoma digno de celebración la aparición, no sé en dónde, heraldos de una nueva cruzada del lenguaje, de carteles que advocasen: "No telegrafíe, escriba".

Tampoco los espectáculos públicos exaltados por el siglo XX contribuyen en modo alguno a la dignificación lingüística y a la educación expresiva del hombre. Para unos, los del deporte, se basta y se sobra el grito inarticulado o el rugido admirativo. Y el cine parlante ha puesto donde antes estaba el escenario del teatro, con aquella rotunda realidad del lenguaje humano, sembrado sobre un público anhelante, una voz mecánica, un simulacro de humanidad, de escasísima capacidad emocional la sombra de un lenguaje muchas veces difícilmente inteligible por la torpeza del aparato reproductor de los sonidos. No. Ni las costumbres sociales ni las diversiones públicas valoran ni estimulan el ejercicio elevado del lenguaje.

LENGUAJE Y UTILITARISMO

Marca a la sociedad de nuestro tiempo su idolatría de los valores llamados prácticos, de aquellos que sirven a objetivos inmediatos, de corto alcance, y casi siempre traducibles en ganancia económica o placer material. El reflejo de esa actitud general de la vida en el idioma es, por una parte, una tendencia a la contracción del lenguaje a su función elemental; por el lenguaje sólo se comunican necesidades del momento, sirve de campo a las acciones y reacciones del hombre en su zona de vida más superficial y pasajera, negocios y brevísimos encuentros sociales. ¿Para qué más? El lenguaje, conforme a la consigna de la época, debe ser práctico también, esto es, usarse tan sólo, como maneja la caña el pescador, con la esperanza de que alguien muerda el anzuelo. La sociedad capitalista ha producido en este siglo un nuevo tipo de retórica, la retórica del anuncio. Resortes lingüísticos eficaces, matices delicados, que han hecho sus pruebas en la lengua literaria, y que se empleaban para provocar la emoción pura y desinteresada, se combinan para formar una habilísima maquinaria verbal que suscite en el lector pasiones menores, violentos deseos posesivos, relativamente fáciles de apagar sin tragedia, por tal o cual precio, en tal o cual establecimiento. En este caso el utilitarismo ha llegado a atreverse a asaltar el lenguaje, no ya en sus obras exteriores, el idioma hablado y corriente, sino en su misma ciudadela, en la lengua literaria, servidora exclusiva hasta hoy de los sentimientos puros. Uno de los más curiosos tipos de lengua

profesional es la de los representantes y corredores de un deter-
minado producto comercial, que recorren las casas aleccionando
a las dueñas de hogar sobre las mil y una felicidades aliadas a la
compra de su artículo: para lograr su propósito frecuentan aulas
privadas, en donde se les instruye en las artes del retórico, la per-
suasión y hasta el sofisma. Se les suelta luego por el mundo, y son
otros tantos seductores de las voluntades vacilantes, por medio
de las tretas y ardides del lenguaje. Sus frases, donde se harmoni-
zan las metáforas eficaces, los términos técnicos y unas gotas de
léxico familiar, todo dosificado con extremo tino, van envol-
viendo a la presunta compradora en tales celajes de ensueño, que
casi siempre termina por rendir su voluntad a esta nueva forma
del eterno poder del verbo. Lo más probable es que ese celoso pro-
pagador de una mercancía, al recogerse a su hogar, por la noche,
apenas hable dos palabras con sus familiares. ¿Para que? El hablar
aquí, ya no sirve: ya no es útil. Hay un implícito silogismo en esta
posición: el hablar consume tiempo, el tiempo es oro, luego el ha-
blar nos hace gastar tontamente ese material precioso. Llega así
el idioma a un empobrecimiento, no ya de recursos, sino de fina-
lidad. Lo mismo en la lengua escrita. En países de poca cultura,
un especialista, uno de los llamados técnicos, reduce probable-
mente su horizonte del idioma al lenguaje particular de su espe-
cialidad, aprendido en los libros de texto, y que sigue encon-
trando en las revistas profesionales, y al lenguaje periodístico, de
obligación diaria. Queda en todos estos casos menospreciado el
lenguaje expresivo, el que representa y revela la intimidad del ser
humano, sus aspiraciones ideales, las complejidades de su alma.
Y, como siempre, cualquier hombre, por inserto que esté en este
culto de lo práctico necesita cierta ficción de ejercicio del senti-
miento, se crean fórmulas convencionales, fabricadas a la me-
dida, como las letras de los tangos malos o la novela de amores de
la revista semanal. Y, por unos momentos, el hombre que tiene
por estrella de cada noche y luz de cada día la prosperidad de su

negocio se columpia en las frases, último saldo de los deshechos románticos, que surgen del micrófono del cabaret, desfigurando la voz, o en los almíbares verbales que cambian en el jardín un empleado de banco y su novia, creaciones invariables de las novelas blancas o rosas. Numerosos escritores se desvelan, generosos, por servir de truchimanes a las almas de millones de individuos, que, temerosos de sentir por su cuenta, y sin tiempo para tan peligroso ensayo, comulgan en ese lenguaje sentimental neutro, tan de todos y de nadie. Importante debe de ser ese papel, de servir de proveedores de muletas y muletillas sentimentales a los que no se atreven a andar por su paso, puesto que la sociedad recompensa a esos autores con largueza sin par en la escala de las retribuciones del trabajo intelectual.

LO VISUAL Y LO GRÁFICO

Otro nuevo factor de creciente aumento en nuestros días puede afectar al lenguaje. Es el triunfo de lo visual. La fotografía moderna llega a realizaciones de sorprendente belleza expresiva y nos abre hacia las cosas, extrañas, novísimas avenidas. Revela lo que no nos es dable ver a simple vista, bellezas de la materia, acordes raros de las casas, y vale más que la pintura mediocre. Pero, sobre todo, informa, describe, en no pocos casos, con un poder que muchos prefieren al de la palabra, y además con una (para mí no del todo convincente) objetividad. De suerte que el mozo de hoy va acostumbrándose tanto a ver como a leer, y ya no tiene la lectura como canal exclusivo que le lleve a enterarse de las cosas. Ese visualismo, consecuencia del imperial visualismo del cine, hace innecesario el lenguaje, suprime su papel intermediario, de símbolo o signo, al proporcionar al hombre la cosa misma, significada. De él se han derivado invenciones tan curiosas como lo que se llama en Estados Unidos *funny strips* o *comics,* y en América Ibérica *muñequitos* o *tirillas.* Este género merece, a mi juicio, atenta consideración. Equivale a una literatura narrativa de baja estofa, de contenido deliberadamente chabacano y pedestre, por entregas, y cuya novedad estriba en ir disminuyendo el papel de la palabra, en favor del papel de lo dibujado, de lo gráfico. El lenguaje de las *tirillas,* puro diálogo, es como la última concesión hecha a la palabra humana, su último reducto, en esta lucha contra la lengua. Las tirillas pueden ser comprendidas, y este es su éxito, por niños apenas alfabetos, y casi por los analfabetos. Son una forma de lectura sin texto, con el escamoteo del lenguaje en su función expresiva. Es curioso que en una época en que se exalta la instrucción en el arte de la lectura, y se compadece, como a un ser disminuido, al que no sabe leer, centenares de millones de gentes, que lograron ese privilegio del alfabetismo, apenas abierto el periódico, atraviesen precipitados las páginas impresas hasta llegar al deleitoso rincón de las tirillas, donde el leer es innecesario, el pensar, superfluo; y el lenguaje humano, pobre servidor de los dibujos, reducido a infantil elementalismo. ¡Maravillosa invitación a no leer que se ha sacado de la cabeza el hombre moderno, después de rendir culto idolátrico a la necesidad de aprender a leer! En las tirillas, punto de concurrencia de infantes y mayores, de letrados e iletrados, que así llegan a una comunidad de goce en el regreso a la mentalidad de los siete años, asoma otra prueba de ese materialismo candoroso y brutal, a la vez, del hombre moderno que prefiere ver *él* una cosa a verla a través de los ojos de un gran artista que se la describa sobre el nivel de su realidad primaria. ¿Para qué entretenerse en vadear ese caudal de palabras con que Homero describe las luchas de los héroes, frente a Ilión? ¿No es más sencillo, más práctico, más breve, dar con un *tirillista,* que dibuje en cuatro zapatetas a dos muñequitos, Héctor y Aquíles, de modo que los veamos, nosotros, con nuestros propios ojos, sin que Homero nos engañe? Así como tantas novelas van pasando en nuestro tiempo de las páginas del libro a la pantalla, género de traspaso que conlleva inevitablemente el sacrificio de lo mejor y más hermoso de la novela, pronto se llegará, para mayor gloria de la prisa y del realismo, a la muñequización de las grandes obras literarias, de suerte que el hombre, en vez de pasarse horas y horas leyendo *La guerra y la paz,* de Tolstoi, la despache en tres entregas, sin calentarse mayormente la cabeza y ahorrándose tiempo y energía preciosos.

PELIGRO A LA VISTA

En suma, por motivos muy viejos y muy nuevos ha llegado el momento en que el hombre y la sociedad contemporáneos tienen que detenerse a reflexionar reciamente sobre el lenguaje, so pena de verse arrastrados ciegamente a su degeneración por la presión de un conjunto de fuerzas inconscientes, muchas de ellas de carácter económico, lucrativo, alzadas, sin saberlo, que es lo peor, en una pugna titánica contra el espíritu del hombre. En este zozobrar del lenguaje, lo que se iría a pique con él sería el alma humana, libre, espontánea, dejando sólo a flote un coro de reacciones mecánicas regimentadas, de muñecos vacíos, ya felices, porque como no tienen nada que decir, no hay por qué molestarse con las complicaciones del decir. Los países, o tienen ya una política del lenguaje, llámenla como la llamen, o necesitan con suma urgencia adoptar una.

POLÍTICA DE LA LENGUA. SU BASE

El propósito de esta política trasciende de lo estrictamente literario o lingüístico. Siendo la lengua espíritu, esta política es una política del espíritu. Su finalidad es que el ser humano, por medio de la cabal posesión de su lengua, sobre la cabal posesión de su personalidad pensante y afectiva, su dignidad entera de individuo. Persona que habla a medias, piensa a medias, a medias existe. Adiestrarle en el uso de los recursos de comunicación intelectual y social latentes en el fondo de un idioma es capacitarle para que cumpla íntegramente su destino de hombre. No busca esa política formar hablistas correctos, conversadores ingeniosos, escritores certeros, no. Su meta es moldear conciencias humanas capaces de dar el máximo rendimiento de su potencia espiritual a la sociedad en que viven. Política liberadora, ya que liberta al hombre de una tristísima sujeción: la de su alma trabada en las torpezas de un idioma mal conocido. Entre las libertades esenciales consignadas en las constituciones democráticas está la libertad de palabra o de expresión. ¡Qué triste resulta el reconocimiento de un derecho que no se puede ejercer más que por unos pocos, porque la mayoría, al no haber sido educada para el dominio de su lengua, carece de la posibilidad de su uso pleno! Injusto es que a unos se les de tanto más y a otros tanto menos de los bienes materiales; injusto, en grado no menor, el reparto desigual de los medias de expresión del hombre, que ocasiona forzosamente una desigualdad en las ocasiones de vivir enteramente sus vidas.

Esa política del lenguaje ha de tener, como punto de arranque, la actitud resuelta de alzarse contra esa falsa idea de que el lenguaje se mueve par una fatalidad, ante la cual es impotente el querer humano; contra esa política del "dejar hacer" a unas supuestas fuerzas inconscientes hay que proclamar una política del "hagamos", en nombre de una conciencia. Tres necesidades esenciales se nos presentan al pensar en la ejecución de esa política, y que implican tres líneas de acción igualmente urgentes.

LA NORMA LINGÜÍSTICA

La primera es la aceptación de la existencia de una norma lingüística, que conviene seguir. Referido esto a Puerto Rico significa que se considera que no es indiferente hablar mejor o peor, que hay formas atinadas y formas extraviadas de expresarse, que, por ejemplo, no da lo mismo decir que Mister X va a presentarse candidato o que va a "correr". La admisión de la realidad de la norma lingüística no debe entenderse como sometimiento a una autoridad académica inexistente e innecesaria, sino a la comprensión del hecho de que en todos los países cultos de Iberoamérica se emplea una lengua general basada en la fidelidad al espíritu profundo del lenguaje y a su tradición literaria. La norma lingüística brota de una realidad evidente. Hay aún algunos filólogos a caballo en su doctrina naturalista de que el lenguaje no tiene jerarquías de excelencia o bajeza, y que todas sus formas, por el simple hecho de existir, son igualmente respetables. Pero el pueblo mismo es el primero que difiere de ese punto de vista. El labrador, el campesino de cualquier país de vieja civilización habla bien, le gusta hablar bien, admira al que habla bien. He percibido muchas veces el sentimiento del decoro del lenguaje en el campesino castellano. Cuando conversa con un hombre de la ciudad, se nota que habla despacio, con cuidado, pensando en las palabras que va a decir, para que el cortesano no le haga de menos por su torpeza. A muchos he oído excusarse con fórmulas de digna modestia, por no saber hablar mejor. Hay en el hombre de pueblo y de campo una sensibilidad para la calidad del lenguaje muy superior a la del obrero fabril de la ciudad o hasta la del mesócrata de cultura superficial. Y, además, el pueblo de los países de arraigada existencia histórica ha demostrado que siente que el lenguaje no termina en su función comunicativa de las necesidades diarias y ordinarias. El pueblo percibe que el lenguaje del hombre tiene destinos más altos: dar forma a su pensar y a su sentir frente a las realidades mayores, el bien, el mal, la vida, la muerte, el amor, etc. Y se ha creado su poesía, su refranero y su cancionero. Porque necesita sentir y saber y, ya que no tiene acceso a Séneca o a un Petrarca, se crea él su lírica en los cantares, su filosofía en los refranes. El pueblo mismo es el que así nos apunta, a través de los siglos, a la necesidad en que está el hombre de sacar la lengua en

PASAJERO EN LAS AMÉRICAS

su labor servicial, humilde, de cada día, y lanzarla a otras aventuras en busca de los supremos valores del pensamiento y del corazón. De suerte que aceptar normas y jerarquías de valor en el uso de la lengua no es más que obedecer a una tendencia vital visible en cualquier ser humano que no sea un inconsciente o un cínico: aspirar a lo mejor. Por eso la base de toda acción sobre el lenguaje ha de asentarse en esa convicción de que en la lengua, como en todo, hay valores preferibles, es menester elegir y no vale escudarse en la pasiva postura de que todo da lo mismo.

LOS AUTORES CLÁSICOS

El segundo punto de este proyecto de política del lenguaje es la intensificación de la educación lingüística por la práctica del idioma en las obras de los clásicos de la expresión, de los autores eminentes en la lengua nacional. Recordemos que, según algunos filólogos, ellos, los poetas, los creadores, son los que infundieron a la lengua sus mayores tensiones de claridad y de sentimiento. En esa enseñanza de los clásicos la atención del estudiante ha de posarse sobre lo bien que el autor supo decir lo que quería decir, sobre el papel decisivo del "cómo" hablar para alumbrar una idea. Partiendo de la teoría de Vossler podríamos decir que estudiar un texto literario entraña una atención dual, pero siempre paralela, al contenido psíquico y a su expresión, a la poesía y al lenguaje, que resulta en la conciencia final de su inseparabilidad. Por eso, leer los clásicos no es imperativo tan sólo por el valor de la sustancia humana que contienen, sino porque ese contenido está irremediablemente unido a la forma lingüística en que nace, y que es una y la misma cosa que ella. Leer con atención profunda los clásicos es entrar en contacto con gentes que supieron pensar, sentir, vivir más altamente que casi todos nosotros, de manera ejemplar; y darnos cuenta de cómo ese pensar y ese sentir fueron haciéndose palabra hermosa. Los clásicos son una escuela total; se aprende en ellos por todas partes, se admira lo entrañablemente sentido o lo claramente pensado, en lo bien dicho. Y cuando nos toque a nosotros, en nuestra modesta tarea del mundo, la necesidad de hacer partícipes a nuestros prójimos de una idea o de un sentimiento nuestros, esos clásicos que leímos estarán detrás, a nuestra espalda, invisibles pero fieles, como los dioses que en la epopeya helénica inspiraban a los héroes, ayudándonos a encontrar la justa expresión de nuestra intimidad. He llegado a creer que sólo dos clases sociales se acercan al mejor lenguaje; una la culta verdadera, la versada hasta bien adentro en las letras; a éstos les enseñó la gran tradición clásica de lo escrito. En la otra están las gentes humildes, las de pueblos y campiñas que, en países donde se conserva la dignidad hereditaria de la lengua, reciben su enseñanza de la generación anterior, trasmisora fiel de unas normas más intuidas que conscientes, pero respetadas; es decir, de la tradición hablada. Repito que ninguna interpretación más en contra a mi pensamiento se podría dar a mis palabras sobre lo indispensable de los clásicos que el atribuirlas sólo a amor a la literatura; vienen en mí de más lejos, de imaginarme las almas humanas como ensenadas misteriosas e indecisas, pobladas de sueños, deseos, visiones que se agitan anhelosas de manifestarse, de darse a la luz. ¿Saldrán o no a vida? Toda depende de que se les proporcione, o no, las potencias de ascensión —que no son otras que las virtudes latentes en el lenguaje— para arrancarse de sus vagas profundidades y presentarse a las demás claras y definidas, con la alegría de evadirse de su recóndita soledad y arribar por fin a la convivencia humana.

EL TEATRO Y LA LENGUA

El tercer extremo de este proyecto se refiere a la rehabilitación del teatro y a su dignificación. La sociedad necesita fomentar la representación frecuente y accesible al mayor número de obras del gran repertorio universal. Recoge el teatro en un solo haz todas las fuerzas expresivas del lenguaje, es su apoteosis. Obra a modo de mágico espejo que se alza frente a las gentes para que en él observen su mismo idioma, las mismas palabras que hablan pero magnificadas, traspuestas a un nivel de encendimiento y de belleza. El gran dramaturgo usa en su obra el vocabulario mismo de nuestra vida práctica diaria. Pero ¿por qué extraño acontecer esas mismas palabras nos afectan ahora como si vinieran desde muy arriba, desde una lengua más significante que la nuestra? La palabra que el público recibe es la suya, y el espectador como tal la reconoce; pero este reconocimiento sólo va hasta un cierto alcance de su significación, el usual en la vida corriente. Y llega un instante en que esa misma palabra traspasa su significación ordinaria, entra en una especie de nueva atmósfera, que le reviste de nuevas claridades, y al espectador ya se le representa como otra, henchida de una fuerza reveladora que nunca la conoció. Diciendo lo mismo, sonando con idénticos sonidos, dice mucho más, suena mucha más largamente. La poesía dramática es la más visible forma de la transfiguración que opera siempre lo poético en la lengua de los hombres. Ocurre con la palabra cosa semejante a lo que sucede con las velas marinas; ese triángulo de lona sucia, groseramente tramada, que vemos en la arena, inerte bajo el sol, ¿es posible que sea aquella blancura inmaculada, pomposa forma plena de la vela en el barco navegante, cuando el aire la empuja? Están todas las palabras ofreciéndose como velas a la racha, a la poesía. Lo que las hinche y asciende a la altura de su actividad es la energía de alma que se arroje sobre ellas. Al asistir a la representación de *The Tempest* o *La vida es sueño* desfilan las vocablos ante nuestra alma asombrada, todos a colmo de potencia espiritual, todos en lo sumo de su significación humana y sobrehumana. No creo que las gentes gocen más de la hermosura de su lengua que oyéndola, así, hablar, recitar en plenitud de voz en el teatro. Toma forma completa ante ellas. Nunca olvidaré la fisonomía arrobada, de cándido gozo, de los espectadores del paraíso de un teatro español cuando oían, veían, sentían en una vivencia total su mismo lenguaje ascendido a versos de tragedia de Lope o de Calderón.

Añádase que el teatro es un plantío de virtudes sociales. En una sala de teatro individuo y grupo humano se encuentran, con una singularidad de efecto que no se da en ninguno otro caso. El creador individual, el poeta, siente que está cumpliendo su destino en aquel preciso momento de la representación, a través de sus prójimos. Lo escrito en retirada soledad, entonces versos o frases mudas, ahora en alas de la espléndida voz, llena el ámbito de la sala y se divide en tantas realidades psíquicas como seres escuchan. Porque cada cual entiende y siente a su manera el mismo verso. Prodigio es ver la unidad humana del artista multiplicándose instantáneamente ante sus ojos. Rayo de luz, la expresión dramática: prisma multilátero, el público que la espera. Cuando cae la palabra resplandeciente del trágico en la sala, se deshace en mil rayos, se abre en mil matices, en mil emociones animadas en los mil espectadores, todas distintas y una en cada alma, pero todas descendidas del mismo origen manantial. Sin dejar de ser cada cual lo que es, al contrario, siéndolo más intensamente, todos son uno. Se logra la unanimidad, unidad de las almas; que aunque nadie entienda la obra de la misma manera, todos la viven conjuntamente. Es acto social por excelencia, porque el hermoso atributo humano de la individualidad inalienable deja de funcionar como una barrera o límite y opera como un vínculo. La proximidad de los espectadores en un teatro es projimidad. Cada alma en su almario, y en todas una presencia divina, hecha verbo. Cuando se piensa en los valores espirituales y sociales infusos en la gran obra dramática, y luego en la desaparición en la mayoría de nuestras grandes ciudades del teatro magistral, sustituido por el cine o por el pseudoteatro de inspiración burguesa mediocre —diversión, frivolidad, pasar el rato, nada de tragedias, etc.–, es imposible no ver en ese abandono uno de los casos más graves de traición a sus fines espirituales de la sociedad moderna. No se tome esto por indicio de escaso aprecio al cinematógrafo. Invento portentoso, la imaginación se encalabrina pensando en lo que saltará de esas tiras de celuloide cuando, algún día, lleguen a emplearse por otros motivos que los comerciales, narcóticos o propagandistas. El cinematógrafo, en cuanto vehículo novísimo de querencias espirituales, apenas si existe, está en su prehistoria. Yo soy de los que sueñan en su historia futura como una de las más hermosas suertes que la humanidad tiene por delante. Ningún arte tuvo como éste la mala fortuna de caer desde su nacimiento no en las manos del artista, sino en las garras de la mercadería. La equivocación, hasta hoy de consecuencias funestas, es la de confundir cinematógrafo con teatro, teniéndolos por cosas sustituibles una por otra. Por eso urge salir de ese equívoco, restaurar en toda su grandeza la escena teatral, sobre todo en países de lengua que, como la española, poseen un soberbio repertorio dramático. Porque en ella se da, gracias al drama representado, otra representación no menos grandiosa; la ascensión del ser humano a la contemplación y conciencia de su misma vida y de su destino. Pero en unos aires altos de serenidad y hermosura muy distintos de los del vivir diario, y a los que se asciende por milagro del lenguaje. Ojalá los países se den cuenta de su abandono y rescaten el teatro de su doble servidumbre, el comercialismo y la chabacanería, devolviendo al hombre las llamas de este fuego que le robaron unos ladrones de menor cuantía, empresarios de farolillos.

LA PALABRA Y LA PAZ

Poquísimo me queda por decir. Quise que este discurso fuese un recordatorio, acaso no inoportuno del todo en este hermoso pueblo y en este difícil momento, del valor incomparable de la lengua para la vida del ser humano y para los fines de una sociedad pacífica y fecunda. No hay duda de que en la palabra cordial e inteligente tiene la violencia su peor enemigo. ¿Qué es el refrán español de "hablando se entiende la gente" sino una invitación a resolver por medio de palabras los antagonismos? Las instituciones creadas para que los asuntos públicos sean regidos por el consenso de muchos, y no por la voluntad de uno, se llaman desde la Edad Media parlamentos, lugar donde se parla o habla. Para solicitar la suspensión de la lucha se envía un parlamentario. Se ha advertido que el dictador más conspicuo de la historia, el canciller Hitler, desmesura el lenguaje humano y sacándolo del noble tono de la elocución normal lo lleva al rugido, al grito histérico y a los efectos fonéticos animales. Cabe la esperanza de que cuando los hombres hablen mejor, mejor se sentirán en compañía, se entenderán más delicadamente. La lengua es siempre una potencia vinculadora, pero su energía vinculatoria está en razón directa de lo bien que se hable, de la capacidad del hablante para poner en palabras propias su pensamiento y sus afectos. Sólo cuando se agota la esperanza en el poder suasorio del habla, en su fuerza de convencimiento, rebrillan las armas y se inicia la violencia.

LLAMAMIENTO

Por eso este discurso quiso ser un llamamiento a todos para que dediquen a su lengua el amor que se merece, para que vigilen su estado, sus pasos; para que la cuiden tal como nos la cuidaron los que desde siglos atrás vienen trasmitiéndonosla. Nos entendemos y sentimos en común, hoy, porque muchas generaciones de nuestros antepasados fueron entregándose una a otra ese instrumento prodigioso de vivir, en lenta sucesión de perfecciones, de modo que ha llegado hasta nosotros más apto que nunca para expresar lo humano. ¿Tiene derecho ninguna generación a descuidar o abandonar esta santa misión trasmisora de su lengua, por flojedad o por inconsciencia? ¿Puede una generación aceptar la cínica postura de legar a sus hijos menos patrimonio espiritual que el que recibió de sus padres? No. Deber de todo grupo histórico, de toda generación, es la trasmisión enriquecida de su herencia. Consume de lo heredado, de ello vive en gran parte, pero su deber es crear, a su vez, acrecer, enriquecer, de manera que a la hora de las cuentas finales el haber común sea más alto. Tan sólo así la humanidad se siente realizada en plena dignidad de su cometido. Este lenguaje que hablamos, nuestro es por unos años, recibido lo tenemos de los hombres de ayer, en él están, apreciables, todos los esfuerzos que ellos pusieron en mejorarlo. Pues bien, este es mi llamamiento: que cuando nosotros se lo pasemos a nuestros hijos, a las generaciones venideras, no sintamos la vergüenza de que nuestras almas entreguen a las suyas un lenguaje empobrecido, afeado o arruinado. Éste es el honor lingüístico de una generación humana, y a él apelo en estas mis últimas palabras.

Pasajero en las Américas
se terminó de imprimir y encuadernar en febrero de 2007
en Impresora y Encuadernadora Progreso, S. A. de C. V. (IEPSA),
Calz. de San Lorenzo, 244; 09830 México, D. F.
En su composición se usaron tipos
EideticNeo de 11:14, 9.5:14 y 9:11 puntos.
Se tiraron 2 000 ejemplares.